그리스·로마
신화에 빠진
화가들

Bulfinch's Mythology: The Age of Fable

토마스 불핀치 지음 | 고산 옮김

BOOK★STAR

차례

추천의 글

I. 신화의 출발
세상의 창조, 신화의 시작 _23

왜 신화인가? _61

II. 신화의 시대
고대 그리스의 신들 _71

고대 로마의 신들 _95

III. 인간의 등장
프로메테우스와 판도라 _101

IV. 사랑과 이별의 이야기
아폴론과 다프네 _121

피라모스와 티스베 _127

케팔로스와 프로크리스 _136

V. 신의 저주를 받은 인간들
이오 _145

칼리스토 _153

아르테미스와 악타이온 _157

레토와 농부들 _164

VI. 태양신의 아들
파에톤 _172

VII. 신의 선물
미다스 왕 이야기 _190

바우키스와 필레몬 _200

VIII. 첫눈에 반한 사랑
페르세포네 _204

글라우코스와 스킬라 _219

IX. 사랑과 운명
피그말리온 _230

드리오페 _236

아프로디테와 아도니스 _241

아폴론과 히아킨토스 _245

X. 죽음도 막지 못한 사랑
케익스와 알키오네 _252

XI. 님프를 사랑한 신
베르툼누스와 포모나 _268

XII. 에로스와 프시케
에로스와 프시케 _278

XIII. 도시의 탄생
카드모스 _302

XIV. 미완의 사랑
에코와 나르키소스 _314
클리티에 _325
헤로와 레안드로스 _329

XV. 신의 미움을 산 인간들
아라크네 _336
니오베 _346

XVI. 페르세우스의 모험
페르세우스와 메두사 _358
페르세우스와 아틀라스 _364
바다의 괴물 _367
결혼 축하 잔치 _372

XVII. 신화 속의 괴물들
신화 속의 괴물들 _380

XVIII. 뛰어난 인간들
테세우스 _398
다이달로스 _408
카스토르와 폴리데우케스 _414

이아손과 아르고호 _418

멜레아그로스와 아탈란테 _438

XIX. 신이 된 영웅
헤라클레스 _450

XX. 인간의 도리
아켈로스와 헤라클레스 _468

아드메토스와 알케스티스 _474

안티고네 _481

페넬로페 _489

XXI. 술의 신 디오니소스
디오니소스 _494

XXII. 전원의 신들
판 _514

에리식톤 _521

XXIII. 물의 신들
물의 신 _532

XXIV. 바람의 신들
바람의 신 _546

XXV. 위대한 음악가들

오르페우스와 에우리디케 _552

아리스타이오스 _565

신화 속 시인과 음악가들 _573

역사 속 시인과 음악가들 _581

XXVI. 신과 인간의 사랑

엔디미온 _606

오리온 _611

에오스와 티토노스 _616

갈라테이아와 아키스 _623

XXVII. 트로이전쟁의 기원

파리스의 심판 _640

전쟁의 서막 _645

부록. 신화 속 계보

INDEX

추천의 글

신화와 예술은 인문학적 사고의 출발

 신화를 왜 읽어야 하는가? 예술을 예술답게 하는 것이 무엇인가? 신화와 예술이란 우리에게 무엇인가를 알기 위해선 아마도 신화와 예술을 품고 있는 인문학에 대한 이해가 먼저 되어야 한다.

 최근들어 한국 사회에서는 경영과 기술 등의 분야에서까지 인문학에 대한 관심이 집중되고 있다. 이러한 흐름의 이면에는 현대 IT 산업 기술의 원점에 서 있는 스티브 잡스의 영향도 있었을 것이다. 애플을 세계적인 리더로 성장시킨 잡스가 아이폰을 발표하는 자리에서 했던 말이 있다. "애플을 애플답게 하는 것은 기술과 인문학의 결합"이라는 것이다. 인간을 알지 못하고서는 어떠한 좋은 기술도 나올 수 없다는 그의 이러한 생각은 애플의 제품 하나하나에서도 쉽게 찾아볼 수 있다.

 그렇다면 잡스와 같은 IT 회사의 리더를 매료시킨 인문학이란 과연 무엇일까? 니체는 인문학을 "인간의 삶에 대해 이해하고 그 의미를 찾아 마침내는 스스로의 삶을 성숙하게 하고 풍요롭게 하는 학문"으로 정의하고 있다. 결국, 인문학은 우리의 삶과 주변의 세계에 대한 탐구와 이해를 통해 인간성을 고양시키기 위한 지침이라는 것이다.

여기에서 탐구하고 이해한다는 것의 가장 바탕이 되는 요소는 사고하는 기술이다.

사고는 곧 생각이다. 생각은 인간을 가장 인간적이게 만드는 것이다. 그래서 인류가 남긴 생각의 역사, 생각의 발자취를 좇아가보다 보면 빠르게 변화하는 정보화 시대에서 사고의 혼란을 겪고 있는 우리들에게 뭔가 나침반이 되어줄 만한 것을 짚어낼 수 있을 것이다.

예를 들어 십자군전쟁을 하나의 역사적 사실의 출발로 보면, 그로 말미암아 교회의 권위가 추락하고 이것은 종교 개혁으로 이어진다. 그런데 이러한 하나의 역사에서 새로운 역사를 낳는 과정에는 일관성(Coherence)이 작용한다. 어떤 역사가 오고 그것에 이어 연결된 역사가 오는 것이다. 이것은 생각에서도 그대로 적용된다. 어떤 생각에서 또 다른 생각이 나온다는 것이다. 쉽게 얘기해 칸트가 나오지 않았다면 헤겔이 나오지 않았을 것이고, 공자가 없었다면 주희도 역시 없을 것이다. 고대 그리스 철학이 없었다면 중세 유럽의 신학도 없었을 것이다.

생각의 역사와 현실의 역사는 같이 가는 것이다. 결국, 철학이나 신학, 과학 기술과 문학까지도 현실의 역사와 같이 시작하고 같이 흘러가는 것이다.

이것이 바로 문명의 흐름이다. 그런데 문명의 흐름은 도도히 흐르는 강물처럼 평온한 것은 아니다. 역사의 연결고리 사이에는 눈에 보이지 않는 격한 변화의 흐름이 존재해 왔다. 때로는 흐름을 가로막는 강력한 보수적 저항도 있어 왔다.

그 벽이 우리 앞에 드러나 있지 않은 새로운 세계로의 도약을 위한 벽일 경우 우리는 지혜라는 도구를 이용해 해결해 왔다. 그것은 눈에 보이지도 않고, 숨어 있기 때문에 이러한 인문학적 상상력에서만이 그 돌파구를 찾을 수 있기 때문이다. 그래서인지 철학, 예술, 문화 등 그동안 경영과는 너무도 멀리 있다고 생각되었던 것들이 최근 들어 기업 경영의 원칙으로 자리 잡아가고 있다. 이는 지금 당장 이득을 줄 마케팅의 대상이 되는 소비자에서 그치지 않고, 숨어 있는 잠재 고객의 마음을 헤아리고, 더 나아가 사회 속에서 인간의 삶을 이해하는 기업이야말로 긴 생명력을 갖고 발전해 나갈 수 있다는 자각을 불러일으키고 있다. 이는 개인의 성향이 다변화하고 주변 환경이 복잡하게 얽히면서 수많은 문제가 드러나면서 더 확산되고 있는 추세다. 그동안의 통계에 의존한 경영 기법이나 자본의 흐름, 기술만으로 운영하던 시스템에 대한 반성이 이러한 흐름을 이끌고 있다.

이제는 인간이란 존재에 대해 보다 따뜻한 시선을 갖고 인문학적인 안목을 깊게 하는 공부야말로 새로운 패러다임에 적응할 수 있게 한다는 인식의 확대가 필요하다고 느끼는 것이다. '경영 공학'을 넘어 '경영 철학'이야말로 우리에게 요구되는 시대적 사명일 수밖에 없다.

실제로 애플이나 페이스북, 구글 등 세계적인 기업은 이러한 방향을 일찍 깨닫고 급하게 회사의 나아갈 길을 수정하고 있다.

실제로 구글의 경우 최근 여섯 명 중 다섯 명을 인문학 전공자나 인문학적 소양을 갖춘 사람들을 선택했다. 다시 말해 IT 기업이라 할지라도 중요한 것은 기술력이 아닌 그 기술을 하나의 문화로 성장시킬 사람을 원하는 것이다. 미국 페이스북 본사에 가면 그 입구에 르네 마그리트의 그림과 함께 다음과 같은 구절이 있다. "우리는 기술회사인가?(Is this a technology company?)" 페이스북이 지향하는 미래는 이 말과 르네 마그리트의 그림으로 충분히 설명된다.

페이스북의 미래는 바로 창의적 사고인 것이다. 르네 마그리트는 상상력에 기반한 작품을 그려온 대표적인 초현실주의 작가이다. 이 작가의 그림의 동력이 된 창의적 사고야말로 미래를 선도하는 기업으로 성장시킬 수 있다고 본 것이다. 이러한 창의적인 사고는 인문학적 소양이 없다면 이룰 수 없다. 흔히 말하는 창의성은 아무것도 존재하지 않는 가운데서 마법처럼 나타나는 것이 아니다. 이러한 무에서 유를 만드는 것은 신의 창조 행위밖에 없다. 창의성은 유에서 유를 만드는 것이다. 즉 기존의 것을 이용해 새로운 것, 그것이 물건이든 사상이든 문화든 이전에 없던 것을 만들어 내는 것이다. 그리고 이것은 사회와 국가적 문화유산, 사상이 바탕이 된다. 그리고 그 창의성이야말로 인문학이 주는 최고의 선물이다.

창의적인 생각은 새로운 무엇인가를 창조하는 것이 아니라 우리 주위에서 볼 수 있는 것들이나 생각들에 대해 다르게 생각하고 그것에 또 다른 생명을 주는 것이다.

문제는 이러한 생각들의 바탕은 바로 인문적인 사고이다. 동시에 철학적인 사고이다. 그러한 사고가 바탕이 되지 않으면 어떠한 다른 생각도 있을 수 없다.

한국에서 이러한 바탕이 될 수 있는 문화와 사상을 5,000년이란 긴 역사만큼이나 다양하다. 그 첫 번째 유산을 들자면 유교적 전통이다.

한국에서의 유교적 전통은 중국과는 달리 독특한 문화와 어울려 나름의 특색을 갖고 발전해 왔다. 한국에 와서 마주하게 된 유교 철학자들과 그들의 저작물은 미래 한국의 발전에서 중요한 역할을 할 수 있는 것들은 무수히 많다.

특히 조선 후기 문화적인 새로운 패러다임을 이끈 박지원의 『열하일기』는 오늘을 사는 우리에게 시사하는 바가 크다. 당시 박지원 일행은 청 황제가 머물고 있는 열하를 찾아가면서 중국이 겪고 있는 다양한 변화의 모습을 담고 있다. 당시 중국은 다양한 문명과 접하면서 그들의 과학기술과 정신문화를 수용해 엄청난 발전과 안정을 이루고 있었다. 이러한 발전에 충격받은 박지원은 조선에 돌아와 국가의 발전을 위해 우리가 무엇을 할 것인가를 말하고 있다.

또 다른 인물이 있다. 박지원은 정치적인 면에서 소외된 사람이라면, 정치 체계 속에 들어가 진정한 개혁을 꿈꾼 이가 다산 정약용이다. 다산은 실학이라는 새로운 흐름 속에서 한 시대의 지식인이 지향해야 할 덕목을 수많은 저작을 통해 이야기했다.

연암과 다산은 유교적 전통 위에서 시대를 이해하고 그 시대에 맞는 진정한 개혁을 꿈꿨다. 바로 방향을 제시한 것이다. 한 국가가 지속적인 성장을 이루기 위해서 필요한 것이 올바른 방향이라는 사실을 깨달은 인물이다.

문제는 방향을 찾기에 앞서 필요한 것은 현실을 이해하는 것이다. 오늘날 사회는 과거와는 판이하게 다르다. 인류가 불을 발견하고 그것을 문명으로 발전하기까지 수백만 년이 걸렸다. 인류의 문명에서 오늘날의 과학적 발전까지 수천 년이 걸렸다. 과학문명이 지금처럼 비약적인 발전에 이르기까지 백 년의 시간도 걸리지 않았다. 우리는 컴퓨터가 대중화되고 지금의 스마트 시대에 이르는 데 몇 년의 세월이면 충분했다. 이렇게 시대의 흐름은 수학적으로 등차수열처럼 서서히 일정하게 변화하는 것이 아니다. 등비수열처럼 기하급수적으로 변화하고 있다. 우리는 백 년 전의 모습이나 천 년 전의 모습에서 큰 차이를 느낄 수 없지만, 10년 전의 모습과 오늘날의 모습에서 큰 차이를 볼 수 있다. 그 때문에 우리에게 필요한 것은 속도가 아닌 방향인 것이다. 그 방향은 바로 인문학에서 제시할 것이다.

그리고 인문학의 출발은 신화와 예술이다.

수천 년 전 인간은 원시인의 티를 벗지 못하고 있을 때 인간이 다른 동물과 구분될 수 있게 만든 것은 그들의 기원을 생각하고 그 생각을 그림으로 남겨 놓았다. 그들의 생각이 신화를 만들고 예술을 탄생시켰다. 그들이 남긴 수많은 것들은 우리에게 다양한 형식을 빌어 전해 내려왔다.

그렇다면 신화와 예술이 우리에게 전해주고 있는 것은 무엇인가? 단순히 신들의 이야기뿐일까? 그렇지는 않다.

후대에게 무언가를 전한다는 것은 경제와 사회의 거대한 흐름만을 가르치는 것이 아니다. 우리의 삶에 직접적으로 영향을 미치는 반대의 흐름과 그 뒤에 숨은 요인들에도 민감하도록 훈련해야 한다. 문제는 이것이 단순한 지식을 통해 깨우쳐지는 것이 아니다. 지식은 문제를 이해하는 기초 자료에 지나지 않는다.

우리가 넘어야 할 산은 그 너머에 있다. 우리가 어떤 문제에 부딪혀 그것에 대해 깊이 있는 논의가 필요할 때, 그 논의에서 때로는 애초의 흐름과 반대로 흘러갈 수도 있고, 그것이 중요한 이슈로 부상할 수도 있다. 이러한 경우, 준비되어 있지 않다면 쉽게 그것에 휩쓸려 버린다. 그러한 물결에 도도해질 수 있는지, 아니면 자신을 잃어버리고 그것에 적당히 묻혀버리는지는 어떻게 자신을 준비해 왔는가에 따라 달라진다. 어린 나이부터 그러한 것을 알고 민감하게 준비하는 것이 무엇보다 중요한 이유이다.

어떤 역사를 뒤흔든 순간을 보더라도 그 이면에는 적어도 두 가지 이상의 흐름이 항상 있다. 그 흐름을 이해하지 못하면 역사의 한 단면만을 보게 되고, 만약 그 역사가 왜곡되어 있다면 거짓된 정보를 아무런 저항 없이 받아들이게 된다. 그것은 무지보다도 무서운 것이다. 항상 다른 관점에서도 현상을 보라고 이야기하는 것은 거짓된 흐름에 휩쓸리지 않게 하기 위해서이다.

사실 세상을 움직이는 비밀들은 거의 우리 눈에 보이지 않는다. 어쩌면 우리의 눈을 피해 숨어 있는지도 모른다. 그래서 그것들을 찾기 위해 먼 옛날의 철학자들이나 과학자들, 혹은 사상가들은 수많은 날을 숨바꼭질하듯이 찾아 헤매며 씨름해야 했다. 하지만 그러한 비밀의 문을 연 사람들은 그다지 많지 않았다. 그리고 그 사람들은 역사의 각 장에서 가장 위대한 인물들로 자리매김했다.

그렇다면 그들이 이렇게 위대한 자취를 남길 수 있게 만든 힘은 무엇일까? 하늘에서 어느 날 위대한 영감이 툭 하고 떨어졌을까? 아니다. 바로 우리 인류 역사가 흘러오는 동안 알게 모르게 쌓아온 수많은 지식과 지혜의 힘이 있었기 때문에 가능한 것이었다. 이것이 우리가 신화와 예술을 통해 얻고자 하는 것이다.

임마누엘 페스트라이쉬(이만열)

임마누엘 페스트라이쉬(이만열)

임마누엘 페스트라이쉬(EMANUEL PASTREICH, 이만열)는 1964년 미국 테네시 주 내슈빌에서 출생하였고 예일대에서 중문학 학사 학위(1987), 동경대에서 비교문화학 석사 학위(1992), 하버드대에서 동아시아 언어문화학 박사 학위를 취득했다(1997).

일리노이대 동아시아언어문화학과 교수, 조지 워싱턴대 역사학과 겸임교수, 우송대 솔브릿지 국제경영학부 교수를 역임했다. 또한, 외교통상부가 운영하는 정책 싱크 탱크인 주미한국대사관 홍보원 이사를 역임했다. 현재 경희대학교 후마니타스 칼리지 교수 겸 아시아 인스티튜트 소장으로 재직하고 있으며 동아일보, 매일경제신문, 국민일보, 문화일보 등의 필진으로 활동하고 있다.

주요 저서로는 『세계 석학들 한국 미래를 말하다』(다산북스), 『한국인만 모르는 다른 대한민국』(북이십일), 『인생은 속도가 아니라 방향이다: 하버드 박사의 한국표류기』(노마드북스), 『연암 박지원의 단편소설, THE NOVELS OF PARK JIWON: TRANSLATIONS OF OVERLOOKED

WORLDS』(서울대출판사), 『중일 고전소설의 세속성 비교관찰, THE OBSERVABLE MUNDANE: VERNACULAR CHINESE AND THE EMERGENCE OF A LITERARY DISCOURSE ON POPULAR NARRATIVE IN EDO JAPAN』(서울대출판사) 등이 있다.

파르테논 신전, 아테네, BC 5세기

I. 신화의 출발

우리는 어디로 가는가?
죽음을 앞둔 나이 든 노파에게 묻지만
낯설고 어리석기 짝이 없는 새가 대답한다.
우리는 누구인가?

아담의 창조, 미켈란젤로 부오나로티, 1510년

Bulfinch's Mythology: The Age of Fable

신 화 의   출 발
세상의 창조, 신화의 시작

고흐의 친구이자 원초적인 생명의 화가 고갱의 그림 중 창조를 설명하려는 종교계와 우주의 기원을 찾는 과학계에서 흔하게 인용되는 작품이 하나 있다. 이 책에서 그리스 신화를 이야기하기에 앞서 우리의 생각 속에 자리 잡고 있던 궁금했던 이야기의 기원을 이 그림에서 찾아볼 수 있다.

「우리는 어디에서 왔는가? 우리는 무엇인가? 우리는 어디로 가는가? (Where Do We Come From? What Are We? Where Are We Going? 1897-98)」이 그림이 그려질 당시 고갱은 깊은 절망의 시간 속에 있었다. 자신의 예술에 대한 확신을 얻기 위해 타이티로 이주해 왔지만 그의 작품을 이해해

주는 사람은 여전히 없었다. 게다가 그가 바다를 건너온 지 꼭 6년째 되던 해, 그의 딸 알렌이 폐렴으로 사망했다는 소식마저 접하게 된다.

사실 그 소식을 듣기 전까지만 해도 이토록 절망적이지는 않았다. 그에게는 고흐로부터 물려받은 그림에 대한 열정이 여전히 그의 마음속에 자리 잡고 있었다. 그가 바라본 고흐란 사람은 지칠 줄 모르는 열정의 철학자였다. 그러한 고흐에 대해 이렇게 말하기도 했다.

"나는 고흐에게 빚진 것이 두 가지 있다. 그중 하나는 나의 잠들어 있던 열정을 깨워준 것이고, 다른 하나는 나보다 더 비참한 인간이 있다는 것을 스스로 보여줘 나를 절망으로부터 이끌어냈다는 것이다."

그런데 1897년의 고갱 앞에서 모든 희망이 사라진 듯이 보였다. 여

우리는 어디에서 왔는가? 우리는 무엇인가? 우리는 어디로 가는가?, 폴 고갱, 1897~98년

이 작품은 1897년 말 자살을 결심하고 그린 그림이다. 한 달 동안 밤낮을 가리지 않고 그림을 완성한 고갱은 자살을 시도하지만 실패로 끝났다. 경제적인 이유인지 이 대작에 모델은 따로 없었다. 게다가 캔버스마저 거칠고 흠집투성이인데다 묘사마저 거칠기만 하다. 그림 상단 양쪽 귀퉁이에 밝은 노란색을 칠해 왼쪽에는 제목, 오른쪽에는 작가 자신의 서명을 했다.

전히 경제적인 어려움이 그를 짓누르고 있었고, 건강마저 그를 위협하고 있었다. 그 상황에서 딸의 죽음은 그를 무너뜨리기에 충분했다. 고갱은 그 좌절을 그림으로 이야기한 것이다. 그의 가로 347센티미터, 세로 139.1센티미터에 이르는 이 거대한 작품은 우리에게 실존적인 물음을 던지고 있다.

그의 그림은 이전에는 시도되지 않았던 동양적인 읽기의 형식을 따르고 있다. 그림의 오른쪽에서부터 읽어나가도록 하고 있는 것이다. 전체적으로 어두운 색이 지배하고 있는 그림의 위쪽으로는 멀리 바다가 펼쳐져 있는 정글이 자리하고, 그 아래쪽으로 다양한 의미를 담고 있는 세 그룹의 사람들이 보인다. 오른쪽의 어린아이와 세 여인은 '우리

는 어디에서 왔는가(Where Do We Come From?)' 하는 질문을 던지고 있다.

그리고 그림을 위아래로 양분하고 있는 중앙의 타이티인은 마치 이브가 두 팔을 들어 나무에 달린 경험과 생명의 열매를 막 따려 하는 모습을 연상시킨다. 그 주변으로 배치된 다양한 원주민 여인과 아이들은 인생에서 우리가 겪게 되는 상황들을 암시하는 듯 '우리가 누구인가(What Are We?)'라고 묻고 있다. 그러면서도 뒤로 보이는 신상은 인간의 욕망이 잘 드러나는 영원성을 상징하는 푸른빛으로 그려 주변의 진한 황톳빛 노란색과 묘한 대조를 이룬다. 그리고 신상의 뒤를 지나온 듯 한 여인이 유령처럼 걸어간다.

그림의 왼쪽으로 죽음을 기다리는 여인의 체념 어린 모습을 그려 놓으면서 '우리는 어디로 가는가?(Where Are We Going?)' 하는 질문을 던지고 있다.

그는 이 그림을 완성하고 다음과 같이 적었다.

"나는 인간의 근본, 존재, 운명의 문제와 언어와 자각을 넘어 무한한 신비에 대하여 문제를 제기하려고 한다. 이 작품이 이전에 그린 나의 모든 작품을 능가하는 것이며, 앞으로도 다시는 이보다 나은 작품을 그려내지 못할 것이다."

그는 인간이 태어나고 죽음에 이르기까지를 작품에서 우화적인 표현을 통해 보여주고 있다. 그리고 작품의 제목은 문학작품에서 가져왔다. 이 긴 제목이 주는 질문은 사실 오래전 철학과 종교에서 제기되어 왔고 오늘날에도 끊임없이 이어지는 질문이다.

그는 그 질문에 대해 모리스에게 편지로 대답했다.

우리는 어디로 가는가?
죽음을 앞둔 나이 든 노파에게 묻지만
낯설고 어리석기 짝이 없는 새가 대답한다.
우리는 누구인가?
일상의 존재로서 우리는
이것이 무엇을 의미하는지 몰라 당황해 하는 남자의 본능을 본다.
우리는 어디에서 오는가?
개천에서
아이로
공동생활은……

우리는 고갱이 고민했던 인간이란 존재의 의미를 종교에서 찾아왔다. 하지만 엄밀히 말해 이 질문은 고대의 신화에서부터 시작되었다. 그 신화는 종교라는 체계를 갖춰 지금도 우리들의 일상을 지배하고 있다.

시스티나 성당을 여행하는 사람이라면 누구나 들러 감상하는 작품이 하나 있다. 바로 미켈란젤로의 프레스코 벽화인 「아담의 창조」이다. 작가의 상상력이 미치는 한에서 최고의 걸작이라 할 수 있는 이 작품은 구약성서 창세기의 한 장면을 주제로 하고 있다. 그림 속에서 대지에 밀착되어 아직 태어나지 않은 아담에겐 영혼이 없다. 이제 막 바람을 느끼며 아기 천사들에 둘러싸여 다가온 신을 향해 손을 내밀고 있는 그의 표정에는 묘한 슬픔이 담겨 있다.

이 작품에서 드러나는 신의 강렬한 눈빛과 아직은 신의 도움을 필요로 하는 아담의 애절한 눈빛으로 우리는 둘 사이의 관계를 엿볼 수 있다. 신은 절대자이면서 모든 만물의 창조자이다.

　이 세상이 만들어지기 이전에는 아무것도 존재하지 않았다. 오로지 신을 상징하는 말씀, 즉 로고스의 세상이다. 신은 처음 하늘과 땅을 만들었다. 땅은 아직 모양을 갖추고 있지 않았으며 아무것도 존재하지 않았다. 어둠이 짙은 물 위에 뒤덮여 있었고, 그 물 위로 신의 기운이 휘돌고 있었다. 그리고 신은 말한다. "빛이 생겨라." 그러자 세상은 빛으로 가득찼다. 이에 신이 보기에 좋았더라고 한다. 다시 신은 물과 창

아담의 창조, 미켈란젤로 부오나로티, 1510년

　『구약성서』에 근거해 신이 자신의 형상을 본떠서 인간을 만들었다고 한다면, 미켈란젤로는 인간의 형상을 신적 수준의 창조로서 표현하려고 했다고 할 수 있다. 하느님은 오른쪽 팔을 뻗어서 생명의 불꽃을 아담에게 전달하고 있으며, 아담은 왼쪽 팔을 뻗어 그 불꽃을 받아들이고 있다. 하느님과 아담의 모습은 마치 거울에 비친 반영처럼 닮아 있는데, 이는 『구약성서』 「창세기」 1장 26절에 언급되는 "하느님이 자신의 형상을 본떠 인간을 만들었다."라는 부분을 상기시킨다.

공을 가르고 온갖 식물과 동물을 만들어 대지를 채웠다. 그리고 여섯째 날이 되어서야 그의 모습대로 인간을 만들었다. 이 모든 창조의 과정을 마치고 신은 휴식을 취한다.

그런데 이 천지창조의 이야기는 오랜 시간을 두고 이어져 온 신화의 한 부분이다. 기원전 5,000년 전 지금은 황량한 이라크 사막의 티그리

스 강과 유프라테스 강에 최초로 인류 문명을 만든 바빌로니아의 사람들에 의해 처음 만들어져 점차 훗날 헤브루(히브리) 민족에 전달되어 성경에 남게 되었다. 그리고 이것은 로마인들에 의해 전 세계로 퍼져 나갔다. 실제 메소포타미아의 수메르인들이 기록한 지우수드라 이야기는 인간 창조와 에덴, 최초의 도시들에 대한 이야기에서부터 노아의 대홍수로까지 연결된다.

그들의 이야기의 신의 탄생에서부터 시작한다. 메소포타미아 문명을 건설한 사람들은 세상의 기원 이전을 물의 세계로 생각했다. 최초의 아버지 아프수(담수의 대해)와 혼돈인 티아마트(염수의 대해)에 의해 어떠한 신도 없던 세상에 천신(天神)·지신(地神)·수신(水神) 등의 최초의 신을 만들었다고 믿었다. 최초의 신이 등장한 이후 라흐무와 라하마가 만들어지고, 다시 안사르와 키사르가 창조되었다. 그 뒤로 아누가 생겨나고 아누에게서 에어라고 불리는 물의 신이 태어난다.

에어는 지혜와 마법의 신으로 알려져 있다. 그리고 담키나와의 사이에서 마르두크라는 영웅신이 태어난다. 마르두크는 자라면서 낡은 질서를 파괴하는 데 힘을 쏟는다. 그런데 최초의 아버지인 아푸스와 어머니 티아마트, 그리고 그 아들들 사이에서 싸움이 벌어지고 만다. 이때 에어가 그의 마법으로 아푸스를 잠재운다. 마르두크는 티아마트를 상대하는데, 티아마트는 이에 대비해 열하나의 괴물을 만들고, 그 첫 번째 괴물 킨쿠에게 모든 지휘권을 준다. 이렇게 되자 천상의 신들은 티아마트를 반역자로 간주하고 마르누크를 신들의 왕으로 추대했다. 마침내 양측은 피할 수 없는 마지막 전투를 벌인다. 마르누크는 괴물로 둘러싸인 티아마트를 죽여 둘로 나눈 뒤 몸의 한쪽으로 하늘을 만들고 다른 한쪽은 물을 덮어 육지를 만들었다. 그리고 킨쿠를 죽여 그

피로 인간을 창조해 이 세상의 질서를 유지하도록 한다. 인간은 자신들을 창조한 신에게 감사하기 위해 바빌론에 도시를 건설하고 그 도시의 한 가운데에 에사길라 신전을 세웠다.

이처럼 메소포타미아에서는 바다는 혼란스럽고 무질서한 것이고, 이를 극복하는 과정에서 이 세상에 질서가 잡히고 인간의 문명과 역사가 시작되었다고 본다.

메소포타미아에서처럼 이집트 신화 역시 세상의 창조는 혼돈으로부터 질서를 찾아가는 과정으로 보고 있다. 신화에 따르면 태초에 세상이 있기 전에 혼돈의 암흑 바다(아비스 Abyss, 혹은 나일강)인 '누'가 있었다. 이 '누'는 '심연'을 뜻하는 이름으로 파란색과 초록색의 피부를 가지고 있으며 여성도 남성도 아닌 모습을 하고 있었다(이 때문에 여성형의 이름 '나우넷', '누넷'으로도 불린다). 어느 날 이 심연의 바다로부터 하나의 언덕이 솟아올랐는데 바로 벤벤 Ben-Ben 이었다. 바로 이곳에서 최초의 창조신 아툼이 스스로 태어난다. 이집트 신화를 표현한 벽화에서 누를 묘사한 그림을 보면 여성의 신체를 나타내는 유방을 가지고 있으며, 동시에 남성의 특징이라 할 수 있는 턱수염에 남성의 성기를 가진 모습이다. 이는 자웅동체로 성이 불분명한 모습으로 최초의 신을 낳았다는 것을 의미하는가 하면 혼돈을 나타내기도 한다.

아툼은 '누' 위에 빛을 만들었는데 바로 태양신 '라'[그(혹은 그녀)는 자웅동체이다]였다. 아툼이 태양신 '라'의 부모이면서 자신을 나타낸다고 한다. '라'는 법과 정의, 조화, 지혜의 여신 마트를 낳았다. 마트가 태어남으로써 우주에는 혼돈이 사라지고 질서가 자리 잡게 되었다. 이집트 벽화에 나오는 머리 위에 꽂힌 깃털이나 새의 날개를 양손에 든 모습은 마트의 상징이다. 바로 창조신 아툼과 최초의 빛이자 태양의 신 '라', 법과 조화의 신 '마트'가 결합해 창조를 이끌어낸 것이다(그래서 3신을 합쳐 삼위일체를 말하는 아툼·레라 부른다. 그리고 이 삼위일체와 창조의 법칙은 훗날 기독교 교리에 영향을 준다).

아툼이 기침으로 건조한 공기와 공간의 신인 '슈^{Shu}(건조하다는 뜻)'와 습기의 여신인 '테프누트'를 낳았다. 슈와 테프누트는 결혼해 초록색 피부를 가진 대지의 신 '게브'(몇몇 벽화에서는 뱀의 모습으로 표현되기도 한다)와 하늘의 여신 누트를 낳았다. 오늘날 '밤'을 뜻하는 'Night'라는 단어는 누트에서 유래한 것이다.

후에 게브와 누트는 결혼하게 된다. 그래서 누트의 모습은 남편이자 대지의 신인 게브 위에 엎드린 모습을 하고 있고, 그녀의 옷은 별들로 수놓아져 있다. 그리고 태양신 라는 태양의 돛단배를 타고 낮 동안은 배로 천공을 노 저어 가고, 밤에는 누트의 별들을 따라 항해한다고 한다.

그런데 어느 날 지식과 서기의 신인 '토트'는 라에게 충격적인 예언을 한다. 누트의 자식이 하늘의 주인이 될 것이라는 예언이었다. 분노한 라는 게브(땅)와 누트(하늘) 사이에 슈(공기)를 두어 서로 만나지 못하게 만들어 버렸다. 그러자 누트가 토트를 찾아가 간절히 부탁하자 토트는 달의 신 콘수와 내기를 해 달의 빛을 얻어냈다. 이 빛으로 1년 중 5일 동안 세상을 비춰 게브와 누트는 서로 만날 수 있었다. 그리고 그들 사이에서 5명의 자식을 태어났다.

이때부터 1년은 360일이었다가 5일이 늘어 365일이 되었으며, 항상 보름달이었던 달도 매달 빛을 잃었다가 다시 밝아지기를 반복하게 되었다. 그 5명의 자식들이 오시리스, 이시스, 세트, 네프티스, 대(大)호루

마트(Maat)

누트(Nut)

피로 인간을 창조해 이 세상의 질서를 유지하도록 한다. 인간은 자신들을 창조한 신에게 감사하기 위해 바빌론에 도시를 건설하고 그 도시의 한 가운데에 에사길라 신전을 세웠다.

이처럼 메소포타미아에서는 바다는 혼란스럽고 무질서한 것이고, 이를 극복하는 과정에서 이 세상에 질서가 잡히고 인간의 문명과 역사가 시작되었다고 본다.

메소포타미아에서처럼 이집트 신화 역시 세상의 창조는 혼돈으로부터 질서를 찾아가는 과정으로 보고 있다. 신화에 따르면 태초에 세상이 있기 전에 혼돈의 암흑 바다(아비스 Abyss, 혹은 나일강)인 '누'가 있었다. 이 '누'는 '심연'을 뜻하는 이름으로 파란색과 초록색의 피부를 가지고 있으며 여성도 남성도 아닌 모습을 하고 있었다(이 때문에 여성형의 이름 '나우넷', '누넷'으로도 불린다). 어느 날 이 심연의 바다로부터 하나의 언덕이 솟아올랐는데 바로 벤벤 Ben-Ben 이었다. 바로 이곳에서 최초의 창조신 아툼이 스스로 태어난다. 이집트 신화를 표현한 벽화에서 누를 묘사한 그림을 보면 여성의 신체를 나타내는 유방을 가지고 있으며, 동시에 남성의 특징이라 할 수 있는 턱수염에 남성의 성기를 가진 모습이다. 이는 자웅동체로 성이 불분명한 모습으로 최초의 신을 낳았다는 것을 의미하는가 하면 혼돈을 나타내기도 한다.

아툼은 '누' 위에 빛을 만들었는데 바로 태양신 '라'[그(혹은 그녀)는 자웅동체이다]였다. 아툼이 태양신 '라'의 부모이면서 자신을 나타낸다고 한다. '라'는 법과 정의, 조화, 지혜의 여신 마트를 낳았다. 마트가 태어남으로써 우주에는 혼돈이 사라지고 질서가 자리 잡게 되었다. 이집트 벽화에 나오는 머리 위에 꽂힌 깃털이나 새의 날개를 양손에 든 모습은 마트의 상징이다. 바로 창조신 아툼과 최초의 빛이자 태양의 신 '라', 법과 조화의 신 '마트'가 결합해 창조를 이끌어낸 것이다(그래서 3 신을 합쳐 삼위일체를 말하는 아툼·레라 부른다. 그리고 이 삼위일체와 창조 의 법칙은 훗날 기독교 교리에 영향을 준다).

아툼이 기침으로 건조한 공기와 공간의 신인 '슈^{Shu}(건조하다는 뜻)' 와 습기의 여신인 '테프누트'를 낳았다. 슈와 테프누트는 결혼해 초록 색 피부를 가진 대지의 신 '게브'(몇몇 벽화에서는 뱀의 모습으로 표현되기 도 한다)와 하늘의 여신 누트를 낳았다. 오늘날 '밤'을 뜻하는 'Night' 라는 단어는 누트에서 유래한 것이다.

후에 게브와 누트는 결혼하게 된다. 그래서 누트의 모습은 남편이자 대지의 신인 게브 위에 엎드린 모습을 하고 있고, 그녀의 옷은 별들로 수놓아져 있다. 그리고 태양신 라는 태양의 돛단배를 타고 낮 동안은 배 로 천공을 노 저어 가고, 밤에는 누트의 별들을 따라 항해한다고 한다.

그런데 어느 날 지식과 서기의 신인 '토트'는 라에게 충격적인 예언 을 한다. 누트의 자식이 하늘의 주인이 될 것이라는 예언이었다. 분노 한 라는 게브(땅)와 누트(하늘) 사이에 슈(공기)를 두어 서로 만나지 못하 게 만들어 버렸다. 그러자 누트가 토트를 찾아가 간절히 부탁하자 토 트는 달의 신 콘수와 내기를 해 달의 빛을 얻어냈다. 이 빛으로 1년 중 5일 동안 세상을 비춰 게브와 누트는 서로 만날 수 있었다. 그리고 그 들 사이에서 5명의 자식을 태어났다.

이때부터 1년은 360일이었다가 5일이 늘어 365일이 되었으며, 항상 보름달이었던 달도 매달 빛을 잃었다가 다시 밝아지기를 반복하게 되었 다. 그 5명의 자식들이 오시리스, 이시스, 세트, 네프티스, 대(大)호루

마트(Maat)

누트(Nut)

시스와 오시리스의 아들 호루스와 구별하기 위하여 (大)를 붙여 부른다] 이다.

그런데 이집트 신화에서는 인간의 창조에 대해서는 특별한 언급이 없다. 태양신 '라'의 눈물에서 생겼다는 정도가 전부이다. 그리고 그것에 질서를 부여한 것이 마트이다. 이집트 신화에서는 법과 조화의 신 마트의 힘으로 모든 우주가 다스려진다고 믿었다. 그리고 자연과 인간의 관계도 마트가 조정하며 우주의 창조 이후로 세상을 안정시키는 존재로서 인식되었다. 그래서 마트를 거스르는 것은 자연의 조화를 거스르는 것으로 받아들여졌다.

북유럽의 신화에서도 신들의 창조는 세상의 창조와 깊은 관계를 맺고 있다. 그들에게 태초의 우주는 공동의 기눙가 Ginnunga 라는 깊은 심연만이 있었다. 태양이나 달도 없고 아무도 존재하지 않는 텅 빈 곳이었다. 그러다 심연의 북쪽 밑바닥에서 피어오르는 수증기가 올라와 서서히 얼음으로 변한다. 그리고 심연의 남쪽에서는 무스펠헤임 Muspelheim 이라는 뜨거운 불의 근원이 자리하고 있었는데, 이곳으로부터 빠져나온 뜨거운 바람이 북쪽의 얼음을 녹였다. 그 바람으로 녹은 얼음은 물이 되어 떨어지고, 다시 수증기가 되어 올라와 얼음이 된다. 이러한 과정을 몇만 년이고 반복하다 마침내 그 얼음덩어리 속에서 최초의 거인 유미르 Ymir 가 태어났다. 그 유미르는 자신처럼 얼음덩어리에서 태어난 암소 아둠블라 Audumbla 의 젖을 먹고 자라게 된다. 그러던 어느 날 암소의 젖을 먹고 잠든 유미르의 겨드랑이와 사타구니에서 땀이 흐르고 그 땀 속에서 '서리의 거인들'이 태어난다. 그런데 수증기 속에는 독으로

가득해 이들은 포악한 성격을 갖게 되었다.

이들이 태어나는 동안 다른 신이 그들이 나온 곳 근처에서 태어난다. 암소 아둠블라가 얼음을 핥고 있는 동안 그 얼음 속에서 부리^{Buri}라는 아름다운 신이 태어났다. 부리의 아들 보르^{Borr}는 거인 유미르의 딸인 베스트라^{Bestra}와 결혼한다. 이들 사이에서 태어난 신이 오딘^{Odin}과 빌리^{Wili}, 베^{We} 삼형제이다.

이들 삼형제는 합심해 거인 유미르를 물리치게 되는데 이때 흘린 유미르의 피로 거인족들이 모두 빠져 죽고 베르겔미르^{Bergelmir}만이 살아남는다. 그 피의 홍수로부터 살아남은 베르겔미르는 세상의 끝에 있는 요툰하임^{Jotunheim} 니플하임^{Niflheim}으로 달아나 그곳에 거인들의 나라를 세우고 오딘에게 복수할 날만을 기다리게 된다.

한편, 오딘은 형제들과 함께 세상을 만드는 작업을 시작한다. 그들은 먼저 유미르의 시체를 깊은 심연 위에 놓아 대지를 만들었다. 그리고 그 머리는 공중에 띄워 하늘을 만든 다음 남쪽의 무스펠헤임에서 날아오는 커다란 불덩어리를 잡아 해와 달을 만들었다. 이로써 세상은 밝은 빛으로 가득해졌다. 그리고 해와 달을 만들고 남은 작은 불티들을 모아 하늘에 뿌리자 별이 되었다. 이제 남은 일은 아무것도 없는 대지를 꾸미는 일이었다. 먼저 형제들은 유미르의 머리칼을 잘라내 대지에 뿌렸다. 그러자 그것은 점점 자라 숲이 되었다. 그리고 뼈를 모아 대지를 들어 올려 높은 산을 만들고, 흘러나온 피로는 바다와 강, 호수를 만들었다. 뇌는 대지 위를 떠다니는 구름이 되었고, 이빨은 단단한 바위와 돌이 되었다.

마지막으로 그들은 인간을 만들었다. 먼저 물푸레나무를 깎아 남자를 만들고, 담쟁이덩굴을 엮어 여자를 만든 다음 영혼을 불어넣었다.

그리고 그들을 위해 우주 한 가운데에 미드가르드 Midgard를 만들어 그곳에 살게 했다. 그곳은 천국과 지옥의 중간에 있으며 넓은 바다로 둘러싸여 있었다. 그리고 그 바다에는 요르뭉간드라는 뱀이 살고 있었는데 날카로운 이빨로 끊임없이 자신의 꼬리를 물어뜯고 있다고 한다.

신들이 인간을 만드는 동안 또 다른 생명체가 태어났다. 유미르가 죽임을 당하자 그 몸에서 벌레가 한 마리 빠져나와 바위틈으로 몰래 숨어들었는데 바로 난쟁이족인 드와프 Dwarfs 족이었다. 그들은 지하에서 금을 캐 그것으로 보물을 만드는 등 대장간 일에 능숙했다. 오딘이 가지고 다니던 궁그니르의 창이나 유명한 토르의 망치도 그들의 작품이었다.

이로써 신들의 세상 창조 작업은 모두 마무리되었다.

거인과 싸우는 토르, 모르텐 에스킬 빙에, 1872년

토르는 천둥이라는 뜻의 게르만어인데 토르 신을 연상시키는 가장 큰 특징이 바로 그의 쇠망치로 상징되는 벼락이다. 묠니르라는 이름의 이 망치는 여러 가지 놀라운 능력을 가지고 있었는데, 그중 하나는 부메랑처럼 망치를 던진 사람에게 되돌아온다는 것이다.

하지만 이 아름다운 세계도 결코 영원히 계속되는 것이 아니었다. 신들의 황혼이라 불리는 시기가 되면 폭력과 악이 걷잡을 수 없이 늘어나고 겨울도 무려 12년 동안이나 계속된다. 천지 간의 모든 만물은 신과 괴물들의 전쟁이 시작되면서 두려움에 떨게 된다. 그 전쟁으로 전 세계는 불바다가 되고, 이그라시르의 우주나무도 불길에 싸여 쓰러지고 대지는 흔들려 바다 밑으로 가라앉아 버린다. 세상이 완전히 멸망하고 신들마저 죽음을 맞이한 상황에서도 신들 위에 있는 신이자 유일하게 영원한 존재인 알파두르만은 살아남는다. 한편, 인간들도 모두 죽게 되지만 유일하게 리프와 리프트라시라는 부부만이 숲에 숨어 아침 이슬로 목숨을 이으며 살아 남았고, 이 부부에게 태어난 자손들에 의해 세상은 다시금 풍요로워진다고 한다.

북유럽 신화를 들여다보면 힌두 신화와 몇 가지 특징적인 부분에서 공통점이 드러난다. 가장 대표적인 것이 북유럽 신들의 조상 부리를 태어나게 한 얼음을 핥는 아둠블라의 모습을 들 수 있다. 인도의 감로수 신화를 보면 아둠블라처럼 아름다운 암소 수라비가 등장하는데, 그 암소는 모든 살아 있는 생명의 근원이다. 또한, 신들의 죽음과 한계 또한 유사한 측면을 갖고 있다.

힌두 신화가 북유럽 신화로만 맥을 연결하고 있는 것은 아니다. 인도의 신화에서 가장 잘 알려진 브라마, 비슈누, 시바, 이 세 신은 삼위일체로 삼주(三柱)의 신이란 뜻의 트리무리티^{Trimriti}라고 불린다. 이들은 각각 우주의 창조의 힘과 지속의 힘, 파괴의 힘을 상징한다. 이러한 삼위일체적인 생각은 이집트나 헤브루의 신화와도 유사한 측면을 갖고

미드가르드의 뱀, 앙리 퓨젤리, 1788년

　스위스 출신의 영국 낭만주의 화가인 퓨젤리는 죽음의 흔적이나 피가 낭자한 장면을 묘사하지 않고도 우리의 마음 깊은 곳에서부터 공포를 불러일으킬 만한 작품들을 선보여 왔다. 특히 그의 작품 「악몽」은 강한 성적 긴장감을 더해 당대의 문학에 깊은 영감을 주기도 했다. 이렇게 보이지 않는 상상의 세계를 화폭에 담아온 그가 7년이 지나 새롭게 선보인 작품이 미드가르드의 뱀이란 작품이다.

　이 작품은 신들의 죽음(황혼)을 부르는 전쟁인 라그라로크의 한 장면을 담고 있다.

　오딘의 아들 발드르가 죽고 신들을 멸하는 날이 오자 신의 나라로 통하는 무지개 다리가 열리고, 그곳으로 거인과 괴물들이 몰려든다. 이때 토르의 가장 강력한 적수는 일찌기 그가 꼬리를 들었던 미드가르드의 왕뱀 요르뭉간드였다. 이 뱀은 긴 몸으로 지구를 감을 정도로 컸으며 맹독을 품고 있었다.

　이 장면은 토르가 이 뱀에 맞서 오랜 전투를 벌이다 마침내 마법의 망치 묠리니로 최후의 일격을 가하는 장면이다. 하지만 이때 이미 토르의 체력도 한계에 달해 뱀이 죽으면서 뿜어낸 맹독을 피하지 못했다. 온몸에 뱀의 독을 뒤집어쓴 토르는 아홉 발자국을 겨우 떼고는 그 자리에서 쓰러지고 만다. 이렇게 해서 토르는 죽고 그의 망치 묠리니는 그의 아들들에게 전해졌다고 한다.

세상의 창조, 신화의 시작 ▎39

아스가르드의 발할라, 피터 니콜라이 아르보, 1872년

발할라는 신들의 세계인 아스가르드에서 가장 아름다운 궁전으로 540개의 문이 있는데, 문마다 800명의 전사(戰士)가 나란히 한꺼번에 들어갈 수 있을 만큼 넓다. 끝없이 높은 천장은 금빛으로 빛나는 방패로, 대들보는 무수한 창(槍)으로 이루어져 있다. 이곳에서는 매일 잔치가 벌어지는데, 산해진미와 명주가 나온다. 또한, 오딘은 날마다 죽여도 되살아난다는 큰 멧돼지인 세프림니르를 요리케 하고, 발할라의 지붕을 덮고 있는 나무 위그드라실의 가지에 있는 헤이드룬이라는 암산양이 한없이 짜내는 꿀술로 손님을 접대한다. 싸움의 처녀들인 발퀴리가 명예롭게 전사한 군인들을 이곳으로 데려와 낮에는 세계 종말에 내린 결전에 대비, 전투훈련을 하고 밤에는 모두 되살아나서 산해진미를 즐기며 어울리는 귀족적인 생활을 한다. 병이 나거나 늙어서 죽은 사람들은 이곳에 들어올 수 없고, 안개 덮인 지하세계로 가야 한다.

있으며 불교에서는 불법승(佛法僧) 삼보를 모시는 것에서 그 동질성을 찾을 수 있다.

그럼에도 힌두 신화의 원초적인 부분에 가서는 다른 신화들과 전혀 다른 형태를 보여주고 있다. 우리에게 알려진 수많은 인도의 창조신화들을 정리하다 보면 세 가지로 구분할 수 있다. 바로 일반적인 생식에 의한 창조와 자기 희생을 통한 창조, 관념적인 창조로 구분되는 것이다. 이들 사이에는 공통적으로 보여주는 면이 하나 있다. 바로 자기 자신을 나누는 희생을 통한 창조가 이루어진다는 것이다. 일반적인 의미에서 창조라면 무(無)에서 유(有)를 만드는 것이다. 즉 아무것도 없는 가운데서 세상을 만든다는 것이다. 하지만 힌두의 창조신화에서는 우리에게 알려진 여타의 창조신화와 다르게 항상 존재해 온 씨앗과 같은 것이 싹을 틔우면서 창조를 이루어내는 개념이다.

이러한 대표적인 개념으로 아트만^{Atman}을 들 수 있다. 신화를 보면 태초의 우주에는 오로지 아트만 홀로 인간의 형태로 존재하고 있었다. 그에겐 항상 두려운 것이 하나 있었다. 그것은 바로 이 세상에 자신밖에 없어 항상 외롭게 지내야 한다는 것이었다. 그는 자신에게 같이 지낼 짝을 만들어주고 싶었다. 그래서 생각해낸 것이 자신의 몸을 나누는 것이었다. 그의 모습이 남자와 여자가 꼭 껴안고 있는 모습이었기 때문이다. 그 후 이 세상에는 아트만이 분리된 남편, 바로 남자와 아내의 역할을 하게 될 여자가 태어났다. 그들이 결혼하게 되면서 이제 인류가 태어나기 시작했다.

그런데 아내의 입장에서 자신이 자신과 결합한다는 것이 점점 부끄러워졌다. 그래서 그녀는 남편과 잠자리를 할 때 소나 말, 염소, 양과 같은 동물로 변하며 남편을 피하기 시작했다. 그러자 남편도 아내를 따라 동물로 변해 관계를 가졌다. 이로 인해 세상에는 이들 사이에서 태어난 온갖 동물들로 가득하게 되었다.

아트만과 같은 예는 하리하라^{Hari-Hara}(비슈누 신과 시바 신이 결합한 형태)에게서도 찾아볼 수 있다. 반쪽은 남성이고 나머지 반쪽은 여성인 남녀 양성을 가진 신의 모습에서 우주의 모든 상대적 존재가 자신 속에 있음을 말하고 있다.

프라자파티^{Prajapati}의 창조신화를 보면 더 명확해진다. 프라자파티는 고행을 하던 중 타파스^{tapas}(요가 중 몸에서 나오는 열)에 이르는데, 그때 그의 몸으로부터 불과 바람이 만들어지고 태양과 달이 태어난다. 그리고 딸인 새벽이 태어난다. 프라자파티는 자신의 몸에서 태어난 것들에게 말하길 "너희도 나처럼 고행을 하거라."라고 했다. 그의 아들들은 아버지의 명령에 따라 고행을 시작했다.

그러던 어느 날 아름다운 새벽이 고행을 하는 그들 앞에 나타났다. 그들의 눈에 새벽의 모습은 너무도 아름다웠다. 그 모습에 매혹 당해 넋을 잃고 있던 아들들은 그만 그들의 씨앗을 흘리고 말았다. 정신이 든 그들은 아버지를 찾아가 자신들의 씨앗을 찾도록 도와달라고 간청했다. 프라자파티는 아들들의 청대로 황금으로 사발을 만들어 그 씨앗들을 모두 주워담았다. 그러자 그 사발로부터 천 개의 눈과 천 개의 발, 천 개의 화살을 가진 신이 태어났다. 그런데 그 신은 자신의 이름이 없으면 아무것도 먹을 수 없었다. 결국, 프라자파티에게 자신의 이름을 지어달라고 간청했다. 그러자 프라자파티는 "너의 이름은 브하바^{Bhava}('존재'라는 뜻)다. 이로써 세상은 브하바라는 이름으로부터 모든 사물이 창조되었고, 존재할 수 있게 되었다.

앞에서 얘기한 힌두 창조신화의 특징들처럼 프라자파티의 창조신화에서도 모든 존재의 근원은 창조자에게 씨앗의 형태로 내재되어 있다가 창조와 함께 세상에 나타나게 된다.

브하바처럼 리그베다에 등장하는 천 개의 눈과 천 개의 손, 천 개의 발을 가진 푸르샤 Purusa, 原人 도 마찬가지다. 푸루샤는 태어나자마자 대지의 끝에서 끝으로 퍼져 나갔다. 그의 몸은 세상 모든 곳까지 퍼지게 되었으며 그리고도 여전히 열 개의 손가락이 남았다. 이 남은 열 개의 손가락은 앞으로 생겨날 모든 것들로 남아 있게 되었다. 그리고 세상을 이루는 모든 만물은 그의 몸을 1/4로 만들고, 나머지 3/4은 영원한 생명의 세계에 두었다. 이렇게 3/4을 불사계에 두었지만 1/4만으로도 이 땅의 모든 존재를 만들기에 부족함이 없었다.

이렇게 리그베다에서 말하는 것처럼 푸루샤는 이미 있었던 것과 앞으로 있을 모든 것이다. 또한, 또 영원한 생명의 세계를 지배하는 절대적인 존재이다.

푸르샤의 몸이 사람을 만드는 방법은 북유럽 신화의 유미르가 사람을 만드는 방법과 비슷하다. 그의 몸이 분해되어 사람을 만들어 낸 것이다. 그것은 훗날 카스트의 기원이 되기도 한다. 그의 입은 브라흐만이 되고 팔은 크샤트리아인 라자냐가 되었다. 넓적다리는 바이샤, 발은 최하층 계급인 수드라를 만드는 데 쓰인다.

이렇게 리그베다의 창조설에서도 창조주 속에 내재되어 있던 씨앗을 다른 형태로 분리해내 창조를 마무리하고 있다. 인간들 역시 마찬가지 과정을 거쳤다.

우주의 근본 원리이기도 한 브라흐마는 세상을 창조하기 위해 우주에 물을 창조해냈다. 그리고 그 안에 씨앗을 하나 심었다. 인도인들에게 물이 모든 우주의 근원이라는 인식을 갖게 된 것은 바로 브라흐만

하리하라 조각상, 라자스탄 발굴, 11세기

두 신의 또다른 별칭을 따라서 샴부-비슈누 또는 샹카라-나라야나라고도 알려진 하리하라의 신상이 나타나기 시작한 것은, 한 신을 다른 신들보다 높은 신으로 떠받들려는 종파주의적 운동이 쇠약해져서 통합에의 노력이 시도되기에 이른 고전주의 시대가 되면서부터였다. 이 이중적 신상은 특히 캄보디아에서 널리 유행했는데, 그곳에서는 6~7세기의 비명과 신상들이 상당수 발견되고 있다. 하리하라의 신상에서 오른쪽은 시바로 묘사되며, 왼쪽은 비슈누로 묘사된다. 시바는 파괴자로서의 역할에 걸맞게 공포를 자아내며 손에는 삼지창을 들고 있는 모습이다. 비슈누는 보호자로서의 역할에 알맞게 평화적이며 손에는 그를 상징하는 무기가 들려 있는 모습이다. 머리의 절반은 시바의 땋은 머리로 되어 있고, 절반은 비슈누의 왕관이 씌워져 있으며, 이마에는 시바의 3번째 눈이 절반만 묘사되어 있다.

이 물의 가운데 씨앗을 심었기 때문이다.

　브라흐만의 씨앗은 황금알로 변했고 이윽고 그 안에서 브라흐마가 태어난다. 하지만 브라흐마는 알을 깨고 나오지 않고 그 안에서 명상을 하며 오랜 세월을 지냈다. 명상을 마치고 눈을 뜨자 그의 눈에서는 강렬한 빛이 쏟아져 나왔고 그 빛으로 인해 어둠이 물러나고, 세상은 이로써 밝아졌다. 세상이 밝아지자 그는 황금알을 쪼개고 나와 세상의 만물을 만들기 시작했다. 가장 먼저 한 일은 육지를 만드는 일이었다. 그는 육지가 바다 밑에 가라앉아 있음을 알고 스스로 멧돼지로 변해 물속으로 들어가 육지를 물고 물 밖으로 가져왔다. 그의 설계대로 육지에는 식물과 동물이 세상에 등장하게 되었다. 하지만 인간이라고는 그때까지 남자밖에 없었다. 그는 여자를 만들기 위해 자신의 몸의 한 부분을 떼어내 사라스바티라는 아름다운 여인을 만들었다. 그런데 문제는 그다음부터였다. 그녀를 본 브라흐마는 욕정을 견딜 수가 없었다. 이글거리는 욕망으로 가득한 시선으로 그녀를 보자 그녀는 그 시선을 피해 고개를 돌렸다. 그러자 그 욕망으로 인해 브라흐마에게서 머리가 하나 더 솟아올랐다. 그녀가 다시 반대편으로 고개를 돌리자 또 하나의 머리가 솟아올랐다. 그녀는 할 수 없이 하늘로 피신해 버렸고, 이때 이미 브라흐마의 몸에서는 다섯 개의 머리가 솟아나 있었다.

　브라흐마는 하늘로 올라간 그녀를 향해 간곡히 요청했다. 그의 청이 너무도 간절해 더 이상 외면할 수 없었던 사라스바티는 하늘에서 내려와 브라흐마와 결혼하게 된다. 그들은 3만 6,000년을 살면서 인류의 조상이 된 마누를 낳았다. 마누는 인간이 지킬 도리를 담은 『마누 법전』을 만들기도 했다. 나중에 물고기를 구해준 대가로 대홍수를 미리 알아 살아남기도 한다. 이때의 대홍수에서 살아남은 가족은 마누의 가족뿐이라고 한다.

브라흐마의 탄생과 관련해서는 여러 이야기가 있다. 대부분 자신들의 종교에 맞춰져 있는데, 비쉬누파의 사람들은 그가 비쉬누의 배꼽에서 생겨난 연꽃에서 태어났다고 하고, 시바를 신봉하는 사람들은 시바 여신이 그를 창조했다고 한다. 하지만 인도에서 브라흐마에 대한 신앙을 찾아보기는 쉽지 않다. 이는 브라흐마가 세상을 창조했지만 인도인에게 있어 세상이란 창조와 파괴를 반복하는 순환적인 신화관을 갖고 있어 창조 행위가 큰 의미를 주지는 않기 때문이다. 단지 브라흐마가 창조의 임무를 띠고 그것을 수행한 것에 불과하다고 본다.

또한, 인도 신화가 서양의 기독교나 그 외의 신화들과 크게 대별되는 점이 있다. 서양의 다른 신화에서는 시간과 공간의 창조가 이루어지지만 인도 신화에서는 창조주를 창조한다는 것이다. 인도 신화에서의 시간은 이미 존재하는 것이기 때문이다.

또 하나의 차이점은 대부분에서 동양 신화의 전해지는 난생신화이다. 물론 알에서 자라나 창조의 원동력이 되는 것은 인도 신화에서만 나타나는 독창적인 것이다. 그렇다면 동양에서는 왜 이렇게 알을 통해 신이 태어나는 신화가 많은 것일까? 그것은 동아시아의 민족들에게 숭배를 받던 지신의 영향이 크다. 지신의 대표적인 것이 바로 뱀이다. 그리고 알은 뱀의 알이라고 할 수 있다. 대개 서양에서의 뱀은 이브를 유혹해 인간을 타락하게 만든 악마의 화신으로 알려져 있다. 심지어 뱀의 몸통에 돼지와 사슴 등 여러 지신의 특징이 모여 만들어진 용에 대해서도 동양과는 달리 서양에서는 악의 수호자로 묘사된다.

그렇다면 왜 동양은 뱀의 알을 신화에 끌어들였을까? 그것은 용의 전신이 뱀이었기 때문이다. 그리고 그 뱀은 물과 관련이 많다. 인도의

브라흐마, 11세기

힌두교의 신화에 따르면 브라흐마는 세상을 만들면서 인간의 조상이라고 하는 열 명의 프라자파티를 만들었다. 그들은 각각 마리치, 아트리, 아기라사, 풀라스티아, 풀라하, 크라투, 바시쉬타, 프라체타스(다크샤라도 함), 브리그, 나라다라고 불린다. 브라흐마는 그를 도와 우주를 만드는 데 함께할 사프타리쉬라 불리는 일곱의 현자도 만들었다. 이들 모두는 그의 몸에서가 아니라 정신에서 태어났다고 하며, 이 때문에 정신적 자식이라는 의미의 마나스 푸트라스라 불린다. 베다와 푸라나에 실린 신화에서 브라흐마의 작업은 다른 신들에 의해 종종 방해받은 것으로 묘사된다.

브라흐마가 물에서 태어난 것처럼 뱀 역시 물을 근원으로 태어나 마침내 용이 되어 승천한다. 그리고 그 용은 인간을 위해 비를 내린다. 이 때문에 중국 신화의 반고는 알에서 태어나고, 인류의 시조로 각종 문물을 인간에게 전달한 복희와 여와 역시 허리 아래는 뱀의 형상을 하고 서로의 몸을 감싸고 있다. 한국의 건국신화에서도 알과 관련된 신화가 많은데 이는 고대의 지신 뱀을 숭배하던 전통에서 기인한 것이다. 왕이나 황제를 용으로 상징화하는 것 역시 뱀의 숭배에서 연장된 것이라 할 수 있다. 바로 용이 갖는 신성을 왕이나 황제도 갖는다는 의미이다.

중국에서 세상을 창조한 반고(盤古) 신화나 인간을 창조한 황제(黃帝) 신화도 이러한 특성을 지니고 있다.

중국의 신화에서 태초의 우주는 캄캄하고 흐린 모습의 혼돈 상태로 하나의 알과 같은 모양을 하고 있었다. 그 안은 하늘과 땅의 구분이 없었으며 무거움과 가벼움, 뜨거움과 차가움, 밝음과 어둠이 서로 뒤엉켜 있었다. 그런데 그곳에서 작은 덩어리가 뭉쳐지고 그 덩어리는 점점 커지더니 마침내 하나의 거인으로 자라났다. 그가 바로 반고이다. 깜깜한 알 속에서 태어난 반고는 1만 8,000년을 자고 있다 어느 날 깨어났다. 그가 깨어나 보니 이 세상은 너무도 어둡고 답답했다. 그곳이 너무 싫었던 반고는 견디다 못해 마침내 어두운 혼돈을 향해 큰 도끼를 휘둘렀다. 그러자 그 힘을 이기지 못해 알이 깨지고, 알 속에 있던 무겁고 탁한 것들은 밖으로 튀어나오면서 아래로 가라앉아 땅이 되고, 가볍고 맑은 기운은 위를 향해 치솟아 올라 하늘이 되었다. 하지만 다시 땅의 탁함과 하늘의 맑은 기운이 다시 모여 혼돈의 상태로 가려고 하자, 이들이 다시 붙을까 두려웠던 반고는 자신의 두 다리와 두 팔로 둘을 떼어놓기 위해 안간힘를 썼다. 그러는 동안 반고의 키는 하루에 1장(3m)씩 자랐으며, 이로 인해 하늘과 땅은 점점 멀어지게 되었다.

반고가 울면 그의 눈에서 나온 눈물은 강이 되어 흘렀고, 그의 거칠게 내쉬는 숨은 바람이 되어 자유롭게 날아다녔다. 그의 우렁찬 목소리와 눈빛은 각각 천둥, 번개가 되었다. 그가 기뻐하는 날에는 맑은 날이 되었고, 그가 슬픔에 젖어 있으면 하늘도 흐려졌다.

이러기를 무려 1만 8,000년, 마침내 하늘과 땅이 서로 9만 리나 떨어지게 되었다. 반고는 혼돈을 막았다고 안심하며 대지에 누워 휴식을 취했지만 이제 나이가 들고 몸도 쇠약해져 죽게 된다. 그가 죽을 때 그의 왼쪽 눈동자는 태양이 되었고, 오른쪽 눈동자는 달이 되었다. 손과 발, 몸은 사방으로 뻗어 산을 이루었고, 머리카락과 수염은 하늘의 별, 치아와 뼈는 금속과 돌이, 혈관과 근육은 길로, 털은 화초와 나무가 되었다. 마지막으로 그의 몸에서 생긴 구더기는 반고의 숨결인 바람과 만나 인간이 되었다.

이렇듯 거인이 죽어 세상의 만물을 이루는 신화는 앞에서 보았듯이 메소포타미아 신화나 북유럽의 거인 유미르에게서도 찾아볼 수 있다. 단지 차이점은 메소포타미아나 북유럽 신화에서의 거인은 창조자에 의해 죽임을 당하고 그 육신이 만물을 만드는 재료가 되었지만, 반고 신화에서는 스스로가 만물을 만들기 위해 희생하고 있다는 차이가 있다.

인간의 창조 부분에서는 여와 신화와 엇갈리는 부분도 있다. 여와 신화는 어느 부분에서는 헤브루 신화나 그리스 신화와 유사한 부분도

중국의 창조 신화에 등장하는 복희와 여와

  이 그림은 투르판 아스타나의 묘실 천장에 그려져 있던 복희여와도다. 복희여와도는 이미 전한대 석실묘의 화상석(畵像石)에도 나타나는 매우 중국적인 소재지만, 이와 같이 독립된 화면에 복희여와도를 인물화로 그린 예는 중국 내륙에서도 아직 발견된 적이 없다.

  이는 천지창조의 설화를 표현한 것으로 오른쪽의 남자 신 복희는 왼손에 측량을 위한 곡척(曲尺)이라는 기구를 들고 있고 오른손으로는 묵통을 들고 있으며, 왼쪽의 여와는 오른손으로 콤파스 또는 가위를 들고 있다.

  둘은 어깨를 껴안고 하나의 치마를 입고 있으며 하반신은 서로 몸을 꼬고 있는 뱀의 모습을 하고 있다. 창조신인 이들이 서로 몸을 꼬고 있는 모습은 이를 통하여 세상의 조화와 만물의 생성을 나타내고 있으며, 이는 궁극적으로 죽은 자의 부활과 풍요를 기원하는 그들의 생각이 반영된 것으로 볼 수 있다.

있다. 여와 신화에서는 반고가 세상 만물을 창조하고 많은 시간이 흘렀지만 아직 인간은 세상에 나타나지 않았다. 이 때문에 세상은 여전히 황량하고 적막했다. 삼황오제 가운데 유일한 여신인 여와가 어느 날 심심해서 땅으로 내려와 걷고 있는데 목이 말라 물을 마시기 위해 물가로 갔다. 물을 마시기 위해 고개를 숙인 순간 물에 비친 자신의 모습을 보게 되었다. 그때 그는 황토를 이용해 자신의 모습으로 인간을 만들어 보기로 생각했다. 그녀는 흙에 물을 섞어 반죽한 다음 작은 인형 크기로 인간을 만들기 시작했다. 하지만 얼마 지나지 않아 지쳐 버렸고 더 이상은 만들 수가 없었다. 그래서 칡넝쿨 하나를 잘라 진흙을 향해 휘갈기자 그것들이 사방으로 튀었다. 그러자 튀어나간 진흙 덩어리들이 인간으로 변했다. 그녀가 휘두르는 것을 중단했을 때는 세상은 온통 인간으로 가득 차게 되었다.

이렇듯 중국의 신화에서도 힌두 신화와는 다른 창조 신화의 패턴을 유지하고 있다. 이러한 신화와 같은 유형은 앞에서 언급한 그리스 신화나 북유럽 신화에서 찾아볼 수 있다. 반면에 헤브루 신화의 경우 태초에 창조주와 같은 절대자나 어떤 근원적인 힘이 있어 그에 의해 우주가 생성되고 유지된다고 본다. 하지만 힌두교의 일부 신화들에서는 혼돈 속에서 질서가 생성되었다는 입장이다. 본래부터 우주는 재료로만 가득한 상태였고, 그러한 혼돈이 가라앉으면서 수많은 존재가 생겨났다는 것이다.

그렇다면 한국 사회에서 가장 광범위하게 퍼져 있는 불교는 어떨까? 불교의 신화 유형을 이야기하는 방식은 인연설(因緣說)이다. 불교의 창

조 방식은 태초의 절대자에 대한 주장에 대해 불평등한 구조나 무(無)로부터의 창조에 대한 거부감에서 시작한다. 세상 만물의 생성과 소멸에는 반드시 인과(因果)가 상존한다고 본다. 원인이 있어 그 결과가 있다는 것이다. 그 인연의 실타래가 바로 우주를 지탱하는 비밀이라는 입장이다.

이러한 생각은 다른 종교와는 확연히 다른 입장이다. 그들에게 구체적인 창조자도 없고, 재료도 없다. 그래서인지 2,500년을 이어오는 방대한 가르침 속에서도 불교의 우주론은 선명하게 설명되고 있지 않다. 간혹가다 『세기경(世紀經)』, 『대방광불화엄경(大方廣佛華嚴經)』 등에 부분적으로 소개되기는 하지만 그마저도 지나치게 관념적이고 모호하다. 창조라는 뜻이 아무것도 없는 상태에서 무엇인가를 만들어 내는 것을 이야기할 때는 더욱 그러하다. 이는 우주의 기원에 대한 논의 자체가 그 깨달음의 완성에서 걸림돌로 보기 때문이다.

부처에게 어느 수행자가 질문을 던진 적이 있다.

"이 세상은 영원합니까? 우주 공간은 무한합니까? 우리의 영혼은 언젠가는 소멸되는 존재인가요?"

이 질문에 부처는 아무런 답도 하지 않았다. 그의 침묵에 대해 제자가 묻자, 그 질문에 대한 답은 논란을 불러일으킬 뿐이라는 것이다. 이것은 수행과 깨달음을 얻고자 하는 사람에게 지적 호기심의 충족에 그칠 뿐 마음을 평온하게 하는 데는 오히려 혼란만 더하게 될 것이라고 본 것이다.

그럼에도 몇몇 가르침에서 이러한 질문에 대한 견해들을 찾을 수 있다. 불교에서는 우주의 기원을 카르마^{Karma}라는 업(業)으로 설명하고 있다. 그것은 행위 자체, 또 행위로부터 빚어지는, 다시 말해 자기가 지은 행위에 다른 결과인 갖가지 과보(果報)들을 의미하는 말이다. 불교에서는 천상, 인간, 지옥, 아귀, 축생, 아수라의 여섯 갈래 유정들, 즉 생명 있는 것들을 총칭하여 중생이라고 하는데, 그 중생들의 생성 소멸은 업에 의하여 주도된다고 말하고 있다. 업 가운데 가장 근본적인 업은 사물을 올바르게 인식하지 못하고 늘 이기적으로만 판단하는 무명업(無明業, Avidya)이다. 이 무명업으로부터 갖가지 번뇌가 생기고, 이 번뇌들의 집합이 또 다른 생존 형태를 결정짓는다. 이것을 윤회^{Samsara}라고 말한다.

업과 윤회는 중생들이 전생(前生), 금생(今生), 후생(後生)의 삼생(三生)을 수레바퀴가 돌아가듯 그렇게 돌게 하는 힘이다. 이러한 윤회 속에서 무명업의 시원(始原)은 좀처럼 드러나지 않는다. 그것은 닭이 먼저냐 달걀이 먼저냐 하는 해묵은 논쟁과도 같다. 닭이 존재하려면 달걀을 깨고 나와야 하고, 달걀이 있으려면 닭이 있어야만 한다. 그 둘은 서로 상보적으로 인연에 의해 존재할 뿐이다. 연기(상호의지, 연결)되어 존재한다고 보는 것이다. 이 때문에 서로 소중한 존재로서 생명 존중, 평등 사상과도 연결될 수 있다. 창조주가 있다면 이 신도 결국 연기의 법칙에서 자유롭지 못하고 윤회하는 대상이기 때문에 이 연기를 깨달아 번뇌, 집착으로부터 벗어나기 위해 수행한다.

결국 '무시무종(無始無終)' 처음도 없고 끝도 없다는 것이다. 불교는 처음과 끝을 논하지 않으며 성주괴공의 과정을 순환 되풀이한다고 보고 있다.

성주괴공이란 한 세계는 성립하여 이루어지는 과정이 있으며(成), 시공간 속에 머물러 존재하다가(住), 허물어지고 파괴되어(壞), 성립되기 전의 상태로 되돌아가 사라져간다(空)는 것이다.

그 네 기간의 단위는 겁(劫)이다. 이 겁은 칼파^{Kalpa}라는 시간 단위로서 무한한 시간 개념이다.

주변의 미물과 초목, 작은 들짐승부터 우주를 가득 메운 별들까지 홀로 단독으로 존재하는 것은 없다. 주변의 사물들과 얽혀서 생겨나고 관계를 맺고 있는 것이다.

예를 들어 한 그루의 나무는 태양과 물 토양 등의 요인이 연기(상호의지. 연결)에 의해 작용하여 생겨나고 성장한다. 하지만 결국 여러 요인이 흩어지면 사라져 가게 된다.

예를 들어 바다를 떠올려 보자. 출렁이는 바다는 바람에 의해 큰 파도를 일으킨다. 하지만 그 파도를 일으킨 요인인 바람이 사라지면 그 파도는 사라지고 만다. 문제는 공(空)이다. 파도가 사라져 공이 되었지만 그 물이 사라진 것은 아니다. 바람을 만든 공기도 사라진 것이 아니다. 파도는 사라졌지만 무(無)로 돌아간 것이 아니라 단지 변한 것뿐이다.

『반야심경』에서는 '불생불멸(不生不滅)', 즉 '새로이 생기는 것도 없고, 없어지는 것도 없다.'라고 말하고 있다. 사물이 여러 요인이 더해져 만들어지고 그 요인들이 흩어지면 사물이 형태를 잃는 것처럼 사람 또한 마찬가지다. 이 업보의 전개가 바로 우주이자, 삼라만상이다. 그리고 이 업보는 여섯 가지 생명 형태로 전개된다.

지옥 : 가장 고통 받는 삶의 형태.
아귀 : 굶주림에 시달려야 하는 생존 형태.
축생 : 짐승들의 세계, 난폭하고 이성적이지 못한 삶.

수라 : 폭력만이 존재하는 생존 형태.

인　 : 인간들의 삶.

천　 : 하늘의 신적인 존재의 세계.

위의 셋을 삼악도(三惡道), 밑의 셋을 삼선도(三善道)라 하며, 통틀어 육도윤회(六道輪廻)라 말한다.

이렇게 태초라는 절대적인 시작을 전제하지 않고, 신에 의한 무로부터의 창조가 없지만, 더 풍부한 우주론이 『세기경(世起經)』에 나타나 있다. 여기서는 이 우주가 절대적인 한 우주가 아니고 시간상의 여러 우주들 중의 한 우주라고 한다.

산의 남쪽 섬부주(贍部洲)에 살고 있다. 우주의 중앙에 있는 수미산은 절반이 물에 잠겨 있고, 그 위가 지상으로 솟아 있다. 이 밑에 염마왕국(閻魔王國)이 있고 그 아래 다시 팔대지옥이 차례로 위치한다. 해와 달, 별들이 수미산을 싸고 허공을 맴돈다.

이것이 중생들이 몸담게 될 물질적 우주로 기세간(器世間)이라고 한다. 최초의 풍륜이 일어나고 이러한 세계까지 만들어지는 데는 성겁(成劫)이라고 하여 1, 590만 8년이나 걸린다.

세계가 생긴 다음 이곳에 중생이 발생하는데 중생의 경계는 크게 욕계(欲界), 색계(色界), 무색계(無色界)의 삼계(三界)로 나뉜다. 욕계는 욕심[애욕(愛慾)]이 지배하는 세계이다. 즉, 소유욕으로 파탄이 빚어지고, 희로애락이 상존하는바, 그 정도에 따라 앞서 말한 지옥, 아귀, 축생, 수라, 인간, 천신의 육도윤회가 있게 된다. 특히 천신은 다시 육천으로 나뉜다. 이 가운데 가장 낮은 것이 사왕천이고 가장 높은 곳은 타화자재천이다. 이러한 세계를 남녀 간의 성을 두고 비유하면 그 의식의 단계가 어느 정도 수준에 머물러 있는지 더 확실해진다. 즉, 사왕천에서는 남녀가 서로를 확인해야 한다. 성행위라는 직접적인 행위가 있어야만 서로 간의 사랑에 확신하는 것이다. 그 위의 단계인 야마천계는 구체적인 성행위 없이 포옹만 함으로써도 만족하고, 그다음 단계인 도솔천에서는 손만 잡아도 그 사랑을 알 수 있다. 그리고 낙변화천에 이르면 멀리서 바라만 보아도 충분히 사랑을 느낀다. 마지막 타화자재천은 상상만으로도 행복감을 느낀다.

이러한 욕계 다음의 세계가 색계이다. 욕심은 멸하였지만 물질은 남아 있다. 즉, 소멸에 따른 고통은 감수해야 하는 세계이다. 색계는 선정을 닦아 소유하지 않는, 철저한 관념의 사랑을 하게 된다.

마지막의 세계인 무색계에서는 관념마저 초월하는 사랑이다.

이처럼 물질적 우주와 그 속에 사는 중생이 자리 잡게 되는 시기를 지나면 주겁(住劫)이라는 우주론적 시대가 온다. 여기에서 겁은 칼파Kalpa라는 시간 단위로서 무한한 시간 개념이다.

세계는 큰 변동이 없지만 중생들의 과보에는 많은 변화가 있다. 초기의 중생들은 형색이 아름답고 빛을 내며, 하늘을 날 수도 있고 수명도 장구하다. 그러나 좋은 음식, 맛을 탐함으로써 차츰 몸이 더러워진다. 우선 남녀의 성별이 생겨나고, 갖가지 이기적 욕심 때문에 싸움이 벌어진다. 할 수 없이 그것을 다스리기 위해 국왕을 뽑게 되고 형벌이 제정된다.

그러나 중생의 악업은 더욱 무거워지고, 동시에 8만 세를 누리던 인간의 수명이 짧아져서 마침내 10세에 머물게 된다. 삼재(三災)의 괴로움

불교의 우주관을 표현한 탱화

　불교에서는 이 우주 만물은 우주 본성이며 스스로 존재하는 공(空)으로부터 창조되었다고 한다. 이렇게 우주 만물이 창조되기 전의 상태를 불교에서는 공이라고 한다.

　시작을 알 수 없는 언젠가 어떤 인연 작용에 의해 공에서 최초의 움직임이 나타난다. 마치 푸른 하늘에 구름의 점 일듯 그렇게 최초의 존재가 창조되었고, 이 최초의 존재가 인연에 인연을 거듭하여 중중무진 연기의 그물망을 이루면서 우주 만물을 창조하였다고 한다. 인간도 그렇게 창조되었다. 우리 인간은 무시겁 이래 생사윤회를 거듭하고 있다. 그리고 이번 주겁(住劫) 중에서도 약 6,000만 년 전 사람이라는 육체 인간이 모습을 드러낸 것이다.

　이것이 부처가 깨닫고 가르쳐준 인연법이라는 것이다. 그러므로 우주 만물을 창조한 신은 따로 존재하지 않는다. 인간으로 태어나 늙고 병들고 죽는 것은 모두 고통이고 죽어서 여섯 윤회 세계를 도는 인생 또한 모두 고통이므로 윤회를 벗어나 완전하고 궁극적인 해탈을 이루는 것이 영원히 행복하게 사는 유일한 길이며 우리 인생의 궁극적인 목표라는 것이다.

이 닥쳐 살아남은 자가 겨우 1만에도 이르지 못하게 되면, 다시 중생이 선업을 행해 수명이 증가하고 풍요로운 사회가 된다. 그러나 또다시 악업이 성행하여 수명이 10세로 감소된다. 인간 수명의 이러한 증감이 19번 반복된 다음에 오는 시기가 괴겁(壞劫)이다. 먼저 중생이 파괴되는데 그 순서는 지옥취부터 시작하여 지하에서 차례로 파괴되어 끝내 천상이 무너지게 된다. 그 이후 불과 물과 불의 세 가지 재앙이 발생하여 풍륜으로부터 색계 제삼천에 이르는 세계가 모두 파괴된다. 이 괴겁이 지나면 허공만이 존재하는 공겁(空劫)이 온다. 공겁의 다음에는 또다시 중생들의 업력에 의하여 성, 주, 괴, 공의 겁이 반복하여 세계는 끝없이 생성, 소멸한다는 것이다.

그러나 우주 속에는 실로 무한한 세계가 상존한다. 서로 다른 1천 세계를 합해서 1소천(小千)세계라고 한다. 이 1소천세계를 1,000배 한 것을 1중천(中千)세계라고 한다. 이 1중천세계를 다시 1,000배한 것을 1대천(大千)세계라고 한다. 이 소천, 중천, 대천세계를 통틀어서 삼천대천(三千大千)세계라고 한다. 이것을 한 부처가 통솔하는 세계라고 보고, 또다시 백천만억 부처라는 표현을 하기 때문에 실로 세계를 무량, 무변하다고 말할 수밖에 없다. 마치 허공의 먼지처럼, 갠지스 강의 모래알 수처럼, 광대무변한 세계가 있다고 보는 것이다. 그래서 불교의 세계관을 말할 때, 또 다른 생성의 희망을 갖는다는 면에서 여전히 낙천적 우주관이라고 볼 수 있다.

세상의 창조, 신화의 시작 | 59

크로노스(시간의 신), 스타리에노 묘지(제노바)

Bulfinch's Mythology: The Age of Fable

신 화 의 출 발
왜 신화인가?

 만일 자신의 경제적인 부를 보장해 주거나 사회적으로 높은 지위로 이끌어줄 수 있는 지식만이 유익한 것이라고 생각한다면, 신화 속에서 아무것도 얻을 수 없다. 하지만 신화가 우리의 삶의 질을 높여주고 더불어 행복으로 이끌어줄 수 있다고 생각한다면 신화는 당신이 원하는 그것을 충족시켜 줄 것이다. 신화는 문학의 안내자이며, 문학은 삶의 덕에 있어 가장 완벽한 동반자이고, 나아가 행복의 길의 안내하기 때문이다.
 우리에게 신화에 대한 지식이 없다면 우리가 만나는 수많은 기품 있는 문학들을 이해하거나 감상할 수도 없을지도 모른다. 예를 들어 바이런이 로마를 이야기하며 '여러 나라의 어머니 니오베'라고 표현한 것이나, 베니스를 '바다에서 막 솟아오른 바다의 키벨레'라고 읊은 구절들을 대할 때 신화를 잘 알고 있는 사람이라면 그 어떤 말들로 설명하는 것보다 더 생생하고 인상적인 모습이 그려지겠지만, 신화를 모른다면 그것이 무엇을 표현하고 있는지 도무지 이해할 수 없을 것이다.

밀턴의 시에서도 이러한 유사한 표현들이 많이 등장한다. 그의 『코무스』라는 가면극은 그 내용이 그다지 길지 않음에도 불구하고 신들의 이야기만 해도 서른 가지 이상 등장하고, 『그리스도의 탄생에 부치는 송가』라는 시에서는 아예 절반 이상을 신화의 이미지로 표현하고 있다. 게다가 『실락원』을 읽다 보면 곳곳에서 신화의 흔적들을 찾을 수 있다. 이 때문에 나름 지식인이라고 자부하는 사람들조차도 도무지 밀턴의 작품에서 재미를 느낄 수가 없다고 말하기도 한다. 가장 큰 이유는 바로 신화를 이해하지 못하고 읽었기 때문이다.

하지만 이러한 사람들도 자신이 가진 지식에다 이 책에서 얻을 수 있는 신화에 대한 단편적인 지식을 더한다면 이제까지 '어렵고 접근하기 어려운' 것으로 간주되어 온 밀턴의 시들 대부분에서 '아폴론의 하프 연주'만큼이나 아름다운 음률과 감동을 느끼게 될 것이다.

본문과 주석 사이사이에 영국의 시인 에드먼드 스펜서부터 롱펠로에 이르기까지 스물다섯 명이 넘는 시인들의 작품이 소개되어 있다. 이러한 작품들만 보더라도 신화에서 그 예화를 찾아 이야기하는 일이 얼마나 흔한 일이었는지 알 수 있을 것이다.

에세이 작가들 또한 예외가 아니다. 그들은 신화를 이용해 아름답고도 함축적인 글로 이야기를 이끌어 가고 있다.

매콜리의 『밀턴론』에서도 스무 가지 이상의 신화들이 그려지고 있다.

하지만 그 신화가 쓰인 언어의 도움을 받지 않고 어떻게 신화를 이해할 수 있을까? 우리는 그들의 이야기를 읽다 보면 도무지 이해할 수 없는 해괴한 이야기들과 지금은 거의 남아 있지 않은 믿음들과 만나게 된다. 문제는 이런 것들을 배우기 위해 많은 시간과 노력을 들여 힘들게 공부한다는 것은 오늘날과 같은 실리가 우선이 되는 시대를 살아가는 일반인들에게는 도저히 기대하기 힘든 일이다.

더구나 나이가 어린 학생들조차도 일찍부터 사물을 대할 때 실로 다양한 측면에서 과학적이고 합리적인 사고를 요구받으며 자라왔기 때문에 어찌 보면 한낱 공상에 불과한 신화에 대해 옛사람들이 써 놓은 글을 여유 있게 읽기를 기대하기란 거의 불가능하다.

그렇다면 이러한 주제를 이해하는 데 필요한 지식을 고대의 시인들이 쓴 작품의 번역만으로도 접근해갈 수는 없는 것일까? 대답은 다음과 같다. 그 분야가 너무 광범위해 처음 신화를 접하는 사람들에게는 아무래도 무리일 수밖에 없다. 또한, 이 번역 자체가 지나치게 광범위해 기본적으로 신화에 대한 지식이 없다면 도저히 이해할 수조차 없을 것이다.

이 말에 수긍할 수 없다고 생각하는 사람이라면 라틴 문학 최고의 서사시라 할 수 있는 베르길리우스의 「아이네이스」의 첫 페이지를 읽어보라. 신화에 대한 기본 지식 없이 '유노의 원한', '파르카에(운명의 여신)의 섭리', '파리스의 심판', '가뉘메데스의 영예' 등이 무엇을 의미하는지 이해할 수 있겠는가.

혹자는 그러한 것들은 주석을 보면 알 수 있다고 할지도 모른다. 혹은 고전문학사전을 찾아보면 알 수 있을 거라 말하는 사람도 있을 것이다. 그렇다면 그러한 사람들에게 다음과 같이 말해주고 싶다. '주석을 보든 사전을 찾아보든 그것으로 인해 독서가 중단된다면 이 얼마나 귀찮은 일인가.'라고······.

따라서 대부분의 독자들은 이러한 번거로움을 감수하면서까지 일일이 찾아보기보다는 그냥 무시하고 넘어가며 독서하는 편이 낫다고 생각한다. 게다가 주석이나 사전은 무미건조한 사실을 가르쳐줄 뿐이며 이야기의 본래의 재미는 그 즉시 사라져 버릴 것이다. 그리고 시적인 이미지로 가득한 신화에서 그 시를 빼내 버리면 도대체 무엇이 남겠는가?

케윅스와 알퀴오네의 이야기는 이 책에서 한 장을 차지하고 있지만, 사전들 중 가장 잘 되어 있다는 스미스의 『고전문학사전』(윌리엄 스미스의 『그리스 로마 전설 신화사전』을 말함)에도 불과 여덟 줄의 설명만이 있을 뿐이다. 이것은 다른 사전도 마찬가지다.

이러한 문제들을 해결하기 위한 시도로, 신화 속의 이야기를 즐거움의 원천이 되도록 이야기를 풀어갈 것이다. 만일 여기에서 등장하는 이야기들을 보고 어디선가 이와 똑같은 이야기를 대할 때 '바로 이것이로구나' 하고 쉽게 알 수 있도록 고대의 가장 신뢰할 만한 책을 가지고 이 이야기를 명확히 전달할 것이다.

딱딱한 학문이 아니라 유연한 학문으로서 신화를 이야기할 것이다. 다시 말하자면 여기에서 옛날 이야기책에서나 느낄 수 있는 재미를 곁들임으로써 그 지식을 모두에게 전달하고자 하며, 항상 가까이 두고 읽는 응접실의 고전문학사전이 되었으면 하고 소망하는 바이다.

이 책에 나오는 대부분의 그리스·로마 신화는 오비디우스(로마의 시

인, BC 43~AD 17)와 베르길리우스(로마의 시인, BC 70~AD 19)의 작품에서 뽑았다. 그러나 그것들을 원문 그대로 옮기지는 않았다. 시를 산문으로 그대로 옮기면 정말 재미없는 읽을거리가 되어 버린다고 생각했기 때문이다. 운문 그대로 옮기더라도 역시 마찬가지이다. 왜냐하면, 압운과 운율 등과 같은 여러 시적인 장치가 있는 원문을 충실히 옮긴다는 것은 사실 불가능한 일이라고 생각했기 때문이며, 그 외에도 여러 이유가 있기 때문이다. 그래서 이야기는 일단 산문으로 서술하고, 언어적인 것은 바뀐다 하더라도 원문에 내재되어 있는 시적인 요소는 가능한 한 그대로 살리려고 노력했다. 그리고 형태를 바꾼 이야기들 가운데 적당치 않은 부분은 과감히 생략했다.

시의 인용은 아주 자유롭게 했으며, 그 이유는 수록된 시가 이 책에서 의도하는 중요한 목적에 도움을 줄 수 있으리라는 생각에서였다. 여기에 소개된 이야기 하나하나는 중요한 사건들을 우리의 뇌리에 각인되도록 하며, 이름 하나하나를 정확히 알아가는 데 도움을 줄 것이다. 또한, 우리의 기억을 수많은 아름다운 시로 풍요롭게 채워줄 것이다. 그것은 책에 실린 시 중 몇 편은 책을 읽거나 사람들과 대화를 할 때 자주 인용되거나 언급되는 시구들이기 때문이다.

적어도 이 책을 즐거움의 원천으로 삼길 원한다. 나아가 신화를 오래 접한 사람에게는 이 책을 유익한 독서의 동반자로 생각해줄 것이며, 여행 중에 박물관이나 미술관을 방문하는 사람들에게는 회화 작품이나 조각을 감상할 때 이해를 돕는 해설서로서, 그리고 사교 모임에서 사람들과 자주 어울리는 이들에게는 대화 중에 주고받는 비유들의 이해에 필요한 열쇠가 되어줄 것이다.

마지막으로 인생을 오래 살아온 사람이라면 이 책을 기쁨으로 넘치는 문학의 여로로 되짚어가기 위한 것으로 생각해줄 것이다. 신화는 그들의 과거로 이끌어 갈 것이며 한 걸음 한 걸음마다 새로운 인생의 즐거움을 안겨줄 것이다.

옛 시인들이 그려낸 저 명료함,
그 옛날의 종교가 낳은 아름다운 인간의 모습.
힘의 신, 미의 신, 주권의 신,
골짜기, 혹은 소나무 우거진 산,
숲 속, 혹은 평화로이 흘러가는 강가,
자갈이 깔린 샘 곁에,
대지의 갈라진 틈이나 깊은 바다에 사는
이 신들은 모두 떠나보냈다.
그들은 이미 이성이 있는 신앙에서 존재하지 않는다.
하지만 여전히 인간은 말을 필요로 하며,
지금도 그 오랜 본능처럼 옛 이름을 되뇌고 있다.
인간과 벗이 되어 이 대지에 함께 살던
님프들과 신들의 이름을.
그리고 아직까지도 위대함 신은, 제우스이며,
아름다움의 신은 아프로디테이다.

— 콜리지(영국의 시인. 1722~1834) 『피콜로미니 부자』 제2부의 2막 4장

토마스 불핀치(Thomas Bullfinch)

아프로디테, 보티첼리, 1486년경

구원, 에밀 무니에르, 1894년

Ⅱ. 신화의 시대

그렇게 말하며 파란 눈의 여신 아테나는 올림포스로 올라갔다.
신들의 유명한 영원의 처소로. 거기에는 매서운 폭풍도 없고 비도 없으며 눈도 오지 않으니,
맑은 햇빛이 평온하게 쏟아지는 한낮이다. 신들은 그곳에서 영원한 기쁨을 누린다.

세 여신, 페테르 파울 루벤스, 1636~39년

Bulfinch's Mythology: The Age of Fable

신 화 의   시 대
고대 그리스의 신들

    신들의 이야기를 이해하려면 먼저 옛 그리스인들이 생각했던 세계의 구조를 이해해야 한다. 그것은 로마의 지배를 받던 유럽 대부분의 나라들이 로마로부터 그리스인의 유산(遺産)을 이어받았기 때문이다.

    그리스인들은 지구가 원판에 평평한 모양이라고 여겼다. 자신들의 나라는 그 원형의 평평한 세상 한가운데 있고, 그 나라의 중심에 신들이 모여 살던 올림포스 산^{Mount Olympus}이나 신탁(神託 oracle)으로 잘 알려진 델포이^{Delphi} 신전이 자리하고 있다고 믿었다. 또 이 원반 모양의 가운데 위치한 바다는 세계를 동과 서로 나누고 있다고 생각했다. 그들은 그 바다를 지중해라고 불렀다. 그리고 그곳에서 이어지는 바다를 에우크세이노스^{Euxine}(흑해)라고 했다. 당시 그리스인들이 알고 있던 바다라고는 이 둘이 전부였기 때문에 그렇게 생각한 것은 어쩌면 당연한 것이었다.

그들이 생각한 세계의 바깥 가장자리로는 '대양하'(大洋河 $^{River\ Ocean}$)라는 거대한 바다가 둘러싸여 있었다. 이 바다는 지구의 서편에서는 남에서 북으로, 동편에서는 북에서 남으로 흐르고 있었다. 그리고 그 흐름이 일정했으며, 어떠한 폭풍우에도 결코 넘치는 일이 없었다. 모든 바다와 강은 그곳으로 흘러들어오는 물을 받아들였다.

옛 그리스인들은 또한 그 땅의 북쪽으로 휘페르보레오스^{Hyperboreans}라고 하는 민족이 높은 산맥 너머에서 영원한 기쁨과 봄을 누리면서 행복하게 산다고 믿었다. 그리고 그 산에 있는 커다란 동굴로부터 살을 엘 듯이 차가운 북풍$^{north\ wind}$이 몰려나와서 헬라스^{Hellas}(그리스) 사람들을 추위에 떨게 한다고 믿고 있었다. 그런데 그 나라로 가는 길이 따로 없어 아무도 그곳에 갈 수 없었다. 그들은 그 나라 사람들은 늙거나 병들지 않으며 그 나라에는 고통과 전쟁도 없다고 생각했다.

토마스 모어$^{Thomas\ Moore}$는 「휘페르보레오스의 노래$^{Song\ of\ a\ Hyperborean}$」라는 시의 시작에서 다음과 같이 말하고 있다.

　　내 고향은 밝고 깊은 햇살로 가득하고,
　　황금빛 정원으로 빛나는 곳.
　　그곳은 거센 북풍조차도 잠들어 조용하고
　　소라고둥의 슬픈 흐느낌조차 들리지 않는다

그들 세계의 남쪽, 거대한 바다 가까이에도 휘페르보레오스 사람들에 못지않게 행복하고 마음이 넉넉한 민족이 살았는데 그들을 에티오피아인^{Ethiopian}이라 불렀다. 신들은 이들을 아끼며 사랑했기 때문에 때때로 올림포스의 거처를 떠나 그들과 향연을 벌이곤 했다.

지구의 서쪽 끝 거대한 바다 가까이에는 엘리시온의 들$^{Elysian\ Plain}$이라 불리는 땅이 있었다. 이곳은 신들로부터 특별한 사랑을 받은 인간이 영원한 행복을 누릴 수 있는 곳으로 '행복한 들$^{Fortunate\ Fields}$', 혹은 '축복받은 섬$^{Isles\ of\ the\ Blessed}$'이라 불렀다.

이것으로 미루어 보아, 옛 그리스인은 자신들의 동쪽과 서쪽에 사는 민족이나 지중해 연안에 존재하는 민족에 대해서는 거의 몰랐던 것으로 보인다. 그래서 그들은 지중해의 서쪽 땅에는 거인^{giants}, 괴물^{monsters}, 마녀^{enchantresses}들이 살고, 원반 같은 세계의 주변에는 신들로부터 남다른 사랑을 받은 민족들이 행복과 영원한 삶을 누리며 산다고 상상했던 것이다.

해와 달은 거대한 바다에서 떠올라 신과 인간에게 빛을 주며 하늘의 길을 따라 지나간다고 믿었고, 북두칠성, 즉 큰곰자리와 그 근처에 있는 별들을 제외한 모든 별들도 거대한 바다에서 떠올랐다가 다시 그 속으로 사라진다고 생각했다.

밀턴^{Milton}은 가면극 『코무스^{Comus}』에서 다음과 같이 노래하고 있다.

이제 금빛 하루의 마차는
그의 굴대를 거대한 바다에 담그고
어스름한 빛줄기를
북쪽의 하늘로 뿜어대면서

제우스와 테티스, 장 오귀스트 도미니크 앵그르, 1811년

강직해 보이는 제우스의 턱을 어루만지며 뭔가를 하소연하는 이가 바로 테티스다. 직선적인 느낌의 제우스와 달리 테티스는 부드러운 곡선으로 처리되고 가슴과 오른손은 제우스의 무릎에 올려져 도발적인 느낌마저 들게 한다. 이 작품은 테티스가 트로이 전쟁에 참전한 아들을 구해달라고 간청하기 위해 제우스를 찾아가 하소연하고 있는 모습을 그린 것이다. 어머니로서 아들의 안전을 걱정하는 모성애를 주제로 한 작품인 것이다.

동쪽의 그의 쉴 곳으로
서둘러 돌아가고 있다.

　신들이 머무는 궁전은 테살리아^{Thessaly}에 있는 올림포스 산의 꼭대기에 위치해 있었다. 그곳에는 호라이^{Horai}라고 불리는 계절의 여신들이 지키는 구름으로 만들어진 문이 하나 있었는데, 이 문은 하늘의 신들이 땅을 오갈 때마다 열렸다. 신들은 저마다 자신들의 궁전을 가지고 있었으며, 주신(主神) 제우스^{Zeus}(주피터^{Jupiter})가 부르면 모두 델포이 신전으로 모여들었다.

　올림포스의 주신이 사는 궁전의 크고 널찍한 연회장에서는 수많은 신들이 신의 음식 암브로시아^{ambrosia}와 음료 넥타르^{nectar}를 먹고 마시며 날마다 성대한 연회를 열었다. 아름다운 여신 헤베^{Hebe}는 그 연회에서 넥타르 잔을 신들에게 날아다 주었다.

　신들은 이 자리에서 하늘과 지상에서 일어났던 여러 가지 일들을 이야기하며 보냈다. 그들이 이렇게 넥타르를 마시고 있을 때면 음악의 신 아폴론^{Apollon}(아폴로^{Apollo})이 리라^{lyre}라는 악기를 연주해 그들의 흥을 돋워주었다. 뮤즈 여신^{Muses}들 또한 그 음악에 맞춰 노래를 불렀다. 그리고 해가 져 밤이 찾아오면 연회장의 신들은 각자 자신들이 머무는 곳으로 돌아가 잠을 청했다.

　『오디세이아^{Odysseia}』의 다음 구절을 보면 호메로스^{Homer}가 올림포스를 어떻게 생각하고 있었는지가 잘 나타나 있다.

그렇게 말하며 파란 눈의 여신 아테나는
올림포스로 올라갔다.

고대 그리스의 신들 | 75

신들의 유명한 영원의 처소로,
거기에는 매서운 폭풍도 없고
비도 없으며 눈도 오지 않으니,
맑은 햇빛이 평온하게 쏟아지는 한낮이다.
신들은 그곳에서 영원한 기쁨을 누린다.

여신들이 입는 성스러운 옷이나 그 밖의 직물들은 아테나와 세 명의 미의 여신 Graces이 짰으며, 그들이 사용하는 물건은 모두 단단한 금속으로 만들어졌다.

헤파이스토스 Hephaistos 는 올림포스의 건축가이자 대장장이이며 갑옷과 바퀴가 두 개 달린 전차까지 만들 수 있는 재주꾼이었다. 그는 놋쇠로 신들의 집을 짓고, 황금으로 신들의 신발을 만들어주었다. 신들이 그 신을 신으면 하늘이나 물 위를 걸을 수 있었으며 빠른 속도로 이곳저곳을 자유롭게 날아다닐 수도 있었다. 헤파이스토스는 또 천마의 발굽에 놋쇠로 된 편자를 박아주기도 했다. 그 말들은 신들의 마차를 이끌고 하늘과 바다 위를 달렸다.

그는 또한 자기가 만든 물건들이 스스로 움직이게 할 수 있었다. 그래서 그가 만든 삼각의 대 tripods (의자와 테이블들)를 타면 궁의 어디든지 자유롭게 다닐 수 있었다. 그는 또한 자기가 만든 황금으로 된 시녀들에게 지능을 불어넣어 자신을 시중들도록 했다.

제우스는 신과 인간들의 아버지라 불렸는데, 그런 제우스에게도 부모가 있었다. 크로노스 Cronos (새턴 Saturn)가 바로 아버지이고, 레아 Rhea (옵스 Ops)가 그의 어머니였다.

가이아Gaia(대지大地)는 모든 세계의 근원으로, 우선 우라노스Uranus(천공天空)와 폰토스Pontos(대양大洋)를 낳고, 우라노스와 결혼하여 12명의 티탄Titans과 키클롭스Cyklops, 헤카톤케이르Hekatoncheir를 낳았다. 티탄족은 레아Leah, 오케아노스Oceanus, 크리오스Crius, 히페리온Hipherion, 테아Theia, 코이오스Coeus, 이아페토스Iapetus, 포이베Phoebe, 크로노스Cronos, 테티스Tethys, 테미스Themis, 므네모시네Mnemosyne이다. 이들은 원시적인 자연의 힘을 상징하며, 후에 천상을 지배할 올림포스Olympus 신족(神族)의 먼 조상이라 할 수 있다.

티탄족Titans인 크로노스와 레아의 부모는 하늘(우라노스Uranus)과 땅(가이아Gaia)이었으며, 하늘과 땅은 카오스Chaos(혼돈)의 자식이었다. 천지창조와 신들의 계보에 대하여 서술한 헤시오도스의 《신통기(神統記)》에 따르면 최초로 '무한한 공간'인 카오스가 생기고, 뒤를 이어 대지의 여신 가이아와 모든 물질이 섞이고 생겨나도록 하는 정신적인 힘인 에로스Eros가 생겨났다고 한다.

카오스는 최초의 우주 상태, 하늘과 땅의 구별이 없고 혼돈과 무질서 그 자체인 상태를 말한다. 카오스는 형태 없는 혼란 덩어리였으나 그 속에는 여러 만물의 씨앗이 잠자고 있었다. 이 카오스에 대해서는 다음 장에 다시금 자세히 설명할 것이다.

또 하나의 코스모고니Cosmogony, 즉 우주 창조설이 있는데, 이 설에 의하면 최초에 가이아Earth와 에레보스Erebus(암흑), 에로스Love(사랑)가 있었다. 에로스(아모레Amore·큐피드Cupid)는 카오스 위에 떠 있던 닉스Nix(밤)의 알에서 태어났다. 에로스는 가지고 있던 화살과 횃불로 모든 사물을 찔러 생기를 불어넣고 생명과 환희를 만들어냈다고 한다.

크로노스와 레아만이 유일한 티탄족이었던 것은 아니다. 그 밖에도 오케아노스, 히페리온, 이아페토스, 오피온 같은 남신들과 테이아, 포이베, 테미스, 므네모시네, 에우리노메 Eurynome 같은 여신들이 있었다. 이들은 너무 늙어서 나중에 지배권을 다른 신들에게 넘겨야만 했다. 이어 크로노스는 제우스에게, 오케아노스는 포세이돈 Poseidon (넵투누스·넵튠 Neptune)에게 히페리온은 아폴론에게 이어졌다. 히페리온은 태양과 달, 여명의 아버지였다. 그러므로 최초의 태양신은 히페리온인 셈이다.

크로노스와 레아가 지배하기 전에는 오피온과 에우리노메가 올림포스를 지배했었다.

밀턴은 서사시 『실낙원 Paradise Lost』에서 이 신들에 대해 얘기하는데, 여기에서 오피온과 에우리노메는 인간을 유혹하여 타락시키는 수법을 이미 터득했던 것으로 보인다. 그 내용은 이렇다.

> 오피온이라 불리는 뱀이 에우리노메(아마도 지배의 손길을 뻗친 이브이리라)와 더불어 처음에는 저 높은 올림포스를 지배하다가 크로노스에게 쫓겨났다……
>
> 『실낙원』 9권 581행

권력을 장악하게 된 크로노스는 자신의 형제들인 티탄족들은 모두 구출했지만, 보기 흉한 키클롭스와 헤카톤케이르들은 그대로 땅 밑에 가두어 놓았다. 이를 못마땅하게 여긴 가이아는 크로노스에게 아들들이 그를 자리에서 쫓아낼 것이라고 저주를 내렸다. 불안해진 크로노스는 아내 레아에게서 자식이 태어나면 모두 삼켜버렸다. 헤스티아, 데메테르, 헤라, 하데스, 포세이돈이 그가 삼킨 자식들이었다.

마지막 아들인 제우스가 태어나자 레아는 돌을 자신이 입던 옷으로 싸서 아기라고 속여 남편에게 건네주었고, 크로노스는 레아의 거짓말에 속아 그 돌을 삼켰다. 어린 제우스는 숲 속 님프들의 손에서 키워질 수밖에 없었다. 성장한 뒤 아버지 크로노스에 맞서 크로노스가 삼켜버린 다섯 형제와 자매들을 모두 토하게 했다. 다행히 그들은 죽지 않는 신들이라서 모두 건강하게 살아 있었다.

크로노스에게서 구출된 그들은 제우스를 지도자로 삼고 티탄족에 맞서 반란을 일으켰다. 올림포스의 제우스와 형제들은 티탄족의 감옥에 갇혀 있던 키클롭스들과 동맹을 맺었다. 키클롭스들은 훌륭한 대장장이들이었는데, 제우스에게는 번개를, 포세이돈에게는 트라이아나Triaina라는 삼지창을, 하데스Hades에게는 머리에 쓰면 상대방에게 모습을 보이지 않게 만드는 퀴네에Kynee라는 황금투구를 무기로 만들어주었다.

제우스는 티탄족을 정복하고 나서 어떤 자는 타르타로스Tartarus(지옥)에 가두고 다른 자들에게도 그에 맞는 다른 형벌을 내렸다. 아틀라스Atlas에게 어깨로 하늘을 떠받치는 벌을 내린 것이 그것이다. 제우스의 처리 방식을 못마땅하게 여긴 가이아는 기간테스Gigantes들을 낳아 제우스에게 복수하려 했다. 기간테스들은 큰 몸집에 힘이 세고 난폭한 거인으로, 올림포스 신들에게 도전해 그들과 격렬한 전쟁을 벌였다.

이들 사이의 치열한 전쟁은 오랫동안 계속되었다. 올림포스 신들은 용감히 싸웠지만 기간테스들도 만만치 않았다. 그러나 어떻게 해도 올림포스 신들의 힘만으로는 이 전쟁을 이길 수 없었다. 인간의 도움이 있어야만 전쟁을 이길 수 있다는 신탁이 있었던 것이다.

그렇게 해서 헤라클레스Hercules가 이 전쟁에 끼어들게 되었고, 결국 올림포스 신들의 승리로 끝이 맺게 된다.

제우스가 기간테스까지 물리치자 가이아는 자신의 뱃속 깊숙한 곳에 있던 타르타로스와 어울려 막내아들 티폰 Typhon 을 낳았다. 티폰은 상반신은 인간이고 하반신은 뱀이었는데 그 힘과 속도는 이겨낼 자가 없었다. 키도 기간테스보다 커서 일어서면 머리가 별에 부딪히고 손을 뻗으면 하늘의 동쪽 끝에서 서쪽 끝까지 닿았다.

티폰은 손가락은 백 마리의 뱀이었고 허리 아래로는 독사들이 감겨 있었다. 날개가 있어 날 수 있었고 독사들은 검은 혀를 날름거리며 끊임없이 불꽃을 뿜어대 듣기에도 무시무시한 소리가 일었다. 그러나 제우스가 티폰의 공격까지 막아내자, 그는 더 이상 자리를 위협받지 않았고, 우주에는 안정된 질서가 잡히기 시작했다.

제우스는 하늘을 차지하고 포세이돈은 바다를, 하데스는 죽은 사람들의 나라인 명부(冥府 : 지하 세계)를 차지하게 하였다. 그리고 온 세상과 올림포스를 셋의 공동 소유로 했다. 마침내 제우스는 신들과 인간들의 왕이 된 것이다.

제우스는 천둥과 번개 그리고 헤파이스토스가 제우스를 위해 만들어준 아이기스 Igis 라는 방패를 가지고 있었다. 제우스가 총애한 새는 독수리였으며, 그 독수리가 제우스의 번개를 지니고 있었다.

헤라 Hera (유노 Juno)는 제우스의 아내이자 신들의 여왕이었다. 그리고 무지개의 여신 이리스 Iris 는 헤라의 시녀이며 사자(使者)였다.

천상의 기술을 지닌 장인(匠人) 헤파이스토스는 제우스와 헤라 사이에서 태어난 아들이었다. 어떤 이야기로는, 제우스가 머리로 아테나 Athene 를 낳는 것을 본 헤라가 혼자 힘으로 헤파이스토스를 낳은 것이라고도 한다. 그런데 그는 태어나면서부터 절름발이에다 얼굴도 너무 추하게 생겼다고 한다. 제우스에게 대항하려다 실패하여 못생기고 흉

자식을 삼키는 크로노스, 페테르 파울 루벤스, 1636년

'시간', '세월'이라는 뜻의 크로노스는 로마 신화에서는 농경신 사투르누스 Saturnus 와 동일시되었다.

이 장면은 신탁이 두려워 자식을 삼키고 있는 모습이다. 천공신 우라노스와 대지의 여신 가이아의 아들로 티탄 신족에 속한다. 우라노스를 처치하고 누이인 레아를 아내로 맞이하지만 제우스에게 패하여 추방당했다.

크로노스가 지배한 시대는 인류의 황금시대로, 그는 인류에게 행복을 가져다주었다. 그리고 올림포스에서 추방된 후에는 행복의 섬으로 건너가 그곳의 왕이 되었다. 고대 로마인들은 올림포스에서 쫓겨난 크로노스가 후에 이탈리아로 건너왔으며, 그의 아들 피쿠스가 로마 왕의 시조가 되었다고 믿기도 했다.

우라노스로부터 거의 완성된 우주를 물려받은 크로노스는 자신의 형제인 티탄들을 지하에서 해방시켰지만, 외눈박이 괴물인 키클롭스와 헤카톤케이레스들은 그대로 땅 밑에 가두어 놓았다. 이에 대해 가이아는 섭섭함을 감추지 않았다. 그래서 가이아는 크로노스 역시 자신의 자식 중 하나에게 권좌를 빼앗길 것이라는 저주를 했다. 이를 두려워한 크로노스는 운명을 피해 보려고 자신과 레아 사이에서 생긴 자식들을 낳는 대로 바로 삼켜 버렸다.

제 자식을 매정하게 먹어 치우는 남편을 그대로 둘 수 없었던 레아는 가이아를 찾아가서 이 횡포에서 벗어날 방법을 궁리했다. 가이아의 도움을 받은 레아는 제우스를 낳자 돌을 아기라고 속여 크로노스에게 삼키게 하고, 정작 아기는 가이아가 데리고 가서 크레타의 '이데' 산속 동굴에 숨겨 키웠다.

제우스는 장성하자마자 아버지의 왕위를 빼앗기 위해 도전했다. 제우스는 우선 크로노스에게 메티스 여신으로부터 얻은 약을 먹여 자신의 형제들을 토하게 했다. 이때 크로노스는 마지막으로 삼켰던 돌멩이를 먼저 토해 내는데 제우스는 이 돌을 델포이 신전이 있는 파르나소스 산에 올려놓아 자신의 승리의 증거로 삼았다. 이것이 세상의 중심이 된 옴팔로스다.

비너스의 탄생, 윌리암 아돌프 부그로, 1876년

아프로디테 여신은 로마 시대와 르네상스 시대를 거치면서 특정한 민족 신화의 틀을 벗어나, 이상적인 여성으로 서양 문학과 미술에서 폭넓게 다루어졌다. 호메로스 시대에는 아프로디테가 제우스와 바다의 정령(精靈) 디오네의 딸로 되어 있으며 헤파이스토스의 아내가 되었다고 하는데, 헤시오도스 시대에는 우라노스와 그의 아들 크로노스와의 싸움에서 비롯된 것으로 되어 있다. 즉, 크로노스는 어머니 가이아의 몸속에 숨어 있다가 아버지의 성기를 낫으로 잘라 바다에 던졌다. 이렇게 하여 바다를 떠다니는 성기 주위에 하얀 거품(아프로스 Aphros)이 모이고, 그 거품 속에서 아름다운 처녀가 생겨났다고 한다.

알몸의 처녀는 서쪽 바람의 신 아네모이에게 떠밀려 키테라 섬을 거쳐 다시 키프로스 섬까지 흘러왔는데, 여기서 그녀를 발견한 계절의 여신 호라이가 그녀에게 옷을 입히고 아름답게 꾸민 다음, 여러 신들의 자리로 안내했다고 한다.

한 아들을 낳은 게 못마땅했던 헤라는 갓 태어난 헤파이스토스를 인간이 사는 지상으로 던져 버렸다. 그러나 헤파이스토스는 테티스와 에우리노메라는 물의 님프들에 의해 구출되었고, 그들과 9년 동안 동굴 속에서 살며 기술의 신으로 자라났다.

밀턴은 『실낙원』 제1편에서 이 이야기를 인용하고 있다.

어느 여름날, 아침부터 한낮을 지나
이슬이 내리는 저녁에 이르기까지
그는 하루 온종일 떨어졌다.
석양과 함께 하늘에서 떨어지는 별처럼
저 에게 해의 림노스 섬으로……

전쟁의 신 아레스 Ares (마르스 Mars)는 제우스와 헤라 사이에서 태어난 아들이다.

활쏘기와 예언, 음악의 신으로 포이보스 Phoebus 라고도 불리는 아폴론은 제우스와 레토 Leto (라토나 Latona) 사이에서 태어난 아들로, 아르테미스 Arthemis (디아나·다이아나 Diana)의 오빠이다. 여동생 아르테미스는 달의 여신이 되었고, 아폴론은 태양의 신이 되었다.

사랑과 미의 여신 아프로디테 Aphrodite (베누스·비너스 Venus)는 제우스와 디오네 Dione 사이에서 태어난 딸이다. 다른 이야기에 의하면, 그녀가 바다의 거품에서 나왔다고도 한다. 아프로디테가 파도에 실려 키프로스 Cyprus 섬에 이르렀을 때, 계절의 여신들이 그녀를 맞이하여 고운 옷을 입혀 천상의 여러 신들에게 안내했다. 그 자리에 있던 신들은 모두

거울 속의 비너스, 디에고 벨라스케스, 1647~51년

　벨라스케스는 총 네 점의 누드화를 그렸는데 이 작품만이 유일하게 남아 있다. 그의 작품 중 누드화가 드물었던 것은 스페인의 종교계에서 누드 작품을 거의 용인하지 않았기 때문이다. 그래서 이 작품도 그가 이탈리아에서 완성한 작품으로 추정하고 있다.
　벨라스케스 특유의 풍부한 붓 터치와 자극적인 색체는 마치 살아 있는 누드를 보는 듯하다. 그림 속 비너스는 침대 위에 길게 누운 채 한 손으로는 머리를 괸 채 큐피드가 들고 있는 거울을 보며 생각에 잠긴 듯하다. 여느 신화 작가처럼 벨라스케스 역시 누드화를 그렸다는 비난을 피하기 이해 큐피드를 그려넣어 화면 속 여인을 비너스라고 생각하게끔 만들었다.
　하지만 실재 그림 속 주인공은 로마의 상류층 출신의 그의 연인 플라미니아 트리바라고 한다. 그리고 이 작품에 등장하는 거울의 이미지는 그의 유명한 작품 「시녀들」을 연상하게 만든다.

그녀의 아름다움에 매혹되어 그녀의 사랑을 얻기를 원했다. 그러자 제우스는 번개를 잘 다듬은 것에 대한 보상으로 헤파이스토스를 아프로디테와 결혼시켰다. 여신 중에서 가장 아름다운 그녀가 남신(男神) 중에서 가장 못생긴 신의 아내가 된 셈이다.

아프로디테는 케스토스 Cestus 라는 아름다운 수가 놓인 허리띠를 가지고 있었는데, 이 띠에는 상대방의 애정을 불러일으키는 힘이 있었다. 그녀가 특별히 총애한 새는 백조와 비둘기였고, 그녀에게 바쳐진 식물은 장미와 떨기나무(도금양桃金孃)였다.

아프로디테의 아들 에로스는 사랑의 신이었다. 그는 항상 활과 화살을 들고 어머니를 따라다니면서 신과 인간의 가슴에 사랑의 화살을 쏘곤 했다. 에로스의 동생 안테로스 Anteros 는 이루지 못하는 사랑의 복수자로 표현되기도 하고, 서로 간의 사랑의 상징이 되기도 한다.

안테로스에 대해서는 다음과 같은 이야기가 전해진다.
어느 날 아프로디테가 테미스 Themis (계율의 여신)에게, 아들 에로스가 늘 어린아이 상태로 머문 채 자라지 않아 걱정이라는 얘기를 했다. 그러자 테미스는 에로스가 외아들이기 때문이니, 동생이 생기면 바로 자라게 될 것이라고 했다. 그러고나서 얼마 지나지 않아 테미스의 말대로 안테로스가 태어났고 그 뒤 에로스는 날로 키가 커졌고 힘도 세졌다고 한다.

아테나 Athene (미네르바 Minerva)는 지혜의 여신으로 제우스의 딸이지만, 어머니는 따로 없다. 그녀는 제우스의 머리에서 완전무장한 모습으로 태어났다. 그녀가 총애한 새는 올빼미였고, 그녀에게 바쳐진 식물은 올리브나무였다.

바이런 Byron 은 「차일드 해롤드 Childe Harold」에서 아테나의 탄생에 대해 다음과 같이 말하고 있다.

폭군은 폭군만이 물리칠 수 있는 것인가?
콜럼비아가 일어남을 보듯이,
저 완전무장한 순결한 아테나를 낳았을 때,
저 어린 용사가 태어나던 광경을
'자유'는 볼 수가 없는 것일까?
그러한 인물은 황야와,
베어내지 않은 깊은 숲 속과,
폭포가 쏟아지는 곳에,
거기에선 유모 같은 자연이
유아 같은 워싱턴에게 미소 지으니
대지는 이제 더 그녀의 가슴에
그런 씨앗을, 아니, 유럽은 그런 대지를
갖고 있지 않은가?
아니면 기를 수 없는 것일까?

헤르메스 Hermes (메르쿠리우스・머큐리 Mercury)는 제우스와 마이아 Maia 사이에서 태어난 아들이다. 그가 맡은 부문은 상업, 레슬링(격투) 및 그 밖의 경기, 심지어는 도둑질도 포함되는데, 요컨대 오래 익힌 능숙함과 빠른 눈치, 날랜 행동을 필요로 하는 것들 모두라고 할 수 있다.
그는 아버지 제우스의 뜻을 전달하는 사자(使者)로서 날개가 달린 모자와 신발을 신고 두 마리의 뱀이 감겨 있는 케리케이온(카두케우스

caduceus)이라는 지팡이를 들고 다녔다.

특히 헤르메스는 '리라'라는 악기를 발명한 신으로 알려져 있다. 그는 어느 날 발견한 거북이의 등 껍데기를 벗겨 양쪽에 구멍을 뚫고 거기에 아마실을 꿰어 악기를 만들었다고 한다. 현의 수가 아홉 개인 것은 아홉 명의 뮤즈 여신에게 경의를 표하기 위한 것이라고 한다. 헤르메스는 이 리라를 아폴론에게 주고, 그 보답으로 케리케이온 지팡이를 받았다.

악기의 이러한 근원 때문에, '껍데기 shell'는 가끔 '리라'와 같은 뜻을 가진 말로 쓰이며 상징적으로 음악과 시를 대변했다.

토머스 그레이 Thomas Gray는 그의 송시 「시의 진보 The Progress of Poesy」에서 다음과 같이 이야기하고 있다.

> 오, 의지의 영혼의 주인,
> 달콤하고 엄숙하게 들이쉬는 선율의 부모,
> 매혹적인 악기여! 말 없는 사랑,
> 그리고 광적인 정열이
> 당신의 부드러운 연주를 듣는다.

데메테르 Demeter (케레스 Ceres)는 크로노스와 레아 사이에서 태어난 딸로 농업을 주재하는 신이다. 그녀에게는 페르세포네 Persephone (프로세르피나 Proserpine)라는 딸이 있었는데, 그녀는 후에 하데스(플루토 Pluto)의 아내가 되어 저승의 왕비가 된다.

술의 신 디오니소스 Dionysus (바쿠스 Bacchus)는 제우스와 세멜레 Semele 사이에서 태어난 아들이다. 그는 사람을 취하게 하는 술의 힘을 상징

뮤즈 클레이오와 탈레이아, 에우테르페, 외스타슈 르 쉬외르, 1652∼55년

뮤즈는 무사^{Musa}의 영어식 이름이다. 현재는 일반적으로 시나 음악의 신으로 알려져 있지만, 고대에는 널리 역사나 천문학까지도 포함하는 학문과 예술 전반의 신으로 간주되었다. 일반적으로 날개가 달린 것으로 알려진 뮤즈들은 주로 산에서 살았는데, 특히 보이오티아의 헬리콘 산과 올림포스 산 근처의 피에리가가 그녀들의 주거지였다고 한다. 제우스와 므네모시네(기억) 사이에서 태어났다. 보통 복수인 무사이^{Musai}로 알려져 있지만, 그 수가 일정하지는 않았다.

뮤즈는 신화 속에서는 아폴론과 마르시아스의 음악 경연 때의 심판역을 맡았다. 또 음악가인 타미리스와 바다의 요정 세이레네스들은 그녀들과 노래 솜씨를 겨루다 패하여 타미리스는 소경이 되고, 세이레네스들은 바다에 투신했다고 하나 이들 고유의 신화는 매우 드물다. 특히 보이오티아 지방의 헬리콘산과 트라키아 지방의 피에리아에서 각별한 숭배의 대상이 되었다.

고대 그리스의 신들 | 89

할 뿐만 아니라 술이 지닌 사회적으로 긍정적인 면까지 상징한다. 이 때문에 디오니소스는 문명의 촉진자 promoter 및 입법자 lawgiver 그리고 평화를 애호하는 신으로 여겨지고 있다.

예능의 신인 뮤즈 Muses 는 제우스와 므네모시네 Mnemosyne (기억의 여신 Memory) 사이에서 태어난 딸들이다. 이들 뮤즈의 여신은 모두 아홉 명이었는데, 각기 문학·예술·과학 등의 특정 부문을 맡아 처리할 수 있는 권한을 가졌다. 칼리오페 Calliope 는 서사시를, 클레이오 Cleio 는 역사를, 에우테르페 Euterpe 는 서정시를, 멜포메네 Melpomene 는 비극을, 테르프시코레 Terpsichore 는 합창과 무용을, 에라토 Erato 는 서정시를, 폴리힘니아 Polyhymnia 는 찬가를, 우라니아 Urania 는 천문학을, 탈레이아 Thalia 는 희극을 맡았다.

미의 여신들이 맡은 것은 향연과 무용 그리고 사교적인 모든 환락과 기품 있는 예술이었다. 세 자매인 이 여신들의 이름은 에우프로시네 Euphrosyne, 아글라이아 Aglaia, 탈레이아 Thalia 이다.

스펜서는 뮤즈들을 「페어리 퀸」에서 다음과 같이 그리고 있다.

이 세 여신들은 인간에게 모든 은혜의 선물을 준다.
그것으로 몸을 치장하고 마음을 가꾸며
보다 아름답고, 보다 사랑스럽게 해준다.
고상한 몸가짐, 친절한 환대,
달콤한 외모, 마음을 하나로 해주는 우의,
정중한 모든 행위가 바로 그것이다.
여신들은 우리에게 신분의 높고 낮음,

원수나 친구의 구별 없이

우리가 마땅히 행해야 할 것들을 알려준다.

사람들은 이것을 '예의'라 부른다.

「페어리 퀸」 4권 10편

운명의 여신 Fates 도 클로토 Clotho, 라케시스 Lachesis, 아트로포스 Atropos 이렇게 세 명이다. 이들이 하는 일은 인간의 운명의 실을 짜는 것이었다. 그들은 큰 가위를 가지고 있어서 아무 때나 운명의 실을 잘라버리기도 한다. 이 여신들은 계율의 신인 테미스의 딸로, 어머니는 제우스의 옥좌 옆에 앉아서 그의 상담 역할을 맡았다.

복수의 여신도 세 명으로 그녀들의 이름은 알렉토 Alecto, 티시포네 Tisiphone, 메가이라 Megaera 이다. 그들은 정의의 재판을 피하거나 거부하는 자들의 범죄를 눈에 보이지 않는 바늘로 벌했다. 이 복수의 여신들의 머리카락은 뱀으로 둘러져 있고, 몸의 형상은 소름이 끼칠 만큼 무섭다. 그녀들은 에리니에스 Erinyes 혹은 푸리아이 Furies, 에우메니데스 Eumenides (착한 마음의 여신이라는 뜻)라고도 불렸다.

네메시스 Nemesis 도 복수의 여신인데 신들의 분노, 특히 거만한 자와 불손한 자에 대한 분노를 대표했다.

판 Pan (파우누스 Faunus)은 가축과 목동들의 수호신이다. 그는 주로 아르카디아 Arcadia 의 들에서 살았다.

그리스에서 판과 동일시되는 사티로스 Satyr·Saturos 는 숲과 들의 신들이었다. 그들의 몸은 뻣뻣한 털로 덮여 있으며, 머리에는 짧은 뿔이 솟아 있었고, 다리의 모양은 산양과 비슷했다.

님프들과 사티로스, 윌리암 아돌프 부그로, 1873년

부게로의 이 그림은 여러 님프들이 사티로스를 물속에 밀어 넣으려는 장면이다. 그리스 신화에서 다른 이름으로 판으로도 불리는 사티로스는 놀기를 좋아하고 여자를 졸졸 따라다니며, 여자들을 귀찮게 하기도 하지만 좋은 일도 많이 하는 신으로 알려져 있다.

일반적으로 헤르메스의 아들이라고도 하고, 목동과 암염소 사이에서 태어났다고도 한다. 춤과 음악을 좋아하는 명랑한 성격의 소유자인 동시에, 잠들어 있는 인간에게 악몽을 심고, 공포를 주기도 한다고 믿어져, 판은 '당황'과 '공황(恐慌)'을 의미하는 패닉(panic)이라는 말의 기원이 되기도 한다.

Bulfinch's Mythology: The Age of Fable

신 화 의 　 시 대
고대 로마의 신들

앞에서 이야기한 그리스의 신들은 로마인들이 그대로 받아들이기는 했지만 출발은 모두 그리스의 신들이다. 그러나 이제부터 이야기하는 신들은 로마 신화의 고유한 신들이다.

대표적인 신 사투르누스 Saturnus 는 고대 로마인으로부터 내려온 신이다. 이 신은 그리스의 신 크로노스와 동일시되기도 한다. 전설에 의하면 그는 아들 제우스에게 쫓겨 이탈리아 땅으로 도망쳤는데, 일반적으로 황금시대 Golden Age 라고 불리는 시기에 그곳을 통치했다고 한다.

사람들은 그의 선정을 기념하기 위해 매년 겨울이 되면 '사투르날리아 Saturnalia' 라는 제사의식을 치렀다. 그 기간 동안은 모든 공적인 일이 정지되고, 선전포고나 형벌의 집행도 미뤄졌으며, 친구들끼리 선물을 주고받았다. 그리고 노예들에게 최대한의 자유가 주어졌는데, 그들이 앉은 테이블에서 그의 주인이 시중을 들었다. 그것은 사투르누스의 치세에서는 인간이 본래 평등하다는 것과, 만물이 만인에게 똑같이 속해 있다는 것을 보여주는 것이었다.

사투르누스의 손자인 파우누스 Faunus(파우나 또는 보나디아라고 하는 여신도 있었다)는 들과 목자의 신이자 예언의 신으로 숭배를 받았다. 그 이름의 복수형인 파우니 Fauni 는 그리스의 사티로스와 같이 익살스러운 신들을 의미한다.

키리누스 Quirinus 는 전쟁의 신인데, 이 신은 로마의 창건자로서 사후에 신의 지위에 오르게 된 로물루스 Romulus 이다.

벨로나 Bellona 는 전쟁의 여신이다.

테르미누스 Terminus 는 토지의 신으로 그의 상은 거친 돌이나 기둥으로서 들의 경계를 표시하기 위하여 지상에 세워졌다.

팔레스 Pales 는 가축과 목장, 포모나 Pomona 는 과일나무(果樹), 플로라 Flora 는 꽃, 루키나 Lucina 는 출산을 맡아 처리하는 여신이다.

헤스티아 Hestia(베스타 Vesta)는 국가의 솥과 가정의 솥을 맡은 여신이다. 헤스티아의 신전에서는 베스탈 Vestals 이라고 하는 여섯 명의 처녀 사제가 수호하고 있는 성화(聖火)가 타고 있었다. 로마인의 믿음에 의하면, 국가의 안녕은 이 성화의 잘 간수하는 것과 관계가 있으므로 처녀 사제의 태만 때문에 그것이 꺼지기라도 하면 그녀들은 엄한 처벌을 받았고, 꺼진 불은 태양 빛에 의해 다시 점화되었다.

리베르 Liber 는 술의 신인 디오니소스에 해당하며, 물키베르 Mulciber 는 불과 대장장이의 신인 헤파이스토스에 해당한다.

헤스티아, 장 라우, 17세기

야누스 Janus 는 하늘의 문지기로서 새해를 열기 때문에 일 년 중 최초의 달 January 은 그의 이름을 따서 붙였다.

그는 문의 수호신인데, 문은 대개 두 방향으로 나 있으므로 야누스는 머리가 두 개라고 한다. 지금도 로마에는 야누스의 신전이 여러 개 있다. 그 신전의 문은 전쟁 시에는 언제나 열려 있었고 평화로운 시기에는 굳게 닫혀 있었다. 누마 Numa 의 치세기와 아우구스투스 Augustus 황제의 다스림이 끝날 때까지 이 신전의 문은 오직 단 한 번 닫혔다고 한다.

페나테스 Penates 는 가족의 행복과 번영을 지켜주는 신들로 여겼다. 그들의 이름은 페누스 Penus, 즉 식료품을 넣는 선반이라는 말에서 유래했는데 선반은 이 신들을 모시는 성스러운 신전 구실을 했다. 그래서 한 가정의 주인은 모두 자기 집의 페나테스 신의 사제였다.

라레스 Lares, 즉 라르들도 가정을 지키는 신들이었지만, 이들은 죽은 사람의 영혼이 신이 되었다고 생각했다는 점에서 페나테스와 달랐다. 라레스는 선조의 영혼으로, 자손을 감독하고 보호하기 위해 신이 된 것으로 영어에서의 유령 ghost 이라는 말과 비슷한 의미의 말로 통한다.

로마인들은 남자라면 누구에게나 자신의 게니우스 Genius (남자의 수호신)가 있고, 여자에게는 유노 Juno (여자의 수호신)가 있다고 믿었다. 즉, 그 신이 그들에게 삶을 주었다고 여기고 또한 평생 수호자가 되어 준다고 생각했던 것이다. 그래서 생일이 되면 남자는 자신의 게니우스에게, 그리고 여자는 자신의 유노에게 각기 선물을 바쳤다.

한 시인은 로마의 신들을 이렇게 말했다.

포모나는 과수원을 사랑하고,
리베르는 포도 넝쿨을 사랑하고,
팔레스는 암소의 입김으로 따스해진
초가 헛간을 사랑한다.
그리고 비너스는 굳게 맹세한
젊은 남녀의 달콤한 속삭임을 사랑한다.
4월의 상아 달빛 안에
밤나무 그늘 아래 들려오는 속삭임을.

판도라, 장 쿠쟁 1세, 1550년

Ⅲ. 인간의 등장

모든 신들이 선물을 주었던 저 판도라보다도 더 사랑스러운 이브,
그리고 오, 너무도 닮은 슬픈 사건, 헤르메스에 의해 야벳의 어리석은 아들에게 간 판도라는
그 수려한 모습으로 인류를 유혹하고 제우스는 진짜 불을 훔친 프로메테우스에게 복수한 것이니,

결박된 프로메테우스, 니콜라스 세바스찬 아담, 1762년

Bulfinch's Mythology: The Age of Fable

인 간 의   등 장
프로메테우스와 판도라

땅과 바다와 하늘이 창조되기 전에는 만물이 모두 하나로 이루어져 있었는데, 이것을 카오스 Chaos 라 부른다. 카오스는 하나의 혼란스러운 덩어리로서 굉장히 무겁기만 한 것이었으나, 그 속에는 세상 만물들의 씨가 잠자고 있었다. 즉, 땅과 바다와 공기가 한데 섞여 어우러져 있었던 것이다. 그때까지만 해도 땅은 딱딱하지 않았으며, 바다는 물이 아니었으며, 공기는 투명하지 않았다.

마침내 신과 자연의 능력으로 땅과 바다와 하늘이 나뉘면서 혼돈이 사라진다. 그때 불타고 있던 것은 가장 가벼웠기 때문에 위로 날아올라가 하늘이 되었다. 공기는 무게와 장소에 있어서 그 다음을 차지했고, 땅은 이들보다 무거워 밑으로 가라앉았다. 그리고 물은 제일 낮은 곳으로 내려가 육지를 떠오르게 했다.

이때 어떤 신이었는지는 알 수 없지만, 이제 막 이루어진 땅을 정리하고 배열했다. 그는 강과 만(灣)을 구분 짓고, 산을 일으켜 골짜기를 파고, 숲과 샘과 비옥한 논밭과 돌이 많은 벌판을 여기저기에 배열했다. 공기가 깨끗해지자 곧 별들이 나타나기 시작했고, 물고기는 바다를, 새는 하늘을, 네발짐승은 육지를 각각 차지했다.

그러나 정신을 소유하고 이 세상을 다스릴 수 있는 인간은 아직 없었다. 그때 프로메테우스 Prometheus ('먼저 생각하는 사람'이라는 뜻)가 세상에 찾아왔다. 그는 대지의 흙을 빚어서 우주를 지배하는 신들을 본떠 인간을 만들었다. 프로메테우스는 인간이 직립할 수 있도록 만들었기 때문에 인간은 처음부터 하늘을 우러러볼 수 있었다.

프로메테우스는 제우스에게 지위를 빼앗긴 옛 거신족(巨神族)의 하나로 타고난 재주가 많았다. 당시 그의 동생인 에피메테우스 Epimetheus ('나중에 생각하는 사람'이라는 뜻)도 인간을 만들거나, 인간과 동물들이 살아가는 데 필요한 능력을 주는 일을 맡게 되었다. 그래서 에피메테우스는 여러 동물들에게 용기・힘・속도・지혜 등 여러 가지 능력을 주기 시작했다. 그러나 만물의 영장이 될 인간의 차례가 되었을 때, 이미 자원을 모두 써 버려 인간에게 줄 것이 아무것도 남아 있지 않았다. 당황한 그는 형인 프로메테우스에게 달려가 도움을 청했다. 그러자 프로메테우스는 여신 아테나의 도움을 받아 태양의 이륜차(아폴론의 전차에서 가져온 불이라고도 하고, 제우스가 잠든 틈을 타 제우스가 항상 지니고 있던 하늘의 불씨를 훔쳐왔다고도 한다)에서 불을 가져다 인간에게 주었다. 이 불로 인간은 다른 동물보다 월등한 존재가 되었다. 무기를 만들어 다른 동물을 정복할 수 있었고, 도구를 사용하여 토지를 경작할 수도 있었으며, 또 집을 따뜻하게 하여 추위를 막을 수 있었기 때문이다. 더 나아가서 인간은 여러 가지 예술을 창조해 냈으며, 상거래를 위한 화폐를 만들기에 이르렀다.

그런데 이때까지도 세상엔 아직 여자가 없었다. 최초의 여자는 하늘을 다스리던 제우스가 만들어서 프로메테우스와 그의 동생에게 보냈다고 한다. 두 형제에게는 하늘로부터 불을 훔친 것을 벌하고, 인간에게는 그 선물을 받은 죄를 벌하기 위해서였다. 이때 만들어진 여자를 판도라 Pandora('모든 선물을 받은 여인'이라는 뜻)라고 했는데, 그녀가 완성되기까지는 모든 신이 조금씩 힘을 보탰다. 아프로디테는 아름다움을, 헤르메스는 설득력을, 그리고 아폴론은 음악에 대한 재능을 주었다. 이렇게 탄생한 판도라는 지상으로 내려와 에피메테우스와 결혼했다. 결혼에 앞서 형 프로메테우스가 제우스와 그의 선물을 경계하라고 동생에게 주의를 주었지만, 이미 그녀의 미모에 반한 그는 판도라를 아무런 의심 없이 아내로 맞아들였다.

에피메테우스는 상자를 하나 가지고 있었는데, 그 속에는 갖가지 해로운 기운이 들어 있었다. 그것은 인간에게 새로운 삶의 터전을 만들어 줄 때 필요하지 않았기 때문에 상자 속에 넣어 두었던 것이다. 그것을 알지 못했던 판도라는 상자 안에 무엇이 들어 있는지 궁금해졌다.

그러던 어느 날 그녀는 호기심을 누르지 못하고 뚜껑을 열어 상자 안을 들여다보았다. 그러자 그 안에서 인간을 괴롭히게 될 무수한 재액(災厄)들이 쏟아져 나왔다. 놀란 판도라는 재빨리 뚜껑을 덮으려고 했으나, 이미 상자 속에 들어 있던 것은 다 날아가 버리고 밑바닥에 오직 하나만 남아 있게 되었는데 그것이 바로 '희망'이었다. 오늘에 이르기까지 인간이 어떤 재난에 처하거나 고난이 와도 좌절하지 않는 것은 희망이 남아 있기 때문이다. 동시에 희망을 가지고 있는 한 어떠한 재난이나 고난도 인간을 절망에 빠뜨리지는 못하는 것이다.

그런데 이와 관련된 다른 이야기가 있다. 판도라가 제우스의 호의로 인간을 축복하기 위하여 보내졌다는 이야기가 그것이다. 판도라는 신들이 각기 축하하면서 준 선물을 한 상자에 넣어 가지고 있었는데, 그녀가 무심코 그 상자를 열었다가 선물이 다 달아나 버렸다는 것이다. 그러나 오직 희망만은 남았다는 것이지요. 이 이야기가 앞의 이야기보다 더 그럴듯한다. 왜냐하면, '희망'이란 매우 귀중한 보석과 같은 것으로, 그것이 앞의 이야기처럼 모든 재액으로 충만한 상자 속에 들어 있었다는 것은 이해하기 어렵기 때문이다.

최초의 시대는 죄악이 없는 행복한 시대로서 '황금시대 Golden Age'라고 불렸다. 이 시대에는 법이라는 강제에 의하지 않고도 진리와 정의가 행해졌고, 위협하거나 벌을 주는 지배자도 없었다. 그 무렵에는 아직 배 만드는 목재를 얻기 위해서 삼림을 벌채하는 일도 없었고, 마을의 주변에 성곽을 쌓는 일도 없었다. 땅은 인간이 밭을 갈고 씨를 뿌리며 노동하지 않더라도 인간에게 필요한 모든 것을 생산해냈다. 이때는 계절의 구분 없이 항상 봄이 지배하여 꽃은 씨앗 없이 자랐고, 강에는 젖과 술이 넘쳐 흘렀으며, 노란 꿀이 떡갈나무에서 뚝뚝 떨어져 내렸다.

뒤를 이어 '은의 시대 Silver Age'가 왔다. 이 시대는 황금시대만은 못했지만, 다음에 올 '청동시대'보다는 나았다. 제우스는 봄을 토막내어 일년을 사계절로 나누었다. 그때부터 인간은 추위와 더위를 참고 견뎌야만 했고, 비로소 집이 필요하게 되었다. 최초의 주거지는 동굴이었다. 이

상자를 열어보는 판도라, 존 윌리엄 워터하우스, 1903년

상자와 관련해서는 여러 이야기가 있다. 가장 일반적인 이야기는 제우스가 판도라에게 상자를 하나 주면서 절대로 열어보지 말라고 경고한 뒤에 에피메테우스에게 보냈다. 판도라는 에피메테우스와 평화로운 나날을 보내다가 제우스가 준 상자가 생각났다. 그녀는 제우스의 경고가 떠올랐으나 호기심이 두려움을 앞서 열어보고야 만다. 그 순간 상자 속에서 슬픔과 질병, 가난과 전쟁, 증오와 시기 등 온갖 악이 쏟아져 나왔으며 놀란 판도라가 황급히 뚜껑을 닫았으므로 희망만은 빠져나오지 못했다고 한다. 상자 밑에 있던 희망은 인류에게 재앙을 가져다줄 각종 불행을 달래기 위해 밖으로 나가게 해달라고 외쳤다. 그때까지 인류라면 자기들만의 것인 줄로 안 남자들은 고민과 고생이 없는 생활을 누려왔으나 이후부터 인간은 이전에는 겪지 않았던 고통을 영원히 떨쳐버릴 수 없게 되었다. 그러나 동시에 어떤 어려움 속에서도 희망을 간직하며 살게 되었다고 한다.

어서 나뭇잎으로 덮은 숲속의 은신처가, 그 다음에는 나뭇가지를 엮어 만든 오두막이 집 구실을 했다. 이제는 농작물도 재배하지 않으면 성장하지 않았다. 농부는 씨를 뿌려야 했으며, 소는 쟁기를 끌어야만 했다.

이어서 '청동시대 Brazen Age'가 왔는데, 이 시기의 사람들은 성품이 거칠어서 걸핏하면 무기를 들고 싸우려고만 했다. 그러나 아주 구제 못할 정도로 악한 것은 아니었다.

가장 무섭고 나쁜 시대는 '철의 시대 Iron Age'였다. 이때는 죄악이 홍수처럼 넘쳐흘렀고 사기와 간사함, 폭력과 사악한 욕심이 나타났다. 그전까지 공동으로 경작되던 땅은 분할되어 사유재산이 되기 시작했다. 사람들은 땅 위에서 생산하는 것에 더 이상 만족하지 않고, 땅속까지 깊숙이 파헤쳐 광물을 끄집어내기에 이르렀다. 이리하여 유해한 '철'과 그보다 유해한 '금'이 산출되었다. 철과 금을 무기(황금의 무기란 '뇌물'을 뜻함)로 삼아 전쟁이 일어났다. 손님은 친구의 집에 있어도 안전하지 못했다. 사위와 장인, 형제와 자매, 남편과 아내는 서로 믿지 못했다. 자식들은 재산을 상속받기 위하여 아버지가 죽기를 기다렸다. 가족 간의 사랑도 땅에 떨어졌다. 이렇게 되자 신들은 모두 대지를 거들떠보지 않게 되었다.

오직 아스트라이아 Astraea만은 인간에 대한 믿음을 저버리지 않고 지상을 떠나지 않았으나, 인간들이 전쟁을 일삼고 서로 해치자 마침내 그녀도 하늘로 올라가 처녀자리가 되었다. 또는 한 손에 선악을 가리는 저울을 들고 있는 천칭자리가 되었다고도 한다.

아스트라이아 여신은 순수하면서도 청순함을 대표하는 여신이다. 그녀는 지상을 떠나 하늘의 별들 사이에 자리를 잡았고 그것은 처녀자리가 되었다. 아스트라이아의 어머니는 정의의 신인 테미스 여신였다. 그 때문에 아스트라이아를 묘사할 때 그녀는 천칭(天秤)을 들고 서 있는 모습으로 그려지고 있다. 그녀가 들고 있는 천칭은 서로 상반된 의견을 저울질하기 위한 것이었다.

인간의 땅을 떠난 신들이 언젠가는 다시 돌아와 황금시대를 재현해 주리라는 것은 옛 시인들이 즐겨 부르는 시제(詩題)가 되었다.

영국의 시인 알렉산더 포프 Alexander Pope 의 「구세주 Messiah」는 기독교의 송가이지만 이러한 희망이 잘 드러나 있다.

이제 모든 죄악이 사라지고,
과거의 기만들도 이제 없어져

철의 시대, 살바토르 로사, 1663년

영웅들의 시대로 보기도 하고 혹은 철기시대와 중복되는 시대로 보기도 한다. 이때 헤라클레스, 테세우스, 이아손, 아킬레우스 등의 인물들이 등장한다. 영웅시대의 인간은 정의롭고 신들과 교감하는 시대였다. 많은 왕과 귀족들이 신의 후손이었으며 강력한 도시들도 등장한다. 그러나 이러한 시대도 영원할 수 없어서 오이디푸스 왕의 재물을 차지하기 위해 치른 전쟁 동안 테베의 일곱 개의 문에서 수많은 전사가 쓰러졌고, 트로이에서 벌어진 10년의 전쟁은 이보다 더 많은 사상자를 만들어냈다. 그 전사들은 제우스의 아름다운 딸 헬레네를 위해 그리스의 여러 도시에서 모여든 사람들이었다. 그들이 모두 죽자 티린스, 필로스, 아이올코스 등 여러 아름다운 도시와 미케네도 결국 무너졌다.

정의의 여신은 이 땅에 다시 돌아와

천칭을 높이 들고,

평화의 여신도 이 땅 위로 올리브 가지를 뻗고,

흰옷의 여신 아스트라이아도

하늘로부터 내려오리라.

제우스는 이런 모습을 보고 크게 화를 내며 신들을 모두 불러 모아 회의를 열었다. 신들은 제우스의 부름에 응해 하늘의 궁전으로 떠났다. 제우스의 궁전으로 통하는 길은 맑게 개인 밤이면 누구나 볼 수 있을 정도로 하늘을 가로질러 훤히 트여 있는데, 사람들은 이 길을 '은하수milky way'라고 불렀다. 길 주변에는 유명한 신들의 궁전이 즐비하게 늘어서 있고, 지위가 낮은 신들은 길 양쪽에서 조금 떨어진 곳에서 살고 있었다.

제우스는 신들이 모두 모이자 연설을 시작했다. 그는 먼저 지상에서 벌어지는 갖가지 무서운 일들을 설명하고, 인간들을 다 멸망시킨 다음 그들과는 다른, 그러면서도 그들보다 살 가치가 있으며 신을 진심으로 숭배하는 새로운 종족을 만들 작정이라고 선언했다.

말을 마치자마자 제우스는 벼락을 지상으로 던져 불태워 버리려고 했다. 그러나 지상에 불이 붙으면 하늘도 화를 면하기 어렵다는 생각에 제우스는 계획을 바꿔 세상 천지를 물바다로 만들어 버리기로 했다.

그는 먼저 비구름을 내리는 북풍을 사슬로 붙들어 매고 남풍을 보냈다. 순식간에 하늘은 먹구름으로 뒤덮였다. 사방에서 몰려온 구름은 서로 부딪치며 하늘을 울리는 큰 소리를 냈다. 폭포수같이 쏟아지는 비는 곡식을 쓰러뜨리고 한 해 동안 수고한 농부의 노력은 순식간에 물거품이 되어 버렸다.

　제우스는 하늘에 있는 자신의 물만 가지고는 충분하지 않다고 생각하고 동생인 포세이돈에게 도움을 요청했다. 포세이돈은 강물을 넘치게 해 그 물이 땅을 덮게 했다. 동시에 땅을 흔드는 지진을 일으켰다. 바닷물은 역류해 해안을 뒤덮었다. 가축과 인간, 그리고 집들이 물에 떠내려갔고 신성한 빛으로 둘러싸인 지상의 신전들마저 휩쓸려갔다. 물에 떠내려가지 않은 큰 건물들은 전부 잠겨버렸고 제아무리 높은 탑이라도 물 밖으로 모습을 드러낸 것은 없었다. 세상은 온통 물로 뒤덮였고 해안선도 사라져 끝없는 바다만이 펼쳐져 있었다. 여기저기에 간혹 솟아 있는 산꼭대기에 몇 명의 사람만이 남아 있을 뿐이었다. 남아 있는 사람들은 얼마 전까지만 해도 쟁기질을 하던 들판 위에서 이제는 배를 타고 노를 저어야만 했다.

　물고기들은 나뭇가지 사이에서 헤엄을 치고 닻은 정원 안에 내려졌다. 전에 온순한 양이 뛰어 놀던 곳에서 사나운 물개들이 놀고, 늑대들은 양들 사이에서 헤엄치고, 사자와 호랑이는 물속에서 허우적거렸다. 물속에서는 멧돼지의 힘도 사슴의 빠른 발도 소용이 없었다. 내려앉아 쉴 곳을 찾지 못한 새들은 날다 지쳐 바다로 떨어졌고, 비록 홍수를 피했다 해도 얼마 지나지 않아 먹이를 찾지 못해 굶어 죽고 말았다.

　그 많던 산들 중에서 오로지 파르나소스 산만이 물 위로 봉우리를 내밀고 있었다. 프로메테우스의 후손인 데우칼리온 Deucalion 과 그의 아내 피라 Pyrrha 가 이 산 위로 피신해 있었다. 데우칼리온은 정직한 사람이었고, 아내도 신들에게 공경하는 마음으로 충심을 다했었다. 제우스는 그들 부부가 흠 잡힐만한 것 하나 없이 살아온 것을 알고 북풍에게 명령해서 구름을 물리쳐 하늘에서는 지상이, 지상에서는 하늘이 보이도록 했다.

포세이돈도 그의 아들 트리톤^{Triton}에게 소라고둥을 불어 물이 물러나게 했다. 그러자 물은 해안 너머로 물러났고 강도 원래의 위치로 되돌아갔다. 그때 데우칼리온이 피라에게 말했다.

"오, 사랑하는 아내여, 살아남은 유일한 여인이여, 우리는 처음에는 혈연과 결혼의 인연으로 맺어졌고, 지금은 공동의 재난에 의하여 맺어졌소. 우리가 선조인 프로메테우스의 힘을 이어받아 인류를 새로 만들 수 있다면 얼마나 좋겠소. 그러나 그건 우리에겐 어려운 일이니, 신전으로 가 신들에게 장차 우리가 어떻게 해야 하는지 물어보기로 합시다."

부부가 신전으로 들어가 보니, 그곳은 진흙투성이가 되어 흉해져 있었고, 제단에 접근해 보니 거기에는 성화도 꺼져 있었다. 그들은 신전으로 들어가 땅에 엎드려 테미스 여신에게 어떻게 하면 멸망한 인류를 예전처럼 회복할 수 있는지 가르쳐달라고 기도했다. 그러자 신탁이 이렇게 대답했다.

"머리에 베일만 쓰고 옷은 벗은 채 이 신전을 떠나라. 그리고 너희 어머니의 뼈를 등 뒤로 던져라."

그들은 이 말을 듣고 깜짝 놀라 잠시 어리둥절했다. 피라가 침묵을 깨고 말했다.

"저희들은 그 말만은 따를 수 없습니다. 어떻게 어머니의 유골을 더럽힌단 말입니까?"

그들은 숲 속 그늘로 가서 생각에 잠겼다. 마침내 데우칼리온이 조용히 말했다.

"내 생각이 틀리지 않는다면, 신탁의 명령에 따라도 불효가 되지 않을 것 같소. 우리의 어머니란 땅이고, 그 뼈는 돌을 의미하오. 그렇다면 돌을 등 뒤로 던지면 되지 않겠소? 내 생각으로는 이것이 신탁의 의

도인 것 같으니 그렇게 하여도 적어도 해는 없을 것 같소."

그들은 머리에 베일을 쓰고 옷을 벗은 채 돌을 주워 뒤로 던졌다. 그러자 돌이 말랑말랑해지며 형체를 이루기 시작했다. 그러더니 마치 조각가가 깎아놓은 대리석상처럼 점점 인간을 닮은 형상이 되었다. 돌의 주변에 있던 젖은 진흙은 살이 되었고, 돌은 뼈가 되었으며, 돌의 결은 그대로 혈관이 되었다. 그리하여 데우칼리온이 던진 돌은 남자가

데우칼리온과 피라, 지오반니 마리아 보탈라, 1635년

데우칼리온과 피라에 의해 대지는 다시 인간으로 가득 차게 되는데 이것이 바로 영웅시대의 시작이다. 고대 그리스에서 '돌'과 '인간'을 같은 뜻으로 놓는 것도 이들이 던진 돌에서 유래한다. 데우칼리온과 피라의 자손들이 모두 그리스 신화의 영웅이 되고 그들이 낳은 '영웅시대'는 그 세대에 영광을 안겨주었다. 제우스와 프로메테우스 사이가 나빴음에도 불구하고 영웅들의 혈관에는 프로메테우스의 피가 흐르고 있었던 것이다. 이 때문에 그리스인들은 모두 데우칼리온의 자식이자 프로메테우스의 손자인 헬렌의 피가 흐른다고 하여 '헬레네인'이라 부르고 있다. 하지만 이 말은 예로부터 테살리아인들이 쓰던 말이라고도 한다.

되고, 피라가 던진 돌은 여자가 되었다. 그들은 모두 건장하게 자라 힘든 노동에도 잘 적응했다. 오늘날의 우리가 힘든 일을 할 수 있는 것은 이 종족이 우리의 기원이기 때문이다.

밀턴은 『실낙원』 제4편에서 판도라와 이브를 비교하면서 이렇게 노래한다.

> 모든 신들이 선물을 주었던 저 판도라보다도
> 더 사랑스러운 이브. 그리고 오, 너무도 닮은 슬픈 사건, 헤르메스에 의해 야벳의 어리석은 아들에게 간 판도라는 그 수려한 모습으로 인류를 유혹하고 제우스는 진짜 불을 훔친 프로메테우스에게 복수한 것이니.

프로메테우스는 예로부터 시인들이 즐겨 시제로 삼아왔다. 그를 인류의 벗으로, 제우스가 인류에게 노했을 때 인간의 편에 서서 중재하고, 인간에게 문명과 기술을 가르친 것으로 표현했다. 그 때문에 프로메테우스는 제우스의 분노를 샀고 카프카스 산의 바위에 쇠사슬로 묶였다. 독수리가 날아와 묶여 있는 그의 간을 파먹었는데, 파먹으면 바로 또 간이 생겼다. 그가 자신에게 형벌을 내린 제우스의 권위에 복종했다면 언제라도 고통스러운 형벌에서 벗어날 수 있었으나 그는 그런 행위를 경멸했다. 그래서 그는 오늘날 부당한 수난과 압제에 대한 초인적인 인내와 불의에 대한 저항의 상징이 되었다.

바이런과 셸리^{Shirly} 모두 이 테마를 다루었는데 바이런의 시구는 다음과 같다.

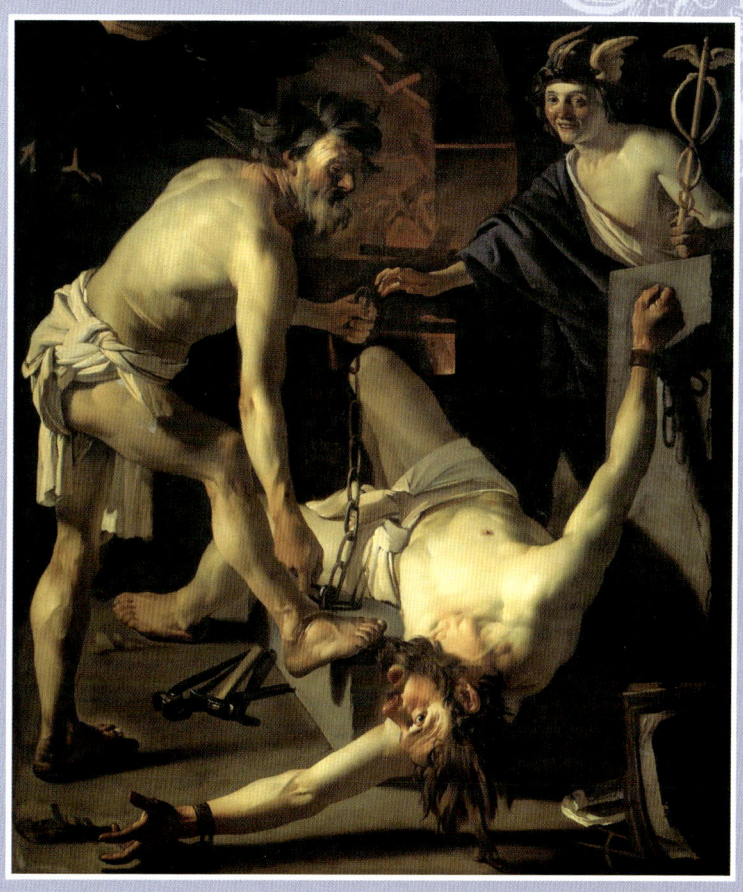

결박당하는 프로메테우스, 디르크 반 바뷔렌, 1623년

프로메테우스의 형벌은 불을 훔친 죗값이라는 설과 다른 또 하나의 설이 있다. 전해지는 이야기에 따르면, 그는 미래를 내다볼 수 있는 능력을 가지고 있었다고 한다. 그는 제우스의 장래에 관한 비밀을 제우스에게 알려주지 않았기 때문에 코카서스(카프카스)의 바위에 쇠사슬로 묶인 채, 낮에는 독수리에게 간을 쪼이고, 밤이 되면 간이 다시 회복되는 영원한 고통을 겪게 되었다고 한다.

그러다 영웅 헤라클레스에 의해 독수리가 죽게 되고, 헤라클레스의 위업을 기뻐한 제우스에 의해 고통에서 해방되었다고 전한다. 한편, 그가 제우스의 노여움을 산 원인에 관한 또 다른 이야기로는 제물인 짐승의 고기를 나눌 때 계략을 써서 맛있는 부분을 제우스보다 인간들이 더 많이 갖도록 했기 때문이었다는 설도 있다.

타이탄이여, 당신의 불멸의 눈에 인간의 괴로움들이,

그들의 슬픈 현실 속에 보이나니,

신들이 경멸하는 사물이 아니라면 무엇이 그대의 가엾음의 보상일까?

조용한 괴로움, 그리고 강렬한

그 바위, 그 독수리, 그리고 그 사슬.

아무리 자랑스러워도 아픔을 느끼리라.

그들은 고통을 드러내지 않으니 숨 막히는 저주의 느낌을.

당신의 신 같은 범죄는 친절했소.

당신의 가르침으로 줄여주었으니, 인간의 비참함의 양을,

그리고 사람의 마음을 단련시켰다오.

그리고 당신은 높은 데서 왔지만 애를 썼다오.

아직도 당신의 참아내는 힘에서 그리고 인내와 대항에서,

당신의 무너뜨릴 수 없는 정신으로,

그것은 땅과 하늘이 흔들리게 하지 못하니,

우리는 위대한 교훈을 이어받았다오.

바이런은 또한 「나폴레옹 보나파르트에 바치는 노래」에서 다음과 같은 인유를 하고 있다.

아니, 하늘에서 불을 훔친 도둑처럼,

당신도 그런 충격을 견딜 수 있을까?

그리고 그와 함께 용서받지 못한 자

그의 독수리와 바위를 나눌 수 있을까?

코카서스(카프카스)에 결박당한 프로메테우스, 야코프 요르단스, 1640년

대홍수 때 지구를 뒤덮었던 진흙 때문에 토양이 매우 비옥해져서 나쁜 것, 좋은 것 가리지 않고 모든 종류의 산물이 쏟아져 나왔다. 그중에서도 피톤^{Python}이라는 거대한 뱀이 기어 나와, 사람들이 공포에 떨었다. 아폴론은 자신의 화살로 파르나소스 산에 숨어든 이 큰 뱀을 죽였다. 그 화살은 전에는 토끼나 산양 같은 연약한 동물을 사냥할 때만 사용하던 무기였다.

이 혁혁한 전과를 기념하기 위하여 아폴론은 피톤 경기를 창설했는데, 역기나 걷기 경기나 이륜차 경주에서 우승한 자에게는 너도밤나무 잎으로 만든 관을 씌워주었다. 왜냐하면, 이때에는 아직 월계수가 아폴론의 나무로 정해지지 않았기 때문이었다.

바티칸 미술관의 벨베데레^{Belvedere}라고 불리는 유명한 아폴론상(像)은, 피톤 뱀을 무찌르고 승리한 신의 모습을 표현하고 있다. 이에 대해 바이런은 그의 「차일드 해롤드」 161장에서 다음과 같이 은유하고 있다.

보오, 표적을 놓치지 않는 화살의 신, 생명의 신, 시의 신, 빛의 신을,
인간의 모습을 한 태양의 신을.
그의 이마에선 승리의 광채가 비치고
화살은 막 활을 떠났다.
신의 복수에 번쩍이는 화살이
그의 눈에도, 그의 코에도.
적을 두려워하지 않는 아름다움과 힘과 위엄이 전광처럼 밝고
그것을 언뜻 보는 것만으로도
하늘을 다스리는 신의 모습이라는 것을 알 수 있다오.

벨데베레의 아폴론, 바티칸 미술관, BC 330~BC 320년

아폴론과 다프네, 지안 로렌조 베르니니, 1629년

Ⅳ. 사랑과 이별의 이야기

부정의 물결을 휘감은 위험한 등불 주위에 데이비가 교묘하게 둘러쳐 놓은
저 안전등의 금속망아, 저 방화망(防火網)의 커튼이 있었더라면!
그는 '불꽃'과 '공기' 사이에 그물의 벽을 가로놓고는
그 작은 창문을 통해서 이 위험한 두 사람에게
서로의 모습은 볼 수 있게 하지만 키스는 허락하지 않는구나.

아폴론과 다프네, 안토니오 델 폴라이올로, 15세기

Bulfinch's Mythology: The Age of Fable

사 랑 과 이 별 의 이 야 기
아폴론과 다프네

다프네 ^{Daphne} 는 아폴론의 최초의 연인이었다. 아폴론의 사랑은 우연히 생긴 것이 아니라, 에로스의 원한 때문이었다. 어느 날 아폴론은 에로스 ^{Eros} 가 활과 화살을 가지고 놀고 있는 것을 보았다. 아폴론은 마침 피톤을 퇴치하고 득의양양해 있던 때라 에로스에게 이렇게 말했다.

"이봐, 꼬맹이, 넌 전쟁터에서나 쓰는 그런 무기를 가지고 무엇을 하려는 거냐? 그것은 다룰 줄 아는 사람에게나 주는 게 어때? 나는 이 무기로 저 큰 뱀도 퇴치했지. 독을 품은 몸뚱어리를 넓은 들에 펼치고 있던 저 큰 뱀을 말이다! 네겐 횃불이면 충분해. 이 꼬맹아, 그리도 하고 싶으면 소위 말하는 사랑의 불장난이나 해. 혹시라도 무례하게 나의 무기에는 손대지는 마라."

이 말을 들은 아프로디테의 아들 에로스는 대답했다.

"아폴론이시여, 당신의 화살은 다른 모든 것을 맞힐지 모르겠지만, 내 화살은 당신을 맞힐걸요."

이렇게 말하며 에로스는 파르나소스 산의 바위 위에 올라 화살통에서 각각 다른 기술자가 만든 화살 두 개를 끄집어냈는데, 하나는 사랑을 불러일으키는 화살이고, 하나는 그것을 거부하는 화살이었다. 사랑을 불러일으키는 화살은 금으로 되어 있으며 끝이 뾰족했고, 사랑을 거부하는 화살은 납으로 되어 있고 끝이 무뎠다. 에로스는 납 화살을 강의 신 페네이오스^{Peneus}의 딸 다프네라는 님프를 쏘고 금 화살을 아폴론의 가슴을 향해 쏘았다.

그러자 곧바로 아폴론은 이 소녀를 열렬히 사랑하게 되었지만, 다프네는 연애라곤 생각조차 하기 싫어져 버렸다. 그녀의 유일한 즐거움은 숲속을 돌아다니며 사냥하는 것이었다. 그녀에게 사랑을 구하는 남성이 많았으나, 그녀는 여전히 숲속을 찾아다니기만 할 뿐, 연애니 결혼이니 하는 것은 염두에도 두지 않고 그들을 모두 거절했다. 그녀의 아버지는 종종 그녀에게 말했다.

"얘야, 이젠 사위도 보고 손자도 보게 해줘야지."

다프네는 결혼할 생각을 하는 것은 죄라도 짓는 것처럼 싫어해 그 말에도 아름다운 얼굴을 붉히면서 아버지의 목에 팔을 감고 말했다.

"아버지, 제발 나도 아르테미스와 같이 결혼하지 않고 언제까지나 처녀로 있도록 해주세요."

아버지는 하는 수 없이 승낙하곤 이렇게 덧붙였다.

"너의 그 아름다운 얼굴이 네가 그러도록 내버려두지는 않을 것이다."

한편, 아폴론은 다프네가 죽도록 좋았기 때문에 어떻게 해서라도 손에 넣으려고 애썼다. 전 세계에 신탁을 내려주는 그였지만 자기 자신의 운명을 예측하지 못했던 것이다. 그는 다프네의 두 어깨에 머리칼이 아무렇게나 늘어진 것을 보고 말했다.

"빗질을 하지 않아도 저렇게 아름다우니, 곱게 빗으면 얼마나 아름다울까!"

그는 그녀의 눈이 별처럼 영롱하게 빛나는 것을 보았다. 또 아름다운 입술을 보았다. 그러나 보는 것만으로는 만족할 수가 없었다. 그는 그녀의 손과 어깨까지 노출된 팔을 보고 감탄했다. 그리고 노출되지 않은 부분은 얼마나 더 아름다울까 상상했다. 그는 다프네의 뒤를 쫓았다. 다프네는 바람보다도 빨리 달아났고 아무리 아폴론이 간청해도 멈추지 않았다. 그는 말했다.

"잠깐만 기다려주오. 페네이오스의 딸이여. 나는 당신을 해하려는 것이 아니오. 당신은 양이 늑대를 피하고, 비둘기가 매를 피하듯이 나를 피하고 있소. 제발 그러지 말아주오. 내가 당신을 쫓는 것은 사랑하기 때문이오. 나 때문에 그렇게 달아나다가 돌에 걸려 넘어져서 다치지 않을까 근심스럽소. 제발 좀 천천히 가시오. 나도 천천히 따를 것이니……. 나는 시골뜨기도 아니고 무식한 농사꾼도 아니오. 제우스가 나의 아버지이고 나는 델포이와 테네도스의 군주요. 그리고 현재의 일도 미래의 일도 다 알고 있소. 나는 노래와 리라의 신이오. 나의 화살은 꼭꼭 표적까지도 맞출 수 있소. 그러나 아! 나의 화살보다도 더 치명적인 화살이 나의 가슴을 뚫었소. 나는 의술(醫術)의 신이고, 모든 약초의 효능을 알고 있소. 그러나 아! 지금 나는 어떠한 좋은 약으로도 고칠 수 없는 병에 걸려 괴로워하고 있소!"

다프네는 그의 말도 절반밖에 듣지 못한 채 계속 달아났다. 그 달아나는 모습까지도 아폴론에게는 매력적으로 보였다. 그 모습은 바람에 돛이 나부끼듯 했고, 찰랑거리는 머리칼은 흐르는 물과 같았다. 아폴론은 구애를 거절당하자 더는 참을 수 없었다. 그는 연정을 품고 속력을 내어 그녀를 바싹 뒤쫓았다. 그것은 마치 사냥개가 토끼를 추격하고 있을 때와 비슷했다. 입을 벌려 당장이라도 물려고 하면 이 약한 동물은 급히 내달려 가까스로 그 이빨을 피했다. 그렇게 신과 처녀는 계속 달렸다. 아폴론은 사랑의 날개를 달고, 다프네는 공포의 날개를 달고……. 그러나 추격하는 아폴론이 더 빨랐기 때문에 점점 다프네에게 가까이 다가가게 되었고, 헐떡이는 숨결이 그녀의 머리카락에 닿았다. 다프네의 힘은 점점 약해졌다. 그녀는 마침내 쓰러지면서 아버지인 강의 신에게 간절히 빌었다.

"아버지, 살려줘요. 땅을 열어 나를 숨겨줘요. 아니면 내 모습을 바꾸어주세요. 이 모습 때문에 제가 이런 무서운 일을 당하고 있으니……."

다프네가 말을 마치자마자, 그녀의 팔다리는 굳고, 가슴은 부드러운 나무껍질로 싸이고, 머리카락은 나뭇잎으로 바뀌고, 팔은 가지가 되었다. 그녀의 다리는 뿌리가 되어 땅속에 박혔다. 얼굴은 가지 끝이 되어 모양은 달라졌으나 그 아름다움만은 여전했다.

이를 지켜보던 아폴론은 깜짝 놀라 그 자리에 멈췄다. 줄기를 만져보니 새로 돋은 나무껍질 밑에서 그녀의 몸이 바르르 떨고 있었다. 그는 가지를 끌어안고 힘껏 키스를 하려고 했다. 그러나 다프네는 그의 입술을 피했다. 아폴론은 말했다.

아폴론과 다프네, 존 윌리엄 워터하우스, 1908년

　아폴론은 에로스가 쏜 사랑의 화살을 맞고 강의 신 페네오스의 딸인 다프네를 보고 사랑에 빠졌다. 그리하여 다프네에게 구혼했지만 에로스가 쏜 증오의 화살을 맞았기 때문에 아폴론을 보자마자 기겁하며 달아났다. 아무리 달래봐도 소용이 없자 하는 수 없이 아폴론은 숲을 헤치며 다프네를 끝까지 뒤쫓아가 막 안으려 할 때, 다프네가 더 이상 도망칠 길이 없자 아버지와 가이아에게 자기를 구해 달라고 소리쳤다. 그렇게 해서 다프네는 월계수로 변하여 아폴론으로부터 구해지게 되었다. 워터하우스는 다프네가 아폴론에게 잡히려는 찰나 월계수로 변하는 장면을 표현하고 있으며 자신의 운명을 안타까워하며 서로를 바라보는 이들의 비극적인 만남을 표현하고 있다.

"그대는 이제 나의 아내가 될 수 없으니 나의 나무가 되게 하겠소. 나는 나의 왕관 대신 그대를 쓰리다. 나는 그대를 가지고 나의 리라와 화살통을 장식하리라. 그리고 위대한 로마의 장군들이 카피톨리움 언덕으로 개선 행진을 할 때, 나는 그들의 이마에 그대의 잎을 엮은 화관을 씌우리라. 그리고 또 영원한 청춘이야말로 내가 주재하는 것이므로 그대는 항상 푸를 것이며, 그 잎은 시들지 않도록 해주리라."

이미 월계수로 그 모습이 변해 버린 다프네는 가지 끝을 숙여 아폴론에게 감사의 뜻을 나타냈다.

Bulfinch's Mythology: The Age of Fable

사 랑 과   이 별 의   이 야 기
피라모스와 티스베

　세미라미스^{Semiramis} 여왕이 통치하는 바빌로니아 안에서 누구보다도 아름다운 청년이라면 바로 피라모스^{Pyramus}를 들었다. 그리고 누구보다도 아름다운 처녀는 티스베^{Thisbe}였다. 두 사람의 부모는 이웃하여 살고 있었기 때문에 이 젊은이들은 자주 오갔다. 두 사람의 친구 관계는 마침내 연애로 발전하게 되었다. 그들은 서로 결혼하고 싶어 했으나, 부모들이 반대했다.

　그럼에도 부모들도 막을 수 없었던 것은 두 남녀의 마음속에 타오르는 같은 크기의 사랑의 불꽃이었다. 그들은 몸짓이나 눈짓으로 서로 속삭였고, 남몰래 속삭이는 사랑인 만큼 그 불꽃은 더 강렬하게 타올랐다.

티스베, 존 윌리엄 워터하우스, 1909년

두 집 사이의 벽에는 틈이 나 있었다. 벽을 만들 때 어떤 이유에서인지 그것이 생긴 것이었다. 이제까지 아무도 그것을 발견하지 못했으나, 이 연인들은 우연히 그 틈을 발견했다. 사랑이라면 무엇인들 발견하지 못할까! 이 틈은 두 사람의 대화 통로가 되어 주었다. 달콤한 사랑의 속삭임이 이 틈을 통해 서로 오갔다. 피라모스는 벽 이쪽에, 그리고 티스베가 벽 저쪽에 서 있을 때, 두 사람의 입김은 뒤섞였다. 그들은 말했다.

"무정한 벽이여, 어찌하여 그대는 우리 두 사람을 떼어놓는가. 그러나 우리는 결코 그대의 은혜를 잊지 않는다. 우리가 이렇게 사랑의 속삭임을 주고받을 수 있는 것도 다 그대의 덕택이니까."

이와 같은 말을 그들은 벽 양쪽에서 속삭였다. 그리고 밤이 되어 이별하지 않으면 안 될 때에는 더 가까이 갈 수가 없어 남자는 남자 쪽 벽에다, 여자는 여자 쪽 벽에다 대고 키스를 했다.

다음 날 아침, 새벽의 여신 에오스 Eos(오로라 Aurora)가 밤하늘의 별을 추방하고 태양이 풀 위에 내린 이슬을 녹일 때, 두 사람은 그 장소에서 또 만났다. 두 사람은 자신들의 무정한 운명을 한탄한 끝에 마침내 몰래 만나기로 했다. 그들은 다음 날 밤 모든 가족이 잠들었을 때, 감시의 눈을 피해 집을 나와서 들판으로 가기로 했다. 그리고 마을의 경계선 너머에 있는, '니노스의 무덤'이라고 불리는 누구나 다 아는 영묘(塋墓)가 있는 곳에서 만나기로 했다. 약속 장소에는 시원한 샘이 있었고 그 옆에는 흰 뽕나무가 있었다. 모든 것을 의논한 후, 그들은 태양이 물 밑으로 내려가고 밤이 그 위에서 떠오르기를 기다리고 또 기다렸다.

마침내 티스베는 얼굴을 베일로 가리고, 가족들의 눈에 띄지 않도록 조심스럽게 집을 빠져나와 약속한 곳의 나무 밑에 앉아 있었다. 그녀가 저녁 해거름 속에 외로이 앉아 있을 때 그곳에 한 마리의 사자가 나타났다. 방금 무엇을 잡아먹었는지 입에서 지독한 냄새가 나는 사자가 물을 마시려고 샘 가까이로 다가왔다. 그것을 본 티스베는 바위틈에 몸을 숨겼다. 그때 그녀는 쓰고 있던 베일을 떨어뜨리고 말았다. 사자는 샘에서 물을 마시고 다시 숲속으로 돌아가려다가 땅 위에 떨어져 있는 베일을 보고는 피 묻은 입으로 그것을 갈기갈기 찢어버렸다.

뒤늦게 약속 장소에 도착한 피라모스는 흙바닥에서 사자의 발자국을 발견했다. 그 순간 그의 안색이 창백해졌다. 잠시 후 그는 갈기갈기 찢어진 피투성이의 베일을 발견했다. 그는 부르짖었다.

"오, 가엾은 티스베, 그대가 죽은 것은 나 때문이다! 나보다도 더 살 가치가 있는 그대가 먼저 가다니, 나도 그대의 뒤를 따르겠다. 그대를 이런 무서운 장소에 오도록 해놓고 홀로 버려둔 내가 잘못이다. 오라, 사자들아, 바위 속에서 기어 나오너라. 그리고 이 죄 많은 놈을 너희들의 이빨로 물어뜯어라."

피라모스는 베일을 들고 약속한 장소로 가서 나무를 부둥켜안고 울부짖었다.

"나의 피로 너의 몸을 물들이리라."

그는 칼을 빼어 자기 가슴을 찔렀다. 그의 가슴에서 샘솟듯 흘러내린 피가 뽕나무의 하얀 열매를 붉게 물들였다. 피라모스가 흘린 피가 땅속뿌리로 스며들어 그 붉은 빛깔이 줄기를 타고 열매에까지 올라갔던 것이다.

그때까지도 티스베는 바위 뒤에서 공포에 떨고 있었다. 그러나 그녀는 약속 장소에서 기다리고 있을 피라모스를 실망시켜서는 안 되겠다고 생각하고 조심스레 주위를 살피면서 걸어 나왔다. 그리고 불안한 마음으로 피라모스를 찾았다. 위험에서 벗어난 무서운 이야기를 빨리 알려주고 싶었다.

그녀가 다시 약속 장소로 왔을 때 그녀는 뽕나무의 열매 색깔이 빨갛게 변한 것을 보고 그곳이 약속한 장소가 맞는지 의심했다. 그녀는 잠시 주저하다가, 빈사 상태에 있는 한 사람을 발견했다. 가까이 가려던 티스베는 깜짝 놀라 물러섰다. 전율이 그녀의 몸을 스쳤다. 그것은 마치 잔잔한 수면에 바람이 살짝 지나갈 때 일어나는 물결과 흡사했다.

티스베는 피를 흘리며 쓰러져 있는 사람이 피라모스임을 알자, 외마디 비명을 지르며 가슴을 쥐어뜯었다. 티스베는 당장이라도 숨이 끊어질 듯한 피라모스를 끌어안고 눈물을 쏟으며 싸늘한 입술에 키스를 퍼부었다. 그녀는 부르짖었다.

"오, 피라모스, 이것이 어찌된 일입니까? 말 좀 하세요! 당신의 티스베가 이렇게 외치고 있잖아요. 제발 그 늘어진 머리를 들어줘요!"

피라모스는 티스베라는 말을 듣고 눈을 떴으나 이내 감아버렸다. 티스베는 피 묻은 자신의 베일과 칼이 없는 칼집을 발견했다.

"오, 자결하시다니요. 이건 모두 제 탓이에요. 이번만은 나도 용기를 내겠어요. 나의 사랑도 당신 못지않아요. 나도 당신의 뒤를 따르겠어요. 죽음이 당신과 나의 사이를 갈라놓았으나, 그 죽음도 결코 내가 당신 곁으로 가는 것을 막지는 못할 것입니다. 불행한 우리들의 부모님, 우리 두 사람의 청을 물리치지 마소서. 사랑과 죽음이 저희들을 결합시켰으니, 한 무덤에 묻어 주시옵소서. 그리고 뽕나무야! 너는 우리들의 죽음을 기념해다오. 너의 열매는 우리 피의 기념이 되어 다오."

이렇게 말하고 티스베는 피라모스가 그랬던 것처럼 칼로 자기 가슴을 찔러 자결했다. 이 안타까운 연인의 시신을 본 티스베의 양친은 딸의 소원을 받아들였고, 신들 또한 그것을 옳다고 여겼다. 두 사람의 유해는 한 무덤에 묻혔다. 그때부터 뽕나무는 오늘날까지 새빨간 열매를 맺게 되었다.

모어는 자신의「기정(氣精)의 무도회」에서 데이비 Davy 의「안전등(安全燈)」에 빗대어 티스베와 피라모스를 갈라놓았던 벽을 이렇게 노래하고 있다.

부정의 물결을 휘감은 위험한 등불 주위에
데이비가 교묘하게 둘러쳐 놓은 저 안전등의 금속망아,
저 방화망(防火網)의 커튼이 있었더라면!
그는 '불꽃'과 '공기' 사이에 그물의 벽을 가로놓고는
그 작은 창문을 통해서 이 위험한 두 사람에게
서로의 모습은 볼 수 있게 하지만
키스는 허락하지 않는구나.

윌리엄 미클(스코틀랜드의 시인)이 번역한「루시아드(포르투갈 최대의 국민 시인 카모니스의 장시)」에서 피라모스와 티스베의 이야기와 오디(뽕나무 열매)의 전설에 대한 다음과 같은 은유를 찾아볼 수 있다. 시인은 여기서 오디를 '사랑의 섬'이라고 묘사하고 있다.

이 섬에는 포모나가 내려준
온갖 선물이 경작하지 않아도
저절로 자라네.

피라모스와 티스베가 있는 비바람 부는 풍경, 니콜라 푸생, 1651년

피라모스와 티스베, 재스퍼 반 데르 라넨, 17세기

그 달콤한 향기며 아름다운 빛깔

인간이 온몸을 땀으로 적신다 한들,

손에 핏방울이 맺힌다 한들,

그것에는 미치지 못하리.

버찌도 여기서는

반짝반짝 진홍색으로 빛나고

연인들의 피에 젖은 오디도

주렁주렁 고개를 숙인 채

가지가 휘도록 열려 있네.

셰익스피어의 『한여름밤의 꿈』을 보면, 이 슬픈 사랑의 이야기가 매우 우스꽝스럽게 묘사되어 있다.

피라모스와 티스베가 만나는 풍경, 니콜라 푸생, 1651년

Bulfinch's Mythology: The Age of Fable

사 랑 과   이 별 의   이 야 기
케팔로스와 프로크리스

케팔로스 Cephalus 는 아름다운 젊은이로 남성스러운 스포츠를 좋아했다. 그는 해가 뜨기 전에 일어나서 짐승을 쫓아 사냥을 하는 것으로 일과를 시작한다. 새벽의 여신 에오스가 처음으로 지상에 얼굴을 내밀었을 때, 이 젊은이를 본 그녀는 그 순간 못 견디도록 그가 좋아져 그를 납치해 버렸다. 그러나 케팔로스는 최근에 결혼한 아름다운 아내와 열정적인 사랑을 하고 있었다. 아내의 이름은 프로크리스 Procris 였다.

그녀는 수렵의 여신 아르테미스의 총애를 받았고 여신은 그녀에게 어떤 개보다도 빨리 달리는 개 한 마리와 표적을 빗나감 없이 맞히는 투창을 주었다. 프로크리스는 이 두 가지 물건을 남편에게 선물했다.

케팔로스는 아내에게 더없이 만족을 느끼고 있었기 때문에 에오스의 간청을 받아들이지 않았다. 화가 난 에오스가 말했다.

"가거라. 이 나쁜 놈아! 네 아내와 얼마나 잘 지내나 보자. 내 청을 받아들이지 않은 것을 후회할 때가 반드시 올 것이다."

그러고는 케팔로스를 놓아주었다.

풀려난 케팔로스는 집으로 돌아왔다. 그리고 전과 다름없이 아내와 더불어 사냥을 즐기며 행복한 생활을 누렸다.

어느 날 케팔로스는 아침 일찍부터 집을 나와 아무도 동반하지 않고 숲과 언덕을 누비고 다녔다. 아내에게서 받은 창은 어떠한 경우에도 빗나가는 일이 없었기 때문에 혼자서도 충분히 사냥할 수 있었던 것이다. 사냥에 지치거나 해가 중천에 올랐을 때는 냇가에 있는 시원한 나무 그늘을 찾아 웃옷을 벗고 풀 위에 누워 서늘한 바람을 즐겼다. 그는 그럴때마다 미풍을 향해 소리 높여 외쳤다.

"오라, 감미로운 바람아! 와서 내 가슴에 부채질을 해다오. 오라, 나를 불태우는 열을 식혀다오."

어느 날 지나가던 사람이 케팔로스가 미풍을 향해 이야기하는 것을 듣고서 어리석게도 다른 여자와 이야기하는 줄 알고, 이 일을 케팔로스의 아내 프로크리스에게 가서 전했다. 사랑이란 속기 쉬운 것이다. 프로크리스는 뜻하지 않은 얘기를 듣고 기절해 버렸다. 한참 만에 깨어난 그녀는 이렇게 말했다.

"그럴 리 없다. 내 눈으로 보기 전에는 믿지 않겠다."

프로크리스는 마음을 졸이며 다음 날 아침을 기다렸다. 아침이 되자, 케팔로스는 여느 날과 다름없이 사냥하러 나갔다. 프로크리스는 몰래 그의 뒤를 쫓았다. 그리고 자신에게 그 이야기를 전한 사람이 알

에오스와 케팔로스, 니콜라 푸생, 1630년

아르테미스와 함께 있는 케팔로스와 프로크리스, 클로드 로랭, 1635~36년

려준 장소에 가서 몸을 숨기고 있었다.

케팔로스는 사냥에 지치자 늘 하던 버릇대로 냇가로 달려가 풀 위에 편하게 드러누웠다.

"오라, 감미로운 바람아! 와서 나에게 부채질을 해다오. 내가 얼마나 너를 사랑하는지는 너도 잘 알지. 네가 있기에 숲도, 나의 외로운 산책도 즐겁단다."

이렇게 중얼거리고 있는데 갑자기 숲속에서 흐느끼는 듯한 소리가 들려왔다. 그는 순간 야수가 아닌가 생각하고 소리 나는 곳을 향해서 창을 힘껏 던졌다. 외마디 소리가 들려오자, 던진 창이 표적을 정확히 맞혔다는 것을 알 수 있었다. 케팔로스가 소리가 난 곳으로 달려가 보니, 사랑하는 아내 프로크리스가 피를 흘리며 자신이 남편에게 선물로 준 창을 상처에서 빼내려고 애쓰고 있었다.

케팔로스는 그녀를 안아 일으키고 출혈을 막으려고 했다.

"정신 차려요. 나를 두고 어디로 간단 말이오. 당신이 없는 나는 가없은 신세가 되지 않겠소. 죽음으로써 나를 벌하지 마시오."

프로크리스는 살그머니 눈을 뜨고 가까스로 입을 열어 말했다.

"여보, 당신이 나를 사랑했다면, 그리고 내가 당신의 사랑을 받을 만한 가치가 있었다면 제발 이 마지막 소원을 들어주세요. 그 얄미운 미풍(微風 breeze)하고는 결혼하지 말아주세요."

이 말로 인해 모든 오해는 밝혀졌다. 케팔로스가 사건의 진상을 설명할 때, 그녀는 사랑하는 남편을 용서하듯 조용히 바라보고 있었다. 그러나 이제 그것이 밝혀진들 무슨 소용이 있을까. 프로크리스는 숨을 거두었다. 그녀의 얼굴에는 온화한 표정만이 떠올랐다.

모어의 『전설적 민요 Legendary Ballads』 속에는 케팔로스와 프로크리스에 대한 노래 구절이 있는데, 첫 부분이 다음과 같다.

옛날 사냥꾼이 숲속에 누워
한낮의 햇살을 피하려
떠돌아다니는 미풍을 불러
그 한숨으로 이마의 땀을 식히고 있었네.
들벌의 날개 소리조차 멎고
포플러의 솜털도 흔들리지 않을 때
그는 오늘도 노래 불렀네.
"달콤한 바람아, 이리 오너라!"
그러자 메아리가 이에 답했네.
"이리 오너라, 달콤한 바람아!"

사냥의 여신 아르테미스, 루브르박물관 소장, 1~2세기

올림포스 12신의 하나다. 제우스와 레토의 딸이며 아폴론과 쌍둥이 남매이다. 아폴론과 함께 델로스 섬에서 태어났다고도 하고, 또는 아폴론보다 먼저 오르티기아에서 태어났다고도 한다(오르티기아 역시 델로스 섬을 가리킨다는 설도 있고, 시칠리아 섬 시라쿠사이의 오르티기아 섬이라고 하는 설도 있다).

수렵과 궁술을 맡아보고 또 야생동물, 어린이, 약자들을 수호하는 여신. 님프들을 거느리고 산야를 뛰어다니거나 거닐기를 좋아한다. 그러나 자신의 즐거움을 방해하는 자는 용서하지 않았다. 그리스 고전문학에서는 젊은 처녀 신으로 그려지는데 정결의 상징이며 처녀성과 순결을 지키는 여신의 성격을 가지고 있다. 이러한 자신의 입장과 지위를 범하는 자를 엄격하게 벌하고, 동반자인 님프들에게도 순결을 요구했다. 인간의 순결과 동정도 수호한다. 그러나 원래는 처녀 신이 아니라 선주(先住)민족의 지모신(地母神)이나 에페소스에서 숭배되고 있던 많은 유방을 가진 여신과도 관계가 있다고 여겨진다.

님프들, 윌리암 아돌프 부그로, 1878년

V. 신의 저주를 받은 인간들

친절한 촛불이여!
가령 토담집의 조그만 창에서 새어나오는 희미한 불빛이라도 좋으니.
그대 길고 곧게 흐르는 빛으로 이리로 찾아와다오.
그러면 우리는 그대를 아르카디아의 별, 티로스 선원들의 북극성으로 삼으리라.

제우스와 이오, 안토니오 다 코레조, 1531~32년

Bulfinch's Mythology: The Age of Fable

신 의   저 주 를   받 은   인 간 들
이오

　헤라는 어느 날 갑자기 하늘이 어두워진 것을 보고 이것은 분명 남편 제우스가 세상에 알려지기 꺼리는 행동을 하고 그것을 감추려고 구름을 일으킨 것이라고 생각했다. 헤라가 구름을 헤치고 보니 남편은 거울같이 잔잔한 강기슭에 있었고, 그 곁에 아름다운 송아지 한 마리가 서 있었다.
　헤라는 이 암송아지 속에는 분명 님프가 숨어 있을 것이라고 생각했다. 헤라가 생각한 대로였다. 그 암송아지는 하신(河神) 이나코스 Inachos 의 딸 이오 Io 였다. 제우스는 이오와 사랑을 나누다가 아내 헤라가 가까이 오는 것을 보고, 이오를 암송아지로 변신시킨 것이었다.

헤라는 제우스 곁으로 다가와 암송아지를 보고 그 아름다움을 감탄했다. 그러면서 누구의 것이며 무슨 혈통이냐고도 물었다. 제우스는 헤라의 질문을 막기 위해, 그것은 지상에서 처음 나온 종이라고 답했다. 그러자 헤라는 그런 진귀한 것이라면 자기에게 선물로 달라고 졸랐다.

제우스는 어떡하면 좋을지 잠시 망설였다. 자기 연인을 아내에게 주기는 싫었던 것이다. 그렇다고 헤라의 청을 거절하자니 의심만 더 커질 것 같았다. 제우스는 어쩔 수 없이 허락했다. 그러나 헤라는 의심이 다 풀린 것이 아니었다. 그녀는 송아지를 아르고스 Argos에게 건네주고는 엄중히 감시하게 했다.

아르고스는 머리에 백 개의 눈을 갖고 있었다. 잘 때조차도 동시에 두 개 이상의 눈은 감지 않고 있었기 때문에 이오를 쉬지 않고 감시할 수 있었다. 아르고스는 이오가 낮에는 마음대로 풀을 뜯어 먹도록 내버려 두고 밤이 되면 보기에도 흉한 끈으로 목덜미를 결박했다. 이오는 팔을 내밀어 아르고스에게 결박을 풀어달라고 애원하려 했으나, 내밀 팔이 없었고, 목소리조차 놀랄 정도로 소의 울음과 비슷했다. 아버지와 자매들을 보고 그 곁으로 가면, 그들조차도 이오의 등을 쓰다듬으며 아름다운 소라고 감탄할 뿐이었다.

아버지 이나코스가 손을 내밀고 한 다발의 풀을 주자, 이오는 그의 손을 핥았다. 이오는 아버지에게 자신을 알리고 싶었다. 자기 소원을 말하고 싶었다. 그러나 말을 할 수가 없었다. 생각 끝에 이오는 글씨를 쓰기로 하고, 발굽으로 제 이름을 모래 위에 썼다. 이나코스는 그것을 알아보았다. 그는 오랫동안 행방을 알 수 없어 애태웠던 딸이 소로 변한 것을 알고는 애통해하며 딸의 목을 끌어안고 큰소리로 외쳤다.

"오, 내 딸아, 오히려 너를 아주 잃는 편이 내 가슴이 덜 슬프고 아팠을 것 같구나!"

이나코스가 이오를 붙잡고 탄식하는 것을 보자, 아르고스는 그를 쫓아냈다. 그리고 모든 곳이 다 내려다보이는 높은 언덕 위에 자리를 잡고 앉았다.

제우스는 자기 연인이 이러한 고통을 겪는 것을 보고 괴로워했다. 그는 헤르메스를 불러 아르고스를 물리치고 이오를 구하도록 명령했다. 헤르메스는 서둘러 날개 달린 신을 신고, 머리에는 모자를 쓰고, 잠이 오게 하는 지팡이를 짚고, 천상의 탑에서 지상으로 뛰어내렸다. 지상에 도착한 헤르메스는 날개를 떼어내고 지팡이만 손에 들고 양떼를 모는 양치기의 모습으로 변장했다. 그리고 이리저리 양을 몰면서 피리를 불었다. 그것은 시링크스^{Syrinx}, 또는 판^{Pan}이 연주하던 피리였다. 아르고스는 이제까지 그렇게 생긴 악기를 본 적이 없었으므로 귀 기울여 들었다. 아르고스가 말했다.

"젊은이, 이리 와서 내 곁에 있는 이 바위 위에 앉게. 이 부근이 양이 풀을 뜯기에는 제일 좋은 곳일세. 게다가 이곳에는 자네 같은 양치는 사람들이 즐기기에 좋은 그늘도 있네."

헤르메스는 아르고스의 곁에 앉아서 이 얘기 저 얘기를 하면서 날이 어둡기를 기다렸다. 날이 어두워지자, 헤르메스는 피리로 은은한 선율의 곡을 불면서 어떻게라도 아르고스의 감시하는 눈을 감기려고 애썼다. 그러나 아무리 해도 허사였다. 그도 그럴 것이 아르고스는 대부분의 눈을 감았으나, 두세 개는 잠이 들어서도 여전히 크게 뜨고 있었기 때문이다.

헤르메스는 자신의 피리가 어떻게 발명되었는지를 아르고스에게 이야기했다.

"옛날 시링크스라는 이름의 님프가 있었는데, 그녀는 숲속에 사는 사티로스와 요정들로부터 많은 사랑을 받았지요. 그러나 시링크스는 누구의 사랑도 받아들이려 하지 않고 아르테미스 여신만을 마음속으로 숭배하면서 사냥만 하고 있었다오. 사냥 옷을 몸에 걸친 시링크스의 모습은 아르테미스 여신과 맞먹을 정도로 아름다웠지요. 다만 다른 점이라면 시링크스의 활은 뿔로, 아르테미스의 활은 은으로 되어 있었다는 것뿐이었답니다.

어느 날 시링크스가 사냥에서 돌아오다가 판을 만났는데, 판은 그녀를 온갖 말로 설득하기 시작했습니다. 시링크스는 그의 찬사에는 귀도 기울이지 않고 달아났습니다. 판은 시냇가에서 제방까지 시링크스의 뒤를 쫓아 가까스로 그녀를 붙잡았지요. 다급해진 시링크스는 친구인 물의 님프들에게 구원을 청할 수밖에 없었습니다. 님프들은 그녀가 외치는 소리를 듣자 그 요청을 곧바로 들어줬습니다. 판이 시링크스의 목을 끌어안자, 놀랍게도 그것은 한 묶음의 갈대로 바뀌었답니다. 시링크스를 놓친 판이 탄식하자, 그것은 갈대 속에서 공명했고, 구슬픈 멜로디를 냈습니다. 판은 그 소리의 신기함과 감미로움에 취해서 말했답니다. '이렇게 된 바에야 어떻게든 너를 내 것으로 만들겠노라.' 판은 몇 개의 갈대를 쥐고, 길이가 서로 다른 것을 나란히 합쳐 피리를 만들었습니다. 그리고 그것에 이 님프의 이름을 따서 시링크스라는 이름을 붙였지요."

헤르메스는 이야기가 다 끝나기도 전에 아르고스의 눈이 전부 감긴 것을 보았다. 그의 머리가 가슴 위에서 끄덕이고 있을 때, 헤르메스가 한 칼로 그의 목을 베자 머리가 바위 위로 굴러떨어졌다. 불운한 아르고스의 백 개나 되는 눈빛은 일시에 꺼져버렸다. 나중에 헤라는 이 눈

갈대로 변하는 시링크스, 아서 해커, 1892년

시링크스는 아르카디아의 산에 살았고 순결을 상징하는 처녀신 아르테미스를 본받았다고 한다. 어느 날 목신(牧神) 판이 쫓아오자 정절을 지키기 위하여 라돈 강까지 달아났는데, 강물에 막혀 더는 도망치지 못하고 판에게 잡히려는 순간, 강의 님프들에게 자신의 모습을 바꿔달라고 간청하여 갈대로 변신했다. 시링크스를 놓치고 아쉬워하던 판은 갈대가 바람과 어울려 내는 소리에 반하여, 몇 개의 갈대 줄기를 밀랍으로 이어 붙여 피리를 만들었다. 이것이 팬파이프 Pan pipe 의 유래가 되었으며, 그래서 팬파이프를 시링크스라고도 한다.

이오니아의 에페소스에는 판이 시링크스를 가두었다는 동굴이 남아 있는데, 시링크스의 순결에서 연유하여 처녀성을 알아보는 데 쓰였다고 한다. 즉 처녀를 동굴 안에 들어가게 하면 진짜 처녀는 무사히 살아나오고, 그렇지 않은 경우에는 사라져버렸다고 한다.

들을 빼내어 자신의 공작 꼬리에 장식으로 달았다. 그때부터 오늘에 이르기까지 그 눈들은 공작의 꼬리에 달려 있다고 한다.

헤라의 복수심은 더욱 불타올랐다. 그녀는 이오를 괴롭히기 위해 한 마리의 등에를 보냈다. 등에는 이오를 쫓아 온 세계를 날아다녔다. 이오는 등에를 피해 바다를 헤엄쳐 도망쳤다. 그 바다는 그녀의 이름을 따 이오니아해라 불리게 되었다. 이오는 계속해서 일리리아의 들을 방황하고 하이모스의 산에 오르는가 하면, 트라키아 해협도 가로질러 갔다. 트라키아 해협은 후일 보스포로스 해협으로 불렸는데 보스^{bos}가 그리스어로 암소, 포로스^{phorus}가 여울을 의미하기 때문에 '암소가 지나간 여울'이라는 뜻으로 불리게 된 것이다. 이오는 스키티아를 지나 킴메리아인이 사는 나라를 헤매다가, 마침내 네일로스강 기슭에 다다랐다. 이때 제우스가 헤라에게 앞으로는 이오와 관계를 끊겠다고 약속했다. 그러자 헤라도 이오를 원래의 모습으로 회복시키는 데 동의했다.

이오가 인간의 모습으로 돌아가는 과정은 참으로 기묘했다. 거친 털이 몸에서 점점 빠지고, 뿔이 사라지고, 눈이 점점 가늘어지고, 입도 작아졌다. 뭉툭한 발굽 대신에 손과 손가락이 나타났다. 이오는 마침내 암송아지의 모습이 사라지고 예전의 아름다운 모습으로 돌아왔다. 그녀는 소의 울음소리가 나지 않을까 걱정하여 말하기를 꺼렸으나, 점점 자신을 갖고 아버지와 자매들이 있는 곳으로 돌아갔다.

키츠^{Keats}가 리 헌트$^{Leigh\ Hunt}$에게 바친 시에 판과 시링크스의 이야기가 다음과 같이 묘사되어 있다.

그가 미소 짓자

우리는 이끌리듯 가지를 헤치고
풀빛을 머금은 넓은 숲속을 들여다보았다오.
……
그리고 들려주었소.
아름다운 시링크스가 공포에 떨면서
아르카디아의 판의 곁에서
도망치던 이야기를.
가엾은 님프여!
가엾은 판이어!
그리고 그가
저 갈대 물결에 이는 바람의
감미로운 한숨 이외에는
달콤한 절망, 향기로운 아픔에
숨이 넘어갈 듯한 가락 이외에는
아무것도 없음을 알고
탄식한 그 이야기를.

죽은 아르고스의 눈을 자신의 신조인 공작에게 붙이고 있는 헤라, 루벤스, 1610년

이오는 강의 신 이나코스와 멜리아 사이에서 태어난 딸이며 아르고스를 건설한 포로네우스의 누이이다. 제우스의 아내 헤라를 섬기는 무녀였다고도 한다. 제우스는 이오를 유혹하여 검은 구름으로 주위를 덮은 뒤 관계를 맺고는 헤라의 눈을 속이기 위하여 그녀를 암소로 변신시킨다. 헤라는 제우스가 또 바람을 피운 것을 눈치챘으나 모른 척하고 암소를 선물로 달라고 한다. 제우스는 헤라의 요구를 거절하면 더 의심을 살 것 같아 암소를 건네주었다. 헤라는 100개의 눈을 가진 거인 아르고스에게 암소를 감시하도록 맡긴다. 아르고스는 잠을 잘 때도 2개의 눈만 감고 나머지 눈은 뜨고 있었으므로 아무도 그의 눈을 속일 수는 없었다.

제우스는 이오를 되찾아오기 위해서 전령의 신 헤르메스를 보냈다. 헤르메스는 여러 가지 이야기와 나른한 피리 소리를 들려주어 아르고스로 하여금 100개의 눈을 모두 감고 잠들게 한 뒤 단칼에 목을 베어버렸다. 이에 헤라는 아르고스의 머리에서 눈을 빼내 공작의 깃털 장식으로 삼고, 무지개를 보내 이오를 쫓게 하는 한편, 쇠파리로 하여금 암소가 된 이오를 쫓아다니며 괴롭히게 했다.

쫓기던 이오는 제우스에 의해 바위산에 묶인 채 독수리에게 간을 쪼아 먹히던 프로메테우스를 만나 미래의 운명에 대한 예언을 들었다. 이오는 이집트에 가서야 제우스를 만나 인간의 모습을 되찾은 뒤, 제우스와 동침하여 아들 에파포스를 낳았다고 한다. 암소가 건넌 바다는 이오의 이름을 따서 이오니아 해라고 부르게 되었다.

헤라의 사주를 받은 쿠레테스가 에파포스를 납치하여 시리아로 데려가자 제우스는 쿠레테스에게 벼락을 내려 죽였다. 그 뒤 이오는 이집트 왕 텔레고노스와 결혼했으며, 죽은 뒤에는 이집트 최고의 여신 이시스와 동일시되었다고 한다. 에파포스는 이집트에서 숭배하는 황소 아피스와 동일시되었다.

Bulfinch's Mythology: The Age of Fable

신 의 저 주 를 받 은 인 간 들
칼리스토

칼리스토 Callisto 또한 제우스의 바람기 때문에 헤라의 질투를 산 미녀 중 한 사람이다. 헤라는 이 처녀를 곰으로 변하게 했다.

"나의 남편을 매혹한 너의 아름다움을 빼앗아 버리겠다."

헤라가 이렇게 말하자, 칼리스토는 무릎을 꿇고 머리를 조아리며 애원하려고 팔을 내밀었다. 그러나 이미 그녀의 팔에는 검은 털이 나기 시작했다. 손은 둥글어지고 손톱도 구부러져 커다란 앞발이 되었다. 제우스가 아름답다고 늘 칭찬하던 입은 무시무시하게 변했다. 듣는 사람의 마음을 감동시켜 사랑이 가득 넘치게 만들었던 그녀의 목소리는 으르렁대는 소리가 되어 이젠 공포를 불러일으켰다. 그러나 비록 모습은 무섭고 사나운 한 마리의 곰이 되었지만 마음만은 예전과 다름이 없었다. 칼리스토는 자신의 운명을 탄식하는 신음소리를 그치지 못하면서도, 헤라에게 용서를 빌기 위해 앞다리를 올리면서 될 수 있는 한 꼿꼿이 섰다. 다른 사람이 알아들을 수 있는 말은 할 수 없었지만, 칼리스토는 제우스를 무정한 사람이라고 생각했다.

곰이 된 칼리스토는 밤새도록 홀로 숲속에 있자니 무서워서 전에 잘 다니던 길을 방황했다. 사람이었을 때 그녀는 사냥을 하다가 개나 사냥꾼들이 두려워 도망치곤 했다. 그녀는 지금 자신이 한 마리 짐승이라는 것을 잊고 다른 짐승들을 두려워하며 피하고 있었다.

어느 날 한 젊은이가 사냥을 하다가 그녀를 발견했다. 칼리스토는 그를 보자, 그가 장성한 자기 아들 아르카스임을 알았다. 칼리스토는 발걸음을 멈추었다. 아들을 안아주고 싶은 마음이 간절했다. 그래서 가까이 가려고 하자, 아르카스가 자신을 죽이려고 했다. 때마침 제우스가 이 광경을 보고 그 둘을 낚아 채 큰곰자리와 작은곰자리로 만들어 하늘에 나란히 올려놓았다.

헤라는 자기의 연적이 하늘의 별이라는 명예로운 자리에 앉게 된 것을 보고 몹시 노했다. 헤라는 대양의 신인 테티스와 오케아노스를 찾아갔다. 헤라는 자신이 찾아온 이유를 다음과 같이 설명했다.

"당신들은 신들의 여왕인 내가 왜 천상을 떠나 이 바닷속으로 찾아왔는지 궁금하지요? 나를 천상에서 밀어내고 대신 내 자리에 앉게 된 자가 있단 말예요. 내 말이 믿어지지 않겠죠. 그렇다면 밤이 세계를 어둡게 할 때, 하늘을 쳐다보세요. 그러면 북극 하늘, 제일 작은 성좌가 있는 곳에 내가 원한을 품어도 마땅한 모자(母子)가 나란히 하늘에 있는 것을 볼 수 있을 거예요. 나를 노하게 한 자들이 도리어 보답을 받게 된다면, 앞으로 나의 노여움을 두려워할 자가 누가 있겠어요. 자, 그렇다면 내가 한 일의 결과가 어떻게 되었는가 보세요. 나는 그 여자가 인간의 모습으로 돌아가지 못하게 했어요. 그런데 그녀는 지금 별이 되어 있어요. 내가 벌을 준 결과가 이렇게 된 거예요. 이것이 내 힘의 한계예요. 그럴 바에야 차라리 이오처럼 원래의 모습을 돌려주었던 편이 나을 뻔했어요. 필시 제우스는 그녀와 결혼하고 나를 쫓아낼 거예요. 나의 형제인 당신들이 나를 동정한다면, 또한 내가 이런 냉대를 받는 것을 옳지 않게 여긴다면, 저들을 당신들의 바닷속으로 내려오는 것을 막아주세요."

대양신은 헤라의 소원을 들어주었다. 그래서 큰곰자리와 작은곰자리는 하늘에서 돌고 돌 뿐, 다른 별들처럼 대양 밑으로 가라앉는 일이 없게 되었다.

밀턴의 『코무스』에서 선원들은 숲속을 헤매다 날이 저물자, 다음과 같이 노래했다.

친절한 촛불이여!
가령 토담집의 조그만 창에서 새어나오는
희미한 불빛이라도 좋으니,
그대 길고 곧게 흐르는 빛으로
이리로 찾아와다오.
그러면 우리는 그대를 아르카디아의 별,
티로스 선원들의 북극성으로 삼으리라.

칼리스토, 니콜라스 베르헴, 1656년

 칼리스토에 대한 또 다른 이야기가 있다. 헤라의 음모로 사냥을 하던 아르테미스가 칼리스토를 진짜 곰으로 착각해 죽였다는 것이다. 죽어 별자리가 된 것에 대한 불만이 컸던 헤라는 바다의 신 포세이돈과 테티스를 찾아가 칼리스토 모자가 하늘에서 내려와 물속에서 쉬지 못하도록 만들었다. 이로 인해 두 별자리는 하늘에서만 돌 뿐 수평선에 닿지 못하다가 오랜 세월이 지나 헤라의 질투가 누그러져 칼리스토의 꼬리가 바다에 닿을 수 있었다고 한다.

Bulfinch's Mythology: The Age of Fable

신 의 저 주 를 받 은 인 간 들
아르테미스와 악타이온

해가 중천에 떠 있던 한낮의 일이었다. 카드모스 왕의 아들인 젊은 악타이온 Actaeon이 산에서 함께 사슴 사냥을 하고 있던 젊은이에게 이렇게 말했다.

"얘들아, 우리의 그물과 무기는 죽은 동물의 피로 물들었다. 하루치 사냥은 이만하면 충분하다. 내일 또 계속하면 되지 않겠나. 자, 태양의 신 포이보스가 대지를 말리고 있는 동안, 우리는 사냥하던 도구를 놓고 잠시 쉬도록 하자."

산에는 삼나무와 소나무가 우거진 골짜기가 있었는데 그것은 수렵의 신 아르테미스에게 바쳐진 것이었다. 골짜기의 제일 깊은 곳에는 동굴이 하나 있었다. 그것은 마치 자연이 그 구조에 솜씨를 더한 것처럼 보였다. 천정의 둥근 바위는 마치 인간의 손으로 새겨진 것처럼 아름다운 형태를 하고 있었기 때문이다. 그리고 한쪽에는 풀이 우거져 있었는데 숲의 여신 아르테미스는 수렵에 지치면 항상 이곳에 와서 그 청순한 처녀의 몸을 맑게 반짝이는 물에다 씻곤 했다.

여느 때처럼 그날도 아르테미스는 님프들과 그 샘에 갔었다. 아르테미스는 차고 있던 창과 화살통과 활을 풀고, 입고 있던 옷을 벗어 시중드는 님프들에게 맡겼다. 그러는 동안에 한 님프는 여신의 신발을 벗기고 있었다. 수행한 님프들 중에서 가장 솜씨가 좋은 크로칼레 Crocalle 는 여신의 머리를 빗겨 주었고, 네펠레 Nephele 와 히알레 Hyale 및 그 밖의 님프들은 큰 항아리에다 물을 긷고 있었다.

여신이 화장을 하고 있을 때, 악타이온은 친구들에게서 벗어나 숲속을 거닐다가 마치 운명에 이끌리기라도 한 듯 동굴 앞으로 왔다. 그가 동굴 입구에 모습을 나타내자, 님프들은 사내를 보고 비명을 지르며 여신 쪽으로 달려가서 자신들의 몸으로 여신의 나체를 가렸다. 그러나 여신이 님프들보다 키가 컸기 때문에 머리가 밖으로 나왔다. 해가 뜨고 질 무렵에 구름을 물들이는 붉은 석양빛이 돌연 아르테미스의 얼굴에 번졌다. 아르테미스는 님프들에게 둘러싸여 있으나 절반쯤 몸을 돌리고 있었다. 그녀는 무엇을 생각했는지 갑자기 자신의 화살을 찾았다. 화살이 근처에 없다는 것을 알자, 여신은 침입자의 얼굴에 물을 끼얹으면서 말했다.

"가서 아르테미스의 나체를 보았다고 말할 수 있으면 말해보아라."

여신의 말이 끝나자마자, 가시가 돋친 사슴의 뿔이 악타이온의 머리에서 솟았다. 그뿐만 아니라 목이 길어지고 귀가 뾰족해지며 손은 발

아르테미스와 악타이온, 베첼리오 티치아노, 1559년

이 되고 팔은 긴 다리가 되었다. 몸에는 털이 나고 반점(斑點)이 있는 모피가 그의 몸을 덮었다. 악타이온은 자신의 모습이 흉하게 변하자 대담했던 마음은 사라지고 공포에 차서 달아났다. 악타이온은 달아나는 그 어느 동물보다도 빨랐다.

그는 달아나다가 한숨 돌릴 겸 멈춰선 물가에서 수면에 비친 자신의 뿔을 보았다. '아, 이 처참한 꼴이란!' 하고 외치려고 했으나, 말이 나오지 않았다. 그는 신음했다. 사슴의 얼굴로 변한 그의 눈에서 눈물이 흘러내렸다. 그래도 의식만은 남아 있어 어떻게 하면 좋을까, 궁전으로 돌아갈까 어떡할까 생각했다. 숲에 있자니 무섭고, 집으로 돌아가자니 부끄러웠다.

그가 주저하고 있는 동안에 사냥개들이 그를 발견했다. 스파르타의 개 멜람포스가 선두에서 짖으며 신호를 하니 팜파고스, 도르케우스, 렐랍스, 테론, 나페, 티그리스를 비롯하여 그 밖의 맹견들이 바람보다 빠르게 악타이온의 뒤를 쫓아왔다. 바위와 절벽을 넘고 길도 없는 골짜기를 지나서 그는 도망쳤고 개들은 그를 추격했다. 전에는 그가 종종 사슴을 추격하고 자신의 개를 독려하던 산속에서 이번에는 그의 동료 사냥꾼들의 독려를 받은 사냥개들이 악타이온을 추격해왔다. 그는 외치고 싶었다.

'나는 악타이온이다. 네 주인도 모르겠느냐!'

그러나 생각한 대로 말이 나오지 않았다. 공중은 개 짖는 소리로 요란했다. 이윽고 한 마리가 그의 등에 달려들었고, 또 한 마리는 그의 어깨를 물어뜯었다.

두 마리의 개가 자기 주인을 물어뜯는 동안에 다른 개들도 달려들어 사나운 이빨로 그의 살을 물어뜯었다. 그는 신음했다. 그 소리는 확실히 인간의 소리도 사슴의 소리도 아니었다. 그는 무릎을 꿇고 눈을 들었다. 만약 그가 팔을 가졌다면 애원하기 위해 팔을 들었을 것이다. 그의 친구들이나 동료 사냥꾼들은 개들을 응원했다. 그리고 사냥에 참가하라며 사방으로 악타이온을 찾았다.

악타이온은 자신을 부르는 소리를 듣자, 머리를 돌렸다. 그가 없어서 섭섭하다는 소리가 들렸다.

"그도 지금 여기 있었더라면 얼마나 좋았을 것인가. 개들의 사냥을 보고 무척 기뻐했을 텐데."

그러나 악타이온 자신이 사냥의 대상이 되다니, 그것은 견딜 수 없는 일이었다. 개들은 그를 둘러싸고는 서로 물어뜯고 찢어발겼다. 그러나 그가 갈기갈기 찢겨 목숨이 끊어질 때까지도 아르테미스의 분노는 풀리지 않았다.

셸리의 시 「아도네이스」에 나오는 다음 구절은 악타이온에 대해 노래한 것이다.

그다지 이름이 알려지지 않은 시인들 속에
하나의 연약한 모습이 나타났다.
그것은 실로 살아 있는 자들 사이에서
죽은 자의 형상을 뒤덮고 있었으니.
천둥마저도 그것을 장송하는
종소리처럼 들릴 것이다.
그는 아마도 '자연'의 아름다운 알몸을
보았을 것이다.

저 악타이온이 그랬던 것처럼,
그래서 이렇게 서툰 걸음걸이로
현세의 황야를 방황하며 도망치고 있을 것이다.
그리고 그 거친 길을 자신이 낳은 사상이
노하여 미쳐 날뛰는 사냥개처럼
그 아비이자 희생자인
그를 쫓아오고 있을 것이다.

이 표현은 아마도 셸리 자신을 가리킨 것으로 생각된다.

악타이온의 이야기에 대해 어떤 사람들은 너무 가혹한 벌이라고 생각했고, 어떤 사람들은 적절한 것이라고 생각했다.

악타이온의 죽음, 베첼리오 티치아노, 1565년

　악타이온의 이야기는 오비디우스의 『변신 이야기』에 나와 있다. 아르테미스와 관련된 신화에서 보면 그녀를 모독하거나 제사와 숭배를 게을리한 인간들은 벌을 받았다. 악타이온은 그녀가 목욕하는 모습을 보았기 때문에 사슴으로 변하여 자신이 데리고 있던 사냥개의 먹이가 되었다.

　악타이온은 아리스타이오스와 아우토노에 사이에서 태어난 아들이다. 그는 아버지와 아킬레우스의 스승이기도 한 케이론으로부터 훈련을 받았다고 한다.

　그가 아르테미스 여신의 분노를 사게 된 것에는 여러 설이 있다. 그중 하나는 그가 아르테미스보다 뛰어난 사냥 솜씨를 가졌다고 자랑해 그녀의 분노를 샀다는 설과 그녀의 숙모인 세멜레와 결혼을 원했기 때문이라는 설도 있다. 또 키타이론 산에서 목욕하는 아르테미스의 나체를 보았기 때문이라고도 하는데 이것이 가장 보편화된 이야기이다.

　여신은 사냥에 대한 그의 자만심을 눌러놓기 위해 그를 사슴으로 변하게 하고, 그가 데리고 있던 사냥개로 하여금 그를 물어 죽이게 했다. 일설에 의하면, 여신이 사슴의 가죽을 그에게 입혀 사냥개가 물어 죽이게 했다고도 한다. 사냥개는 주인의 죽음을 슬퍼했으나 케이론이 실물과 똑같은 악타이온의 동상을 만들었기 때문에 이후 사냥개의 슬픔은 진정되었다고 전하고 있다.

Bulfinch's Mythology: The Age of Fable

신 의 저 주 를 받 은 인 간 들
레토와 농부들

옛날 리키아의 농부들이 여신 레토 Leto 를 모욕한 일이 있었는데, 물론 그 자들도 무사하지는 못했다고 한다. 그 이야기는 한 사람에 의해 전해졌다.

"내가 젊었을 때, 나의 부친은 힘든 일을 하기에는 너무 연로했기에, 내게 리키아로 가서 좋은 소를 몇 마리 몰고 오라고 시켰지요. 그 지방에서 나는 지금 이야기하려고 하는 이상한 사건이 일어난 못과 늪을 보았습니다. 그곳에는 오래된 제단이 있었는데, 제물을 태운 연기로 까맣게 그을린 채 갈대 속에 거의 파묻혀 있었습니다. 나는 이 제단이 파우누스인지 나이아스 Naiads 인지, 아니면 이 근처 산에 살고 있는 어떤 신의 제단인지를 물어보았답니다. 그 지방 사람이 해준 대답은 이랬습니다."

"이 제단은 산신(山神)의 것도 아니고, 하신의 것도 아닙니다. 그것은 한 여인의 것입니다. 그녀는 다름 아닌 여왕 헤라의 질투로 말미암아 두 쌍둥이를 양육할 거처도 없이 이곳저곳으로 쫓겨 다니던 여신 레토이지요. 레토는 팔에 어린 두 신을 안고서 이곳까지 왔는데, 몸은 어린 것들을 안고 있었기 때문에 지칠 대로 지쳤으며 목도 마를 대로 말랐습니다. 여신은 우연히 골짜기의 밑바닥에서 맑은 물이 솟아나오는 이 못을 발견했답니다. 거기에는 그 지역 사람들이 버들가지를 꺾고 있었습니다. 여신은 가까이 가서 못가에 무릎을 꿇고 찬물에 목을 축이려고 했지만 사람들은 그런 여신을 가로막았습니다. 왜 그러는지 여신은 물었지요.

왜 물을 먹지 못하게 하는가? 물은 누구나 마음대로 먹을 수 있는 것이오. 자연은 아무에게도 햇볕이나 공기, 물을 자기의 사유물이라고 주장하는 것을 허용하지 않소. 누구나 누릴 수 있는 자연의 혜택을 나도 누리려고 할 따름이오. 그런데도 불구하고 지금 나는 당신들에게 간청하고 있지 않습니까? 나는 이 피곤한 팔다리를 씻으려는 것도 아니고, 단지 목을 축이려는 것이오. 나의 입은 말을 하지 못할 정도로 타고 있소. 물 한 모금이 나에게는 넥타르와 같은 것이오. 그것은 나를 소생시킬 것이고, 나는 당신들을 생명의 은인으로 알겠소. 이 어린 것들을 봐서라도 동정하여 주시오. 이들이 나를 변호하려는 듯 작은 팔을 내밀고 있지 않소?

사실 어린 것들은 팔을 내밀고 있었고, 이같이 온화한 레토의 말에 누가 감동하지 않겠습니까? 그런데도 농부들은 완고하게 거절했답니다. 그들은 레토를 조롱하고 그곳에서 당장 물러가지 않으면 그냥 두지 않겠다고 위협하기까지 했습니다. 게다가 못 속에 들어가서 물을 발로 휘적거려 흙탕물을 일으켜 아예 먹지 못하게 했답니다. 레토는 크게 노해 목마른 것도 잊었습니다. 그녀는 이제 이 어리석은 자들에게 애원하지도 않고, 양손을 하늘로 향해 높이 들고 부르짖었습니다.

'원컨대 저들이 이 못을 떠나지 못하고, 한평생 이곳에 살기를……!'

그녀의 저주는 곧바로 현실이 되어 나타났습니다. 그들은 지금도 물속에서 살고 있지요. 그들은 완전히 물속으로 들어가기도 하고 수면에 손을 내밀고 헤엄을 치기도 합니다. 못가에 나오기도 하나, 바로 다시 물속으로 뛰어들어 갑니다. 그들은 지금도 상스러운 목소리로 욕지거리를 퍼붓고 있습니다. 물을 다 차지하고 있으면서도 아직도 부족함이 있는지 부끄러움도 없이 그 속에서 개굴개굴 울고 있답니다. 그들의 목소리는 거칠고, 목구멍은 부풀어 있고, 입은 항상 욕지거리를 하기 때문에 넓게 찢어지고, 목은 오그라들어 머리와 몸뚱이가 붙어버렸습니다. 등은 녹색이고 어울리지 않게 큰 배는 흰색입니다. 한마디로 말해, 그들은 개구리가 되었으며, 지금도 진흙투성이인 연못 속에 살고 있지요."

이 이야기에 나오는 레토가 헤라로부터 받은 박해는 전설에 의하면 다음과 같다. 장차 아폴론과 아르테미스의 어머니가 될 레토는 헤라의 분노를 피하여 아이가이온 해 ^{Aegaeon·Briareus}에 있는 섬을 돌아다니며

레토와 리키아의 농부들, 얀 브뤼헐, 1595~1610년

레토에 얽힌 이야기 중에서 다음과 같은 것이 있다. 레토는 아이가 뱃속에 있는 상태에서 많은 나라를 떠돌아다니지 않으면 안 되었다. 왜냐하면, 헤라의 지시로 모든 나라가 레토를 받아들이지 않았기 때문이었다. 질투심 많은 헤라는 레토의 자식들이 자신이 낳은 자식들보다 더 유명해질 것을 알고 있었다. 헤라는 레토가 태양 빛이 비치는 곳에서 아이를 낳을 수 없도록 만들었다. 레토가 파노파우스와 델포이 인근에 갔을 때 헤라는 뱀을 보내 레토를 쫓아내기도 했다. 많은 나라가 레토의 큰 몸집에 두려움을 느껴 받아들이기를 거부했다고도 하고, 앞으로 태어날 아기들의 운명에 겁을 먹고 레토를 받아들이려 하지 않았다는 이야기도 있다.

출산이 임박해 오자, 제우스는 북풍의 신 보레아스에게 레토를 포세이돈이 있는 곳으로 보내도록 명했다. 포세이돈은 그녀를 오르티기아로 데려갔다. 오르티기아는 '메추라기의 섬'이라는 뜻으로 레토의 자매인 아스테리아가 독수리로 변신한 제우스로부터 도망치기 위해 메추라기가 되어 날아가다 떨어져서 된 섬이었다. 하지만 그곳은 육지가 아닌 떠 있는 섬이었다. 포세이돈은 파도를 일으켜 섬이 보이지 않도록 만들었고, 섬은 햇빛을 받지 않게 되었다. 레토는 이 섬의 감람나무 밑에서 아폴론과 아르테미스를 출산했다.

다른 신화에서 레토는 이 섬과 가까운 곳에 있는 델로스 섬에서 출산했다는 설도 있다. 그것은 레토가 자신의 아들이 그곳에 자신을 위한 신전을 세울 것이라고 말했기 때문이다. 이 설에 따르면, 레토가 킨토스 산에 등을 기댔기 때문에 아폴론과 아르테미스는 델리오스와 데리아, 또는 킨티오스와 아르테미스는 델리오스와 데리아, 또는 킨티오스와 킨티아로도 불렸다고 한다. 두 신이 탄생한 후, 제우스는 부도인 델로스 섬을 기둥으로 해저에 묶어두었다고 한다. 하지만 일설에 의하면 아폴론과 아르테미스가 각기 다른 섬에서 태어났다고도 한다. 즉 아르테미스는 오르티기아에서, 아폴론은 델로스 섬에서 태어났다는 것이다. 이 섬에서 헤라와 출산의 여신인 에이레이티이아를 제외한 모든 신들이 9일 동안 레토를 보살폈다. 그런 뒤 신들은 이리스를 선물과 함께 에이레이티이아에게 보내, 헤라한테는 비밀로 하고 아폴론의 출산을 도우라고 했다.

은신처를 제공해주기를 탄원했다. 그러나 헤라가 신들의 여왕인지라, 모두 그의 연적(戀敵)을 도와주는 데 겁을 집어먹고 주저하고 있었다. 오직 델로스 섬만이 장차 탄생할 아폴론 신과 아르테미스 여신의 탄생지가 되기를 승인했다. 당시 이 섬은 물에 떠 있었으나 레토가 그곳에 도착하자, 제우스는 그 섬을 견고한 쇠사슬로 해저에 붙들어 매 사랑하는 레토가 안전하게 쉴 곳이 되도록 했다.

 이 이야기를 알고 있으면 밀턴의 소네트 「나의 논문(「이혼론」을 가리킴)에 대한 비방에 대하여」에 나오는 다음과 같은 인용의 의미를 정확하게 알 수 있을 것이다.

> 우리는 단지 예부터 있었던
> 자유에 대한 유명한 법률에 의해
> 그들의 결함을 제거해주려고
> 세인에게 호소했을 뿐이다.
> 그런데도 부엉이와 뻐꾸기와
> 당나귀와 원숭이와 개들이
> 모여들어 시끄럽게 떠들고 있다.
> 마치 저 개구리로 변한 농부들이
> 레토의 쌍둥이 자녀에게 악담했을 때처럼,
> 그러나 후에 이 아이들은
> 태양과 달의 여신이 되었다.

바이런은 『돈 주앙』에서 델로스 섬에 대해 다음과 같이 언급하고 있다.

> 그리스의 섬들이여! 그리스의 섬들이여!
> 불꽃 같은 사포가 사랑을 하고
> 노래를 불렀던 곳이여,
> 전쟁과 평화와 예술이 자란 곳이여,
> 델로스 섬이 우뚝 솟아 있고
> 포이보스가 태어난 곳이여!

파에톤의 추락, 빅토리아 알버트 박물관(런던) 소장, 1700~11년

VI. 태양신의 아들

아폴론의 이륜차를 몰던 파에톤, 제우스의 번갯불에 맞아 이 돌 밑에 잠들었다.
그는 아버지의 화차를 뜻대로 부리지는 못했지만 그의 뜻만은 위대했다.

Bulfinch's Mythology: The Age of Fable

태 양 신 의   아 들
파에톤

　파에톤 ^{Phaethon} 은 태양신 아폴론과 님프인 클리메네 ^{Clymene} 사이에서 태어난 아들이다. 어느 날 한 친구가, 네가 무슨 신의 아들이냐며 파에톤을 비웃었다. 파에톤은 화가 나고 부끄러운 나머지 집에 돌아가 모친에게 그 이야기를 하고 이렇게 말했다.
　"어머니, 만일 제가 신의 아들이라면 그 증거를 보여주십시오. 그리고 저의 이 명예스러운 신분을 보장해 주십시오."
　클리메네는 하늘을 향해 손을 들고 말했다.
　"내가 네게 한 말에 대한 증인으로서, 우리들을 내려다보고 있는 태양신을 내세우겠다. 만약 내 말이 거짓이라면 당장 죽어도 한이 없겠다. 그리고 네가 직접 가서 물어보는 데 별로 큰 힘이 들지 않을 게다. 태양이 떠오르는 나라는 이 나라와 접경하고 있다. 가서 태양신에게 너를 자기의 아들로 인정하느냐고 물어보아라."

　파에톤은 이 말을 듣자 기뻤다. 그는 바로 해 뜨는 곳인 인도를 향해 길을 떠났다. 그는 희망과 자신에 넘쳐서 목적지에 도달했다.

　태양신의 궁전은 원기둥 위에 높이 솟아 황금과 보석으로 빛나고 있었다. 천정은 잘 닦아서 윤이 나는 상아(象牙)였고, 문은 은이었다. 재료들보다도 그것들을 가공한 솜씨가 더 훌륭했는데 헤파이스토스가 대지와 바다, 하늘과 그 주민들을 벽에 그려놓았기 때문이다. 바다에는 님프들이 물결 속에서 장난도 하고, 물고기 등에 타기도 하고, 바위 위에 걸터앉아 바닷물과 같은 푸른 머리를 말리고 있었다. 그녀들의 얼굴은 다 같기도 했고 그렇지 않기도 했다. 말하자면 동기간(同氣間)과 같은 모습이었다. 대지에는 마을과 숲, 내와 전원의 신들이 그려져 있었다. 은으로 된 문에는 양쪽에 여섯 개씩, 12궁의 성좌가 조각되어 있었다. 그리고 이 모든 것에는 영광스러운 천계의 모습이 새겨져 있었다.

　파에톤은 험한 오르막길을 올라가서 논쟁거리가 된 그의 아버지 집으로 들어갔다. 그러나 빛이 너무 강했기 때문에 가까이 가지 못하고 발을 멈췄다. 아폴론은 자줏빛 옷을 입고, 금강석을 박은 듯이 반짝이는 왕좌에 앉아 있었다. 그 좌우에는 날[日]의 신과 달[月]의 신과 해[年]의 신이 서 있었고, 또 일정한 간격을 두고 시간의 신들이 서 있었다. 봄의 여신은 머리에 화관을 쓰고 있었고 여름의 신은 옷을 벗은 채 익은 곡식 줄기로 된 관을 쓰고 있었으며, 가을의 신은 발이 포도즙으로 얼룩져 있었고, 얼음이 언 듯한 겨울의 신은 머리카락이 흰 서리 때문에 굳어 있었다.

태양신 아폴론은 삼라만상을 내려다볼 수 있는 눈을 가지고 있었기 때문에 이 진기하고 장려한 광경에 눈을 굴리고 있는 젊은이의 모습을 발견하고 무슨 일로 왔느냐고 물었다. 젊은이는 대답했다.

"오, 끝없는 세계의 빛, 빛나는 태양의 신, 나의 아버지시여, 제발 제가 당신의 아들이라는 것을 알 수 있는 증거를 보여주십시오."

파에톤은 대답을 기다렸다. 그러자 아폴론은 머리에 쓰고 있던 빛나는 관을 벗어 옆에 놓고, 젊은이에게 가까이 오라고 했다. 그리고 그를 끌어안으면서 말했다.

"너는 내 아들임에 틀림이 없다. 나는 너의 어머니가 네게 말한 바를 보장한다. 네 의문을 풀기 위해 네가 원하는 선물을 줄 테니 무엇이든지 말해 보아라. 나는 아직 본 일이 없다만 우리 신들이 가장 엄숙한 약속을 할 때 내세우는 저 무서운 강을 증인으로 부를 수도 있다."

파에톤은 즉석에서 태양의 이륜차를 하루만이라도 좋으니 끌게 해달라고 했다. 순간, 아폴론은 약속한 것을 후회하고 몇 번이나 머리를 흔들며 거절했다. 그는 말했다.

"너는 너무 경솔한 말을 하는구나. 그 청만은 거절하고 싶다. 너도 그것만은 거두기를 바란다. 그런 청을 들어주는 건 도리어 너에게 해가 될지도 모르고, 또 네 나이나 힘에 벅찬 일이다. 인간인 너로서는 힘에 겨운 것을 원하고 있다. 너는 알지 못하기 때문에 신들까지도 감히 생각지 못하는 일을 해보려는 것이다. 신들 중에서도 나 외에는 저 타오르는 해[日]의 차(車)를 부릴 자는 없을 것이다. 오른팔로 무서운 번개를 던지는 제우스조차도 이것만은 불가능하다. 그 차가 가는 길은 처음에는 험해서 말들이 아침에도 오르기 어렵다. 중간의 길은 높은 하늘에 있기 때문에 나조차도 내 밑에 펼쳐져 있는 지구와 바다를 내려

아폴론 신전을 찾아간 파에톤, 니콜라 푸생, 1635년

　파이톤이라고도 하며 그리스어로 '빛나는', '눈부신'이라는 뜻을 가지고 있다. 아폴론(헬리오스라고도 한다)의 아들인 클리메네와 샘의 님프 가운데 하나인 메로페 사이에서 태어났다고도 한다.
　파에톤이 몸에 불이 붙으면서 죽어 에리다노스 강으로 빠지자 파에톤의 누이들은 그의 운명을 슬퍼하여 강가의 포플러나무로 변하였으며, 이들이 흘린 눈물이 강에 떨어져 호박(琥珀)이 되었다고 한다. 지금도 그 강(현재의 포^{Po} 강) 기슭에서 포플러를 많이 볼 수 있다고 한다.
　파에톤의 친척으로서 리그리아의 왕이었던 킥노스(그리스어로 '백조'를 뜻함)도 애도의 뜻을 표하러 왔다가 백조가 되었다고 알려져 있다. '백조의 노래'라는 말은 그가 애도의 뜻으로 부른 노래에서 유래한 것이다. 또한, 별자리 중 마부자리는 파에톤을 기리기 위해 만들어진 것이다.

다볼 때면 정신이 아찔해 그러길 꺼릴 정도다. 그리고 최후의 길은 경사가 심해서 차를 부리는 데 가장 경계를 요한다. 나를 접대하려고 기다리고 있는 바다의 여신 테티스는 내가 거꾸로 넘어지지나 않을까 근심하여 떠는 일이 종종 있다. 그뿐만 아니라, 하늘은 늘 회전하면서 여러 별들을 가져온다. 나는 모든 것을 쓸어가는 그 회전운동에 휩쓸리지 않도록 부단히 경계하지 않으면 안 된다. 만약 내가 너에게 그 이륜차를 빌려준다면, 너는 어떻게 할 작정이냐? 천구(天球)가 밑에서 회전하고 있는데, 진로를 똑바로 유지할 수 있겠니? 아마 너는 도중에 신들이 사는 숲과 마을도 있고 궁전과 신전도 있으리라고 생각할지 모르겠다. 사실은 그렇지 않고, 마차 길은 무서운 괴물들 사이를 통과한다. 사수궁 앞에 있는 황소(金牛宮금우궁)의 뿔을 지나고, 활을 든 반인반마의 괴물 앞을 지나고, 사자궁(獅子宮)의 턱 가까이 가기도 하고 전갈(天蝎宮천갈궁)이 한편으로 팔을 뻗치고 다른 편에는 게(巨蟹宮거해궁)가 팔을 밖으로 구부리고 있는 곳도 통과한다. 더군다나 이륜차를 끄는 말을 모는 일도 쉬운 게 아니다. 왜냐하면, 말들의 가슴은 입과 콧구멍으로 내뿜는 불로 가득 차 있기 때문이다. 나조차도 말들이 말을 듣지 않고 고삐대로 움직이지 않을 때는 그들을 거느리기가 쉽지 않다. 잘 생각해 보아라. 만약 너에게 이륜차를 빌려준다면 너의 생명이 위태롭게 될지도 모를 일이니까. 아직 늦지 않았으니, 너의 청을 취소하라. 네가 나의 혈육이란 증거를 보여 달라고 한다면, 내가 너를 위해 걱정하는 것이 그 증거이다. 날 봐라. 네가 나의 가슴속을 들여다볼 수만 있다면 넌 한 아비로서의 걱정을 그곳에서 볼 수 있을 것이다."

그는 계속 말했다.

"자, 세계를 돌아보고, 바다의 것이든 지상의 것이든 네가 갖고 싶어

하는 가장 귀중한 것을 골라 그것을 청하라. 네 마음대로 해줄 것이니, 오직 이륜차만은 조르지 마라. 그것은 명예가 아니고 파멸을 초래할 뿐이다. 아직도 내 목을 껴안고 조르는구나. 네가 그렇게 고집을 부린다면 서약을 한 이상 지키지 않으면 안 되니 네게 단 하루만 이륜차를 주마. 그러나 좀 더 현명한 선택을 했으면 좋겠다."

아폴론은 말을 맺었다. 그러나 파에톤은 아무리 훈계를 해도 듣지 않고 처음 소원을 굽히지 않았다. 아폴론이 거듭 설득했으나 파에톤이 듣지 않자, 하는 수 없이 아폴론은 그를 천계의 이륜차가 놓여 있는 곳으로 데리고 갔다.

이륜차는 헤파이스토스가 선사한 것으로, 금으로 만든 것이었다. 차축(車軸)도 금이었고, 채와 바퀴도 금이었으며, 바퀴의 살만 은이었다. 좌석의 측면에는 감람석과 금강석을 박은 것이 여러 줄 있었는데, 그것이 태양광선을 사방으로 반사했다.

젊고 대담한 파에톤이 감탄하면서 마차를 들여다보고 있을 때, 새벽의 여신이 동쪽의 자줏빛 문을 열어젖히고 장미꽃을 여기저기 뿌리며 길을 냈다. 별들은 금성의 지시 아래에 물러나고 마침내 금성도 퇴각했다. 아폴론은 지구가 붉게 빛나기 시작하고 달의 여신도 퇴각하려는 것을 보고 시간의 신에게 명령하여 말들에게 마구를 지게 했다. 그들은 명에 따라 높은 마구간에서 암브로시아로 배가 부른 말을 몇 필 끌어내 고삐를 맸다. 아폴론은 아들 파에톤의 얼굴에 영약(靈藥)을 발라주어 화염(火焰)에 견딜 수 있도록 해주었다. 아버지는 벗어놓았던 빛의 관을 머리에 다시 쓰고 불길한 일을 예감한 듯이 탄식했다.

"내 아들아, 적어도 한 가지만은 명심하여 아비의 말을 들어야 한다. 다름 아니라 채찍질은 삼가고 고삐를 꼭 쥐고 있어야 한다. 말들이 멋대로 질주하니 제어하기가 어려울 거다. 다섯 개의 궤도를 곧장 달리지 말고 왼편으로 비켜가야 한다. 중간 지대만을 가고 북극 지대나 남극 지대는 피해야 한다. 가다 보면, 수레바퀴 자국이 보일 것이다. 그것이 길의 방향을 가르쳐 줄 것이다. 공중과 지구가 고르게 적절한 열을 받게 하기 위해서는 진로를 너무 높이 잡으면 안 된다. 그렇게 하지 않으면 천상에 있는 신들의 집을 태워버릴 것이다. 또 너무 낮게 잡으면 지상에 불을 지르게 될 것이다. 중간 진로가 제일 안전하고 좋다. 이만큼 말했으니, 나는 너를 운명에 맡긴다. 행운을 바라는 마음 간절하다. 인력보다도 운명에 달린 것이니까. 밤이 서쪽 문 밖으로 나가고 있으니, 더는 지체할 수 없다. 어서 고삐를 잡아라. 만일 자신을 잃을 때는 내 말대로 하는 것이 좋을 것이다. 그럴 때는 어디든지 안전한 곳에서 말을 멈추어라. 그리고 지구를 비추고 따뜻하게 하는 일은 나에게 맡겨라."

이 패기 넘치는 젊은이는 이륜차에 뛰어올라 가슴을 활짝 펴고 기쁨에 넘쳐 고삐를 잡았다. 파에톤은 입 밖에 내지는 않았지만 아버지에게 감사하다는 말을 되풀이했다.

말들은 불을 뿜는 콧바람을 내쉬며 성급하게 발을 구르고 있었다. 고삐를 풀어주니, 우주의 무한한 대평원이 그들 앞에 펼쳐졌다. 그들은 앞으로 돌진하여 눈앞을 가로막고 있는 구름을 헤치고, 같은 동쪽 지점에서 출발한 미풍보다도 앞서 나아갔다. 말들은 짐 무게가 전보다 훨씬 가벼워진 것을 느꼈다. 짐을 싣지 않은 배가 해상에서 이리저리 요동치는 것과 마찬가지로 이륜차도 전 같은 무거운 짐이 없기 때문인지 빈 차처럼 덜컹거렸다.

말들이 함부로 돌진했기 때문에 마차는 평소의 궤도를 벗어났다. 파에톤은 깜짝 놀라 어떻게 말을 몰아야 할지 몰랐다. 설령 안다 하더라도 힘이 부족했다. 맨 처음에 큰곰자리와 작은곰자리를 그을렸다. 그들은 가능하면 바닷속으로 들어가고 싶었을 것이다. 북극에서 몸을 사리고 움직이지 않은 채, 아무런 해도 끼치지 않고 누워 있던 뱀(사성좌蛇星座)은 온기를 느끼자, 광포한 성질이 살아나는 것을 느꼈다. 전하는 바에 의하면, 견우성은 쟁기를 끌고 날쌔게 움직이는 데 익숙하지는 않았지만 어느새 달아났다고 한다.

불운한 파에톤은 그의 발아래 한없이 펼쳐진 지상을 내려다보자, 안색이 창백해지고 무릎이 공포로 인해 떨리는 것을 느꼈다. 사방이 휘황찬란한데도 불구하고 그의 눈은 흐릿해졌다. 그리고 이내 후회했다.

'아버지의 말에 왜 손을 댔던가! 아버지가 내 소원을 끝까지 거절했더라면 얼마나 좋았을까!'

그는 폭풍우에 흔들리는 배와 같이 떠내려가기만 할 따름이었다. 그럴 때는 유능한 뱃사공도 어찌할 바를 모르고 기도만 올릴 것이다. 어떻게 하면 좋을 것인가? 먼 길을 지나왔으나, 앞으로 남은 길은 더 멀었다. 그는 다른 방향으로 눈을 돌렸다. 출발점을 돌아보기도 하고 도착할 것 같지도 않은 해 지는 나라를 쳐다보기도 했다. 그는 자제력을 잃고 어찌할 바를 몰랐다. 고삐를 죄어야 할 것인가, 늦춰야 할 것인가. 말들의 이름도 생각나지 않았다. 그는 천상의 곳곳에 흩어져 있는 여러 괴물들의 형태를 보고 공포에 떨었다. 특히 전갈은 커다란 두 집게발을 벌리고 꼬리와 굽은 발톱은 12궁 중 두 궁에 뻗쳐 있었다. 파에톤은 독기를 풍기고 송곳니로 위협하는 이 전갈을 보는 순간 정신을 잃고 고삐를 놓고 말았다.

등에서 고삐가 풀린 것을 느끼자, 말들은 줄달음질을 치고 하늘의 별들 사이를 멋대로 돌진하여, 이륜차는 길도 없는 곳에 내던져졌다.

이륜차는 때로는 높은 하늘 위로 오르고 때로는 거의 지구 가까이까지 내려갔다. 달의 여신 아르테미스는 오빠의 이륜차가 자신의 수레 밑을 달리는 것을 보고 깜짝 놀랐다.

구름은 연기를 내기 시작하고, 산꼭대기에서는 불이 났다. 들은 열 때문에 마르고, 식물은 시들고, 잎이 무성한 수목은 타고, 추수한 곡식은 불길 속으로 들어갔다. 그러나 이것은 아무것도 아니었다. 순식간에 큰 도시들의 성곽과 탑이 불타 없어졌다. 성에 있던 사람들도 모두 재가 되었다. 아토스, 타우로스, 트몰로스, 오이테 등 산림이 우거진 산들도 탔다. 샘으로 유명하던 이다 산도 몽땅 말라버렸고, 무사 여신들이 사는 헬리콘 산도 하이모스도 타버렸다. 에트나는 안팎으로 불이 붙고, 파르나소스 산의 두 봉우리도 마찬가지였고, 로도페 산은 눈으로 된 관을 벗지 않으면 안 되었다. 북극의 추위도 스키티아에는 아무런 도움이 되지 않았다. 카프카스 산도 타고, 옷사^{Ossa} 산도, 핀도스 산도, 또 이 두 산보다 큰 올림포스 산도 탔다. 공중에 높이 솟은 알프스 산과 구름의 관을 쓴 아페닌 산도 모두 타버렸다.

파에톤은 온 세계가 불바다가 된 것을 보았고 자신도 그 열기 때문에 견딜 수 없게 되었다. 그가 호흡하는 공기는 커다란 용광로에서 뿜어내는 열기처럼 뜨거웠고, 재로 가득 차 있었다. 그는 정처 없이 달아났다.

이때 에티오피아인들은 열 때문에 갑자기 체내의 피가 표면에 몰려 피부색이 검어졌으며 리비아 사막도 열 때문에 모두 증발되어 오늘날의 상태가 되었다고 한다. 샘의 요정들은 머리를 풀고서 말라가는 물을 보며 슬퍼했는데 둑 아래를 흐르는 강 또한 무사하지는 않았다. 타나이스 강도 카이코스 강도 크산토스 강도 마이안드로스 강도 모두 증발해 버렸다. 바빌론의 에우프라테스 강도 갠지스 강도 사금(沙金)이 나

아폴론과 4대륙, 티에폴로, 1751~53년

이 천정화는 19×30m의 대작이다. 이 대형 천정화는 독일 뷔르츠부르크의 레지덴츠라는 대저택에 그려져 있는데 당시 이 저택의 주인은 카를 필립프 톤 그라이펜클뤼우 주교였다. 티에폴로는 주교를 아폴론으로 상징화했다.

그의 그림에서 보면 아폴론 궁을 나서자 빛이 세상으로 퍼져나간다. 그의 발치에는 그의 상징물인 리라와 햇불을 든 두 여인이 있고 그 아래 구름을 밟고 계절의 여신인 호라이들이 그의 말을 끌고 있다.

오는 타고스 강도 백조가 머물고 있는 카이스트로스 강도 모두 말라버렸다. 나일강은 달아나 사막 속에 머리를 숨겼는데 지금도 그곳에 숨어 있다. 옛날에는 이 강도 일곱 개의 입에서 물을 바다로 배출했지만 지금은 일곱 개의 마른 강바닥이 남아 있을 뿐이다.

대지는 크게 갈라지고, 그 틈으로 광선이 명계(冥界)인 타르타로스까지 비춰 명부(冥府)의 왕과 여왕이 놀랐다.

바다는 졸아들었다. 전에 바닷물이 있던 곳은 건조한 평원이 되고 물결 밑에 파묻혔던 산은 머리를 들고 섬이 되었다. 물고기들은 가장 깊은 곳을 찾아가고 돌고래는 전과 같이 모래사장에서 놀 용기를 잃었다. 바다의 신 네레우스 Nereus 와 그의 아내 도리스 Doris 까지도 네레이스 Nereis (복수형은 Nereids)라 불리는 딸들을 데리고 가장 깊은 바닷속 동굴로 달아나 버렸다. 포세이돈은 세 번이나 물속으로 다시 들어갔다. 대지의 여신은 물로 둘러싸여 있었으나, 머리와 어깨가 드러나 있었기 때문에 손으로 얼굴을 가리고 하늘을 향하여 쉰 목소리로 제우스를 불렀다.

"오, 신들의 지배자여, 만일 내가 이러한 대우를 받아 마땅하고 불에 타 죽는 것이 당신의 뜻이라면 왜 당신은 번개를 내리지 않으십니까? 기왕 죽이시려거든 직접 손을 써서 죽여주십시오. 이것이 나의 다산(多産)과 충실한 봉사에 대한 보수입니까? 나는 가축에겐 풀을, 인간에겐 과실을 주었고, 당신의 제단에는 유향(乳香 frankincense)을 바쳤는데, 그 보수가 이것입니까? 설령 나를 도외시한다 하더라도, 내 동생 오케아노스는 무슨 잘못을 저질렀기에 이런 운명을 겪어야 합니까? 우리 둘이 다 당신의 동정을 받을 수 없다면, 원컨대 당신의 하늘을 생각해 보십시오. 그리고 당신의 궁전 지주(支柱)가 연기를 뿜고 있는 것을 보십시오. 그것이 타버리면 궁전은 허물어질 것이 틀림없을 것입니다.

아틀라스 신까지도 쇠약해지고, 그의 짐을 감당 못할 정도입니다. 하늘이 바다와 지구를 멸해 버린다면 우리는 옛날과 같은 카오스로 떨어질 것입니다. 아직 남아 있는 것이라도 모든 것을 집어삼키는 화염으로부터 구해주십시오. 이 무서운 순간에서 우리를 구해주십시오."

대지의 여신은 뜨겁고 목이 말라 더는 호소할 수 없었다. 전능한 제우스는 이 광경을 보고 모든 신들(그들 중에는 파에톤에게 이륜차를 빌려준 아폴론도 있었다)을 부른 다음, 긴급 구제책이 강구되지 않으면 모든 것이 멸망하리라는 것을 설명하고 높은 탑으로 올라갔다. 이 탑은 늘 제우스가 구름을 지상에 퍼뜨리고 갈라진 모양의 번갯불을 던지는 곳이었다. 그러나 그때는 지상을 가릴 구름이 한 점도 없었고, 비 한 방울조차 남아 있지 않았다.

제우스는 천둥소리를 내며 번쩍이는 번개를 오른손에 쥐고 흔들다가 이륜차를 몰던 파에톤을 향해 던졌다. 제우스의 번개에 맞은 파에톤은 이륜차에서 떨어졌다. 그는 머리카락에 불이 붙은 채 공중에 빛나는 줄을 그으면서 추락하는 유성처럼 거꾸로 떨어져 죽고 말았다. 강의 신인 에리다노스 Eridanus 는 그를 받아들여, 불이 붙은 그의 시체를 식혀 주었다. 이탈리아의 나이아스들은 그의 분묘를 세우고, 다음과 같은 비문을 묘석에 새겼다.

> 아폴론의 이륜차를 몰던 파에톤,
> 제우스의 번갯불에 맞아 이 돌 밑에 잠들었다.
> 그는 아버지의 화차를
> 뜻대로 부리지는 못했지만
> 그의 뜻만은 위대했다.

파에톤의 추락, 페테르 파울 루벤스, 1605년

파에톤의 자매들은 오라비의 운명을 탄식하고 있는 동안 강가의 포플러나무로 변했다. 그리고 끊임없이 흐른 그녀들의 눈물은 강에 떨어져 호박(琥珀)이 되었다.

밀만Milman(영국의 시인)은 「세이모 Samor」라는 시에서 파에톤 이야기를 다음과 같이 언급하고 있다.

그것은 시인들이 노래하고 있듯이
태양의 아들로 태어난 젊은이가
고집을 부려 아버지에게 빌린 이륜차를 몰아
무시무시한 천공의 동물들 사이를 마구 달렸을 때
몹시 놀란 우주가 다만 망연히 바라보고 있는 것과 같다.
번개의 신은 이 젊은이를 반쯤 태워 천상에서
에리다노스 만으로 내던졌는데
거기에서는 파에톤의 갑작스러운 죽음을 슬퍼하다
나무가 되어버린 누이들이 지금도 호박 눈물을 흘리고 있다.

월터 세비지 랜더 Walter Savage Landor(영국의 시인)가 노래한 아름다운 시 속에 조가비에 대한 묘사가 있는데, 거기에서 태양신의 궁전과 이륜차에 대한 이야기를 찾아볼 수 있다. 물의 님프가 다음과 같이 말하는 부분이다.

나는 안쪽이 진줏빛인 조개를 수없이 갖고 있네.
그 광택은 태양의 궁전 현관 앞에서

아직 말을 매지 않은 이륜차가 반쯤 바다에 잠겨 있을 때
들이마신 빛깔이라네.
조개를 하나 흔들어 보라, 눈을 뜰 테니까.
그리고 조개의 아름다운 입술을
그대의 귀 가까이 대고 가만히 들어보라.
저 궁전을 추억하며, 마치 대양이 속삭이듯이
그대의 귀에 속삭여주리라.

「지비어 Gebir」 제1편

파에톤, 귀스타브 모로, 1878년
모로는 이 작품에서 하늘의 별자리를 괴물로 변형해 등장시키고 있다. 오른쪽의 괴물은 뱀자리를 형상화한 것이고 왼쪽은 사자자리를 형상화한 것이다.

사슬에 묶인 프로메테우스

Ⅷ. 신의 선물

그때 바우키스는 필레몬의 몸에서 나뭇잎이 돋아나는 것을 보았고,
필레몬도 바우키스의 몸에서 똑같은 변화가 일어나는 것을 보았다.
말할 수 있을 때까지 서로 작별 인사를 주고받고 있을 때, 나뭇잎으로 된 관이 그들 머리 위에 씌워졌다.

Bulfinch's Mythology: The Age of Fable

신 의   선 물
미다스 왕 이야기

어느 날 디오니소스는 그의 어릴 때 스승이며 양부(養父)인 실레노스 Silenus 가 행방불명이 된 것을 알았다. 알아보니 실레노스가 술에 취해 방황하고 있는 것을 농부들이 발견하고 그들의 왕인 미다스 Midas 에게 데리고 갔다는 것이다. 미다스는 이 노인이 실레노스임을 알자 따뜻이 맞아들여 열흘에 걸쳐 밤낮을 가리지 않고 계속 주연을 베풀어 노인을 환대했다. 미다스 왕은 열흘하고도 하루 만에 실레노스를 무사히 그의 제자에게 돌려보냈다.

디오니소스는 미다스에게 답례로 무엇이든 원하는 것을 말하라고 했다. 그러자 미다스는 자기 손이 닿는 것이면 무엇이든 '금'으로 변하도록 해달라고 부탁했다. 디오니소스는 미다스가 더 좋은 선택을 하지 않은 것을 유감스럽게 생각하면서도 이를 승낙했다.

미다스는 새로운 능력이 생긴 것을 크게 기뻐하여, 돌아가자마자 그 힘을 시험해 보았다. 참나무 가지를 꺾자, 손 한가운데부터 황금 가지로 변한 것을 보고 그는 자신의 눈을 의심했다. 이번에는 돌을 주워들었다. 그것도 금으로 변했다. 잔디를 만지자 금잔디가 되었다. 사과나무에서 사과를 따보았다. 그것은 마치 헤스페리데스(Hesperides) 의 화원에서 훔쳐온 것이 아닌가 하고 생각될 정도였다. 미다스의 기쁨은 한이 없었다. 기쁨에 잔치를 벌일 양으로 그는 집에 돌아오자마자 하인들에게 훌륭한 음식을 장만하라고 분부했다. 놀라운 일은 그가 빵을 만져도 금덩이가 되어 손 안에서 단단해지고 음식을 입에 가져가도 곧 굳어버려 씹을 수가 없었다. 난처해진 그는 포도주를 마셨다. 그러나 그것 역시 황금 액체가 되어 목구멍을 타고 내려갔다.

이 전대미문(前代未聞)의 재난에 간담이 서늘해진 미다스는 그 마력에서 벗어나려고 애썼다. 그는 조금 전까지 그토록 원했던 신의 선물을 증오하기 시작했다. 그러나 아무리 이 능력을 증오하고, 무엇을 하려 해도 허사였다. 굶주림만이 그를 기다리고 있는 것 같았다. 미다스는 금으로 빛나는 양팔을 쳐들고 이 황금의 저주로부터 구원해줄 것을 디오니소스에게 애원했다. 디오니소스는 자비심이 많은 신이었으므로 미다스의 간청을 듣고 그것을 들어주기로 하고 이렇게 말했다.

"팍토로스 강을 거슬러 올라가, 그곳에 머리와 몸을 담가라. 그리고 네가 범한 과오와 그에 대한 벌을 씻어라."

미다스는 디오니소스가 일러준 대로 했다. 강물에 손을 대자, 금을 만들어내는 힘은 물속으로 사라졌다. 그리고 모래가 황금으로 변했는

미다스 왕과 디오니소스, 니콜라 푸생, 1629~30년

　　미다스는 고대 전설에 나오는 프리기아의 왕이다. 그는 어느 날 디오니소스 신의 친구이자 숲의 신인 실레노스에게 친절을 베풀었다. 디오니소스가 그 보답으로 소원을 들어주겠다고 하자 그는 만지는 모든 것을 금으로 변하게 해달라고 했다. 소원이 이루어져 미다스의 손에 닿는 모든 것이 금으로 변하고 음식마저 금으로 변한다. 그러자 굶어죽게 된 미다스는 없었던 일로 해달라고 간청했다.

　　그와 관련된 또 다른 이야기가 있다. 어느 날 미다스는 아폴론과 판이 음악 솜씨를 겨룰 때 심판을 보게 된다. 한데 판정 시 판의 손을 들어주어 화가 난 아폴론이 미다스의 귀를 당나귀 귀로 만들었다. 미다스는 귀를 꽁꽁 싸맸지만 이발사만은 그의 귀를 보고 만다. 비밀을 발설하고 싶었던 이발사는 땅에 구멍을 파고 비밀을 말한 다음 구멍을 메웠다. 나중에 그 구멍에서는 갈대가 자라났는데 바람이 불 때마다 갈대가 흔들리며, "임금님 귀는 당나귀 귀"라는 소리가 나서 결국 모든 사람이 미다스의 비밀을 알게 되었다.

데, 그것은 지금도 그대로 남아 있다.

그 후로 미다스는 부와 영화를 싫어하게 되었고 시골에 살면서 들의 신인 판의 숭배자가 되었다.

어느 날 판은 무모하게도 리라의 신인 아폴론과의 리라 시합에 도전했다. 아폴론은 이 도전에 응했고 산신인 트몰로스^{Tmolus}가 심판자로 선정되었다. 이 늙은 신은 심판석에 앉아 잘 듣기 위해서 귀에 자라고 있는 풀과 나무를 없앴다. 신호가 울리자 먼저 판이 피리를 불었다. 그 꾸밈없는 멜로디는 그 자신과 마침 그곳에 앉아 있던 그의 충실한 신자 미다스를 크게 만족시켰다. 다음 트몰로스가 머리를 태양신 아폴론에게 돌리니, 모든 수목들도 그를 따랐다. 아폴론은 일어섰다. 이마에는 파르나소스 산의 월계수로 만든 관을 쓰고, 티로스^{Tyros} 지방에서 나는 자줏빛 염료로 물들인 지면을 스치는 옷을 걸치고, 왼손에는 리라를 들고 오른손으로 현(弦)을 탔다. 리라 소리에 정신을 잃은 트몰로스가 즉석에서 수금(竪琴하프)의 신에게 승리를 선언하자, 미다스를 제외한 모두가 이 판정에 만족했다. 미다스는 이의를 제기했고 심판의 정당성을 의심했다. 아폴론은 이런 무식한 귀를 더는 인간의 귀로 두어서는 안 되겠다고 생각했다. 그래서 미다스의 귀를 길게 늘이고 안팎으로 털이 나게 하고, 귓불이 움직이게 했더니 당나귀 귀와 똑같아졌다.

미다스는 이 사건으로 기분이 상했으나, 그것을 숨길 수 있다고 생각하고 스스로를 달랬다. 즉, 머리에 넓은 수건을 쓰고 자신의 귀를 감추었던 것이다. 그러나 그의 이발사만은 이 비밀을 알고 있었다. 그는 미다스로부터 비밀을 입 밖에 내서는 안 되며 복종하지 않으면 엄벌에 처하겠다는 협박을 받았다. 그러나 그럴수록 이발사는 이 비밀을 말하고 싶어 견딜 수가 없었다. 어느 날 그는 초원으로 나가 지면에 구멍을 파고, 그 위에 몸을 구부려 비밀을 속삭이고 다시 흙으로 덮었다. 얼마 후, 초원에 갈대가 나서 무성하게 자라나자 갈대들은 비밀을 속삭이기 시작했다. 오늘날까지도 미풍이 그 위를 스치고 지나갈 때마다 갈대들은 계속 속삭이고 있다.

미다스 왕의 이야기는 이밖에도 여러 가지 형태로 전해지고 있다. 드라이든 Dryden 은 「바아드의 여인 이야기 Wife of Bath's Tale」 속에서 미다스 왕의 비밀을 누설한 것은 왕의 아내라고 보았다.

미다스는 프리기아 Phrygia 의 왕이었다. 그의 부친은 고르디우스 Gordius 라는 가난한 농부였는데, 사람들의 추대로 왕이 되었다. 사람들은 신탁의 명에 따라 그를 선출했는데, 신탁에서 미래의 왕은 짐마차를 타고 올 것이라고 되어 있었다. 모두가 이 신탁의 의미를 생각하고 있을 때, 고르디우스가 아내와 아들을 데리고 마을 광장으로 짐마차를 타고 나타났다.

고르디우스는 왕으로 선출되자, 그의 짐마차를 신탁을 내린 신에게 바치고 견고한 매듭으로 알맞은 장소에 매두었다. 이것이 유명한 '고르디우스의 매듭'인데, 후세에 그것을 푸는 자는 아시아 전역의 왕이 되리라는 말이 전해졌다. 그 매듭을 풀어보려고 시도한 사람이 많았으나, 아무도 성공하지 못했다.

알렉산드로스(알렉산더 Alexander) 대왕이 원정 도중에 프리기아에 들렀다. 그도 매듭을 풀어 보려고 애썼으나 역시 성공하지 못했다. 참다 못한 대왕은 칼을 뽑아 매듭을 끊어버렸다. 훗날 그가 성공하여 전 아시아를 자신의 지배하에 두자, 사람들은 대왕이야말로 진정한 의미에서 신탁에 부응한 사람이라고 생각했다.

미다스의 형벌, 헨드릭 드 클레르크, 1620년

Bulfinch's Mythology: The Age of Fable

신 의 선 물
바우키스와 필레몬

프리기아의 어느 언덕 위에 낮은 벽으로 둘러싸인 보리수나무와 참나무가 한 그루씩 서 있었다. 거기서 그리 멀지 않은 곳에 늪이 하나 있었는데 그곳은 전에는 사람이 살기 좋은 땅이었으나, 지금은 웅덩이가 곳곳에 있고 늪새와 가마우지들만이 모여들었다.

언젠가 제우스가 인간의 모습을 하고 그 땅을 방문한 적이 있었다. 그의 아들인 헤르메스도 날개는 따로 떼어놓고 지팡이만 하나 지닌 채 동행했다. 그들은 피로한 나그네처럼 이집 저집의 문 앞에 서서 하루 저녁 쉴 곳을 찾았으나, 문이 모두 닫혀 있었다. 이미 밤이 늦은 것도 문제지만 그 시간에 일어나 문을 열고 그들을 받아들이려 하지 않을 만큼 몰인정한 것이 더 문제였다.

그러다 한 보잘것없는 오막살이집에서 그들을 맞아주었다. 그 집에는 선량한 노파 바우키스 Baucis 와 그의 남편 필레몬 Philemon 이 결혼하면서부터 나이가 들어 늘그막해질 때까지 같이 살고 있었다. 그들은 가난을 부끄럽게 여기지 않았고, 그저 욕심부리지 않으며 친절한 마음으로 그 가난을 견디어 온 사람들이었다. 그 집에서는 주인과 하인을 구별할 필요가 없었다. 그들 두 사람이 가족의 전부였고, 주인이며 동시에 하인이었던 것이다.

천상에서 방문한 두 나그네가 초라한 집에 들어와 머리를 숙이고 얇은 대문을 들어섰을 때, 노인은 자리를 만들었고, 노파는 뭔가를 찾는 듯 서성거리더니 자리 위에 깔개를 갖다 펴고 그들에게 앉기를 권했다. 그러고 나서 잿더미 속에서 불기를 찾아내 마른 나뭇잎과 나무껍질을 모아놓고 입으로 불어 불을 피웠다. 노파는 방 한구석에서 장작과 마른 나뭇가지를 가지고 와서 여러 개비로 쪼개어 작은 가마 밑에 넣었다. 노인이 정원에서 채소를 뜯어오자 노파는 잎을 줄기에서 따서 잘게 썰어 냄비에 넣었다. 노인은 갈라진 막대기로 굴뚝에 걸어놓았던 베이컨 덩어리를 끌어내렸다. 그리고 그것을 한 조각 베어 채소와 함께 끓이기 위해 냄비 속에 넣고 나머지는 다음에 쓰기 위해서 남겨놓았다. 너도밤나무로 만든 그릇에는 손님들을 위한 더운 세숫물이 담겨 있었다. 노인 내외는 이런 준비를 하고 있는 동안에도 여러 가지 이야기를 건네어 손님들이 지루함을 느끼지 않도록 했다.

손님들을 위해 준비한 의자에는 해초를 넣어서 만든 쿠션이 깔려 있었는데, 그 위에는 덮개가 씌워져 있었다. 그 덮개는 낡고 초라한 것이었지만 큰일을 치를 때만 특별히 내놓는 것이었다. 앞치마 차림의 노파는 떨리는 손으로 식탁을 날랐다. 식탁은 다리 하나가 다른 다리보다 짧았기 때문에 얇은 나뭇조각으로 괴어 뒤뚱거리지 않게 해놓았다. 노파는 좋은 향기가 나는 풀로 식탁을 훔쳤다. 그리고 그 위에 순결한 처녀 아르테미스의 성목(聖木)인 올리브나무 열매와 식초에 절인 산딸기를 내놓았다. 무와 치즈, 재 속에 넣어 익힌 달걀도 곁들였다. 접시는 다 토기(土器)였고, 그 옆에는 흙으로 만든 주전자와 나무로 된 컵이 놓여 있었다. 모든 준비가 되었을 때, 김이 모락모락 나는 스튜가 식탁에 올라왔다. 그리 오래된 것은 아니지만, 포도주도 곁들여 나왔다. 디저트는 사과와 꿀이었다. 그리고 이 모든 것보다도 좋았던 것은 노부부의 온화한 얼굴과 그들의 소박하나 정성스러운 환대였다.

노인들은 식사가 진행되는 동안 술을 따를 때마다 저절로 새로운 술이 술병 속에 차자 깜짝 놀랐다. 그들은 두려워서 어찌할 바를 몰랐다. 그들은 마침내 이 손님들이 천상에서 온 신임을 알자, 무릎을 꿇고 두 손을 깍지 끼고 소홀한 대접을 용서해 달라고 빌었다. 그 집에는 거위 한 마리가 있었는데, 늙은 부부는 그것을 집을 지키는 신처럼 기르고 있었다. 노부부는 거위를 잡아서 손님 대접을 하려고 했다. 그러나 거위가 발과 날개를 홰치며 달아났기 때문에 노인들에게 잘 잡히지 않았다. 거위는 신들 사이로 가서 몸을 피했다. 신들은 거위를 죽이지 말라면서 다음과 같이 말했다.

"우리들은 하늘의 신이다. 이 마을 사람들의 야박함은 그 불경(不敬)함 때문에 벌을 받아야 한다. 그러나 너희들만은 그 징벌을 면하게 하리라. 이 집을 떠나 우리와 더불어 저 산꼭대기로 가라."

▲필레몬과 바우키스, 렘브란트, 1658년

　렘브란트의 작품에는 언제나 그렇듯 '렘브란트의 빛'이라 불리는 특유의 명암의 표현이 있다. 필레몬과 바우키스에도 그 빛이 작품 한구석에서 은은하게 비치고 있어 마주앉은 식탁에 정감과 인간애가 넘쳐 보이게 한다.

　그리스 신화를 배경으로 하는 이 그림의 내용은 제우스 신과 그의 아들, 헤르메스가 인간의 모습으로 지상을 시찰하는 것으로부터 시작한다. 피곤함에 지친 두 신은 마을에서 쉬어 갈 곳을 찾지만, 사람들은 초라한 모습인 그들을 모두 문전박대하였다. 간신히 마을의 가장 낡고 작은 오두막집에 이르자 비로소 따뜻한 환영의 목소리가 그들을 반겼다.

▶바우키스와 필레몬, 요한 카를 로트, 1659년경

바우키스와 필레몬 ┃ 199

늙은 부부는 신들의 말에 따라, 지팡이를 손에 들고 험준한 언덕길을 올라갔다. 꼭대기 근처에 다다랐을 때 눈을 돌려 밑을 내려다보니, 자신들의 집만 빼놓고 마을이 온통 홍수에 잠겨 있었다. 그들이 이 광경을 보고 놀라면서 이웃 사람들의 운명을 탄식하고 있을 때, 문득 자신들의 낡은 집이 신전으로 변하는 것이 보였다.

네모진 기둥 대신에 원기둥이 서 있었고, 지붕을 인 짚은 금빛으로 번쩍이면서 황금 지붕으로 둔갑했다. 마루는 대리석으로, 문은 조각과 황금 장식으로 아름답게 꾸며져 있었다.

제우스는 인자한 말투로 그들에게 다음과 같이 말했다.

"훌륭한 노인이여, 그리고 그 남편에 못지않은 노파여, 당신들의 소원을 말하라. 당신들에게 어떤 은총을 베풀었으면 좋겠는가?"

필레몬은 바우키스와 잠시 상의한 뒤에 신들에게 두 사람의 소원을 말했다.

"우리는 사제(司祭)가 되어 당신의 이 신전을 지켰으면 합니다. 그리고 우리는 사랑과 화목 속에서 생애를 보냈으므로 이 세상을 떠날 때도 함께 떠나서, 나 혼자 살아남아 마누라의 무덤을 보거나, 혹은 마누라의 손으로 내 무덤을 파는 일이 없도록 해주십시오."

제우스는 두 사람의 소원을 받아들였다. 그들은 살아 있는 동안 신전을 지켰다. 그들이 아주 늙었을 때, 어느 날 그들은 신전의 계단 위에 서서 이야기를 하고 있었다. 그때 바우키스는 필레몬의 몸에서 나뭇잎이 돋아나는 것을 보았고, 필레몬도 바우키스의 몸에서 똑같은 변화가 일어나는 것을 보았다. 말할 수 있을 때까지 서로 작별 인사를 주고받고 있을 때, 나뭇잎으로 된 관이 그들 머리 위에 씌워졌다.

"잘 있어요, 나의 님이여!"

그들의 마지막 말이었다. 말이 끝나자마자 나무껍질이 동시에 그들의 입을 덮어버렸다.

튀니아 지방의 양치기는 지금도 우리들을 이 선량한 노부부가 참나무와 보리수로 변해 가지런히 서 있는 곳으로 안내해준다.

페르세포네의 겁탈, 지안 로렌조 베르니니, 1621~22년

Ⅷ. 첫눈에 반한 사랑

용서해다오, 저 페르세포네가 하데스를 보고 놀라 무심코 손에 들었던 꽃을 떨어뜨렸을 때처럼,
언젠가 내가 이 기쁨을 슬픔 때문에 잊을 때가 있을지라도.

Bulfinch's Mythology: The Age of Fable

첫 눈 에   반 한   사 랑
페르세포네

    제우스와 그의 형제들이 티탄 신족을 쳐부수고 그들을 명부로 추방해버리자, 새로운 적이 신들에게 반항하며 일어났다. 그들은 튀폰, 브리아레오스 Briareus, 엔켈라두스 Enceladus 등의 거인족이었다. 그들 가운데 어떤 자는 백 개의 팔을 가지고 있었고, 어떤 자는 불을 내뿜을 수 있었다. 그러나 마침내 그들도 제우스에게 정복되고 에트나 산 밑에 묻히게 되었는데, 그들이 아직도 그곳에서 도망치려고 때때로 몸부림을 쳐서 섬 전체에 지진을 일으키곤 한다. 그들의 숨결이 산을 뚫고 올라오는 일이 있는데, 이를 가리켜 '화산의 분화(噴火)'라고 한다.
    이들 거인족들은 추락하면서 지구를 흔들어 놓았는데 이때 명부의 왕인 하데스는 깜짝 놀랐다. 그는 자신의 왕국이 세상에 드러나지나 않을까 걱정했다. 그는 이런 근심을 가지고 검은 말이 끄는 이륜전차를 타고 피해의 정도를 살펴보기 위해서 길을 나섰다. 하데스가 시찰을 하고 있을 때, 아프로디테는 에릭스 산 위에 앉아서 아들 에로스와 놀고 있었는데, 하데스를 발견하자 에로스에게 다음과 같이 말했다.

"내 아들아, 모든 사람을, 나아가 제우스까지도 정복할 수 있는 너의 화살로 저기 가는 저 명부의 왕의 가슴을 향하여 쏘거라. 유독 그자만을 놓아줄 필요가 있느냐? 너와 나의 영토를 넓힐 기회를 놓치지 마라. 천상에도 우리의 세력을 멸시하는 자가 있는 것을 너는 아느냐? 지혜의 여신인 아테나와 수렵의 여신 아르테미스가 우리를 멸시하고 있다. 그리고 또 데메테르의 딸도 그들의 흉내를 내려고 한다. 만약 네가 네 자신의 이해와 나의 이해에 대하여 관심을 가진다면, 이 두 가지를 동일시하여라. 너의 이해가 나의 이해요, 나의 이해가 곧 너의 이해이니까."

어머니 아프로디테의 말이 끝나자, 에로스는 화살통을 풀어 가장 예리하고 가장 잘 맞는 화살을 골랐다. 그리고 무릎에 의지하여 활을 구부려 활시위를 메겼다. 그는 잘 겨눈 뒤, 비늘 돋친 화살을 하데스의 가슴을 향해 겨눈 뒤 정확하게 쏘아 맞췄다.

엔나^{Enna}의 골짜기에는 숲 속에 나뭇잎으로 가려진 호수 하나가 있었다. 숲은 태양의 강렬한 빛이 내리쬐는 것을 막았고, 습기 찬 지면은 꽃으로 덮여 있어서 언제나 봄이었다. 이곳에서 페르세포네는 백합꽃과 오랑캐꽃을 바구니와 앞치마에 하나 가득 따놓고 친구들과 놀고 있었다. 이때 에로스의 화살을 맞은 하데스가 페르세포네를 보자 연정을 느끼고 납치해 버렸다. 그녀는 어머니 데메테르와 친구들에게 살려달라고 외쳤다. 갑자기 납치당한 그녀는 놀란 나머지 앞치마 자락을 놓쳐 담아두었던 꽃을 모두 땅에 떨어뜨렸다. 잡혀가는 페르세포네의 아픈 마음에는 꽃들을 잃어버린 슬픔도 담겨 있었던 것이다.

하데스는 마차를 끄는 말의 이름을 하나하나 부르고 머리와 목 위의 쇠고삐를 마구 당기며 말을 몰았다. 키아네 강에 도착하여 강이 앞길을 막자, 하데스는 삼지창으로 강가를 내리쳤다. 그러자 대지가 갈라지며 명부에 이르는 통로가 열렸다.

여신 데메테르는 빼앗긴 딸을 찾아 온 세상을 헤맸다. 새벽의 여신인 금발의 에오스가 아침 일찍 일어났을 때에도, 데메테르는 딸을 찾기에 여념이 없었다. 그러나 모든 것이 허사였다. 도무지 찾을 수가 없었다. 딸을 찾아다니느라 피곤과 슬픔에 지친 데메테르는 돌 위에 주저앉았다. 그녀는 그렇게 햇빛과 달빛 아래에서, 때로는 비를 맞아가면서 꼬박 아흐레 동안을 길바닥에 앉아 있었다.

그곳은 지금 엘레우시스 Eleusis 라는 마을이 있는 곳으로, 그때는 켈레오스 Celeos 라는 노인이 살던 곳이었다. 노인은 들에 나와 도토리와 딸기를 줍고, 땔나무를 하고 있었다. 그의 어린 딸은 두 마리의 염소를 몰고 집으로 돌아오는 길이었다. 노파로 변신한 채 길 위에 앉아 있던 데메테르의 곁을 지날 때 소녀가 말을 걸었다.

"어머니, 왜 바위 위에 홀로 앉아 계십니까?"

'어머니'라는 말이 데메테르에게는 얼마나 감미로운 말이었던가. 소녀와 함께 귀가하던 노인도 무거운 짐을 지고 있었음에도 불구하고 발을 멈추었다. 그들은 오막살이나마 하룻밤 쉬어 가라고 청했다. 데메테르는 처음엔 응하지 않았다. 데메테르의 지친 모습이 안타까웠던 노인이 재차 권하자 그녀는 대답했다.

"제발 내버려 두세요. 당신은 따님을 가지신 것을 행복하게 생각하

페르세포네의 납치, 페테르 파울 루벤스, 17세기

페르세포네는 어머니 데메테르가 보기에도 너무 아름다워서 데메테르는 그녀를 보호하기 위해 시칠리아의 섬에 숨겨두었다고 한다. 페르세포네는 시칠리아의 헨나 근처에서 오케아노스의 딸들인 오케아니스들과 놀기를 좋아했다고 한다. 그러던 어느 날 그녀는 친구들 곁을 떠나 좀 멀리까지 갔다. 그곳에는 감색의 수선화가 있었다. 그것은 제우스가 놓아둔 것이었다. 제우스는 자신의 동생 하데스가 결혼을 하고 싶어하지만 데메테르가 반대할 것이 분명해 그를 도와주기 위해 일을 벌인 것이다. 어느 날 페르세포네가 혼자 있는 것을 본 하데스는 자신의 마차를 타고 달려와 그녀를 납치해 갔다. 그것을 본 님프 중의 하나인 키아네가 이를 저지하려 했으나 소용이 없었다. 키아네는 슬퍼한 나머지 녹아서 물이 되고 만다.

페르세포네의 납치, 니콜로 델 아바테, 16세기

세요. 나는 내 딸을 잃었답니다."

그렇게 말하고 있는 동안에도 데메테르의 눈물이, 아니 눈물과 같은 것이(신들은 울지 않는다) 양 볼에 흘러내려 가슴을 적셨다. 인정 많은 노인과 딸은 데메테르와 함께 목 놓아 울었다. 노인은 말했다.

"우리와 함께 가십시다. 누추한 집이라고 탓하지 마십시오. 집에 가면 당신의 따님이 무사히 당신의 곁에 돌아왔을지도 모릅니다."

"그럼 안내해 주십시오. 그만큼 말씀하시는데 거역할 수도 없으니."

데메테르는 자리에서 일어나서 부녀를 따라갔다.

노인은 걸어가면서 자기의 어린 외아들이 중병으로 열이 올라 잠을 못 이루고 앓고 있다고 말했다. 데메테르는 잠시 허리를 구부리고 양귀비를 땄다.

일행이 집에 들어가 보니, 회복할 가망이 없어 보이는 아들 트립톨레모스Triptolemos 때문에 온 집안이 수심에 잠겨 있었다. 그러나 아이의 모친인 메타네이라Metaneira는 노파를 따뜻이 맞았다. 노파는 허리를 구부리고 앓는 아이에게 키스를 했다. 그러자 창백하던 아이의 얼굴에 화기가 돌며 원기를 되찾았다. 온 가족이 기뻐했다. 그들은 식사 준비를 했다. 식탁 위에는 요구르트, 크림, 사과, 벌집에 든 꿀이 놓여 있었다. 식사를 하면서 데메테르는 소년의 우유에 양귀비 즙을 섞었다.

밤이 깊어 온 집안이 모두 잠들었을 때, 노파로 변신한 데메테르는 일어나서 잠자고 있는 소년을 품에 안고서 손으로 그의 사지를 주물렀다. 그리고 소년을 내려다보며 세 번 엄숙히 주문을 외고, 걸어가서 그를 재(灰) 속에 뉘었다. 이제까지 그녀의 모습을 지켜보고 있던 어머니는 소리를 지르며 뛰어나와 소년을 불 속에서 끄집어냈다. 그러자 데메테르는 여신의 본체를 드러냈다. 천상의 광채가 온 집안을 비추자 그들

가족은 놀라서 어찌할 바를 몰랐다. 이때 여신이 말했다.

"아들에 대한 그대의 애정이 너무 지나쳤소. 나는 조금 전에 그대의 아들을 불사신으로 만들려고 했는데 당신 때문에 모든 일을 망쳐 버렸소. 그러나 그는 훌륭하고 유익한 인물이 될 것이오. 그는 백성들에게 쟁기 사용법과 농사짓는 법을 가르쳐줄 것이오."

이렇게 말하면서 여신은 이륜차를 타고 구름에 몸을 감추며 떠나버렸다.

데메테르는 딸을 찾아 끊임없이 이 땅에서 저 땅으로 바다와 강을 건너 헤매다가 마침내 그녀가 출발한 시켈리아(시칠리아 Sicilia) 섬으로 돌아왔다. 그녀는 키아네 강둑에 서 있었다. 그곳은 하데스가 페르세포네를 데리고 자신의 영토로 달아나는 길을 연 곳이었다. 강의 님프는 여신에게 자기가 목격한 사실을 들려주고 싶었으나 하데스가 두려웠다. 그녀는 말은 하지 못하고 페르세포네가 잡혀갈 때 떨어뜨린 허리띠를 바람에 나부끼게 했다. 허리띠가 데메테르의 발밑으로 굴러 왔다. 딸의 허리띠를 본 데메테르는 이제는 딸이 죽었다고 확신했으나, 아직 그 이유를 몰랐으므로 죄 없는 대지에 누명을 씌웠다.

"배은망덕한 땅아, 나는 너를 비옥하게 하고 풀과 자양분이 많은 곡식으로 덮어주었다. 그러나 앞으로는 그러한 은총을 받지 못할 것이다."

이내 가축은 죽어버리고, 쟁기는 밭고랑에서 부서지고, 종자는 싹이 트지 않았다. 날씨는 가뭄이 들거나 장마가 지기 시작했다. 새는 종자를 쪼았고, 자라는 것이라고는 엉겅퀴와 가시덤불뿐이었다. 이 광경을 본 샘의 님프 아레투사 Arethusa 가 땅을 위해 조정자로 나서서 말했다.

"여신이여, 땅을 비난하지 마십시오. 마지못해서 따님에게 통로를 열어주었을 뿐입니다. 나는 따님을 본 일이 있으므로 그녀의 운명에 대해서 말씀드릴 수 있습니다. 이곳은 내가 태어난 고향이 아닙니다. 나는 엘리스 지방에서 왔습니다. 나는 원래 숲의 님프로서 사냥을 즐겼답니다. 모두 나의 아름다움을 찬양했으나, 나는 그런 것을 염두에 두지 않고 오직 수렵만 뽐냈습니다.

어느 날 숲으로 돌아오는 길이었습니다. 뛰어다녔기 때문에 몹시 더웠습니다. 그때 한 강가에 이르렀는데, 물은 소리 없이 흐르고, 바닥의 자갈을 셀 수 있을 만큼 맑았습니다. 버들이 늘어져 그늘지고 풀이 무성한 강 언덕은 물가까지 완만한 경사를 이루고 있었습니다. 나는 가까이 가서 물에 발을 담갔답니다. 물이 무릎에 닿는 곳까지 들어갔으나 그것으로 만족하지 않고 버들가지에 옷을 벗어 걸고 더 들어갔지요. 물속에서 놀고 있으려니까, 강바닥에서 가냘픈 소리가 들려오는 듯했습니다. 나는 놀라서 가까운 강 언덕으로 도망치려고 했습니다. 그러자 다시 가냘픈 소리가 말했답니다.

"아레투사야, 왜 달아나느냐? 나는 이 강의 신 알페이오스^{Alpheius}이다."

내가 달아나자 그는 따라왔습니다. 그의 걸음이 나보다 빠르지는 않았지만 내 힘이 거의 다해가자 나를 바짝 쫓아왔답니다. 몹시 지친 나는 아르테미스에게 구원을 요청했습니다.

"여신님, 나를 살려주십시오. 당신의 열렬한 숭배자인 나를 살려주십시오."

여신은 이 소리를 듣고 나를 검은 구름으로 감쌌습니다. 쫓아오던 강의 신은 이리저리 둘러보았지요. 두 번이나 내 곁까지 왔었지만 나를 발견하지는 못했답니다.

"아레투사! 아레투사!"

그는 부르짖었습니다. 오, 나는 얼마나 공포에 떨었는지……. 우리

**명계의 과일인 석류를 들고 있는 페르세포네,
단테이 게이브리얼 로세티, 1874년**

곡물과 땅의 여신 데메테르와 제우스 사이에서 태어난 저승세계의 여신이다. 로마 신화에서는 프로세르피나라는 이름으로 불렸다. 나중에는 단지 코레^{Kore}('처녀'란 뜻)라는 이름으로만 알려졌다.

원래는 어머니와 마찬가지로 곡물의 여신으로 알려져 있다. 그리스인에게 있어서 대지의 비옥함은 죽음과 밀접한 관계가 있었으므로, 곡물의 씨앗은 가을의 파종을 위해 여름 동안 어두운 지하의 창고에 보관되었다. 이 씨앗의 재생은 페르세포네의 납치와 귀환으로 상징되었다. 엘레우시스 제사의식에 따르면 저승에서 이승으로의 여신의 귀환은 신앙심이 깊은 사람들에게 자신들이 죽고 난 뒤에 소생을 약속하는 것이라고 믿었다.

이 그림은 로세티의 연인 제인 모리스이다. 작가가 부인 리치와 사별한 후 20여 년을 괴로워하며 불면증에 시달리다 자살까지 고려할 즈음에 만난 사람이 바로 모리스였다. 하지만 그녀는 예술운동가이며 공예가, 시인으로 잘 알려진 친구 윌리엄 모리스의 아내였다. 이 운명과도 같은 불륜에 로세티는 끊임없이 사랑의 의미를 물어야만 했다. 이러한 고민이 잘 드러난 작품이 바로 이 페르세포네다.

훗날 제인은 로세티가 약물에 중독되어 있음을 알고 남편 모리스에게 돌아간다.

밖에서 으르렁거리는 늑대의 소리를 들은 어린 양과도 같이 식은땀이 몸에 배고, 머리칼은 흐르는 물이 되어 흘러내렸습니다. 내가 서 있는 곳에는 물이 괴었습니다. 요컨대 순식간에 나는 샘으로 변한 것입니다. 이렇게 변신했어도 결국 알페이오스는 나를 알아보고서 자기의 물을 나의 물과 섞으려고 했습니다. 이때 아르테미스가 지면을 갈랐습니다. 나는 알페이오스를 피하려고 그 갈라진 곳으로 들어갔답니다. 그렇게 지구의 내부를 돌아서 이 시켈리아 섬으로 나오게 된 것입니다. 지구의 밑바닥을 통과할 때, 나는 따님인 페르세포네를 보았습니다. 따님은 슬픈 안색이었으나 놀란 기색은 보이지 않았습니다. 따님은 에레보스의 여왕, 사자(死者)의 나라를 지배하는 왕의 왕후가 된 것 같았습니다."

데메테르는 이 말을 듣고 한동안 얼이 빠진 사람처럼 멍하니 서 있었다. 그러더니 이륜차를 하늘로 돌려 제우스의 옥좌 앞에 나아가려고 길을 재촉했다. 데메테르는 제우스에게 달려가 자신의 불행한 처지를 말하고 딸을 도로 찾아오는 데 도와달라고 애원했다. 제우스는 페르세포네가 명부에 머무는 동안에 식사를 한 번도 한 일이 없다면 가능한 일이라고 승낙했다. 그렇지 않은 경우에는 운명의 여신들이 그녀의 구출을 금한다는 것이었다.

헤르메스가 사자(使者)로 봄의 여신과 함께 하데스에게 가서 페르세포네를 그녀의 어머니 곁으로 돌려줄 것을 요구했다. 교활한 명계의 국왕은 이를 승낙했다. 그러나 애석하게도 페르세포네는 이미 하데스가 준 석류를 받아 그 씨에 붙은 맛있는 과육(果肉)을 먹었던 것이다. 이로써 하계에서 완전하게 페르세포네를 구해내는 것은 불가능해졌다.

헤르메스는 타협안을 내놓았다. 페르세포네가 일 년 중, 반은 어머니와 지내고 반은 남편과 지내는 것이었다. 데메테르는 이 제안에 응했고, 땅에 이전과 같은 은총을 베풀었다. 이때 데메테르는 켈레오스의 가족 및 그의 어린 아들 트립톨레모스에게 한 약속을 떠올렸다. 데메테르는 소년이 성장했을 때 쟁기의 사용법과 씨 뿌리는 법을 가르쳐 주었다. 그녀는 또 날개 돋친 용이 끄는 자신의 이륜차에 그를 태워서 지상의 모든 나라를 돌아다니며, 인류에게 유용한 곡식과 농업의 지식을 전해주었다.

이 여행에서 돌아오자, 트립톨레모스는 데메테르를 위해서 엘레우시스 지방에 신전을 세우고 '엘레우시스의 비의(秘儀)'라는 데메테르 여신 숭배교를 창시했다. 이 의식은 식전(式前)의 훌륭함과 장엄함에 있어서 그리스인들의 다른 모든 종교 의식을 능가했다.

데메테르와 페르세포네의 이야기가 우화(寓話)라는 것은 의심할 여지가 없다. 페르세포네는 곡물의 종자를 뜻한다. 종자는 땅속에 묻으면 그곳에서 모습을 감추고 있다가 봄의 여신이 일광으로 인도하면 새싹으로 그 모습을 드러낸다. 즉, 페르세포네는 지하의 신 하데스에게 납치되어 있다가 봄의 여신이 그녀를 이끌면 어머니에게로 돌아가는 것이다.

또 실제로 알페이오스 강은 흐르는 도중에 지하로 들어가 보이지 않는다. 이는 지하의 수로를 통과하기 때문인데, 이를 통과하면 다시 지상으로 나오게 된다. 시켈리아 섬에 있는 아레투사라는 샘은 해저를 통과한 후에 다시 시켈리아에 나타난 알페이오스 강이라는 말이 있다.

밀턴은 『실낙원』 제4권에서 페르세포네 이야기를 언급하고 있다.

저 아름다운 엔나 들에서
페르세포네가 꽃을 꺾고 있었는데

그녀 자신이 더욱 아름다운 꽃이었기에
음흉한 하데스에게 납치되었고.
그리하여 데메테르는 딸을 찾아
온 세계를 돌아다니는 괴로움을 맛보았는데……
…… 그 엔나 들조차도 에덴의 낙원과는
비교할 수 없었네.

토마스 후드 Thomas Hood (영국의 시인)는 「우울에 부치는 송시」에서 이 이야기를 아름답게 노래하고 있다.

용서해다오. 저 페르세포네가 하데스를 보고 놀라
무심코 손에 들었던 꽃을 떨어뜨렸을 때처럼.
언젠가 내가 이 기쁨을
슬픔 때문에 잊을 때가 있을지라도.

콜리지 Coleridge 가 그의 시 「쿠빌라이 칸 Kubilai Khan」에서 읊은 다음의 노래는 바로 이 지하로 흐른다는 알페이오스 강에 대한 이야기이다.

쿠빌라이 칸은 재나두 Xanadu에 포고를 내려
웅장하고 화려한 환락궁을 짓게 했지.
거기에는 성스러운 강 알페이오스가 흐르고 있어
인간이 측량할 수 없는 동굴을 수없이 지나
태양이 닿지 못하는 바다로 흘러내려 가네.

모어는 젊은 날을 노래한 시 「그리스 소녀가 꾼 극락도의 꿈」 제6절에서 이 이야기에 대해 다음과 같이 말하고 있다. 그리고 화환 등과 같은 가벼운 물건을 강에 던지면 일단 가라앉았다가 다시 떠오르는 현상도 언급하고 있다.

> 오, 사랑하는 사람이여, 비슷한 정신이 만날 때
> 그 순수한 기쁨은 얼마나 성스럽고 달콤한 것인가!
> 그것은 저 강의 신이 사랑이라는 단 하나의 빛에 의지하여
> 하계의 동굴을 빠져나와
> 꽃으로 만든 리본과 축제의 화환을
> 물 위로 떠오르게 하는 것과 비길 수 있지 않겠는가.
> 올림포스의 처녀들은 그 화환으로
> 강의 신의 흐름을 장식하고,
> 아레투사의 빛나는 발밑에 바치는 데
> 부족함이 없는 선물로 삼는 것이다.
> 그리고 마침내 그가 샘의 신부를 만날 때
> 정녕 순수한 사랑이 용해된 그 물을 떨게 할 것이다!
> 서로가 서로의 속에 몸을 던져 이윽고 하나로 혼합되고,
> 둘의 운명은 어둠 속에서 햇빛 속에서도 변하지 않는
> 진정한 사랑의 표상이 되어 대양으로 흘러들어 갑니다.

다음에 서술한 모어의 시 「여로(旅路)」 1장은 밀라노의 알바노[Albano](프란체스코 알바노를 말함)가 그린 「에로스들의 춤」(에로스는 회화에서는 흔히 복수로 그려진다)이라는 유명한 그림의 의미를 설명한 것이다.

이 장난꾸러기(에로스)들이 요란하게 춤추고 있는 것은
엔나의 꽃을 지상에서 도둑맞았기 때문이다.
부족함이 없는 선물로 삼는 것이다.
그리고 마침내 그가 샘의 신부를 만날 때
정녕 순수한 사랑이 용해된 그 물을 떨게 할 것이다!
서로가 서로의 속에 몸을 던져 이윽고 하나로 혼합되고,
둘의 운명은 어둠 속에서 햇빛 속에서도 변하지 않는
진정한 사랑의 표상이 되어 대양으로 흘러들어 갑니다.
히스가 무성한 황야에서 푸른 나무를 둘러싸고
요정처럼 춤추는 그들……
바로 앞에 있는 장난꾸러기들은
밝은 얼굴로 질서 있게 손을 맞잡은 채
화환 속의 장미꽃 봉오리처럼 뺨을 맞대고,
저쪽에 있는 장난꾸러기는 귀엽게 눈을 반짝거리며
동료의 날개 밑으로 내다보고 있다.
보세요! 구름 사이에는 조금 전까지 춤추고 있던
제일 나이 많은 동료가 기쁨의 웃음을 띠고,
이 하데스의 장난을 귀 기울여 듣는 어머니에게 고자질하려 하고,
어머니는 돌아보고 그 고자질을 키스로 보답하려 하고 있다.

페르세포네의 귀환, 프레더릭 레이턴, 1891년

Bulfinch's Mythology: The Age of Fable

첫 눈에 반한 사랑
글라우코스와 스킬라

글라우코스 ^{Glaucus}는 어부였다. 어느 날 그가 해변에서 그물을 끌어 올렸더니 온갖 종류의 물고기가 많이 걸려 있었다. 그는 그물을 털고 풀 위에 앉아서 고기를 가리기 시작했다. 그가 있던 곳은 강 한가운데 있는 아름다운 섬이었다. 그곳은 외진 곳이어서 인가는 물론 목장으로도 사용되지 않았기 때문에 글라우코스 외에는 오는 이도 없었다. 그런데 갑자기 풀 위에 놓아둔 물고기들이 살아나서 마치 물속에 있는 것처럼 파닥거리며 지느러미를 움직이기 시작했다. 그가 놀라서 바라보고 있는 동안에 고기들은 물속으로 달아나 버렸다. 그는 이것이 어떤 신의 소행인지 아니면 풀 속에 있는 어떤 신비로운 힘 때문인지 분간할 수가 없었다.

"풀이 이런 힘을 갖고 있을까?"

궁금해진 글라우코스는 풀을 조금 뜯어 씹어 보았다. 풀의 즙이 입에 닿자마자 그는 물이 그리워서 안달하는 자신을 발견했다. 물에 대한 그리움을 견딜 수가 없게 된 그는 대지에 이별을 고하고 물속으로 뛰어들었다. 그러자 강의 신들은 그를 따뜻하게 맞아주었고 자기들의 동료로 대접해 주었다. 그들은 바다의 지배자인 오케아노스와 테티스의 동의를 얻어 글라우코스가 갖고 있는 인간적인 요소를 다 씻어버렸다. 그러자 그가 이제까지 지니고 있던 인간으로서의 감각은 물론 의식까지도 모두 사라졌다.

얼마 후 정신이 든 글라우코스는 자신의 모습은 물론 마음까지도 변한 것을 깨달았다. 머리칼은 바다 빛으로 물 위에 길게 드리워져 있었다. 어깨는 넓어지고, 가랑이와 다리는 물고기 꼬리처럼 변해 있었다. 바다의 신들은 그의 변한 모습을 찬탄했다. 글라우코스도 자신이 미남이나 된 듯이 우쭐했다.

어느 날 글라우코스는 스킬라^{Scylla}라는 아름다운 처녀를 발견했다. 스킬라는 여느 때처럼 물의 님프들이 좋아하는 해안을 산책하다가, 사람들의 눈이 닿지 않는 은신처를 발견하고 쉬려던 참이었다. 그녀는 맑은 물에 몸을 담그고 손발을 씻기 시작했다. 스킬라를 본 글라우코스는 첫눈에 그녀를 사랑하게 되었다. 그는 물 위로 상반신을 드러내고 그녀에게 말을 걸었다. 그리고 그녀를 잡아둘 수 있으리라고 생각되는 얘기를 이것저것 늘어놓았다. 왜냐하면, 물가에서 쉬고 있던 스킬라가 그의 모습을 보자 바로 몸을 돌려 달아나 높은 절벽 위로 도망치곤 했기 때문이었다. 그녀는 절벽 위에 서서 상대가 신인지 아니면 바다짐승인지를 확인하기 위해 뒤를 돌아보았다. 글라우코스의 모습을 본 순간 그녀는 깜짝 놀랐다. 글라우코스는 바위에 몸을 기대며 다음과 같이 말했다.

"아가씨, 나는 괴물이나 바다짐승이 아니오. 나는 신이오. 프로테우스Proteus나 트리톤도 나보다는 높지 않소. 이전에는 나도 인간이었소. 생계를 위해 바다에 나가 낚시를 하던 어부였는데 지금은 완전히 바다에 속하게 되었소."

글라우코스는 자신이 변신한 전말과 어떻게 하여 현재의 지위에 오르게 되었는가를 이야기했다. 그는 다시 덧붙였다.

"하지만 이런 이야기를 하더라도 당신의 마음을 움직이지 못한다면 과연 무슨 소용이 있겠소."

그는 이런 식으로 말을 계속했으나, 스킬라는 돌아서서 달아나 버렸다.

글라우코스는 실망한 나머지 키르케Circe라는 마법사 여신과 상의해 보기로 했다. 그는 서둘러 키르케가 사는 섬으로 갔다. 그곳은 뒤에 오디세우스Odysseus(율리시스Ulysses)가 상륙한 섬으로, 이에 대해서는 뒤의 장(章)에서 자세히 다루게 된다. 글라우코스는 키르케와 서로 인사를 나눈 뒤에 말했다.

"여신이여, 제발 나를 불쌍히 여기소서. 나의 이 고통을 제거할 수 있는 분은 당신뿐입니다. 나의 모습이 변한 것도 그 약초 때문이기에, 나는 누구보다도 그 효력을 잘 알고 있습니다. 나는 스킬라를 사랑합니다. 말씀드리기 부끄럽습니다만, 나는 그녀에게 별별 말을 다하여 구애하고 맹세했습니다. 그러나 그녀는 나를 조소할 뿐이었습니다. 제발 요술을 쓰시든지, 아니면 그보다 더 효력이 있는 약초가 있거든 그것을 사용하게 해 주십시오. 나의 애정을 없애길 원하는 것이 아니라 스킬라 또한 나에 대해 애정을 느끼고 보답하게 해달라는 것입니다."

바다 빛 신의 매력을 인정하고 있던 키르케는 대답했다.

"당신을 따르는 애인을 구하는 것이 좋을 거에요. 당신은 구애를 받을 만한 가치가 있어요. 당신 스스로 헛된 구애를 할 필요는 없지 않습니까? 자신을 가지세요. 당신 자신의 가치를 아십시오. 나는 여신이고, 또 식물과 주문의 효력에도 통달하고 있지만 당신으로부터 구애를 받으면 거절하지 못할 것 같네요. 그녀가 당신을 비웃는다면 당신도 그녀를 비웃고, 당신의 사랑을 기꺼이 받아들이는 이를 사랑하십시오. 그러면, 스킬라나 그 사람에 대해서 온당한 보답이 될 거에요."

이 말에 글라우코스는 이렇게 대답했다.

"바다 밑바닥에 수목이 자라고 산꼭대기에 해초가 날 때가 올지라도 내가 스킬라를 사랑하는 마음은 변함이 없을 것입니다."

여신 키르케는 질투가 일었으나 글라우코스를 벌할 수 없었고, 벌하기를 원치도 않았다. 왜냐하면, 그러기에는 여신이 그를 너무 좋아했기 때문이다. 여신은 자신의 모든 분노를 연적(戀敵)인 스킬라에게 돌렸다. 여신은 독이 있는 약초를 몇 개 뜯어 주문을 외면서 섞었다. 그런 뒤 자신의 마법에 희생되어 뛰어노는 짐승들 사이를 지나서 스킬라가 사는 시켈리아 해안으로 갔다. 그 해안에는 스킬라가 더운 날이면 바닷바람을 쐬거나 목욕을 하기 위해서 자주 들르는 조그만 만(灣)이 있었다. 이 바닷물에 여신은 자신이 만들어 온 약물을 풀고 강력한 마력의 주문을 외웠다.

이런 상황을 전혀 모르는 스킬라는 전과 같이 물속에 몸을 담그고 있었다. 이때 그녀는 한 떼의 뱀과 소리 높이 짖어대는 괴물을 보았다. 순간 그녀는 무시무시한 공포를 느껴야 했다. 스킬라는 그들이 자신의 일부인 줄은 꿈에도 생각지 못하고 그들에게서 달아나려고 했다. 하지

마법의 약을 만드는 키르케, 존 윌리엄 워터하우스, 1892년

키르케는 '독수리'를 의미하는 말로 태양신 헬리오스와 대양의 여신인 페르세이스의 딸로 알려져 있다. 코르키스의 왕 아이에테스는 그의 오빠이다.

마술에 뛰어나고 그리스·로마의 작가들에 의해 이탈리아 서해안의 키르케이 반도와 동일시된 전설의 섬 아이아이에 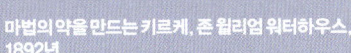에 거주했다. 그녀는 그녀의 적과 그녀를 진노하게 하는 자들과 그 섬에 오는 사람들을 마술로써 짐승으로 바꾸곤 했다. 예컨대 피쿠스는 그녀의 사랑을 거부했다는 이유로 딱따구리로 변하고 말았다.

호메로스는 그녀를 여신으로 간주하고 아이아이에 섬의 그녀의 집을 깊은 숲속의 빈 땅에 서 있는 석조 건물로 묘사하고 있다. 집 주위에는 키르케의 마법에 희생된 사자와 이리들이 우글댔다고 한다. 이 동물들은 전혀 위험하지 않았으며 찾아오는 사람들을 잘 따랐다고 한다.

이아손과 메데이아는 아이에테스로부터 도망하던 도중, 제우스의 명으로 압시르토스 살해의 죄를 키르케에게 용서받으러 오기도 했다. 키르케는 죄를 사해주는 의식을 행했으나 그들의 죄를 알게 되자 메데이아가 그녀의 조카딸이었음에도 불구하고 둘을 쫓아버렸다.

마법으로 사람을 동물로 바꾸는 키르케, 라이트 바커, 1889년

이탈리아에서는 키르케에 대한 다른 이야기가 전해지고 있다. 이에 따르면 그녀는 오디세우스의 세 아들 텔레고노스, 아그리오스, 라티누스를 낳았다고 한다. 키르케는 이타케로 떠난 오디세우스가 오랫동안 돌아오지 않자 아들 텔레고노스를 보내 오디세우스를 찾아보게 했다. 그런데 이타케에 도착한 아들 텔레고노스는 실수로 그만 그의 아버지를 죽이고 말았다. 사실 오디세우스는 자신이 아들 손에 죽을 것이라는 신탁을 듣고 아들 텔레마코스를 쫓아냈었다. 텔레고노스는 그의 시체를 아이아이에로 옮기고, 이때 오디세우스의 미망인인 페넬로페와 텔레마코스를 함께 데리고 갔다. 키르케는 그들을 영원히 죽지 않는 몸으로 만들고 텔레마코스와 결혼했다. 한편, 텔레고노스는 페넬로페와 결혼했다고 한다.

딱따구리로 변한 피쿠스의 이야기는 다음과 같다. 이탈리아의 님프이자 야누스와 베닐리아의 딸인 카넨스는 사투르누스의 아들 피쿠스와 약혼한 몸이었다.

어느 날 둘은 숲으로 산책을 나갔다. 이때 피쿠스는 그만 길을 잃고 카넨스가 노래하는 곳으로 돌아오지 못했다. 키르케가 그를 보고 반해 환상의 멧돼지를 만들어 그를 유인했기 때문이었다. 피쿠스가 멧돼지를 쫓다 말에서 내리자 키르케가 나타나 그에게 사랑을 고백했다. 하지만 피쿠스는 이를 거부했고, 이에 화가 난 키르케는 그를 딱따구리로 만들어 버렸다. 카넨스는 돌아오지 않는 그의 연인을 찾아 일주일을 방황했으나 끝내 찾지 못한다. 이후 점점 그녀의 육체는 사라지고 숲에는 그녀의 메아리만 남았다고 한다.

만 아무리 달아나도 그들과 멀어지기는커녕 그들도 한데 붙어 왔다. 그녀는 자신의 사지에 손을 대보았다. 순간 섬뜩해졌다. 그것은 지금까지의 자신의 사지가 아닌 괴물의 커다란 턱이었다. 스킬라는 땅에 뿌리박힌 듯이 그곳에서 꼼짝 못하게 되었다. 그녀는 성질도 외모처럼 추악해져 뱃사공들을 손에 닿는 대로 잡아먹는 데 즐거움을 느끼게 되었다. 이런 식으로 스킬라는 오디세우스의 여섯 명의 동료들을 희생시켰고, 아이네이아스의 배를 난파시키려고도 했다. 마침내 스킬라는 한 개의 바위로 변했는데, 지금도 여전히 배를 난파시키는 암초로 선원들이 두려워하고 있다.

다음의 인용은 바다로 인한 변화 뒤의 글라우코스의 심정을 노래한 것이다.

나는 생사를 걸고 뛰어들었다.
인간의 오관(五官)을
저토록 진한 호흡물(바닷물을 말함)과 결합하는 것을
고통스러운 업이라고 생각했을지도 모릅니다.
그러므로 나는
지금도 역시 감탄을 금할 수 없거니와,
그것은 수정처럼 매끄러운 감촉으로
내 몸 주위에 떠다니고 있다.
처음에 나는 하루하루를 다만 놀라면서 살고 있었다.
나의 의지 따위는 완전히 잊고,
오직 힘찬 조수의 간만에 몸을 맡기고 움직였다.

그리고 나는 갓 깃털이 돋아난 작은 새가
아침의 차가운 공기를 가르며
처음으로 그 깃을 펴듯이,
조심스럽게 내 의지의 깃을 시험해보았다.
그것은 자유로웠다!
그리하여 나는 찾아갔다.
이 대양 밑바닥에서 끊임없이 이어지는 경이로운 세계를.

키츠

오디세우스에게 술잔을 주는 키르케, 존 윌리엄 워터하우스, 1891년

아도니스의 죽음, 주세페 마추올리, 1709년

IX. 사랑과 운명

지난날 넘치는 정열로 기도하며 피그말리온이 돌을 포옹하자
마침내 그 차갑게 빛나는 대리석에서 찬란한 감정의 빛이 쏟아졌듯이
나도 젊은 정열을 다하여 빛나는 자연을 내 시인의 가슴으로 끌어안았다.

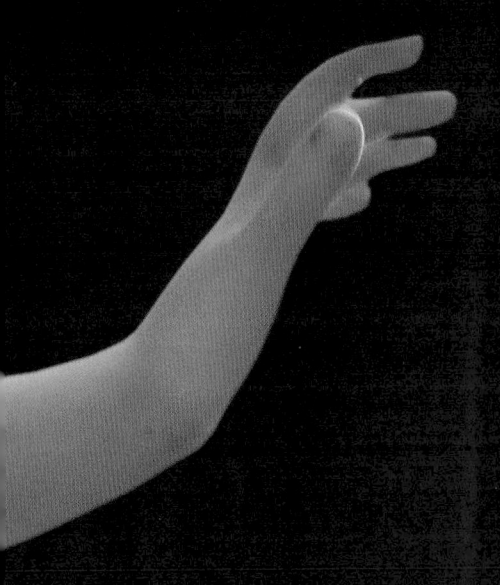

Bulfinch's Mythology: The Age of Fable

사 랑 과 운 명
피그말리온

피그말리온^{Pygmalion}은 키프로스에 사는 유명한 조각가였다. 그의 조각상들은 모두 매우 뛰어났으며 모든 사람으로부터 인정받고 있었다. 하지만 그런 작품들을 제작하면서 추구해온 기준이 높아진 피그말리온은 여자를 볼 때에도 상대방의 티부터 먼저 찾더니 급기야 여자를 싫어하게 되었다. 결국, 그는 독신으로 살기로 결심하고 조각 작품을 만들기에만 몰두했다.

그는 어떤 계기로 새로운 조각을 하게 되었는데 그 조각은 처녀상이었다. 지금까지 그가 봐 온 여자의 결점을 하나도 갖고 있지 않은 완벽한 처녀상을 만들고자 노력한 그는 작품이 완성되어갈수록 그 조각의 매력에 빠져들었다. 조각상이 완성되었을 때 그는 이미 그 아름다움에 매혹되어 조각과 사랑에 빠지고 말았다.

그는 마치 사람을 대하듯 조각을 자신의 애인이나 아내처럼 대했다. 그리고 사람과 마찬가지로 온갖 장신구를 걸쳐주고 옷을 입혔다. 어딜 봐도 인간과 다름이 없었던 조각상이었기에 그 모습은 마치 실제로 살아 숨 쉬는 듯했다.

피그말리온조차도 자신이 만든 작품에 감탄한 나머지 자연의 창조물처럼 보이는 여자의 조각이 살아 있는지 아닌지 확인하려는 듯 몇 번이나 만져보곤 했다. 몇 번이고 손으로 직접 만져 봐도 그 피부가 너무도 자연스러워 단순한 상아라고 하기에는 도저히 믿기지 않았다. 피그말리온은 조각상을 껴안기도 하고, 젊은 처녀가 좋아할 만한 반짝이는 조개껍데기, 반들반들한 돌, 작은 새, 가지각색의 꽃, 구슬과 호박 같은 것을 선물로 주기도 했다. 그는 조각의 손가락에 보석 반지를 끼우고, 목에는 진주 목걸이를 걸어 주었으며, 귀에는 귀고리를 달아주었다. 옷맵시가 좋아서 벗고 있을 때와 마찬가지로 옷을 입은 모습도 매력적이었다. 그는 티로스 지방에서 나는 염료로 물들인 천을 소파 위에 깔고 조각상을 눕혔다. 그녀의 머리 밑에는 부드러운 깃털을 넣어 만든 베개를 괴어주기까지 했다. 마치 깃털의 보드라움을 그녀가 마음껏 즐길 수 있으리라고 생각한 듯했다. 그는 조각상을 자신의 아내로 여겼고 또한 그렇게 불렀다.

그러는 동안 아프로디테의 제전이 가까워졌다. 키프로스 섬에서는 이 제전을 매우 호화롭게 거행했다. 제물이 바쳐지고, 제단에서는 연기가 피어올랐으며, 향 냄새가 하늘을 가득 메웠다.

피그말리온은 제전에 참석하여 자신의 임무를 다하고 난 뒤 제단 앞

피그말리온과 갈라테이아, 에드워드 번 존스, 1878년

에 서서 머뭇거리며 말했다.

"신들이시여, 상아 처녀와 같은 여인을 제 아내로 보내주십시오."

제전을 즐기러 와 있던 아프로디테는 이 말을 듣고 그의 소망을 들어주기로 했다. 그녀는 그에게 승낙의 암시로 제단에서 타고 있는 불꽃을 세 번 높이 차오르게 했다.

피그말리온은 집으로 돌아와 자신의 조각상을 만져보았다. 따뜻했다. 화들짝 놀란 피그말리온은 다시금 조각상을 만져보았다. 틀림없이 온기가 느껴졌다. 조각상의 딱딱함도 사라진 듯했다. 피그말리온은 그제야 자신의 소원이 이루어진 것을 깨닫고 여신에게 감사를 드렸다. 그는 감상에 들떠 온기가 있음을 재차 확인한 뒤에 자신과 다름없이 살아 있는 처녀의 입술에 키스했다. 처녀는 키스를 받고 얼굴을 붉혔다. 그리고 수줍은 듯이 눈을 뜨고 피그말리온을 바라보았다.

그때부터 조각상에게는 인간으로서의 완전한 삶이 주어졌었다. 피그말리온은 조각상에서 사람이 된 그녀에게 갈라테이아Galatea라는 이름을 붙여주었다.

그 후, 피그말리온과 갈라테이아는 아프로디테의 축복을 받으며 결혼을 했다고 한다. 이들로부터 아들 파포스Paphos가 탄생했는데, 아프로디테에게 바쳐진 파포스란 마을은 그의 이름을 딴 것이다.

실러는 「이상Ideals」이라는 시 속에서 피그말리온 이야기를 빌려 청년의 마음속에 깃든 자연에 대한 사랑을 노래하고 있다.

지난날 넘치는 정열로 기도하며
피그말리온이 돌을 포옹하자
마침내 그 차갑게 빛나는 대리석에서

찬란한 감정의 빛이 쏟아졌듯이

나도 젊은 정열을 다하여

빛나는 자연을 내 시인의 가슴으로 끌어안았다.

그러자 숨결이, 따뜻함이, 생명의 움직임이

그 자연의 조각상 속에서 솟구쳐 흘렀다.

그리고 나의 모든 정열을 나누어 갖고

이 말 없던 조각상은 표현해야 할 말을 찾아내고

젊고 대담한 나의 키스에 응하며

저 한없이 달음박질치는 가슴의 고동까지도 이해해 주었다.

그 무렵에는 빛나는 자연도 나를 위해 살았고,

은빛 시내도 노래로 가득 찼으며

나무도 장미도 서로의 감정에 입맞춤을 나누었다.

그것은 나의 끝없는 생명의 메아리였다.

피그말리온과 갈라테이아, 장 레옹 제롬, 1890년

 피그말리온은 키프로스 섬의 왕으로 갈라테이아와 결혼해 파포스라는 딸을 낳았다. 이 파포스는 키니라스의 어머니 또는 아내라고 일컬어진다.

 그는 자신이 조각한 여인상에 사랑을 느끼고 살아 있는 여인처럼 다루었다. 이에 사랑의 여신 아프로디테가 피그말리온의 소원을 들어주어 조각상에 생명을 불어넣고 인간이 되게 한다.

 이 이야기에서 유래한 '피그말리온 효과$^{Pygmalion\ Effect}$'는 타인의 기대나 관심으로 인해 일의 능률이 오르거나 결과가 좋아지는 현상을 말하며, 인간관계에서도 그 기대에 부응하려고 노력한다는 것이다. 비슷한 용어로 '위약 효과$^{Placebo\ Effect}$'가 있다.

Bulfinch's Mythology: The Age of Fable

사 랑 과 운 명
드리오페

드리오페 Dryope 와 이올레 Iole 는 자매였다. 드리오페는 안드라이몬 Andraemon 의 아내였는데, 남편의 사랑을 받으며 첫 아이 암피소스 Amphissos 도 낳고 행복하게 지내고 있었다.

어느 날 자매가 방파제를 거닐고 있었다. 물가까지 완만한 경사를 이루고 있는 이 둑 위에는 떨기나무가 우거져 있었다. 그들은 님프들의 제단에 올릴 화관을 만들려고 꽃을 따러 나온 길이었다. 물가에는 진홍빛의 연꽃이 활짝 피어 있었다. 드리오페는 아들을 가슴에 안고 걸어가며 젖을 먹이고, 꽃 몇 개를 따서 아기에게 주었다. 이올레도 연꽃을 따기 위해 가까이 다가갔다가 문득 좀 전에 언니가 꽃을 딴 곳에서 피가 흐르는 것을 보았다. 이 연꽃은 추적자를 피해 달아나다 변신한 님프 로티스^{Lotis}였다. 그제야 그들은 모든 걸 알았지만, 때는 이미 늦었다.

드리오페는 자기가 무슨 짓을 했는지 깨닫자 두려움을 느끼고 그곳에서 달아나려 했다. 그러나 발이 뿌리로 변한 채 땅 위에 붙어 움직이지 않았다. 발을 빼려고 애썼으나 다리의 윗부분만 조금 움직일 뿐이었다. 그녀의 몸은 점점 나무로 변했다. 너무 고통스러워서 드리오페는 자기 머리를 잡아 뜯으려고 했다. 그러나 그 손은 잎으로 가득 차 있었다. 아이는 엄마의 가슴이 굳어 더는 젖이 나오지 않는다는 것을 알고 울고 있었다. 이올레는 언니의 슬픈 운명을 바라보면서도 속수무책이었다. 그녀는 점점 언니의 몸을 변하는 것을 제지하려는 듯 줄기를 껴안았다. 이올레는 그것을 막지 못할 것이라면 차라리 자기도 같이 나무껍질에 싸이길 바랐다.

이때 드리오페의 남편인 안드라이몬이 장인과 함께 그곳에 왔다. 드리오페가 어디 있느냐는 질문에 이올레는 새로 생긴 나무를 가리켰다. 그들은 아직 온기가 남아 있는 나무의 줄기를 포옹하면서 그 잎에다 수없이 키스를 했다.

드리오페의 몸은 완전히 나무로 변했고 오직 얼굴만 남아 있었다. 그녀의 눈물이 흘러 잎 위에 떨어졌다. 아직은 말을 할 수 있었기 때문에 드리오페는 그들에게 호소했다.

"전 죄가 없어요. 이런 불행을 당해야 할 이유가 없습니다. 지금까지 저는 누구를 해한 일도 없었습니다. 이 말이 거짓이라면 제 잎이 말라 죽고 줄기가 베어져 불 속에 들어가도 좋습니다. 아이는 데려가서 유모에게 맡겨주십시오. 그리고 아기를 종종 이곳에 데리고 와 제 가지 밑에서 젖을 먹이고, 제 그늘 속에서 놀게 해주십시오. 그리고 아이가 자라서 말을 할 수 있게 되거든 저를 어머니라 부르도록 이르십시오. 이 애가 슬퍼하며 '나의 어머니가 이 나무 속에 숨어 있다.'라고 말하도록 가르쳐 주십시오. 언제나 강변을 조심하고, 관목 덤불을 보면 혹 여신이 변신한 것이 아닌가 경계하여 꽃을 꺾지 않도록 주의하라고 일러주십시오. 그럼 사랑하는 나의 남편, 동생, 아버지, 안녕히 계세요. 아직도 절 사랑하신다면, 도끼가 제 몸을 상하게 하거나 새나 짐승들이 제 가지를 물어뜯는 일이 없게 해주십시오. 저는 몸을 구부릴 수가 없으니 당신들이 이곳에 올라와 키스를 해주세요. 그리고 제 입술이 감촉을 느끼는 동안 키스를 하게 아이를 들어 올려 주세요. 이제 더 이상 말을 할 수가 없습니다. 이미 나무껍질이 목까지 올라왔고, 곧 제 온몸을 감싸게 될 것입니다. 제 눈을 감겨줄 필요는 없습니다. 내버려두어도 나무껍질이 눈을 감겨줄 테니."

말을 마치자 드리오페의 입술은 움직이지 않게 되고 생명은 끊어지고 말았다. 그녀가 변해서 된 나무가 포플러^{Poplar}이다.

키츠는 「엔디미온」에서 드리오페에 대하여 이렇게 노래하고 있다.

그녀는 리라를 연주하기 시작했다.
그러자 현에서 생생한 전주곡이
고동치듯 흘러나와 길을 만들어 갔다.
그리고 그 길을
그녀의 목소리가 헤매며 걸어왔다.
그것은 아들을 달래는

드리오페의 처량한 자장가보다
훨씬 신비하고,
숲의 정취가 물씬 풍기는
운율의 노래였다.

드리오페, 존 앳킨슨 그림쇼, 1882년

오비디우스의 『변신 이야기』에 따르면, 에우리토오스의 딸이며 오이칼리에서 가장 아름다운 여인이었다. 그녀는 안드라이몬의 아내가 되어 암피소스라는 아들을 낳았다고 한다. 어느 날 그녀는 갓난아들을 안고 배다른 여동생 이올레와 호숫가를 산책하다가 무심코 꽃가지를 꺾었는데 거기에서 피가 흘러내렸다. 그것은 로티스라는 요정이 프리아포스 Priapus 의 구애를 피해 달아나다가 변신한 로토스나무였다. 드리오페는 깜짝 놀라 달아나려고 했으나 이미 발이 뿌리가 되어 꼼짝할 수가 없었다. 그녀는 손과 머리에서 잎이 돋아나고 줄기가 생기더니 결국 포플러나무가 되었다.

Bulfinch's Mythology: The Age of Fable

사 랑 과 　 운 명
아프로디테와 아도니스

　어느 날 아들 에로스와 놀던 아프로디테는 아들의 화살에 상처를 입었다. 그녀는 재빨리 아들을 밀어냈으나 상처는 생각보다 깊었다. 그녀는 상처가 나을 때까지 잠시 인적 드문 곳에서 요양하기로 했다.
　그런데 이 상처가 완전히 낫기 전에 우연히 아도니스 Adonis 를 보고 순식간에 매혹되고 말았다. 그녀는 이제까지 즐겨 다니던 파포스 마을에도, 크니도스 섬에도, 그리고 광물이 풍부한 아마투스에도 더 이상 흥미를 느끼지 못하게 되었다. 그녀는 천상에도 올라가려 하지 않았다. 그도 그럴 것이 천상보다 아도니스 쪽이 더 소중했기 때문이었다.
　그녀는 아도니스 뒤만 따라다녔다. 지금까지는 그늘에서 휴식을 취하며 자기의 용모를 가꾸는 데만 관심이 있었던 아프로디테였으나, 이젠 수렵의 여신 아르테미스와 같은 옷차림을 하고 숲속을 뛰어다니거나 산을 넘으며 돌아다녔다. 그리고 개를 데리고 다니며 위험하지 않은 동물만을 사냥했다. 아프로디테는 아도니스에게도 사나운 짐승을 경계하도록 일렀다. 특히 산돼지를 조심하라고 단단히 경고한 뒤, 백조가 끄는 이륜차를 타고 키프로스 섬으로 가려고 하늘로 올라갔다.

그러나 아도니스는 그녀의 이와 같은 충고를 지키기에는 지나치게 자기주장이 강한 사람이었다. 그는 사냥개들이 산돼지를 굴에서 몰아내자 손에 들고 있던 창을 던져 돼지의 옆구리를 찔렀다. 그러나 산돼지는 그 창을 입으로 뽑아내고는 곧장 아도니스에게로 달려들었다. 아도니스는 급히 몸을 피했지만 산돼지는 계속 그의 뒤를 쫓아 달려들었고 결국 그의 옆구리를 들이받았다. 아도니스는 치명적인 상처를 입고 들판에 쓰러졌다.

아프로디테는 백조가 끄는 이륜차를 타고 하늘을 날아 키프로스 섬의 하늘에 왔을 때쯤에 사랑하는 사람의 신음 소리를 들었다. 그녀는 불길한 예감에 급히 지상으로 내려와 아도니스를 찾았다. 그러나 때는 이미 늦었다. 여신은 아도니스의 시신 위에 엎드려 가슴을 치며 통곡했다. 그리고 운명의 여신을 원망했다.

"아도니스여, 나는 모두가 당신의 죽음을 매년 기억하도록 하겠어요. 당신이 흘린 피는 꽃으로 피어날 것입니다. 이로써 내 마음이 조금이라도 가벼워진다 해서 그 누가 시기할 것인가!"

말을 마친 아프로디테는 아도니스의 피 위에 신의 술인 넥타르를 뿌렸다. 피와 술이 섞이자, 마치 연못 위에 빗물이 떨어질 때처럼 거품이 일었다. 한 시간쯤 지나자, 석류꽃 같은 핏빛의 꽃 한 송이가 피어났다. 그러나 꽃은 단명하고 말았다. 이 꽃은 바람이 불어서 피고, 다시 바람이 불어서 진다고 하여 아네모네^{Anemone}, 즉 '바람꽃'이라 불렀다고 한다.

밀턴은 「코무스」에서 아프로디테와 아도니스 이야기를 이렇게 노래하고 있다.

> 히아킨토스와 장미꽃이 피는 화원,
> 젊은 아도니스가 때때로 와서 쉬며 부드러운 졸음 속에
> 저 깊은 상처를 치유하는 곳,
> 그 땅 위에 아시리아 여왕이 슬픈 얼굴을 하고 앉아 있다.

아프로디테와 아도니스, 프랑수와 르므완, 1729년

Bulfinch's Mythology: The Age of Fable

사 랑 과   운 명
아폴론과 히아킨토스

 아폴론은 히아킨토스 Hyacinthus 라는 소년을 몹시 귀여워했다. 그래서 그는 여러 운동 시합에 소년을 데리고 다녔다. 고기를 잡으러 갈 때는 그를 위해 그물을 들어주었고, 사냥을 갈 때면 그를 위해 개를 끌고 갔으며, 산으로 나들이를 갈 때도 그를 위해 시중을 들어주었다. 아폴론은 소년에게 열중한 나머지 자신의 소중한 리라도, 화살도 돌보지 않게 되었다.
 어느 날 아폴론이 원반던지기 놀이를 할 때였다. 기술이나 힘에서 누구에게도 뒤지지 않았던 아폴론은 원반을 하늘 높이 쳐들어 멀리 던졌다. 이를 지켜보던 히아킨토스는 원반을 잡으려고 정신없이 달려갔다. 그때 원반이 떨어지면서 땅에 부딪혀 되 튀는 바람에 히아킨토스는 이마를 맞아 그 자리에서 쓰러지고 말았다. 당황한 아폴론은 소년만큼 창백해진 얼굴로 그를 안아 일으키고는 상처의 출혈을 막고, 그의 꺼져가는 생명을 붙잡으려고 전력을 다했다. 하지만 상처가 너무 깊어 약의 힘으로는 고칠 수가 없었다. 뜰에 핀 백합꽃 줄기를 꺾으면 꽃송이가 땅을 향해 고개를 숙이는 것과 같이, 죽어가는 히아킨토스의 머리도 목에 붙어 있기가 무거운 듯이 어깨 위로 늘어졌다. 아폴론은 절규했다.

"나 때문에 너는 청춘을 빼앗기고 죽어가는구나. 너는 고통을 얻었고, 나는 죄를 얻었다. 뜻대로 할 수 있다면, 너 대신 내가 죽었으면 좋

아폴론과 히아킨토스, 알렉산더 이바노프, 1831~34년
스파르타 근처의 아미클라이라는 도시의 유서 깊은 집안에서 태어나 태양신 아폴론의 총애를 받았다. 그런데 아폴론과 히아킨토스가 한참 투원반을 즐기던 중 아폴론이 던진 원반이 히아킨토스의 이마에 맞아 목숨을 잃고 만다. 이는 히아킨토스를 마음속으로 사랑하고 있던 서풍의 신 제피로스가 질투한 나머지 세찬 바람을 불게 했기 때문이었다(바람의 방향을 바꾸었다는 말도 있다).

겠구나. 그러나 그럴 수도 없으니, 내 너를 추억과 노래 속에서 나와 함께 살게 하리라. 나의 리라는 너를 칭송할 것이며, 나의 노래는 너의 운명을 노래할 것이다. 그리고 너는 나의 애통한 마음을 아로새긴 꽃으로 다시 태어날 것이다."

아폴론이 말을 마치자, 신기하게도 이제까지 땅 위로 흘러 풀을 물들이고 있던 피가, 티로스 산 염료보다 더 아름다운 빛깔의 꽃이 되었다. 그 꽃은 백합꽃과 비슷했다. 백합은 은백색인데 그 꽃은 진홍빛이라는 점이 다를 뿐이었다. 이것만으로 부족했는지, 아폴론은 그에게 더 큰 명예를 주기 위해 꽃잎 위에 '아! 아!$^{Ah! Ah!}$'라는 글자 모양을 아로새겨 슬픔을 나타냈다. 지금도 우리는 그 글씨가 새겨져 있는 꽃을 볼 수 있다.

이 꽃은 히아신스^{Hyacinth}라 불리며, 매년 봄이 되면 피어나 불행한 히아킨토스에 대한 기억을 새롭게 하고 있다.

일설에 따르면, 제피로스^{Zephyros}(서풍의 신)도 히아킨토스를 좋아했는데, 그가 아폴론을 좋아하는 것을 보고 샘이 난 나머지 바람의 방향을 바꾸어 원반이 히아킨토스에게 튀어 오르게 했다고 한다.

키츠는 「엔디미온」에서 이 이야기를 언급했다. 그 시는 원반 던지기를 옆에서 구경하던 자들에 대해 노래하고 있다.

> 아니, 그들은 저 원반 던지는 자들에게
> 눈길을 주어 둘을 한마음으로 지킬 수도 있었으리라.
> 제피로스의 잔혹한 손이 그를 죽였을 때
> 그의 슬픈 죽음을 측은히 여겼으리라.

그 제피로스도 이제는 후회하고 회개하여
포이보스가 하늘로 오르기 전에 흐느껴 우는 빗속에서
이 꽃을 어루만지고 있나니.

밀턴의 「리시다스 Lycidas」에서도 히야킨토스에 대한 표현을 찾아볼 수 있다.

저 핏빛 꽃처럼 슬픈 표적을 새기고…….

히아킨토스의 죽음, 티에폴로, 1753년

케익스를 기다리는 알키오네, 허버트 제임스 드레이퍼, 1915년

X. 죽음도 막지 못한 사랑

끊임없이 흔들리는 베개라도 벤 듯이 그의 머리는 동요하는 파도처럼 일렁인다.
움직이는 그 손에도 이미 생명의 숨소리는 그친지 오래이건만
마치 연약한 투쟁처럼 위협의 손짓을 한다.

Bulfinch's Mythology: The Age of Fable

죽음도 막지 못한 사랑
케익스와 알키오네

케익스 Ceyx 는 테살리아의 왕이었다. 그는 힘이나 부정에 의하지 않고 평화롭게 나라를 다스렸다. 그는 금성 헤스페로스 Hesperus 의 아들이었는데, 그의 빛나는 아름다움은 부친이 누구인가를 짐작할 수 있을 정도였다. 그의 아내는 바람의 지배자 아이올로스의 딸 알키오네 Halcyone였으며 두 사람은 서로를 매우 사랑했다.

어느 날 케익스는 형을 잃어 깊은 슬픔에 빠져 있었다. 또한, 형의 죽음에 뒤이어 여러 가지 무섭고 괴상한 일들이 줄줄이 터져왔기 때문에 신들이 자기에게 적의를 품고 있지나 않은지 의문이 들기에 이르렀다. 그래서 그는 이오니아 지방의 카를로스 Carlos 로 가서 아폴론의 신탁을 받기로 했다.

케익스가 자신의 생각을 알키오네에게 고백하자, 그녀는 전신에 전율을 느끼고 안색이 창백해졌다.

"제가 무슨 잘못을 저질렀기에 당신의 애정이 저에게서 떠나게 되었나요? 그토록 열렬히 나를 아껴주시던 당신의 사랑은 어디로 갔나요? 이제 이 알키오네와 떨어져 있어도 마음 편히 지낼 수 있을 만큼 수양을 쌓으셨던가요? 저와 이별하기를 원하시는 거죠?"

알키오네는 남편의 여행을 중지시키기 위해 자신이 아버지의 집에 있을 때 직접 체험한 바람의 무서운 위력을 이야기했다.

"바람은 실로 굉장한 위력을 가지고 달려들기 때문에 서로 부딪히면 불꽃이 일 정도랍니다. 하지만 당신이 정 가시겠다면, 제발 저를 데리고 가주세요. 그렇지 않으면 저는 실제로 당신이 당하실 재난뿐만 아니라 당신이 당하실 재난을 상상하는 괴로움까지 맛보아야 하니까요."

아내의 말에 케익스의 마음은 무거워졌다. 물론 자신도 아내와 같이 가고픈 마음은 간절했으나, 아내를 바다의 위험에 직면케 한다는 것은 그다지 마음이 내키지 않았다. 그는 온갖 말로 아내를 달랜 다음 이렇게 덧붙였다.

"내 아버지 금성을 두고 약속하겠소. 운명이 허락한다면 달이 궤도를 두 번 돌기 전에 돌아오리다."

이렇게 말한 뒤 왕은 배를 창고에서 꺼내 노와 돛을 달도록 신하들에게 명령했다. 간곡하게 만류했지만 항해가 준비되는 것을 본 알키오네는 마치 재난을 예감한 듯 몸을 떨었다. 그녀는 남편에게 눈물을 흘리며 이별을 고한 뒤, 정신을 잃고 쓰러졌다.

배 위에서 이를 본 케익스는 출발을 늦추려 했다. 그러나 젊은 사공들은 이미 노를 손에 잡고 천천히 질서정연하게 저으며 힘차게 물살을 헤쳐 나가는 중이었다.

알키오네는 곧 정신을 차리고 눈물에 젖은 얼굴을 들어 남편이 갑판 위에서 자기를 향해 손을 흔드는 것을 지켜보아야 했다. 그녀도 배가 멀어져 남편의 모습을 알아볼 수 없을 때까지 손을 흔들었다. 얼마 후 배의 몸체가 보이지 않게 되자 그녀는 반짝이는 배의 돛대라도 한 번 더 보기 위해 눈을 크게 떴으나 마침내 그것마저도 시야에서 사라지고 말았다. 그제야 그녀는 자신의 방으로 돌아와 쓸쓸히 침대에 몸을 던졌다.

한편, 배가 서서히 항구를 빠져나가자 미풍이 돛대를 스치고 지나갔다. 선원들은 노를 거둬들이고 돛을 올렸다. 케익스 일행이 목적지까지 반쯤 왔을 때, 밤이 다가오자 갑자기 바다가 심상치 않게 일렁이기 시작했다. 바다는 굽이치며 흰 파도가 일었고, 돌풍도 점차 세게 불었다. 얼마 후 폭풍은 점점 심해졌고, 배는 마치 사냥꾼들의 창끝으로 돌진하는 야수처럼 보였다.

선장은 돛을 내리라는 명령을 했으나 폭풍이 이를 삼켜버렸다. 바람과 파도 소리 때문에 선원들의 귀에 명령이 들리지 않았던 것이다. 선원들은 제각기 알아서 판단을 내려 노를 단단히 쥐는가 하면 배를 보수하고 돛을 내렸다. 모든 선원이 제 나름대로 최선을 다하고 있는 동안에도 폭풍은 잠잠해지기는커녕 점점 더 세지기만 했다.

선원들은 점차 공포 때문에 망연자실 넋을 놓고 있을 뿐이었다. 그들의 머릿속에는 온통 집에 두고 온 가족들 생각뿐이었다. 케익스는 알키오네를 생각했다. 그녀의 이름만이 그의 입술에 올랐고, 그녀를 그리워하면서도 그녀가 이곳에 없음을 다행으로 여겼다.

카를로스로 떠나는 케익스, 비토레 카르파치오, 1502~07년

비토레 카르파치오는 이탈리아 베네치아파의 화가이다. 베네치아에서 출생해 그곳에서 사망했다. 베르니니 형제(특히 젠틸레)의 영향을 많이 받은 그의 대표작으로 스콜라 디 산트르소라를 위한 대형 캔버스화 연작「성녀 우르술라 이야기」(1490~1495, 베네치아, 아카데미 미술관)와 스콜라 데리 스키아보니의「성인전」(1502~1507)이 있다. 이처럼 종교를 주제로 당시의 베네치아의 건물이나 풍물을 배경으로 하여 화려한 색채로 일종의 풍속화를 만들었다. 특히 치밀한 설화적인 묘사에 의한 로맨틱한 정경묘사에 뛰어나「2인의 유녀(遊女)」(베네치아 코르렐 미술관)는 근대적 감각이 넘치는 작품으로 유명하다.

얼마 지나지 않아 돛대는 벼락을 맞아 산산조각이 나고 키마저 파손되었다. 파도는 미친 듯이 소용돌이치며 공중으로 솟아올라 의기양양하게 난파선을 내려다보았다. 다음 순간 배는 파도의 일격에 산산조각으로 부서져 버렸다.

어떤 선원은 부서진 배의 파편을 잡고 매달려 있었다. 케익스는 홀(笏)을 잡던 손으로 이제는 배의 판자를 꼭 쥐고, 아버지와 장인을 향해 구원을 청했다. 그런 와중에도 가장 자주 그의 입에 오르는 것은 알키오네의 이름이었다. 그는 온통 그녀에 대한 생각뿐이었다. 그는 자기 시신이 그녀가 있는 곳으로 떠내려가서, 그녀가 자신의 시신을 거두길 기원했다. 마침내 파도는 그를 삼켰고 그는 바다 밑으로 가라앉았다. 금성도 그 밤에는 빛을 잃어버렸다. 하늘을 떠날 수 없었던 별이 슬픈 얼굴을 구름으로 가려버렸기 때문이었다.

한편, 알키오네는 이렇듯 무서운 사건이 일어난 줄도 모르고, 날짜를 세며 남편이 오기만을 기다렸다. 그녀는 그가 돌아오면 입힐 옷과 그를 맞으러 나갈 때 자기가 입을 옷을 준비했다. 그녀는 모든 신들에게 수시로 분향했다. 특히 헤라(부부애의 수호신이기도 함)에게 더욱 정성껏 분향했다. 그녀는 이미 남편이 이 세상 사람이 아닌 줄도 모르고 그가 무사히 귀가하기를, 그리고 객지에서 다른 여자와 사랑에 빠지는 일이 없기를 끊임없이 기원했다. 안타깝게도 그녀의 기도 중에서 이루어질 수 있는 것은 다른 여자와 사랑에 빠지는 일이 없도록 해달라는 것뿐이었다.

마침내 헤라는 이미 죽은 사람을 위한 탄원을 더는 감내할 수 없었고, 장례를 거행해야 할 손이 자신의 제단에 기원하는 것을 견딜 수 없었다. 그래서 여신은 이리스(무지개의 여신이며 신들의 사자)를 불러 이렇게 말했다.

"나의 충실한 사자 이리스여, 히프노스 Hypnos (잠의 신·솜노스 Somnus)가 있는 잠의 집으로 떠나거라. 가서 히프노스에게, 알키오네의 꿈속에 케익스의 모습으로 나타나 사건의 전말을 그녀에게 알려주라고 이르거라."

이리스는 일곱 빛깔의 옷을 입고 허공을 아름답게 수놓으며 잠의 신이 사는 집으로 갔다. 킴메리오스인들이 사는 나라 근방에 있는 산에 동굴이 하나 있는데, 그곳이 바로 게으르기 이를 데 없는 히프노스의 집이었다. 태양의 신 아폴론은 해가 뜰 때에도, 대낮에도, 해가 질 때에도 이곳에는 오려 하지 않았다. 그리하여 구름과 그림자가 지면에 깔려 희미한 광선이 어렴풋하게 비칠 뿐이었다. 그곳에는 머리에 볏을 단 새벽 새(닭)도 에오스(새벽의 여신)를 향해 소리 높여 우는 일이 없었고, 경계심 많은 개나 그보다 더 영리한 거위도 적막을 깨뜨리는 일이 없었다. 가축도, 짐승도, 바람에 흔들리는 나뭇가지도, 심지어 사람의 말소리조차도 그 정적을 깨뜨리지 않았다. 오직 침묵만이 이곳을 지배하고 있었다. 다만, 바위 밑에서 그 속삭임 소리를 들으면 저절로 잠이 오는 레테 강(망각의 강)이 흐르고 있었다. 동굴 입구에는 양귀비 opium·poppy 와 약초들이 무성하게 우거져 있었다. 밤의 여신은 이 약초의 즙에서 잠을 뽑아서 어두워진 지상에 뿌리는 것이었다. 히프노스의 거처에는 문이 없었다. 문이 삐걱거리는 소리가 들려서는 안 되기 때문이었다. 물론 문지기도 없었다. 오직 집 한가운데 흑단으로 만든 긴 의자와 검은 깃털 이불이 검은 휘장에 가려 있을 뿐이었다. 잠의 신은 그 위에 몸을 누이고 사지를 뻗은 채 잠들어 있었다. 그의 주위에는 온갖 종류의 꿈들이 흩어져 있었다. 그 수는 가을에 수확하는 곡식의 줄기만큼, 숲속의 나뭇잎이나 바닷가의 모래알만큼이나 많았다. 이리스 여신은 그곳으로 들어가 주위에 떠다니고 있는 꿈들을 쓸어버리고 자시(子時)의 빛으로 동굴 전체를 밝혔다. 잠의 신은 겨우 눈을 뜨고서도 가끔씩 턱수염을 아래로 늘어뜨리고 꾸벅꾸벅 졸았다. 마침내 정신을 차린 그는 팔로 몸을 지탱한 채 무슨 일로 왔느냐고 물었다. 히프노스는 이미 그녀가 신의 사자임을 알고 있었다. 이리스는 대답했다.

"신들 중에서도 가장 점잖으신 히프노스여, 흔들리는 마음을 평화롭게 하고 고뇌에 빠진 가슴에 위로를 주는 히프노스여, 헤라 여신이 이렇게 부탁하셨습니다. 트라킨(테살리아에 있는 마을)에 사는 알키오네에게 꿈을 보내어 그녀의 남편이 세상을 떠났다는 것과 난파될 당시의 정황을 소상히 알려주라고 하셨습니다."

이리스를 통해 헤라의 전언을 들은 히프노스는 그의 아들 중 인간

히프노스(잠의 신), 코르르 만 리산(Risan)에서 발견, 2세기

의 흉내를 잘 내는 모르페우스^{Morpheus} (꿈의 신)를 선택하여 이리스의 명령을 이행하도록 했다.

　모르페우스는 어떤 사람이든 그 사람의 걸음걸이, 외모, 말투뿐만 아니라 옷 입는 것에서부터 태도까지 한 치의 오차 없이 똑같이 흉내 낼 수 있는 신기한 재주를 가지고 있었다. 그러나 그는 사람 흉내만 낼 수 있을 뿐 새나 짐승의 흉내는 그의 다른 형제만이 가능했다. 그 역할을 맡고 있는 자는 이켈로스^{Icelus} (위협하는 자)였다. 셋째 아들인 판타소스^{Phantasus}는 바위, 물, 나무와 같은 생명이 없는 것들로 둔갑하는 재주를 갖고 있었다. 히프노스의 아들 중에는 왕이나 귀족이 잠자는 동안 그 머리맡에서 시중을 드는 신들도 있었고, 또 보통의 평범한 사람들을 상대하는 신도 있었다.

　어쨌든 히프노스는 그의 많은 아들 중에 모르페우스를 선택해 헤라의 명령을 이행하게 했다. 그리고는 다시 베개를 베고 깊은 잠 속으로 빠져들어 갔다.

　모르페우스는 날개의 소리를 죽여 가며 조용히 날아 하이모니아 마을(테살리아의 옛 이름)에 이르렀다. 그는 케익스로 변신하여 죽은 사람처럼 창백한 얼굴로 몸은 발가벗은 채, 가련한 알키오네 앞에 나타났다. 물에 빠져 죽은 시체라 그의 수염은 물에 젖어 있었고, 머리카락에서는 물방울이 뚝뚝 떨어져 내렸다. 그는 침대에 몸을 기대고 눈물을 흘리며 말했다.

　"가엾은 아내여, 그대는 이 가엾은 케익스를 알아보겠소? 아니면 알아보지 못할 만큼 죽은 내 모습이 변한 것은 아니오? 나를 보오. 지금 그대가 보고 있는 나는 그대의 남편이 아니라 그 그림자요. 알키오네여, 그대가 아무리 간절히 기도해도 소용이 없소. 나는 이미 죽었소.

내가 돌아오리란 헛된 희망을 버리길 바라오. 에게해에서 폭풍을 만나 배는 침몰했소. 파도가 그대의 이름을 소리쳐 부르는 내 입을 막아 버렸다오. 이 말을 그대에게 전하는 이는 믿지 못할 사자(使者)도 아니고 막연한 풍문도 아니오. 조난당한 내가 직접 그대에게 나의 이 운명을 전하기 위해 온 것이오. 일어나서 나를 위해 눈물을 흘려주오. 내 운명을 슬퍼해 주오. 아무도 슬퍼해 주는 사람 없이 지옥으로 가게 하지 말아주오."

모르페우스는 생전의 케익스와 똑같은 목소리, 똑같은 손짓으로 말했다. 그는 정말 눈물을 흘리는 것같이 보였다.

알키오네는 꿈속에서 눈물을 흘리며 신음했다. 그녀는 남편을 포옹하려 했으나 잡히는 것은 허공뿐이었다. 그녀는 부르짖었다.

"기다려줘요! 대체 어디로 가시려는 거예요? 저와 함께 가요."

그녀는 놀라서 잠이 깨자마자 남편을 찾았다. 그리고 남편이 아직 그곳에 있지 않을까 주위를 둘러보았다. 그녀의 비명에 놀라 하녀들이 등불을 가져오자 방안은 이내 환해졌다. 남편이 그 자리에 없음을 알고 그녀는 가슴을 내리치며 옷을 찢고, 머리가 헝클어지건 말건 마구 쥐어뜯었다. 유모가 왜 그렇게 슬퍼하는지를 묻자 그녀는 대답했다.

"알키오네는 이제 이 세상 사람이 아니야. 그녀는 남편 케익스와 함께 사라져 버렸으니까요. 아무런 위로의 말도 하지 마세요. 그이는 배가 난파당해 세상을 떠났어요. 나는 그이를 보았어요. 그이를 붙잡으려고 손을 내밀었지만, 그의 영혼은 사라져 버렸어요. 그 얼굴은 예전처럼 아름답지 않았어요. 얼굴은 창백했고 몸엔 실오라기 하나 걸치지 않고 머리카락에서 물방울이 뚝뚝 떨어지는 비참한 모습으로 불행한 내 앞에 나타났어요. 바로 이곳에 그의 슬픔으로 가득한 영혼이 서 있었어요."

모르페우스와 이리스, 피에르 나르시스 게랭, 1811년
 잠의 신 히프노스의 아들로 꿈을 꾸는 사람에게는 인간의 모습으로 보이는 꿈의 신이다. 그 이름은 '형상'을 의미하는 모르페에서 유래했다. 따라서 '변화시키는 사람'이라는 뜻을 가지고 있다.

그러면서 케익스의 발자국이라도 찾으려는 듯이 사방을 두리번거리며 말했다.

"내가 당신께 떠나지 말라고 간청했을 때, 난 이런 일을 예감했어요. 그래도 당신은 듣지 않고 떠나셨습니다. 차라리 절 데리고 가주셨더라면 얼마나 좋았을까요. 차라리 그 편이 나았을 것을……. 그랬더라면 당신과 이별하고서 홀로 여생을 보내는 일도 없을 것이고, 그리고 저 혼자 쓸쓸히 죽음을 맞이해야 하는 비극도 없을 것을. 장차 모든 것을 체념하고 살아간다 해도 그것은 저 자신에 대한 잔인한 짓이 될 뿐입니다. 바다가 저에게 잔인했던 것보다 훨씬 잔인한 짓입니다. 불행한 남편이여, 저는 체념하려고 노력하지 않겠습니다. 당신과 떨어져서 살지 않겠습니다. 이번만은 당신의 뒤를 따르렵니다. 두 몸이 한 무덤에 들어가진 못해도, 묘비에는 우리 두 사람이 같이 기록될 것입니다. 서로의 유골이 같은 곳에 있지는 못할지라도 적어도 제 이름만은 당신의 이름 곁을 떠나지 않겠습니다."

가슴이 미어지는 듯한 슬픔에 알키오네는 더 이상 말을 이을 수가 없었다. 지금껏 한 말들도 눈물과 흐느낌에 간간이 끊겼다.

이윽고 아침이 되자, 알키오네는 바닷가로 가서 마지막으로 남편을 떠나 보냈던 장소를 찾아갔다.

"이곳에서 그이는 망설이다가 손에 든 밧줄을 던지고 나에게 마지막 키스를 해주었지."

그녀는 하염없이 바다를 내려다보며 그때 있었던 일들을 하나하나 떠올리려 애를 쓰고 있었다. 그때, 멀리 물 위에 무언가가 떠 있는 것이 보였다. 가까이 가 보니 사람의 시체였다. 누구인지는 알 수 없었으나 조난당한 사람의 것임에 틀림없었기에, 그녀는 깊은 감상에 젖어 그를 위해 눈물 흘리며 말했다.

"아, 불행한 사람이여. 당신에게 아내가 있다면 그녀 또한 불행한 사람이군요."

시신은 물결에 떠밀려 자꾸만 다가왔다. 이제 시신의 얼굴을 분명히 알아볼 수 있었다. 그것은 그녀의 남편 케익스였다. 알키오네는 떨리는 손을 시체를 향해 내밀고 부르짖었다.

"오, 사랑하는 당신이여, 어찌 이런 모습으로 돌아오시나요?"

미친 듯이 날뛰는 파도를 제어하기 위해 육지와 바다 사이에 바다를

케익스의 시체를 발견한 알키오네, 리처드 윌슨, 1765년

막은 방파제가 만들어져 있었다. 알키오네는 제방 위로 올라간 뒤 뛰어내렸다. 그 순간, 그녀의 두 팔은 날개가 되었다. 그녀는 한 마리 새가 되어 파도 위를 스쳐 지나갔다. 새가 날아갈 때 슬픔에 찬 소리가 났는데, 그것은 마치 슬퍼하는 사람의 목소리 같았다.

그녀는 말 없고 핏기없는 시체 곁에서, 사랑하는 이의 손발을 자신의 새로 생긴 날개로 감싸고, 뿔과 같은 딱딱한 부리로 그에게 키스하려 했다. 그것을 느꼈는지, 혹은 물결의 작용이었는지 그는 알키오네를 향해 머리를 들었다. 이것은 그들을 불쌍히 여긴 신들이 그들을 물총새로 부활시킨 것이었다.

그들은 새가 되어서도 다시 부부가 되었고 새끼도 낳았다. 겨울철에 날씨가 좋을 때면 7일 동안 알키오네는 바다 위에 뜬 보금자리에서 알을 품었다. 그동안에는 아이올로스가 바람을 눌러서 바다를 교란시키지 못하게 해서, 바다는 그의 손자들의 놀이터가 되는 것이다. 바람도 잔잔해지는 이때에는 선원들도 무사히 항해할 수 있었다.

어쩌면 우리는 바이런이 「아비도스의 신부」에 인용한 다음 구절을 보고 이 이야기의 마지막 부분에서 따온 것이 아닐까 하고 생각할지도 모른다. 그러나 사실 작가는 표류하는 시체를 보고 착상이 떠올라 이 구절을 지은 것이다.

> 끊임없이 흔들리는 베개라도 벤 듯이
> 그의 머리는 동요하는 파도처럼 일렁인다.
> 움직이는 그 손에도 이미 생명의 숨소리는 그친지 오래이건만
> 마치 연약한 투쟁처럼 위협의 손짓을 한다.

밀려오는 파도에 치솟았다가
다시 수면에 떨어지는 것을 보면.

밀턴은 「그리스도의 탄생에 부치는 찬가」에서 이 물총새 이야기를
다음과 같이 말하고 있다.

그날은 평화로웠다.
빛의 왕자가 이 지상을
평화롭게 다스리기 시작한 그 날 밤은.
바람도 놀라움에 희미하게 떨면서
바다에 부드럽게 입 맞추고,
온화한 대양에 새로운 기쁨을 속삭이고 있었다.
격노하던 대양도 이제는 말끔히 잊고
고요해진 파도 위에
평온한 새를 실어 알을 품게 한다.

키츠도 「엔디미온」에서 이렇게 노래하고 있다.

오, 마법의 잠이여!
오, 평온한 새여!
마음이 흉폭한 바다를 끌어안고
조용히, 그리고 온화하게
잠재우는 것이여!

XI. 님프를 사랑한 신

필립스여, 포모나의 시인이여,
압운의 족쇄를 제거한 시형(詩形)으로 자유의 마음을 불태우고,
영국의 노래를 웅장하게 읊은 시인이여.

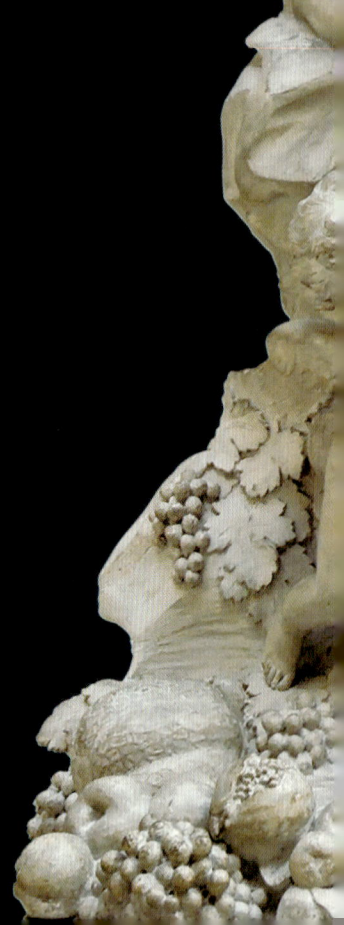

베르툼누스와 포모나, 잔 밥티스트 르무완, 1760년

님 프 를 사 랑 한 신
베르툼누스와 포모나

하마드리아데스 Hamadryades 는 숲의 님프들이었다. 포모나 Pomona 는 이들 중 하나로, 정원을 손질하고 과실을 가꾸는 데 있어 그녀를 따를 자가 없었다.

포모나는 숲이나 강에 관심이 없었고, 오직 직접 경작한 땅과 감미로운 사과가 열리는 나무만을 좋아했다. 그녀는 언제나 오른쪽 손에 투창 모양으로 생긴, 무기가 아닌 가지치기용 칼을 지니고 다녔다. 그녀는 이 칼로 너무 자란 나무나 보기 싫게 삐져나온 가지를 자르고, 어떤 때는 가지를 쪼개어 그 사이에 다른 가지를 접붙이는 일로 늘 바쁘게 지냈다. 또 애지중지하는 나무들이 가뭄을 탈까 봐 뿌리 곁에 물을 뿌려주어 목마른 뿌리가 그것을 마실 수 있게 해주었다.

　이런 일이 그녀가 바라는 것이었고, 그녀의 정열이었다. 그녀는 아프로디테가 부추기는 연애 따위에는 관심이 없었을 뿐더러, 오히려 그곳 사람들을 경계하여 자기 과수원에 늘 자물쇠를 채우고 아무도 들어오지 못하게 했다.

　많은 판(들의 신)이나 사티로스(숲의 신)들은 포모나의 사랑을 얻기 위해 모든 것을 바쳤다. 나이에 비해 아주 젊어 보이는 실바누스 Silvanus 노인도, 머리에 솔잎 관을 쓴 판도 예외는 아니었다.

　그중에서도 베르툼누스 Vertumnus (계절의 신)가 누구보다도 그녀를 사랑했는데, 그도 다른 신들과 마찬가지로 성공하지 못했다. 그는 추수하는 농부의 모습으로 변신하여 포모나를 찾아가 바구니에 곡식을 담아주곤 했다.

　이마에 건초 띠를 질끈 동여맨 그의 모습은 영락없이 조금 전까지 풀을 뒤적이다 온 농부의 모습이었다. 그는 때론 소를 모는 막대기를 손에 쥐고 나타나기도 했는데, 그럴 때는 방금까지 피곤한 소의 멍에를 벗겨주고 온 목동의 모습이었다. 그는 가지를 치는 가위를 들고 나타나 과수원지기의 흉내를 내는가 하면, 이제 막 전장에서 돌아온 군인에게서나 볼 수 있는 절도 있는 모습으로 나타나기도 했다. 그는 그런 식으로 여러 차례 자연스럽게 포모나 앞에 접근했는데, 가까이서 본 그녀의 모습은 그의 정열을 더욱더 불타오르게 만들었다.

　어느 날 그는 노파로 변장을 하고서, 회색 머리에 모자를 쓰고 지팡이를 짚고 과수원에 들어갔다.

　그는 "참 훌륭한 과일이군요, 아가씨."라고 말하며 포모나에게 입을 맞추었다. 그 입맞춤은 노파에게는 어울리지 않게 강렬한 것이었다. 노파는 과수원 둑에 앉아 머리 위에 있는 과일나무를 올려다보았다. 나뭇가지에는 과일이 주렁주렁 매달려 있었다. 맞은편에는 느릅나무 한 그루가 있었는데, 그 가지에도 터질 듯한 포도송이가 탐스럽게 달린 포도덩굴이 엉켜 있었다.

노파는 느릅나무에도, 또 그 위에 엉킨 포도나무에도 칭찬을 아끼지 않았다. 그리고 이렇게 덧붙였다.

"느릅나무 혼자 서 있고, 그 위에 저런 포도나무가 엉켜 있지 않았다면, 느릅나무는 아무 매력도 없고, 쓸데없는 잎사귀밖에는 우리에게 주는 것이 없었을 것입니다. 또한, 포도덩굴도 느릅나무에 엉키지 않았다면 땅 위에 혼자 엎드려 있게 되었을 겁니다. 당신은 이것들로부터 교훈을 얻지 않겠습니까? 배필을 얻으실 생각은 없으십니까? 그렇게 하는 게 좋을 겁니다.

헬레네Helene도, 영리한 오디세우스의 아내인 페넬로페(페넬로페이아Penelopeia)도 아가씨처럼 많은 사람으로부터 구혼을 받지는 못했을 겁니다. 아가씨가 그들에게 아무리 냉담하게 대해도 그들은 언제까지나 아가씨를 사랑할 겁니다. 전원의 신들도, 이 산에 자주 나타나는 모든 신들도 다 그러할 겁니다. 그러나 신중을 기하시고 좋은 배필을 구하시려거든, 다른 자들은 다 물리치고 제 말만 믿고 베르툼누스를 받아들이십시오. 나도 그를 잘 알고, 그도 나를 잘 압니다. 그는 여기저기 떠돌아다니는 신이 아니라 바로 저 산에 살고 있답니다. 그는 요즘 사람들처럼 아무나 눈에 띈 사람을 사랑하지 않고, 오직 당신만을 사랑합니다. 게다가 그는 젊고 미남이고, 원하는 대로 모습을 변하게 할 수 있는 기술도 갖고 있습니다. 그러니 아가씨가 명령하는 대로 모습을 바꿀 수 있답니다. 또 당신을 사랑하는 것과 마찬가지로 원예를 즐기고

포모나와 베르툼누스, 프란체스코 멜치, 1517~20년

'변화한다'는 뜻인 '베르테레 vertere'에서 파생되었으며 계절의 변화를 관장하는 신이다. 원래는 에트루리아인이 섬기던 신이었는데, 에트루리아인이 사비니인과 싸우던 로마를 도우러 왔을 때 유입되어 로마의 신으로 정착했다는 견해도 있다.

당신의 사과나무를 놀라울 만큼 잘 손질할 줄 안답니다.

그가 지금은 오직 당신만을 생각하고 있으니, 그를 불쌍히 여기십시오. 그리고 그가 지금 내 입을 빌려 말하고 있는 것이라고 상상하십시오. 신들은 잔인한 자를 벌하고 아프로디테는 무정한 자를 미워합니다. 아가씨가 쌀쌀맞게 물리쳤다는 것을 아시면 어쩌면 벌을 내릴지도 모릅니다. 그 예로 키프로스에서 실제 일어난 일을 이야기할 테니 듣고 좀 더 인정을 베푸시길 바랍니다.

이피스 Iphis 는 가난한 집에서 태어난 젊은이였는데, 테우크로스라는 유서 깊은 집안의 아낙사레테 Anaxarete 라는 귀부인에게 반했습니다. 젊은이는 자기의 열정을 잠재우려 했으나 도저히 그녀를 단념할 수 없다는 사실을 깨닫고 애원이라도 해보자는 생각에 부인의 저택을 찾아갔습니다. 그러나 그녀는 그를 조롱하며 비웃었고, 매정하게 대했답니다. 이피스는 희망 없는 괴로움을 더 이상 감내할 수 없어, 그녀의 방문 앞에 서서 최후의 말을 했답니다.

'아낙사레테여, 당신이 이겼습니다. 이제 내가 당신을 귀찮게 구는 일은 없을 겁니다. 당신의 승리를 즐기십시오! 그리고 기쁨의 노래를 부르십시오. 그리고 머리에 월계관을 쓰십시오. 당신이 이겼으니까요. 나는 죽겠습니다. 돌과 같이 무정한 마음이여, 기뻐하십시오. 죽음을 택하여 그대로 하여금 나를 칭찬하게 만들겠습니다. 목숨이 붙어 있는 한 당신을 사랑했다는 것을 증명해 보이겠습니다. 그러나 내가 죽었다는 소식을 소문으로 듣게 하지는 않겠습니다. 나는 당신의 눈앞에서 죽으렵니다. 그 광경을 지켜보는 당신을 기쁘게 하기 위해 적어도 그것만은 할 수 있습니다. 그러나 신들이여, 저의 운명을 봐주십시오. 제 유일한 소원을 말씀드리겠습니다. 원컨대 후세에라도 저에 대한 기억이

남게 해주십시오. 명대로 살지 못하고 죽는 몸이오니 죽은 후에 이름이라도 길이 남도록 해주십시오.'

이 말을 마치자, 이피스는 창백한 얼굴과 눈물 어린 눈으로 부인의 저택을 바라보며, 문 기둥에 끈을 매고는 그 끈에 목을 걸고 발판에서 말을 떼었습니다. 그러자 목뼈가 부러지면서 그는 죽고 말았답니다.

하인들이 문을 열고 그가 죽은 것을 발견하고는 그의 몸을 일으켜 그의 어머니가 계신 집으로 운반했습니다. 그의 아버지는 오래전에 죽고 없었습니다. 그의 어머니는 아들의 시체를 보자 싸늘히 식은 아들의 몸을 껴안고, 자식을 잃은 이 세상 모든 어머니들이 그러하듯이 비통한 말을 토해냈습니다. 슬픈 장례식 행렬이 거리를 지나갔습니다. 창백한 유해는 관 위에 실려 화장터로 운반되었답니다. 아낙사레테의 집은 그 행렬이 지나가는 거리에 있어, 문상객들의 슬픈 탄성은 이미 복수의 신이 벌을 주려고 예정한 그녀의 귀에 들려왔습니다.

'우리도 장례 행렬을 구경하자.'

그녀는 이렇게 말하고 탑 위에 올라가 열린 창문을 통해 행렬을 내려다봤는데, 그녀의 시선이 관 위에 놓인 이피스의 시신에 멈춘 순간, 그녀의 눈은 굳어갔고 몸 안에 흐르는 따뜻한 피는 식기 시작했습니다. 얼굴을 돌리려 했지만 그것도 마음대로 되지 않았습니다. 아낙사레테의 온몸은 점점 그녀의 차가운 마음과도 같이 돌이 되어 굳어버렸습니다.

이 이야기가 믿기지 않거든, 아직도 부인의 석상이 생전의 모습대로, 살라미스 Salamis에 있는 아프로디테의 신전에 서 있으니 가보십시오. 이런 옛일을 생각하시어 사랑을 비웃고 주저하는 마음을 버리십시오. 그리고 사랑하는 사람을 받아들이십시오. 그러면 봄 서리가 당신의 젊은 열매를 시들게 하는 일도 없고, 사나운 바람이 당신의 꽃을 떨어뜨리는 일도 없을 것입니다."

베르툼누스는 말을 마치자, 노파의 변장을 벗고 본래의 아름다운 청년의 모습으로 돌아가 포모나 앞에 섰다. 그 자태는 구름을 뚫고 나온 빛나는 태양과도 같았다. 그는 다시 한 번 애원하려고 했다. 그러나 그럴 필요가 없었다. 그의 이야기와 아름다운 모습이 그녀를 금세 사로잡았기 때문이다. 이 님프는 더 이상 저항하지 않았으며, 그녀의 가슴에도 드디어 사랑의 불길이 타오르기 시작했다.

포모나는 사과 과수원을 지키는 수호신이었다. 그런 까닭에 「사과주 Apple-orchard」라는 무운시(無韻詩)를 지은 존 필립스 John Phillips(영국의 시인)는 그녀를 사과의 수호신으로 노래했다. 제임스 톰슨 James Thomson (스코틀랜드의 시인)은 「사계 Seasons(四季)」에서 포모나를 다음과 같이 노래하고 있다.

> 필립스여, 포모나의 시인이여,
> 압운의 족쇄를 제거한 시형(詩形)으로
> 자유의 마음을 불태우고,
> 영국의 노래를 웅장하게 읊은 시인이여.

또한, 포모나는 다른 여러 가지 과일도 주관하는 것으로 알려져 있다. 그래서 톰슨은 또 이렇게도 노래하고 있다.

포모나여.
그대의 시트론 숲으로 나를 데려가 다오.
저 레몬과 향기 그윽한 라임,
작열하는 푸름을 벗고 자란
짙은 오렌지가 머무는
찬란한 영광이 함께하는 그곳으로.
그리고 가지를 편 타마린드 나무 밑에 눕게 해다오.
빛에 취한 열매가 산들바람에
열병을 식히는 그곳으로 데려가서.

XII. 에로스와 프시케

하늘로 올라간 고명한 아프로디테의 아들 에로스가
저 오랜 힘겨운 방랑을 마친 뒤
정신을 잃은 사랑스러운 프시케를 끌어안았다.
이윽고 신들도 쾌히 소원을 받아들여
그녀를 그의 영원한 신부로 점지해주었다.
그녀의 아름답고 순결한 몸에서
젊음과 쾌락이라는 복된 쌍둥이가 태어날 것이다.
그렇게 해주겠노라는 제우스의 서약에 따라.

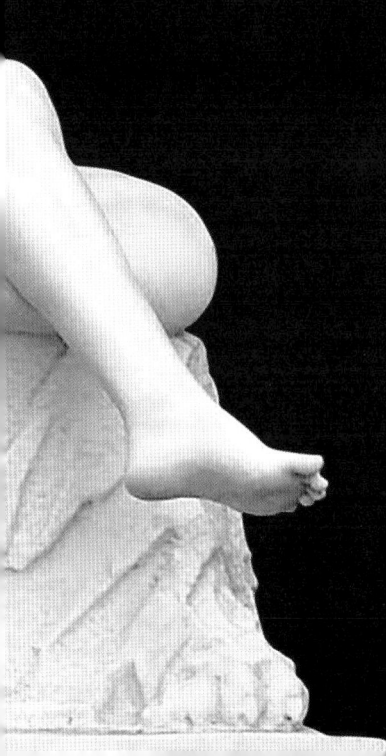

큐피드와 프시케, 지안 로렌조 베르니니, 17세기

Bulfinch's Mythology: The Age of Fable

영 원 한   사 랑
에로스와 프시케

옛날 어느 왕국에 세 딸을 둔 왕과 왕비가 살고 있었다. 위로 두 딸도 매우 아름다웠으나, 막내딸인 프시케의 아름다움은 말로 표현할 수 없을 정도였다. 그래서 이웃 나라 사람들까지도 그녀의 아름다운 모습을 보기 위해 몰려들 지경이었다. 그녀를 본 사람들은 감탄한 나머지 아프로디테와 견줄만하다는 찬사를 바쳤다. 사람들은 프시케가 지나가는 길에 화관이나 꽃을 뿌렸으며, 그녀의 아름다움을 예찬하는 노래를 불렀다. 심지어 사람들의 정성이 온통 프시케에게 쏠렸기 때문에 아프로디테의 제단을 돌보는 사람이 없게 되었다.

마침내 아프로디테는 불멸의 신들에게만 표해야 하는 경의가 언젠가는 죽게 마련인 인간을 찬양하는 데 함부로 쓰이는 것을 보고 몹시 노여워했다. 여신은 노한 나머지 향기로운 머리를 흔들며 이렇게 부르짖었다.

"나의 명예를 인간의 딸에게 넘겨야 한단 말인가. 제우스까지도 신임하는 왕의 목양자(트로이의 왕자 파리스를 가리킴)가 아테나와 헤라보다도 내가 더 아름답다고 한 그 영예도 이제는 소용이 없게 되었다. 그러나 그녀가 내 명예를 그렇게 쉽게 빼앗지는 못할 것이다. 그녀는 자신의 아름다움을 후회할 때가 있을 것이다."

아프로디테는 아들 에로스를 불러들였다. 원래 장난을 좋아하는 에로스는 어머니의 불평을 듣자 귀가 솔깃해졌다. 그녀는 프시케를 가리키며 아들에게 말했다.

"내 아들아, 저 건방진 처녀의 가슴속에 어떤 천박한 사람에 대한 사랑을 심어 주어라. 그렇게 되면 자신의 아름다움에 대한 환희와 승리감이 큰 만큼 장차 그녀가 받게 될 치욕 또한 크리라."

에로스는 어머니의 명령에 따를 준비를 했다. 아프로디테의 꽃밭에는 단물과 쓴물이 나오는 두 종류의 샘물이 있었다. 에로스는 그것을 호박(琥珀)으로 만든 두 개의 병에 담아서 프시케에게 갔다. 프시케는 자고 있었다. 에로스는 잠든 그녀의 모습을 보자 측은한 생각이 들었지만, 그는 쓴 샘물을 두어 방울 그녀의 입술 위에 떨어뜨리고 나서 그녀의 옆구리에 화살 끝을 댔다. 그때 프시케가 눈을 떠 에로스를 바라보았다. 그녀에게 에로스의 모습은 보이지 않았지만, 에로스는 놀란 나머지 당황하여 자신이 들고 있던 화살에 부상을 입었다. 그는 자신의 상처에는 신경 쓰지 않고 자기가 저지른 장난을 취소하는데 열중하여, 그녀의 비단 같은 고수머리 위에 향기롭고 달콤한 기쁨의 물방울을 흘렸다.

아프로디테의 미움을 산 프시케는 그때부터 그녀의 아름다움을 찬미하거나 흠모하는 사람을 만날 수 없게 되었다. 모든 눈이 그녀에게 집중되고 모든 입이 그녀를 칭찬했으나 이제는 왕도, 귀족의 젊은이도, 그리고 평민들까지도 누구 하나 그녀에게 청혼하는 사람이 나타나지 않았다. 프시케만큼은 아니지만 아름다운 용모를 지닌 그녀의 두 언니들은 이미 오래전에 왕자들과 결혼했다. 프시케는 자신의 고독한 신세가 한탄스러웠고 사랑을 환기시키지 못하는 미모에 혐오감마저 들었다.

반면, 에로스는 프시케를 만난 후 사랑에 빠졌고 아폴론을 찾아가 프시케의 부모에게 신탁을 내려줄 것을 간청하여 신탁을 받아냈다.

외로운 프시케를 안타깝게 지켜보던 그녀의 부모는 자신들도 모르는 사이에 신들의 노여움을 사지나 않았는지 두려워한 나머지 아폴론

프시케의 결혼 행렬, 에드워드 번 존스, 1895년

의 신탁을 따르려고 했다. 그런데 그 신탁의 내용이 너무나 놀라웠다.

"그 처녀는 인간과 결혼할 팔자가 아니다. 그녀의 장래의 남편이 산꼭대기에서 그녀를 기다리고 있다. 그는 괴물이다. 신도, 인간도 모두 그를 어떻게 할 수 없는 존재이다."

실로 무서운 신탁이었다. 그녀의 양친이 슬픔에 잠겨 있자, 프시케가 말했다.

"아버지, 어머니, 왜 이제 와서 저의 신세를 슬퍼하세요? 사람들이 저에게 부당한 명예를 씌워 한결같이 저를 아프로디테보다 아름답다는 칭송을 할 때 슬퍼하셨어야죠. 그런 칭송을 들은 벌이 이제 저에게 내린 거예요. 저는 운명에 순종하겠어요. 저의 운명이 가라고 한 바위로 저를 데려다 주세요."

그리하여 모든 준비를 끝내고 공주를 보내는 행렬이 출발했다. 그러나 그것은 혼례 행렬이라기보다 장례 행렬에 가까운 것이었다. 프시케는 사람들의 비탄을 뒤로 하고 부모와 함께 산으로 올라갔다. 이윽고 사람들은 산꼭대기에 그녀를 남겨 놓고 슬픈 마음으로 집으로 돌아갔다.

혼자 남겨진 프시케는 공포에 떨며 눈물에 젖어 있었다. 그때 친절한 서풍 제피로스의 산들바람이 그녀를 꽃이 만발해 있는 골짜기로 실어다주었다. 그러는 동안 프시케는 마음이 진정되었다. 그녀는 풀이 무성한 둑에 드러누워 잠이 들었다.

그녀가 원기를 되찾고 상쾌한 마음으로 눈을 뜨자, 눈앞에 커다란 나무가 우뚝 솟은 아름다운 숲이 있었다. 프시케는 그곳으로 들어갔다. 그녀는 숲 한가운데에서 샘을 발견했는데, 그 샘에서는 수정처럼 맑은 물이 솟고 있었다. 샘 옆에는 굉장히 큰 궁전이 있었는데, 그 장엄함은 그것이 사람의 손으로 만든 것이 아닌, 신의 행복한 은신처라는 느낌을 주었다.

　프시케는 경이와 감탄에 눈을 반짝였다. 그녀는 용기를 내어 궁전 안으로 들어갔다. 보이는 물건마다 즐겁고 놀라웠다. 황금 기둥이 반원형 지붕을 받치고 있었고, 벽은 사냥으로 잡은 짐승, 전원 풍경을 그린 조각과 그림으로 장식되어 보는 사람의 눈을 즐겁게 해주었다. 더 안으로 들어가 보니, 의식용 홀 외에 갖가지 보물과 아름답고 진귀한 예술품들로 가득 찬 방이 여러 개 있었다. 그녀가 궁전의 모습에 넋을 놓고 있을 때, 누군가의 목소리가 들렸다.

　"여왕이시여, 당신이 지금 보고 계신 것은 모두 당신 것입니다. 당신이 듣고 계신 이 목소리는 당신 하인들의 목소리랍니다. 우리들은 당신의 모든 분부에 전력을 다해 복종하겠습니다. 당신은 방으로 가셔서 모피 침대 위에서 편히 쉬십시오. 목욕을 하시려거든 하십시오. 저녁 식사는 옆에 있는 정자에서 하시는 것이 어떨까요?"

　프시케는 목소리만 들리는 시종의 말에 귀를 기울였다. 그녀는 포근한 모피 침대 위에서 푹 쉬고 목욕을 한 뒤 정자에 들어가 앉았다. 그곳에는 어느새 식탁이 마련되어 있었고, 그 위에는 갖가지 맛좋은 음식과 달콤한 술이 놓여 있었다. 보이지 않는 연주자의 음악도 들려와 그녀의 귀를 즐겁게 해주었다. 그중 한 사람은 노래를 부르고, 다른 한 사람은 류트를 탔는데, 모두 멋진 조화를 이뤘다.

　그로부터 며칠이 지난 후에야 프시케는 한밤중에 남편을 만날 수 있었다. 그런데 그는 늘 밤이 깊어야만 돌아왔고, 날이 밝기 전에 집을 나갔다. 그러나 그의 음성은 사랑에 충만했고, 그녀의 마음을 사로잡기에 충분했으며 그녀의 마음에 애정을 불러일으켰다. 그녀는 그에게 떠나지 말고 얼굴을 보여 달라고 종종 간청했으나 그는 듣지 않았다.

도리어 그는 얼굴을 보이고 싶지 않은 정당한 이유가 있어서 그러니 자기를 볼 생각은 아예 하지 말라고 부탁했다.

"왜 나를 보고 싶어 하오? 나의 사랑에 대해 조금이라도 의심을 가지고 있소? 무슨 불만이라도 있소? 그대가 나를 본다면 두려워할지도, 또 숭배할지도 모르나, 중요한 것은 그대가 나를 사랑하는 것이고 나는 그대에게서 다른 것을 바라지 않는다는 것이오. 나는 그대가 나를 신으로 숭배하는 것보다 같은 인간으로서 사랑하기를 바라오."

그런 말을 들으면 프시케는 잠시 마음이 안정되었고, 행복을 느낄 수 있었다. 그러나 자신이 어떻게 살고 있는지 모르고 계실 부모님 생각과 자신의 행복을 같이 나눌 수 없는 언니들 생각이 프시케의 마음을 괴롭혔다. 그래서 궁전은 때때로 훌륭한 감옥처럼 느껴졌다.

어느 날 밤 남편이 왔을 때, 프시케는 그에게 자신의 이런 고민들을 털어놓았다. 그녀는 마침내 언니들을 초대해도 좋다는 승낙을 얻어냈다.

그녀는 남편이 시킨 대로 제피로스를 불러 남편의 명령을 전달했다. 제피로스는 명령에 복종하여 얼마 안 있어 언니들을 프시케가 있는 골짜기로 데려왔다. 언니들과 프시케는 서로 끌어안고 반가워했다. 프시케가 말했다.

"이리 오셔서 저의 집으로 들어가요. 시장하실 텐데 무엇을 좀 드셔야죠."

그녀는 언니들의 손을 잡고 금으로 지어진 자신의 궁전으로 안내했다. 그리고 목소리만 들리는 수많은 시종들에게 언니들의 시중을 들게 해 목욕도 하게 하고 음식도 대접했으며 여러 가지 보물도 자랑했다.

동생이 자기들보다 월등하게 훌륭한 생활을 하고 있는 것을 보자, 언니들의 마음에는 부러움과 질투심이 동시에 생겨났다. 그녀들은 프시케에게 많은 질문을 했다. 특히 그녀의 남편이 어떤 사람인가 물었다. 프시케는 그가 아름다운 청년이고, 낮에는 주로 사냥을 나간다고 말했다. 언니들은 답변에 만족하지 않고 집요하게 물고 늘어졌다. 결국, 프시케는 아직 한 번도 남편을 본 일이 없다고 고백하고 말았다. 그러자 그녀들은 프시케를 부추겼다.

"피티아Pythia의 신탁이 네가 무서운 괴물과 결혼할 팔자라고 한 것을 잊지 마라. 이 골짜기에 사는 주민들 말에 의하면, 네 남편은 무섭고 괴상한 뱀이라고 하더라. 한동안 너를 맛있는 음식을 먹여 기른 뒤에 삼켜 버릴 거래. 우리 말대로 해라. 등잔(燈盞)과 예리한 칼을 준비하고, 남편에게 들키지 않도록 그것을 숨겨 놓았다가 그가 깊이 잠들거든 침대에서 빠져나와 등잔불을 켜고 주민들이 말하는 것이 사실인지 네 눈으로 봐라. 사실이라면 주저하지 말고 괴물의 머리를 베어 네 자유를 되찾아라."

프시케는 그 말에 개의치 않으려 했으나, 언니들이 떠나자 언니들이 했던 말과 자신의 호기심이 그녀를 참을 수 없이 충동질했다.

프시케는 등잔과 칼을 준비하여 남편이 보지 못하도록 덮개를 씌워 감춰 두었다. 그가 잠이 들었을 때, 프시케는 살짝 일어나 등잔불의 덮개를 벗기고 그를 비췄다.

눈앞에 보이는 것은 무서운 괴물이 아니었다. 신들 중에서도 가장 아름답고 매력적인 신이었다. 그의 금빛 곱슬머리는 눈빛같이 흰 목과 진홍빛 볼 위에서 물결치고, 어깨에 돋은 이슬에 젖은 두 날개가 눈보다도 희었다.

프시케가 남편의 얼굴을 더 가까이 보기 위해 등잔불을 기울였을 때, 불붙은 기름 한 방울이 그의 어깨에 떨어졌다. 그는 깜짝 놀라 눈

에로스와 프시케, 자코포 주치, 1589년

을 떴고, 프시케를 응시했다. 그러고는 말 한마디 없이 흰 날개를 펴고 창밖으로 날아가 버렸다. 프시케는 그를 따라가려다가 창틀에 걸려 땅으로 떨어졌다. 에로스는 프시케가 땅바닥에 쓰러진 것을 보고 잠깐 멈춰 서서 말했다.

"오, 어리석은 프시케야, 이것이 나의 사랑에 보답하는 것이란 말이냐. 나는 어머니의 명령에도 복종하지 않고 너를 아내로 맞았는데 너는 나를 괴물로 여기고 내 머리를 베려고 생각했단 말이냐! 가거라. 언니들에게 돌아가라. 나의 말이 아니라 그들의 말을 들었으니……. 나는 네게 다른 벌을 주지 않겠다. 오직 영원히 너와 이별할 따름이다. 사랑은 의심과 동거할 수 없는 것이다."

그렇게 말하고 그는 땅에 엎드려 울부짖고 있는 가엾은 프시케를 버리고 가버렸다.

그녀는 한참을 울고 있다가 마음의 평정을 되찾고 주위를 둘러보았다. 그러나 그곳은 궁정도 정원도 사라진 넓은 벌판이었다.

프시케는 언니들이 있는 곳으로 가서 자기가 당한 재난을 다 말해주었다. 심술궂은 언니들은 내심 기뻐하면서도 슬퍼하는 척했다. 그들은 내색하지 않았지만 이번에는 신께서 자신들 가운데 하나를 택할 것이라 생각하고 다음 날 아침 일찍 일어나 산에 올랐다. 산꼭대기에 오른 그들은 제피로스를 불러 그의 주인에게 데려다 달라고 청한 뒤 뛰어내렸다. 그러나 제피로스가 받쳐주지 않아 절벽 아래로 떨어져 그 자리에서 죽고 말았다.

그동안 프시케는 남편을 찾아 먹지도 자지도 않으면서 밤낮을 헤맸다. 어느 날 그녀는 높은 산꼭대기에 훌륭한 신전이 있는 것을 보고 혼자 중얼거렸다.

"나의 사랑, 나의 주인은 아마 저곳에 살고 있을 거야."

그녀는 신전으로 발을 옮겼다. 들어가자마자 밀 낟가리가 눈에 들어왔다. 어질러진 밀단들 중에는 묶인 것도 있고, 묶이지 않은 것도 있었으며 간혹 보리 이삭이 섞여 있기도 했다. 낫과 갈퀴 등의 농기구가 함부로 내던져둔 것처럼 여기저기 흩어져 있었다. 프시케는 그것들을 모두 얌전하게 가려내어 적당한 장소에 종류별로 정돈해 놓았다. 그녀가 이렇게 한 것은 어떤 신이라도 소홀히 해서는 안 되며 모든 신을 경건한 마음으로 대해 자기편으로 만들어야 한다는 신념에서였다. 아니나 다를까, 그곳은 데메테르 여신의 신전이었다. 데메테르는 프시케가 일하는 것을 보고 말했다.

"오, 가엾은 프시케야, 비록 나는 너를 아프로디테의 미움으로부터 지켜줄 수는 없지만 그녀의 기분을 누그러뜨릴 수 있는 최선의 방법을 가르쳐줄 수는 있다. 아프로디테에게 가서 무릎을 꿇고 겸손과 순종의 마음으로 용서를 빌어라. 그러면 아마 그분은 네게 은총을 베풀어 너의 남편을 도로 찾게 해줄 것이다."

프시케는 데메테르의 말에 따라 마음의 각오를 단단히 하고 아프로디테의 신전으로 갔다. 그녀는 무슨 말을 해야 노한 여신의 마음을 풀 수 있을까 곰곰 생각했으나 아무래도 결과는 좋지 않을 것 같은 예감이 들었다. 예감대로 아프로디테는 프시케를 노한 표정으로 맞았다.

"하인들 중에서도 가장 불성실한 여인이여, 네가 온 것은 네가 주인을 섬기는 몸이라는 것을 이제야 깨달아서이냐, 아니면 사랑하는 아내에게서 받은 상처 때문에 아직도 병석에 누워 있는 네 남편을 보기 위해서이냐? 너를 보고 있노라니 내 비위가 거슬린다. 그러니 네가 남편을 섬길 수 있는 유일한 길은 부지런히 일하는 것밖에 없다. 나는 너를 일로써 판단할 것이다."

아프로디테 궁전의 프시케, 에드워드 메튜 헤일, 1883년

아프로디테는 프시케를 신전의 창고로 데리고 갔다. 그곳에는 많은 양의 밀, 보리, 기장, 완두, 편두가 어지럽게 쌓여 있었다.

"저녁이 되기 전까지 이 곡식들을 모두 같은 종류별로 가려 놓도록 해라."

그렇게 말하고 아프로디테는 자리를 떴다.

홀로 남은 프시케는 일거리가 너무 많은 데 놀라 멍하니 곡식더미를 바라보고 있었다. 프시케가 어찌할 바를 모르고 앉아 있는 동안, 에로스는 들판의 조그만 개미들을 부추겼다. 개미들은 대장 개미가 인솔하는 대로 곡식더미로 가더니 부지런히 곡식을 한 알 한 알 날라다 종류별로 가렸다. 일이 끝나자, 개미들은 순식간에 그곳에서 사라져버렸다.

아프로디테는 황혼이 가까워지자 머리에는 장미 화관을 쓰고 향기로운 냄새를 풍기며 신들의 향연에서 돌아왔다. 그녀는 프시케에게 명령한 일이 다 된 것을 보고 부르짖었다.

"못된 계집 같으니! 이것은 네가 한 것이 아니고 남편을 꾀어 시킨 것이지? 어디 두고 봐라. 너도 네 남편도 뒤가 좋지 못할 것이니……."

그렇게 말하면서 프시케에게 저녁 식사로 검은 빵 한 조각을 던져주고 가 버렸다.

이튿날 아침, 아프로디테는 하인을 시켜 프시케를 부른 뒤 그녀에게 말했다.

"봐라, 저쪽 물가에 나무들이 늘어서 있다. 그곳에 가면 양들이 양치는 사람 없이 풀을 뜯어 먹고 있는데, 모두 금빛 털을 몸에 걸치고 있다. 그 모피에서 값진 양모 견본을 모아 가지고 오너라."

프시케는 최선을 다해 이행하리라 마음먹고 냇가로 갔다. 그때 강의 신은 갈대에게 노래하듯 속삭이게 했다.

"가혹한 시련을 받고 있는 처녀야, 위험한 냇물을 건너려고 하지도 말고 건너편에 있는 무서운 숫양들 속으로 들어가지도 마라. 왜냐하면, 해가 떠오를 무렵에는 눈부신 햇살 때문에 양들이 날카로운 뿔과 사나운 이빨을 가지고 사람을 받아 죽이려 한단다. 그러나 대낮이 되면 양떼들이 그늘에서 햇볕을 피하고 냇물의 맑은 기운이 그들을 달래어 잠들게 하는데 그때 내를 건너면 안전하며, 또 덤불이나 나무줄기에 붙어 있는 금빛 양모를 쉽게 발견할 수 있을 거란다."

인자한 강의 신은 프시케에게 임무를 수행할 수 있도록 여러 가지 방법을 가르쳐 주었다. 프시케는 얼마 되지 않아 아프로디테가 있는 곳으로 금빛 양모를 한 아름 안고 돌아왔다. 그러나 아프로디테는 도리어 다음과 같이 말했다.

"나는 이번에도 네가 이 일을 네 힘으로 해낸 것이 아니라는 것을 잘 알고 있다. 나는 네가 일을 잘한다는 것을 믿지 못하겠으니 다른 일을 시키겠다. 이 상자를 가지고 저승으로 가서 그곳의 여왕 페르세포네에게 이렇게 말해라. '나의 여주인이신 아프로디테가 당신의 미려수를 조금 나누어주시길 원하십니다. 병석에 있는 아들을 간호하시느라 당신의 미려수를 다 써버렸기 때문입니다.' 그러나 갔다 오는 데 너무 지체해서는 안 된다. 나는 오늘 저녁에 그 미려수를 몸에 바르고 신들이 모이는 파티에 참석해야 하니까 말이다."

프시케는 죽음이 가까이 왔다고 생각했다. 죽지 않으면 저승에 갈 수 없기 때문이다. 또한, 제 발로 직접 다녀오지 않으면 안 되는 일이었다. 그녀는 지체 없이 저승으로 가는 가장 가까운 길을 택하기 위해 높은 탑 꼭대기로 올라가서 몸을 거꾸로 떨어뜨려 뛰어내리려고 했다. 그때 탑 안에서 어떤 소리가 들려왔다.

"가엾고 불쌍한 소녀야. 왜 그렇게 무서운 방법으로 목숨을 끊으려 하느냐. 이제까지도 여러 번 위험한 경우에는 신의 가호를 받지 않았느냐?"

그 소리는 어떤 동굴을 지나야 하데스의 나라에 도착할 수 있는지, 어떻게 하면 그곳까지 가는 길의 위험을 피할 수 있는지, 머리가 세 개 달린 개 케르베로스 Kerberos 의 곁을 지날 때는 어떻게 하면 되는지, 흑해를 건너가고 다시 돌아올 때 어떻게 하면 뱃사공을 설득할 수 있는지를 가르쳐 주었다. 그리고 마지막으로 다음과 같이 말했다.

"페르세포네가 그녀의 미려수를 상자에 가득 채워주거든 가장 조심해야 할 일이 있다. 그것을 한 번이라도 열거나 그 속을 들여다보지 말 것이며 호기심으로라도 여신들의 아름다움의 비밀을 엿보려고 하지 말아야 한다."

프시케는 그 충고에 힘을 얻어 모든 것을 일러주는 대로 했다. 그러고 나서 그녀는 무사히 저승에 도착할 수 있었다.

프시케는 페르세포네의 궁전으로 들어갔다. 그녀는 안락한 의자와 맛있는 음식을 모두 사양하고 거친 빵 조각으로 식사를 한 뒤에 바로 아프로디테의 이야기를 전달하고 상자를 건넸다. 이윽고 페르세포네가 상자에 미려수를 담아 다시 프시케에게 전했다. 프시케는 다시 햇빛을 보게 된다는 사실에 기뻐하며 온 길을 다시 돌아왔다.

프시케가 위험한 임무를 무사히 해냈다는 안도감에 젖어 잠시 쉬고 있을 때였다. 그녀는 문득 상자에 무엇이 들었는지 보고 싶었다. 그녀는 혼잣말로 중얼거렸다.

"이걸 얼굴에 발라 사랑하는 남편의 눈에 예쁘게 보이고 싶은데……."

프시케와 케르베로스,
폴 알프레드 커즌, 1860년

그녀는 조심스럽게 상자를 열어보았다. 그러나 그 속에 미려수는 없고 저승의 잠만이 가득 들어 있었다. 그것은 상자 속에 갇혀 있다 해방되자 프시케에게 와락 덤벼들었다. 그녀는 길 한가운데 쓰러져 시체처럼 잠이 들어 아무것도 느낄 수도, 생각할 수도 없게 되었다.

한편, 상처가 치유된 에로스는 사랑하는 프시케를 보고 싶은 마음에 창문으로 빠져나와 프시케가 누워 있는 곳으로 날아갔다. 그리고 그녀의 몸에 붙어 있는 잠을 떼어내 다시 상자 안에 가두고 화살로 가볍게 그녀를 찔러 깨웠다. 그는 말했다.

"너는 또 예전처럼 호기심 때문에 하마터면 목숨을 잃을 뻔했구나. 자, 너는 이제 어머니가 분부하신 일을 끝내라. 너와 나 사이의 나머지 일은 내가 알아서 하겠다."

에로스는 높은 하늘 위의 제우스 앞에 나아가 프시케와 맺어 달라고 애원했다. 제우스는 에로스의 호소를 들어주기로 했다. 그리고 사랑하는 두 연인을 위해 아프로디테를 설득하여 마침내 그녀의 허락을 받아냈다. 제우스는 헤르메스를 보내어 프시케를 천상의 만찬에 참석하게 했다. 그녀가 도착하자, 제우스는 불로불사의 음식이라는 암브로시아를 그녀에게 권하면서 말했다.

"프시케야, 이걸 먹으면 영생할 것이며 신이 될 것이다. 에로스는 이 인연을 끊지 못할 터이고, 그러니 이 결혼은 영원히 변함이 없을 것이다."

프시케는 마침내 에로스와 결합했다. 두 사람 사이에서 딸이 하나 태어났는데, 그 딸은 '쾌락'이라는 뜻의 볼룹타^{Volupta}라고 불렸다.

에로스와 프시케의 이야기가 문학 작품으로 처음 등장하는 것은 2세기경, 아풀레이우스^{Apuleius}의 작품에서이다. 보통 이들의 이야기는 전설로 여겨지고 있다.

프시케의 환희, 윌리암 아돌프 부그로, 1895년

그리스어에서 프시케는 '나비' 또는 '영혼'이라는 의미를 가지고 있다. 영혼 불멸의 예시로 나비만큼 인상적이고 아름다운 것은 없다. 나비는 배로 느릿느릿 기어 다니는 모충 생활을 끝마친 뒤, 자기가 지금까지 누워 있던 무덤 속에서 아름다운 날개를 파닥거리며 뛰쳐나와 밝은 대낮에 훨훨 날아다니고 봄의 더없이 향기롭고 감미로운 생산물을 먹는다. 그러므로 프시케는 갖은 고난에 의해 정화된 후에야 순수하고 진정한 행복을 누릴 수 있는 인간의 영혼을 상징한다. 예술 작품 속에서 프시케는 나비의 날개를 단 처녀로 묘사되고 있으며, 그 곁에는 언제나 에로스가 있다.

밀턴은 「코무스」의 끝 부분에서 에로스와 프시케 이야기를 언급하고 있다.

하늘로 올라간 고명한 아프로디테의 아들 에로스가
저 오랜 힘겨운 방랑을 마친 뒤
정신을 잃은 사랑스러운 프시케를 끌어안았다.
이윽고 신들도 쾌히 소원을 받아들여
그녀를 그의 영원한 신부로 점지해주었다.
그녀의 아름답고 순결한 몸에서
젊음과 쾌락이라는 복된 쌍둥이가 태어날 것이다.
그렇게 해주겠노라는 제우스의 서약에 따라.

에로스와 프시케의 이야기에 담긴 뜻은 하비[T. K. Harvey] (스코틀랜드의 시인)의 아름다운 시에도 잘 나타나 있다.

옛날 이성(理性)이 공상을 그리는 날개를 빌리고
진리의 맑은 냇물이 황금 모래 위를 흐를 즈음,
사람들은 아름다운 이야기를 지어
그 고귀하고 신비에 찬 일을 시로 노래했다!
저 아름답고 장엄한 그녀(프시케)의 이야기도 그랬다.
방랑의 혼, 꿈을 부여받고
세계를 떠돌아다니는—에로스 숭배자—천상에 집을 갖고 있는 그를
지상에서 찾으려고 방황하던 이야기도!

저 도시에서도—저 유령이 나오는 샘가에서도—
어두침침한 동굴의 보석들 사이에서도—
소나무 신전 안에서도,
정적이 앉아 벽의 소리에 귀를 기울이는
저 달빛을 받은 산 위에서도,
알을 품은 비둘기가 사는 으슥한 오솔길에서도,
깊은 골짜기와 훈훈한 공기 속에서도,
그녀는 에로스가 부르는 아득한 반향을 들으며
도처에서 그의 발자국을 찾아낸다.

그러나 그 둘은 두 번 다시 만나지 못했다!
저 지상에 출몰하여 해를 끼치는

유령 같은 의혹과 불안이

죄와 눈물의 자식인 그녀와

신의 아들인 저 빛나는 정령(에로스) 사이에 끼어든 이후로,

그러나 이윽고 그녀의 사모하는 혼과 눈물에 젖은 눈이

그를 천상에서만 찾을 수 있다는 것을 일깨워주었을 때,

그 지친 마음에 날개가 돋아나고,

그녀는 마침내 천국에서 에로스의 신부가 되었다!

키츠가 「프시케에 부치는 송가」에서 언급하고 있는 것이 바로 이것이다.

오, 올림포스의 빛바랜 신들의 계보 가운데서도

가장 뒤늦게 태어난 더없이 아름다운 환영이여!

그대는 사파이어 하늘에 떠 있는 포이베의 별보다

하늘에서 깜박이는 사랑의 반딧불 헤르페로스보다 아름답다.

가령 그대의 신전이 없어도,

꽃으로 장식된 제단이 없어도 그대는 아름답다.

한밤중에 감미롭게 노래하는

처녀들의 성가대가 없어도,

또한 소리도 없고, 리라도 없고, 피리도 없고,

사슬에 흔들리는 향로에서 피어오르는 향긋한 향이 없어도,

그리고 사당도 없고, 숲도 없고, 신탁소도 없고,

입술이 파랗게 질린 꿈꾸는 듯한 예언자의 흥분이 없어도.

모어는 「여름 축제」에서 어떤 가장무도회에 대해 묘사하고 있는데, 거기에 등장하는 인물 가운데 프시케가 있다.

…… 오늘 밤 우리의 젊은 여주인공은
그 빛을 검은 베일로 감싸지 않았다.
그 이유를 알고 싶다면 보세요, 그녀가 지상을 걸어다니는 모습을.
그녀는 바로 에로스의 아내이다.
그가 맞이한 신부이다.
더없이 성스러운 맹세에 의해 올림포스에서 맺어지고,
그리고 지금 그 눈처럼 흰 이마에 달려 있는 반짝거리는 장식에 의해
인간들에게도 널리 알려져 있다.
영혼을 의미하는(그렇게 생각하는 자는 거의 없지만)
그 나비야말로, 그 신비의 장식이야말로,
그리고 흰 이마에서 반짝거리는 이 빛이야말로
오늘 밤 이곳에 프시케가 왔음을 알리고 있다.

올림포스 신들의 만찬에 참석한 프시케, 라파엘로 산치오, 1517~18년

큐피드와 프시케, 안토니오 카노바, 1793년

아레스, 카피톨리노 박물관(로마) 소장, BC 420년

XIII. 도시의 탄생

그 모양은 보기에 좋고 사랑스러웠습니다.
그 이래로 뱀들 가운데 이 이상 더 사랑스러운 것은 없었습니다.
일리리아에서 하르모니아와 카드모스가 변신했던 뱀도,
그리고 에피다우로스의 신들조차도.

Bulfinch's Mythology: The Age of Fable

도 시 의 탄 생
카드모스

어느 날 황소로 변신한 제우스가 아게노르 ^{Agenor}(페니키아의 왕)의 딸 에우로페 ^{Europa}를 납치했다. 아게노르는 카드모스 ^{Cadmos}를 불러 그의 누이인 에우로페를 찾아오라고 명하고 만약 그녀를 찾지 못한다면 다시는 돌아올 생각을 하지 말라고 했다.

에우로페를 찾아 카드모스는 온 세계를 찾아 헤맸지만 그 어디에서도 그녀의 행방을 찾을 수 없었다.

자신이 맡은 임무를 다하지 못해 집으로 돌아갈 수 없게 된 카드모스는 아폴론 신에게 자신이 어디로 가야 할지를 물었다.

신탁은 그에게 말하길 '들에서 암소 한 마리를 만나거든 그 소가 어디를 가더라도 무조건 따라가라. 그리고 그 소가 걸음을 멈추는 그곳에 도시를 세우고 그 이름을 테베(테바이)라 지으라'고 일러 주었다.

카드모스는 신탁의 내용을 듣고 카스탈리아의 동굴에서 나오던 중 자신의 앞에 천천히 걸어가고 있는 암소 한 마리를 발견했다. 카드모스는 아폴론 신에게 감사의 기도를 올리고 그 암소의 뒤를 따랐다.

암소는 가던 방향으로 계속 나아가 케피소스의 얕은 개울을 지나 파노페의 평야에 이르자 걸음을 멈추고 하늘을 향해 그의 넓은 이마를 향하고 크게 소리 내어 울었다. 카드모스는 암소에게 고마움을 표시하고 무릎을 꿇고 그 낯선 땅에 입을 맞추었다. 그는 주위의 산을 둘러보며 인사를 하고 부하들에게 제우스에게 제를 올릴 깨끗한 물을 떠오게 했다.

그들이 있던 근처에 오래된 숲이 하나 있었는데 그곳의 어떤 나무도 도끼에 찍혀 그 신성함이 더럽혀진 적이 없었다. 그 한가운데에는 동굴이 하나 있었고 관목이 무성하게 덮여 있었다. 그 동굴의 윗부분은 아치형으로 되어 있었고 그 아래에서 깨끗한 샘물이 솟아오르고 있었다.

그 동굴 안에는 무서운 뱀이 한 마리 있었다. 그 뱀은 머리에 볏을 달고 있었고 금빛의 비늘을 두르고 있었다. 뱀의 눈에서는 불처럼 빛이 났고 몸은 독을 품어 부풀어 있었으며 세 겹의 이빨에 세 가닥으로 갈라진 혀를 날름거리고 있었다.

물을 가지러 온 사람들이 샘에 가지고 온 물병을 담그자 곧 물병 안으로 물이 들어가는 소리가 났다. 그 소리에 온몸을 황금빛으로 두르고 있던 뱀이 동굴 안으로부터 머리를 내밀고 무서운 소리를 냈다. 사람들은 들고 있던 물병을 떨어뜨리고 창백한 얼굴을 하고 온몸을 떨며 두려워했다. 뱀은 비늘 덮인 몸뚱이를 움츠리는 듯하더니 이내 숲에서

제우스와 에우로페, 귀스타브 모로, 1869년
 페니키아의 왕 아게노르의 딸. 해변에서 놀고 있을 때 아름다운 황소의 모습으로 둔갑하여 접근한 제우스의 등에 실려 크레타 섬까지 간다. 그리하여 제우스와의 사이에서 미노스, 라다만티스, 사르페돈을 낳는다. 나중에 크레타의 왕 아스테리오스의 아내가 되었는데, 제우스는 그녀에게 섬을 지키는 청동의 인간 탈로스와 사냥감을 절대로 놓치지 않는 사냥개, 그리고 과녁을 빗나가는 일이 없는 창을 선물했다.

카드모스와 암소, 야코프 요르단스, 1643년

가장 큰 나무보다 더 높이 고개를 쳐들었다. 사람들은 공포에 질려 우왕좌왕하며 대항하지 못했으며 그렇다고 달아날 엄두도 내지 못했다.

어떤 사람은 그 뱀의 독니에 물어뜯겨 죽었고, 또 다른 사람은 그 뱀이 내뿜은 독 연기 때문에 죽었다.

부하들을 기다리고 있던 카드모스는 한낮이 되어도 그들이 돌아오지 않자 찾아 나서기로 했다. 그의 겉옷은 사자의 가죽으로 만든 것이었고, 손에는 던지는 무기와 긴 창을 가지고 있었다. 또한, 가슴 속에는 창보다도 더 훌륭한 무기인 대담함이 있었다.

숲으로 들어간 카드모스는 사방에 흩어진 부하들의 시체와 턱이 피로 젖은 뱀을 발견하고 소리쳤다.

"오, 나의 충성스러운 부하들이여, 나는 무슨 수를 써서라도 그대들의 원수를 죽일 것이다. 만약에 그리하지 못한다면 나도 그대들의 뒤를 따르리라."

카드모스는 큰 돌을 집어 들고 그 뱀을 향해 던졌다. 그가 던진 돌에 맞았다면 큰 요새라도 진동했을 것이나 뱀은 꿈쩍도 하지 않았다. 카드모스는 창을 던졌다. 이번엔 먼젓번 돌보다는 효과적이었다. 창이 뱀의 비늘을 뚫고 몸속 깊숙이 박힌 것이다. 뱀은 고통을 못 이기고 날뛰다 상처를 보기 위해 머리를 뒤로 돌렸다. 뱀은 입으로 창을 물어 빼내려 했지만 창은 부러지고 창끝의 날카로운 촉은 몸속에 박힌 채 계속 뱀을 괴롭혔다. 화가 난 뱀은 목이 부풀었고 이내 피 거품이 턱을 뒤덮었다. 그리고 콧구멍으로 뿜어 나온 독 연기가 주위를 가득 메웠다. 뱀은 몸을 둥글게 말았다가 바닥을 뒹구는 나무토막처럼 늘어지기도 했다.

얼마 후 뱀이 겨우 몸을 가누고서 카드모스에게 다가오자 카드모스는 뒷걸음으로 물러서며 크게 벌린 뱀의 입을 향에 창을 겨누었다. 순간 뱀은 달려들어 창을 물어뜯으려 했다. 기회를 엿보고 있던 카드모스는 뱀이 커다란 나무 앞에서 고개를 들 때 창을 던졌다. 창은 날아가 뱀의 몸을 관통하고 나무에 박혔다. 뱀이 소리를 지르며 고통으로 몸부림치자 그 무게를 이기지 못한 나무가 휘어졌다.

카드모스가 해치운 큰 뱀의 시체를 바라보고 있을 때 어디에서인지 알 수 없는 어떤 목소리가 들렸다. 어디에서 소리가 들려오는지 알 수 없었지만 분명 그는 소리를 들었다.

괴물 뱀을 무찌르는 카드모스, 헨드릭 골치우스, 1600년

그 소리는 카드모스에게 그 왕뱀의 이빨을 뽑아 대지에 뿌리라고 말하고 있었다.

그는 그 목소리가 시키는 대로 땅 위에 고랑을 파고 그곳에 뱀의 이빨을 뿌렸다. 이빨을 다 뿌리고 나자 흙덩이가 움직이기 시작하더니 창들이 돋아났고 그 뒤 깃털을 흩날리며 투구가 돋아났다. 그리고 나서는 사람의 어깨와 가슴, 무기를 들고 있는 손과 발의 순서로 무장을 한 한 무리의 무사들이 나타났다.

카드모스는 깜짝 놀라 새롭게 나타난 적과 싸울 태세를 취했다. 그러자 무리 중의 한 사람이 말하길 "우리들끼리의 싸움에 끼어들지 마십시오."라고 말하며 땅에서 나온 그의 동료 중의 한 사람을 칼로 찔러 죽였다. 그러고는 그 자신도 다른 무사가 쏜 화살에 맞아 죽었다. 이 활을 쏜 무사도 네 번째로 나타난 무사에게 목숨을 잃었다. 이런 식으로 서로 싸우다가 거의 다 죽고 무사들은 다섯 명만 남았다. 이들 가운데 한 사람이 무기를 던지며 말하길 "형제들이여, 우리 모두 평화롭게 살도록 하자."

다섯 무사는 카드모스와 함께 도시를 세우고 그 도시를 '테베^{Thebes}(테바이^{Thebai})'라고 불렀다.

카드모스는 아프로디테의 딸인 하르모니아^{Harmonia}를 아내로 맞았다. 신들은 이들의 결혼을 축하해 주려고 올림포스를 떠나 결혼식장에 왔다. 헤파이스토스는 신부에게 자신이 만든 아름다운 목걸이를 선물로 주었다.

그러나 카드모스의 일가의 앞날에는 불행한 운명이 기다리고 있었다. 그것은 카드모스가 죽인 뱀이 아레스에게 바쳐진 것이기 때문이었다. 결국, 카드모스의 딸 세멜레와 이노 그리고 손자인 악타이온과 펜테우스는 모두 비참한 최후를 맞이했다.

카드모스와 하르모니아는 테베가 싫어져 그곳을 떠나 엥겔리아인들이 사는 나라로 건너갔다. 그곳 사람들은 그들을 반갑게 맞았으며 카드모스를 그들의 왕으로 추대했다. 하지만 자손들의 불행은 여전히 그들의 마음을 아프게 했다.

어느 날 카드모스는 이렇게 부르짖었다.

"뱀의 생명이 신들에게 그렇게 소중한 것이었다면 차라리 나도 뱀이었으면 좋으련만!"

이 말이 끝나자마자 그의 모습이 변하기 시작했다. 그것을 본 하르모니아는 자신도 남편의 운명과 같이 되게 해달라고 신들에게 호소했다. 이렇게 두 사람은 모두 뱀이 되었다.

지금도 그들은 숲 속에서 살고 있다고 한다. 그러나 그들은 자신들의 예전 모습을 생각해 사람들을 피해 달아나거나 해치지도 않는다.

전설에 따르면 카드모스는 페니키아인들이 발명한 것으로 알려진 알파벳을 처음으로 그리스에 전했다고 한다. 바이런도 이에 대해 언급하고 있는데, 그는 자신의 시 속에서 현대 그리스인들에게 다음과 같이 말하고 있다.

그대들은 카드모스가 전해준 문자를 쓰고 있노라.
그가 그것을 노예들을 위해 주었다고 생각하는가?

밀턴은 이브를 유혹한 뱀 이야기를 쓰다가 이 고대 신화의 뱀을 가리켜 이렇게 노래하고 있다.

그 모양은 보기에 좋고 사랑스러웠다.
그 이래로 뱀들 가운데
이 이상 더 사랑스러운 것은 없었다.
일리리아에서 하르모니아와 카드모스가
변신했던 뱀도,
그리고 에피다우로스의 신들조차도.

하르모니아(Harmonia), 에벌린 드 모건, 1877년

그리스어로 '조화'를 뜻한다. 테베의 왕 카드모스의 아내로 아레스와 아프로디테의 딸로 알려져 있으나, 제우스와 아틀라스의 딸인 엘렉트라 사이에서 태어난 딸이라는 설도 있다.

오비디우스의 『변신 이야기』에 따르면, 테베를 다스리던 카드모스와 하르모니아는 자손들에게 닥친 재난을 왕국의 탓으로 여겨 테베를 떠났다고 한다. 그들은 오랜 방랑 끝에 일리리아 지역에 정착했는데, 카드모스가 과거를 회상하며 자신에게 내린 재앙이 왕뱀을 죽인 죗값이라면 자신이 뱀이 될 것이라고 하자 정말로 뱀으로 변했고, 곁에 있던 하르모니아도 그를 껴안고 똑같이 뱀이 되었다. 이 뱀은 전생을 기억하기 때문에 인간과는 사이가 좋은 뱀이라고 한다.

XIV. 미완의 사랑

상냥한 에코여, 더없이 상냥한 님프여, 조용히 흐르는 마이안드로스의 푸른 강변의,
그리고 연인에게 버림받은 꾀꼬리가 밤마다 그 구슬픈 사연을 노래하는 저 제비꽃 피는 골짜기의,
공기의 장막 속에 모습을 감추고 사는 자여, 두 젊은이를 못 보셨나요?

아프로디테, 국립고고학박물관(아테네) 소장, 2세기

Bulfinch's Mythology: The Age of Fable

미 완 의 사 랑
에코와 나르키소스

여신 아르테미스의 총애를 받으며 사냥 다니기를 좋아하는 에코 Echo는 아름다운 님프였다. 그녀는 숲 속과 언덕을 다니며 놀이에 열중했다. 그녀에게는 한 가지 결점이 있었는데, 그것은 말하기를 좋아하여 잡담을 할 때나 논의를 할 때나 언제나 끝까지 지껄이는 것이었다.

어느 날 헤라는 남편 제우스를 찾고 있었다. 남편이 혹시 님프들을 희롱하고 있지나 않은지 의심이 들었기 때문이었다. 헤라의 예상은 적중했다.

에코는 님프들이 달아날 때까지 여신을 붙들어 놓으려고 계속 지껄였다. 에코의 계략을 알아차린 헤라는 그녀에게 다음과 같은 명령을 내렸다.

"너는 앞으로 나를 속인 그 헛바닥을 사람들이 한 말을 되풀이하는 데만 쓰도록 해라. 절대로 네가 먼저 말을 할 수는 없을 것이다."

어느 날 에코는 나르키소스^{Narcissos}라는 아름다운 청년이 산에서 사냥하는 것을 보았다. 에코는 처음 본 그 청년에게 반해서 그만 사랑에 빠지고 말았다. 그녀는 청년을 뒤따라 갔다. 그와 이야기하고 싶었지만, 청년이 먼저 말하기 전에는 불가능한 일이었다. 그래서 그녀는 그가 먼저 말을 걸어주기를 초조한 마음으로 기다렸고, 대답도 준비하고 있었다.

어느 날 그 청년은 함께 사냥하던 친구들과 떨어지게 되자 큰 소리로 외쳤다.

"누가 이 근처에 있는가?"

에코는 나무 그늘에 숨으면서 그 말을 되풀이했다. 나르키소스는 사방을 둘러보았으나 아무도 보이지 않자 다시 외쳤다.

"있으면, 이리 나오시오!"

그 말을 기다리고 있던 에코는 가슴이 벅차서 '있으면, 이리 나오시오!'라고 되풀이하면서 나무 그늘에서 몸을 드러냈다. 그녀는 나르키소스에게 다가가 그의 목에 팔을 감으려 했다. 청년은 깜짝 놀라 뒤로 물러섰다.

"놓아라. 만일 너와 함께 할 바엔 차라리 죽어버리겠다."

에코는 불쌍하게도 같은 말을 되풀이할 수 있을 뿐이었다. 나르키소스는 그녀 곁을 떠나버렸고, 그녀는 부끄러워 붉어진 얼굴을 숲 속에 감춰버렸다.

그때부터 그녀는 동굴 속이나 깊은 산 속 절벽에서 살았다. 그녀의

에코를 위한 습작. 존 윌리엄 워터하우스, 1903년

　에코는 헬리콘 산의 님프로 '메아리'를 뜻한다. 제우스가 님프들과 바람을 피우고 있는 동안, 에코는 헤라에게 계속 말을 걸어 눈치채지 못하도록 한다. 그러나 이를 알아채고 화가 난 헤라는 에코가 다른 사람의 마지막 말만 반복하고 그 외에는 아무 말도 못하게 만들었다. 훗날 미소년 나르키소스를 사랑했지만, 자신의 안타까운 마음을 전할 수 없어 결국 거절당하자 상심한 끝에 야위어가다가 마침내 목소리만 남아 메아리가 되었다고 한다.

몸은 슬픔 때문에 여위었고, 마침내 살마저도 모두 없어져 버렸다. 그녀의 뼈는 바위로 변하고, 그녀의 몸에서 남은 것이라고는 목소리밖에 없었다. 이 목소리(메아리)는 지금도 그녀를 부르는 어떤 사람에게나 대답할 준비를 하고 있다.

나르키소스는 에코뿐만이 아니라 다른 모든 님프에게도 마찬가지로 냉정했다.

한 처녀가 나르키소스를 짝사랑했으나 아무런 보람이 없자, 복수의 여신 네메시스에게 기도했다. 나르키소스에게 자기의 사모하는 마음을 알려주고, 그 사랑의 보답을 받지 못하는 게 얼마나 고통스러운지 깨닫게 해 달라는 것이었다. 복수의 여신은 그 기도를 들어주기로 했다.

어떤 곳에 은처럼 빛나는 샘이 있었다. 어느 날 나르키소스는 사냥과 더위와 갈증에 지쳐 그 샘으로 다가갔다. 그는 몸을 굽히고 물을 마시려다 물속에 비친 자기 그림자를 보았다. 그는 그것이 그 샘에 살고 있는 아름다운 물의 요정인 줄 알고 정신없이 바라보았다. 그는 그 모습에 사랑을 느껴 키스를 하려고 입술을 내밀고 껴안으려고 팔을 물속으로 집어넣었다. 그러나 상대는 즉시 사라졌다가는 잠시 후 되돌아와 나르키소스의 마음을 안타깝게 했다. 그는 그곳을 떠날 수가 없었다. 그는 물의 요정이라고 생각하는 자기의 그림자에게 말을 걸었다.

"아름다운 자여, 그대는 왜 나를 피하는가? 내 모습이 그렇게 싫어할 정도로 못생겼는가? 다른 님프들은 나를 사랑하고, 그대도 나에 대하여 무관심하지는 않은 것 같은데, 내가 손을 내밀면 그대도 손짓을 하지 않는가?"

그의 눈물이 물속에 떨어져서 그림자를 흔들었다. 나르키소스는 그 그림자가 떠나는 것을 보고 외쳤다.

물에 비친 자신의 얼굴을 바라보는 나르키소스, 프랑수아 르무안, 1728년

"제발 부탁이니 기다려다오. 손을 대서는 안 된다면 바라만 보게라도 해다오."

그의 가슴에서 타오르는 불꽃은 그의 몸을 태워, 안색은 날로 초췌해졌고 힘도 쇠약해졌으며, 전에 님프 에코를 매혹시켰던 아름다움은 사라져 버렸다. 그러나 에코는 아직 그의 곁에 머물며 그가 '아, 아!' 하고 외치면 그녀도 같은 말로 대답했다. 나르키소스는 혼자서 가슴을 태우다가 마침내 죽고 말았다. 그의 혼령이 저승의 강을 건널 때, 그는 배 위에서 몸을 굽혀 물속에 비친 자기 그림자를 잡으려다가 배에서 떨어졌다.

님프들은 그의 죽음을 슬퍼하며 장례를 치러주려고 했다. 그러나 시체는 간 곳 없고 다만 그가 있던 자리에 일찍이 보지 못했던 아름다운 꽃 한 송이가 피어 있었다. 속은 자줏빛이고 하얀 잎으로 둘러싸인 그 꽃은, 그의 이름을 붙여 '나르키소스(수선화)'라 불리며 오늘날까지 전해져오고 있다.

밀턴은 「코무스」의 '공주의 노래'에서 에코와 나르키소스 이야기를 노래하고 있다. 공주는 동생들을 찾아 숲 속을 헤매다가 에코의 주의를 끌기 위해 이렇게 노래 부르는 것이다.

상냥한 에코여, 더없이 상냥한 님프여,
조용히 흐르는 마이안드로스의 푸른 강변의,
그리고 연인에게 버림받은 꾀꼬리가
밤마다 그 구슬픈 사연을 노래하는
저 제비꽃 피는 골짜기의,
공기의 장막 속에 모습을 감추고 사는 자여,

두 젊은이를 못 보셨나요?
그대의 나르키소스와 아주 비슷하게 생긴 그들을?
오, 만일 그대가 그 두 사람을
꽃으로 된 어느 동굴에 숨겼다면
그곳이 어딘지 가르쳐주오.

상냥히 말하는 여왕이여, 천체의 딸이여,
아신다면 그대 하늘 높이 올라가
천상의 음악으로 어우러진 미묘한 울림을 들려주오.

밀턴은 나르키소스 이야기를 흉내 내어 이브로 하여금 그녀가 샘에 비친 자기의 모습을 처음으로 보았을 때를 말하게 한다.

그날 일을 몇 번이고 상기합니다.
잠에서 처음 깨어난 나는 나무 그늘 밑 꽃 위에서 쉬고 있었습니다.
그리고 대체 이곳은 어디이며 나는 무엇일까,
어디에서 이곳으로 어떻게 왔는지 의아하게 생각했습니다.
그러자 거기서 그다지 멀지 않은 곳에서 속삭이는 듯한
물소리가 들려왔고, 그것은 어떤 동굴을 벗어나
넓은 평원을 흐르다 이윽고 조용히
마치 넓은 하늘처럼 괴어 있었습니다.
나는 그곳으로 아직 아무것도 모르는 채 다가갔습니다.
그리고 푸른 물가에서 몸을 굽히고
또 하나의 하늘처럼 보이는 그 맑고 매끄러운 호수를 들여다보았습니다.

에코와 나르키소스, 존 윌리엄 워터하우스, 1903년

　나르키소스는 보이오티아에 있는 강의 신 케피소스와 님프인 리리오페 사이에서 태어난 자식이다. 그가 아직 어렸을 때, 어머니가 예언자인 테이레시아스에게 자식이 오래 살 수 있겠는지를 묻자, 그는 "자기 자신을 모르면 오래 살 것이다."라고 대답했다. 당시에는 이 말의 뜻을 아는 이가 아무도 없었다.

　아름다운 청년으로 성장한 나르키소스에게 많은 남녀가 구애했으나 그는 이를 모두 거절한다. 숲과 샘의 님프인 에코도 그를 사랑했는데, 에코는 헤라로부터 벌을 받아 귀로 들은 마지막 음절만을 되풀이할 뿐 말하는 능력을 빼앗겨 마음을 전하지 못하고 있었다. 나르키소스가 에코의 사랑을 외면하자 에코는 점점 야위어갔다. 그러나 얼마 후 나르키소스는 그녀를 무시한 대가를 받는다. 그에 대한 간곡한 구애를 거절 당한 에코가 네메시스에게 기도했고 그녀의 청은 받아들여진다.

　즉, 나르키소스는 헬리콘 산의 샘에 비친 자기 모습을 들여다보도록 운명지어진 것이다. 나르키소스는 그 샘을 들여다보면서 자신의 모습에 도취되었다. 그는 자신에 대한 사랑을 이기지 못하고 매일같이 샘만 들여다보다가 마침내 지쳐서 죽었습니다. 신들은 그를 수선화로 변신시켰다. 정신분석에서 자기애를 뜻하는 '나르시시즘 Narcissism'도 그의 이름에서 유래된 것입니다.

에코와 나르키소스 ∥ 321

더욱 몸을 굽히고 들여다보니, 바로 나를 마주 향하여
희미하게 반짝이는 물속에서 갑자기 한 모습이 나타나
몸을 굽히고 나를 보고 있는 것이 아닌가.
나는 흠칫 놀라 뒤로 물러났습니다.
그러자 그것 역시 뒤로 물러났습니다.
그러자 나는 바로 기꺼이 되돌아갔습니다.
그러자 상대방도 바로 기꺼이 되돌아와
동정과 사랑의 눈길로 내게 화답했습니다.
나는 지금도 그곳에
눈길을 주며 헛된 욕망을 품은 채
간절히 그리워하고 있지만,
그때 한 소리가 내게 주의를 주었습니다.
"그대가 보고 있는 것은,
그대가 거기서 보고 있는 것은,
여인이여, 그대 자신의 모습입니다."

고대의 전설 가운데 나르키소스 전설만큼 시인들이 자주 다루는 소재도 없을 것이다. 여기 소개하는 두 편의 풍자시는 이 전설을 다루는 방법이 서로 다르다.
   먼저 올리버 골드스미스 Goldsmith (아일랜드 태생의 영국 시인, 소설가)의 풍자시부터 소개한다.

분명히 그것은 신의 섭리에 의해 예정된 일입니다.
미움 때문이라기보다는 측은했기 때문일 것입니다.

그래서 그를 에로스처럼
앞이 보이지 않는 장님으로 만들어
나르키소스의 운명으로부터 구해 주었겠지요.

― 「벼락을 맞아 장님이 된 어떤 미남자에 대하여」

다음 것은 쿠퍼의 풍자시이다.

벗이여, 조심하라. 맑고 깨끗한 시냇물과 샘을.
자칫 잘못하면 그 굉장한 갈고리가,
즉, 그대의 코가 물에 비칠 테니까.
그러면 그대는 저 나르키소스와 같은
운명에 처하게 되리라.
그가 스스로를 흠모하여 괴로워했듯이
그대는 스스로를 미워하며
괴로워할 것이므로.

― 「못생긴 사나이에 대하여」

에코와 나르키소스, 니콜라 푸생, 1630년

Bulfinch's Mythology: The Age of Fable

미 완 의 사 랑
클리티에

클리티에 Clytie(또는 Clytia)는 물의 님프였다. 그녀는 아폴론을 사랑했으나 아폴론은 그 사랑을 받아주지 않았다. 상심한 그녀는 온종일 차가운 땅 위에 앉아만 있었다. 엿새 동안이나 그대로 앉아 아무것도 먹지도, 마시지도 않았다. 그녀는 날로 야위어갔다. 자신의 눈물과 찬 이슬이 그녀의 유일한 음식이었다.

그녀는 해가 떠서 하루의 행로가 시작되고 지는 것을 바라보고 있었다. 그녀는 다른 것은 보지 않고 언제나 해를 향해 얼굴을 돌리고 있었다. 그러다 마침내 그녀의 다리는 땅속에서 뿌리가 되고 얼굴은 꽃(해바라기)이 되었다. 해바라기는 태양이 움직이는 동쪽에서 서쪽으로 얼굴을 움직여 늘 태양을 바라보고 있다. 해바라기는 지금도 여전히 아폴론을 사랑한 님프의 마음을 지니고 있기 때문이다.

후드는 「꽃들Flowers」이란 시에서 클리티에에 대해 노래하고 있다.

실성한 아가씨 해바라기(클리티에)는 거절하리라.
태양 때문에 머리가 돌았으므로.
튤립은 지나치게 아첨하는 뻔뻔스러운 아가씨,
그래서 이것도 거절하리라.
눈동이나물은 시골 아가씨,
제비꽃은 수녀―
그러나 우아한 장미에게는 구혼하리라, 꽃의 여왕이므로.

해바라기는 또 변치 않는 마음의 표징으로 흔히 사용된다. 모어는 그것을 다음과 같이 노래하고 있다.

진정한 사랑을 아는 마음은 결코 잊지 않고
한결같은 마음으로 끝까지 사랑을 한다.
마치 저 해바라기가 해가 뜰 때 보낸 눈길을
해가 질 때까지 거두지 않는 것처럼.

클리티에, 루이 웰든 호킨스, 1937년

클리티에, 에벌린 드 모건, 1865~67년

클리티에에 대한 이야기는 레우코토에의 이야기에서 시작한다. 레우코토에는 벨로스의 7대 자손으로 페르시아의 왕인 오르카모스와 에우리노메의 딸이었다.

헬리오스는 에우리노메의 모습으로 변신하여 레우코토에에게 접근한 뒤 정을 통했다. 이 사실을 안 클리티에는 질투심에 불타 레우코토에와 헬리오스의 관계를 모두에게 알려버린다. 자초지종을 묻는 오르카모스의 추궁에 레우코토에는 헬리오스의 강압에 못 이겨 이루어진 일이라고 말했다. 하지만 오르카모스는 이 말을 곧이듣지 않고 레우코토에를 산 채로 매장해버렸다. 레우코토에의 죽음을 막지 못한 헬리오스는 그녀의 무덤 위에 넥타르를 뿌렸고 그곳에서는 유향나무가 자랐다고 한다.

레우코토에가 죽었지만 헬리오스의 마음은 클리티에에게 돌아오지 않았고 헬리오스의 사랑을 받지 못한 클리티에는 9일 동안 아무것도 먹지 않은 채 헬리오스만을 바라보다 그 자리에서 대지에 뿌리를 박고 꽃이 되었다고 한다.

Bulfinch's Mythology: The Age of Fable

미 완 의 사 랑
헤로와 레안드로스

세스토스 Sestus 에는 아프로디테의 여사제인 헤로 Hero 라는 처녀가 살았다. 레안드로스 Leandros 는 아비도스의 청년이었다. 아비도스 Abydus 는 헬레스폰토스 Hellespontus (지금의 다르다넬스 해협 Dardanelles Str)를 사이에 두고 세스토스 섬 건너편에 있는 도시였다.

두 사람은 하늘에 제를 올릴 때 만나 알게 되어 서로 사랑하게 되었다. 그러나 헤로는 여신을 섬기는 몸으로 결혼을 해서는 안 되었다. 두 사람은 서로 사랑했지만 남들의 눈을 피해 몰래 만나야만 했다.

레안드로스는 밤마다 해협을 헤엄쳐 건너가 연인을 만나곤 했다. 헤로도 매일 밤 탑에 횃불을 올려 그를 이끌었다.

그러던 어느 겨울밤, 폭풍우가 일어 바다가 매우 거칠어졌다. 헤로의 횃불은 강한 바람에 꺼져버렸고 어둠 속에서 갈 길을 헤매던 레안드로스는 힘이 빠져 익사하고 말았다. 파도가 그의 시체를 세스토스 해안으로 운반하여 헤로는 그의 죽음을 알게 되었다. 이에 절망한 나머지 그녀도 바다에 몸을 던져 죽고 말았다.

모두가 엄숙한 마음으로 이곳에 와서
언제나 눈을 감고, 그 순화된 빛을
흰 눈꺼풀 속에 감추고 있는 아름다운 처녀들이여!
가만히 그대들의 아름다운 손을 모으세요.
마치 너무나도 우아한 마음으로
그 손을 모으지 않고는 이 모습을 볼 수 없기라도 하듯이.
이것은 그대들의 찬란히 빛나는 아름다움의 희생자가
그 젊은 영혼의 밤으로 빠져들어 가던 모습,
황량한 바다로 무력하게 가라앉던 모습입니다.
이것이야말로 젊은 레안드로스가 몸부림치며 가라앉던 모습입니다.
벌써 기절할 정도로 지쳤으면서도 입술을 내밀고
헤로의 뺨을 찾았고, 그녀의 미소에 미소로 답합니다.
오, 무서운 꿈! 보세요, 그의 몸이 죽음처럼 무겁게 가라앉았습니다.
팔과 어깨가 한순간 번쩍 빛납니다.
그러다 그는 사라지고, 그의 사랑의 입김은 포말이 되어 떠오릅니다!
- 「레안드로스의 그림에 대하여」

헤로와 레안드로스의 이별, 조지프 말로드 윌리엄 터너, 1837년

아프로디테의 여사제 헤로의 애인. 헬레스폰토스 해협에 위치한 아비도스 마을 출신이었다. 그는 헤로가 있는 세스토스 마을을 오가기 위해 매일 헬레스폰토스 해협을 헤엄쳐 건너곤 했다. 그런데 어느 날 밤 헤로가 자기 집에 밝혀 놓은 등불이 꺼지는 바람에 헤로는 바다에서 익사하고 만다. 헤로 역시 그의 죽음을 확인하고 실의에 빠져 바다에 몸을 던졌다. 루벤스, 터너 등이 이 이야기에서 소재를 따서 그린 그림이 많이 알려져 있다.

호메로스와 동시대의 음유시인인 무사이오스가 전한 이 이야기는 헬레니즘 시대에 크게 유행하기도 했다.

레안드로스가 헬레스폰토스 해협을 헤엄쳐 건너간 이야기는 지어낸 이야기에 불과하며 그것은 불가능한 일이라고 생각하는 사람이 많았다. 하지만 바이런은 스스로 그 가능성을 증명했다.

「아비도스의 신부」에서 그는 이렇게 노래하고 있다.

이 사지(四肢)를 저 부력 있는 파도가 날라다 준 일이 있었노라.

바이런은 같은 시의 제2편 1절에서 다음과 같이 이 이야기를 언급하고 있다.

바람이 헬레의 바다 위를 거세게 불고 있다.
마치 저 무서운 폭풍이 밤바다를 휘몰아치던 그때처럼.
그때 에로스를 보내놓고는 깜빡 잊고 구하지 못했다.
저 용감한 아름다운 청년을,
세스토스 처녀의 유일한 희망을.
오, 그때 단지 한 하늘가에
탑의 횃불이 높이 타오르고 있었다.
그리고 거세게 불어오는 강풍과 부서지는 거품과
미친 듯이 울어대는 바닷새들이 그에게 돌아가라고 경고했지만.
그리고 머리 위의 구름, 눈 아래의 바다도
갖가지 신호와 소리를 질러 가지 말라고 일렀지만
그는 공포를 예고하는 소리나 신호를
볼 수 없었고 들으려고도 하지 않았다.

그의 눈은 다만 저 사랑의 빛을,
멀리서 빛나는 단 하나의 별을 바라볼 뿐이었다.
그의 귀에는 다만 헤로의 노래만이 들려올 뿐이었다.
"그대들 거친 파도여, 연인을 너무 오래 갈라놓지 마오."라는 노래가.
이 이야기는 옛이야기, 그러나 사랑은 새로이
젊은 사람들에게 용기를 주며, 그것의 진실을 증명해주리니.

레안드로스의 죽음, 다비드 테니에르 2세, 1621~22년

아테나(지혜와 전쟁의 여신), 복제품, BC 4세기

XV. 신의 미움을 산 인간들

이들 잎 사이에다 그녀는 나비를 그렸다.
탁월한 구조가 이상할 정도로 가볍게 올리브 사이를 나풀나풀 날아다니는 그 나비는
실물처럼 보이는 올리브만큼이나 생생하게 그려져 있었다.
그 날개 위에서 쉬는 벨벳의 솜털, 밖으로 향한 폭이 넓은 촉각,
털이 많은 넓적다리, 장려한 색채, 반짝이는 두 눈.
아라크네는 그것을 보자 그 희귀한 작품에 압도되고 정복되어
잠시 동안 놀라 우두커니 선 채 한마디도 못했다.

Bulfinch's Mythology: The Age of Fable

신 의   미 움 을   산   인 간 들
아라크네

지혜의 여신 아테나는 제우스의 딸이다. 그녀는 완전히 자란 상태로 아버지 제우스의 머리에서 온몸에 갑옷을 입은 채 태어났다고 한다.

아테나는 실용·장식 분야의 기술을 관장했다. 예컨대 남자의 기술로는 농업과 항해술 등을, 여자의 기술로는 실 잣는 일과 방직·재봉 등을 관장했다.

아테나는 또 전쟁의 신이기도 했다. 그러나 그녀는 공격보다 방어적인 싸움만을 했다. 폭력이나 피 흘리는 것을 좋아하는 아레스의 야만적인 방식에는 찬성하지 않았던 것이다.

아테네는 그녀가 직접 고른 그녀의 도시였다. 그곳은 아테네를 탐내던 포세이돈과 경쟁한 끝에 승리해서 얻은 곳이다. 이때의 이야기는 다음과 같이 전해지고 있다.

아티카 Attica('아테네'라고 불리기 이전의 명칭) 최초의 왕 케크롭스 Cecrops가 그곳을 다스릴 때, 아테나와 포세이돈 두 신이 그 도시를 서로 갖기 위해 싸웠다. 그러자 올림포스의 다른 신들은 인간들에게 가장 유익한 선물을 준 신에게 그 도시를 주기로 결정했다. 포세이돈은 인간에게 샘을 주었으나 마실 수가 없었다. 아테나는 올리브나무를 주었다. 신들은 올리브나무가 좀 더 유익하다고 판정하고 그 도시를 아테나에게 주었던 것이다. 그때부터 아티카를 그녀의 이름을 따서 아테네 Athenae(아테나이 Athenai)라고 불렀다.

아테나와 관련한 또 다른 경쟁 이야기도 있다. 그것은 아라크네 Arachne라는 인간과의 경쟁이었다.

아라크네는 길쌈과 자수의 명인으로서, 님프들까지도 그들이 살고 있는 숲 속이나 샘을 벗어나 그녀의 솜씨를 구경하러 올 정도였다. 완성된 옷이나 자수뿐 아니라 일을 하고 있는 그녀의 모습 역시 아름다웠다. 그녀가 헝클어진 실을 손에 들고 타래를 만들거나, 손가락으로 선별하여 구름처럼 가볍고 부드럽게 보일 때까지 빗질을 하거나, 직물을 짜거나, 짠 뒤에 자수를 놓는 모습을 본 사람은 아테나가 그녀를 가르쳤을 것이라고 말할 정도였다. 그럴 때면 아라크네는 그 말을 부인했다. 그녀로서는 설령 상대가 여신이라 할지라도 자신을 누군가의 제자로 여기는 것은 참을 수 없었던 것이다. 아라크네는 당당히 말했다.

"아테나하고 솜씨를 겨루게 해주세요. 만약 내가 진다면, 어떤 벌이라도 받겠어요."

이 말을 듣고 화가 난 아테나는 노파로 변장해 아라크네가 있는 곳으로 가서 충고를 했다.

"나는 많은 경험을 했습니다. 당신이 내 충고를 경멸하지 않기를 바랍니다. 같은 인간끼리라면 얼마든지 경쟁을 할 수 있지만, 여신과는 경쟁하지 마십시오. 그보다 당신이 한 말에 대해 여신에게 용서를 빌기 바랍니다. 여신은 인자한 분이므로 당신을 용서할 것입니다."

노파의 말에 아라크네는 베를 짜던 손을 멈추고 성난 얼굴로 노파를 노려보았다.

"그런 충고라면 당신의 딸이나 하녀에게 하세요. 나는 내가 한 말을 결코 취소하지 않을 거예요. 여신도 두렵지 않아요. 만일 생각이 있다면 나하고 솜씨를 겨루어 보라지요."

그러자 아테나는 변장을 벗고 정체를 드러냈다. 님프들과 모든 사람들은 고개를 숙이고 경의를 표했다. 그러나 아라크네만은 두려워하지 않았다. 양 볼이 갑자기 붉어졌다가 창백해졌으나, 결심을 바꾸지는 않았다. 그녀는 어리석게도 자신의 기술을 뽐내며 운명을 향해 돌진했다. 아테나도 더 이상 참지 않았다.

아테나와 아라크네는 경쟁하기 시작했다. 둘 다 자리에 앉아 도투마리(베를 짤 때 날실을 감는 틀)에 실을 감았다. 가느다란 북이 실 사이로 스며들었다. 가느다란 이를 가진 몸체(날실의 배열과 밀도를 정하고 씨실을 북침할 때 북이 통과하는 길잡이 구실을 함)로 날실을 치고, 직물을 촘촘하게 짜나갔다. 일의 속도는 둘 다 빨랐다. 그들의 익숙한 손은 쉼 없이 움직였고, 경쟁의 흥분이 힘든 일을 경쾌하게 했다.

티로스에서 나는 염료로 물들인 자주색 실이 다른 여러 색깔의 실과 대조를 이루다가 이윽고 그 경계를 분간하기 어려울 정도로 교묘하게 다른 색깔에 섞여들었다. 그것은 마치 소나기에서 반사되는 광선으

아라크네와 아테나, 디에고 벨라스케스, 1657년

리디아에 사는 염색의 명인 이드몬의 딸 아라크네는 베 짜는 솜씨가 뛰어나 여신 아테나보다도 자기가 훨씬 낫다고 뽐내곤 했다. 이 소문을 들은 아테나는 노파의 모습으로 변신하여 그녀를 찾아가 신을 욕보이는 언행을 하지 말라고 충고했으나 그녀는 듣지 않았고, 결국 아테나와 솜씨를 겨루었다.

그녀의 작품은 아테나조차도 흠잡을 수 없을 만큼 훌륭했다. 이를 질투한 여신이 베를 갈기갈기 찢자, 비탄에 빠진 아라크네는 목을 매 자살을 기도했다. 여신은 아라크네의 자살마저도 허용하지 않고 그녀를 뱃속에서 줄을 뽑아 베를 짜는 거미로 둔갑시켜 자자손손 실을 잣는 벌을 내렸다.

로 만들어져 커다란 활 모양으로 하늘을 물들이는 무지개와 같았다. 무지개의 각 빛깔은 서로 맞닿은 부분에서는 하나로 보이지만 조금 떨어진 곳에서 보면 전혀 다른 색깔로 보였다.

　아테나는 자기가 짜는 직물에다 포세이돈과 경쟁했을 때의 광경을 짜 넣었다. 천상의 열두 명의 신을 그리고, 위엄을 과시하는 제우스를 중앙에 넣었다. 바다의 지배자인 포세이돈은 삼지창을 손에 들고 있었는데, 방금 그것으로 땅을 두드리고 왔는지 땅에서 샘이 솟았다. 아테나 자신은 머리에 투구를 쓰고 가슴을 방패로 가린 모습을 그렸다. 그런 광경을 한가운데에 그리고, 가장자리에는 신들에게 대항하여 감히 경쟁하려고 하는 어리석은 인간들에 대한 노여움을 예시하는 사건들을 그렸다. 더 늦기 전에 경쟁을 포기하라고 아라크네에게 경고하는 의미를 담은 그림이었다.

　반면, 아라크네의 직물은 신들의 실패와 과오를 나타내기 위하여 고의로 선택된 제재로 가득 찼다. 어떤 장면에는 제우스의 변신인 백조를 포옹하고 있는 레다^{Leda}를 그렸고, 다른 장면에는 아버지 때문에 놋쇠 탑 속에 갇힌 다나에^{Danae}를 그렸는데, 제우스는 금빛 소나기로 변장한 채 그 탑 속에 들어가고 있었다. 또 다른 장면에는 황소로 변장한 제우스에게 속아 납치되는 에우로페를 그렸다. 소가 더할 나위 없이 순한 것을 보고 에우로페가 용기를 내어 등에 올라타자 제우스가 그녀를 태운 채 바닷속으로 들어가 크레타 섬으로 헤엄쳐 간 이야기를 소재로 삼은 것이었다. 그것을 본 사람이라면 누구나 진짜 황소로 생각했을 만큼 아주 사실적으로 묘사되어 있었다. 황소가 헤엄치고 있는 바다도 마찬가지였다. 에우로페는 애절한 시선으로 떠나온 해안을 뒤돌아보며 친구들에게 구원을 호소하는 것 같았다. 또한, 물결치는 파도에 겁을 먹고 물이 닿지 않도록 발을 오므리는 것 같았다.

아라크네는 자신의 직물을 이렇게 여러 가지 소재로 메웠다. 놀랄 만큼 훌륭한 솜씨이긴 했지만, 그녀의 오만하고 불경한 마음 역시 직물에 잘 드러나 있었다.

아테나는 아라크네의 솜씨에 감탄을 금할 수 없었으나, 모욕을 느낀 나머지 에우로페가 그려진 직물을 찢어버렸다. 그리고는 아라크네의 이마에 손을 얹고 그녀가 자기의 죄와 치욕을 느끼도록 했다. 마침내 아라크네는 부끄러움을 참지 못하고 목을 맸다. 아테나는 그녀가 끈에 매달려 있는 것을 보고 불쌍한 마음이 들었다.

"죄 많은 여인아, 살아나거라. 그리하여 이 교훈을 잊지 말아라. 앞으로도 너와 네 자손은 영원히 목을 매고 있어야 한다."

레다와 백조, 안토니오 코레지오, 1532년

다나에, 렘브란트 하르먼손 판 레인, 1636~47년

아테나는 아라크네의 몸에다 아코니틴 즙을 뿌렸다. 그러자 아라크네의 머리카락도, 코도, 귀도 없어져 버렸다. 그녀의 몸은 오그라들고 머리는 더욱 작아졌다. 손가락은 옆구리에 붙어 다리 역할을 했다. 그 외의 아라크네의 몸은 하나가 되었는데, 그 몸으로부터 이따금 실을 뽑아 공중에 매달려 있어야만 했다. 이것이 아테나가 그녀를 거미로 만들었을 때의 모습이다.

스펜서는 「무이오포트모스 Muiopotmos」(또는 나비의 운명)라는 시 속에서 아라크네 이야기를 다루고 있다. 그는 스승으로 우러러보는 오비디우스를 꽤 충실하게 따르고 있으나, 이야기의 결론 부분에서는 스승을 뛰어넘고 있다. 다음의 두 절은 아테나가 올리브나무의 창조를 직물에다 짜 넣은 뒤의 일을 서술하고 있다.

이들 잎 사이에다 그녀는 나비를 그렸다.
탁월한 구조가 이상할 정도로 가볍게
올리브 사이를 나풀나풀 날아다니는 그 나비는
실물처럼 보이는 올리브만큼이나 생생하게 그려져 있었다.
그 날개 위에서 쉬는 벨벳의 솜털,
밖으로 향한 폭이 넓은 촉각,
털이 많은 넓적다리, 장려한 색채,
반짝이는 두 눈.
아라크네는 그것을 보자 그 희귀한 작품에
압도되고 정복되어 잠시 동안
놀라 우두커니 선 채 한마디도 못했다.

그리고 눈도 깜박이지 않고 상대를 바라보며,
기가 질린 인간이 흔히 그러하듯
침묵으로 겨룸의 승리를 상대에게 넘겨주었다.
그러나 마음은 초조하고 몹시 불타올라
온몸의 피는 독살스러운 원한으로 바뀌고 말았다.

그러므로 아라크네는 굴욕감과 분함을 못이겨 스스로 거미로 변한 것이지 아테나가 그렇게 만든 것은 아니라는 말이 된다.
 우리는 옛이야기에 대한 이런 식의 은근한 비유의 예를 게릭의 시에서도 찾아볼 수 있다.

옛날 시인들이 전한 바와 같이
아라크네는 어떤 여신과 솜씨를 겨루었다.
그리고 곧 그 무분별한 처녀는
제 자존심의 불행한 희생자가 되었다.
오, 그러므로 아라크네의 운명을 보고 조심하라.
분별을 가져라, 클로에여, 그리고 복종하라.
분명히 여신의 미움을 살 테니까.
그분의 솜씨와 지혜가 어찌 그대만 못하리요.
 ―「어떤 처녀의 자수」

테니슨은 「예술의 전당 Palace of Art」에서 궁전을 장식하고 있는 예술품을 묘사하며 에우로페에 대해 다음과 같이 언급하고 있다.

…… 아름다운 에우로페의 망토가 꽃잎처럼
하늘하늘 어깨에서 떨어져 뒤로 날아갔다.
한 손에는 크로커스를 들고, 다른 한 손은
얌전한 황소의 황금 뿔을 잡고 있었다.

테니슨은 「공주」에서 다나에를 이렇게 노래하고 있다.

이제 대지가 모두 다나에가 되어 별 앞에 눕고,
그대 마음이 모두 내 앞에서 열릴 때.

아라크네, 페테르 파울 루벤스, 1637년

Bulfinch's Mythology: The Age of Fable

신 의   미 움 을   산   인 간 들
니오베

    거미로 변한 아라크네의 운명이 세상에 널리 알려지자, 그것이 경고가 되어 아무리 뛰어난 인간이라도 신들에게 함부로 반항하지 않게 되었다. 그런데 오직 한 여자가 아라크네의 교훈을 받아들이려 하지 않았다. 그녀는 테베의 왕비 니오베^{Niobe}였다.

    그녀는 몹시 거만한 여자였다. 그녀는 남편이 이름 높은 사람이라든가, 자신이 미인이라든가, 학식이 높다든가, 또는 자기네 나라가 융성하다든가 하는 것 따위를 자랑한 것이 아니었다. 그녀의 자랑은 오로지 자식들이었다.

    '수많은 어머니들 중에서 가장 행복한 어머니는 바로 나다'라고 열을 내지만 않았더라도 아마 니오베는 가장 행복한 어머니였을 것이다.

매년 열리는 레토와 그녀의 아들 아폴론, 딸 아르테미스를 기념하는 축제 때의 일이었다.

테베 사람들은 이마에 월계수를 장식하고 모여서, 제단에 유향을 드리며 기원했다. 그때 군중 속에서 니오베가 나타났다. 그녀의 옷은 황금과 보석으로 번쩍거렸고, 얼굴은 노기를 띠고 있기는 했으나 더할 수 없이 아름다웠다. 니오베는 걸음을 멈추고 오만한 얼굴로 사람들을 바라보았다.

"이 무슨 어리석은 짓이란 말이냐. 눈앞에 보이는 사람을 무시하고 본 적도 없는 신을 택하다니. 어째서 레토는 제를 올릴 정도로 공경하면서 나는 무시하느냐? 내 아버지는 탄탈로스Tantalus 로서 신들의 식탁에 초대받을 정도였고, 어머니는 여신이었다. 내 남편은 이 테베를 건설했고, 왕이 되었다. 그리고 프리기아는 내가 아버지로부터 물려받은 땅이다. 그러므로 어디로 눈을 돌리든 내 땅이 보인다. 또한, 생긴 모습이나 풍채로 말하더라도 나는 여신이 되어도 부족할 것이 없다. 그뿐만 아니라 내게는 일곱 명의 아들과 일곱 명의 딸이 있어, 두루 따져서 우리와 사돈이 될 만한 명문가에서 사위와 며느리를 구하고 있는 중이다. 이만하면 자랑할 만하지 않은가? 그래도 너희는 거인의 딸에 두 아이밖에 없는 레토를 나보다 낫다고 생각하느냐? 나는 그보다 일곱 배나 자식이 많다. 나는 정말 행복한 여인이며 앞으로도 그럴 것이다. 그렇지 않다고 말할 수 있는 자는 없겠지? 너무 많은 복을 받았기 때문에 그중 한두 가지를 잃는다 해도 염려할 것이 없다. 레토가 많은 것을 빼앗아 가도 상관없다. 그래도 나한테는 남는 것이 많을 테니까. 만일 아이를 두서넛 잃는다 해도 아이가 겨우 둘밖에 없는 레토 같은 초라한 처지가 되지는 않을 것이다. 그러니 이따위 축제는 이제 집어치워라. 이마의 월계관을 벗어버리고, 레토에 대한 숭배도 그만두어라."

백성들은 니오베의 명령에 따라 제를 중지하고 말았다.

레토는 분개했다. 그녀는 자기가 살고 있는 킨토스 산 위에서 아들과 딸에게 말했다.

"얘들아, 너희 둘을 자랑으로 여기며, 헤라를 빼놓고는 어느 여신한테도 뒤지지 않는다고 자부했던 내가 지금은 진짜 여신인지도 의심받고 있구나. 너희가 감싸주지 않는다면 나는 이제 숭배도 받지 못할 것이다."

말을 계속하려고 하자, 아들 아폴론이 가로막았다.

"더 말씀하지 마세요. 얘기를 계속하신다면 인간에 대한 형벌이 늦어질 뿐이니까요."

딸 아르테미스도 같은 말을 했다. 그리고 두 신은 화살처럼 하늘을 날아가, 구름으로 얼굴을 가리고 테베 시의 성채로 내려갔다.

성문 앞에는 널따란 들판이 펼쳐져 있었다. 거기서 도시의 청년들이 전쟁놀이를 하고 있었는데 아름답게 장식한 준마를 타고 있는 자도 있고, 화려한 이륜차를 몰고 있는 자도 있었다. 그 가운데에는 니오베의 아들들도 있었다. 말을 몰고 있던 니오베의 맏아들 이스메노스^{Ismenus}가 가장 먼저 희생되었다. 그는 하늘에서 날아온 화살을 맞고 고삐를 놓쳐 땅에 떨어져 죽었다.

그 광경을 본 다른 아들은 활시위 소리를 듣고, 마치 폭풍우가 몰려오는 것을 본 선원이 돛을 활짝 펴고 항구를 향하여 돌진하는 것과 같이 고삐를 움켜잡고 그 자리에서 도망치려 했다. 그러나 미처 피할 새도 없이 화살이 그를 따라잡았다.

다른 두 아들은 훨씬 어렸는데, 마침 일과를 마치고 씨름을 하기 위해 유희장에 온 참이었다. 그들은 가슴과 가슴을 맞대고 서 있었기 때문에 한 대의 화살이 두 사람을 꿰뚫었다. 두 사람은 소리를 지르고 주위에 아쉬운 눈길을 던진 뒤, 똑같이 마지막 숨을 내쉬었다. 그들의 형인 알페노르 Alphenor 는 두 동생이 쓰러지는 것을 보고 얼른 달려가 형으로서의 의무를 다하다가 화살을 맞고 쓰러졌다. 이제는 오직 일리오네오스 Ilioneus 만 남았다. 그는 기도가 효험이 있을지도 모른다고 생각하여 하늘을 향해 팔을 뻗쳐 외쳤다.

"신들이시여, 나를 도와주소서!"

아폴론은 그를 용서해주려 했지만, 이미 화살이 시위를 떠난 뒤여서 어쩔 수 없었다.

백성들의 공포에 찬 소리와 시종들의 슬픔에 찬 소리를 듣고 니오베는 무슨 일이 일어났는지 알았다. 그녀는 그런 일이 일어나리라고는 생각지도 못했기 때문에 신들이 그렇게까지 한 것에 분노를 느끼는 동시에, 신들의 능력에 놀랄 따름이었다. 그녀의 남편 암피온 Amphion 은 충격을 이기지 못하고 자살했다.

아아, 조금 전까지만 해도 백성들을 제전에서 쫓아버리고, 당당한 태도로 거리를 활보하여 친구들의 부러움을 샀던 니오베였는데 지금은 적에게마저 동정의 대상이 되다니, 이 얼마나 엄청난 변화인가.

그녀는 시체 위에 몸을 구부리고 차례차례 죽어간 아들들에게 입을 맞추었다. 그리고 창백한 두 팔을 하늘을 향해 들어올렸다.

"잔인한 레토여, 내 고통으로 당신의 노여움을 만족시키십시오. 나도 곧 내 아들들의 뒤를 따라 무덤으로 가겠습니다. 하지만 아직 당신이 이겼다고는 할 수 없습니다. 남편과 아들들을 뺏겼지만, 나는 아직도 당신보다 많은 것을 가지고 있습니다."

니오베와 딸들, 앙리 토마스 쉐퍼, 1881년

이렇게 말하기가 무섭게 활 소리가 났기 때문에 모두들 겁을 냈지만, 니오베만은 태연했다. 그녀는 너무 슬픈 나머지 도리어 용감해졌던 것이다. 딸들은 상복을 입고 죽은 오라비들의 시체 앞에 서 있었다. 그런데 딸 하나가 화살을 맞고 지금까지 자신이 애도하고 있던 시체 위에 포개어져 죽었다. 어머니를 위로하고 있던 다른 딸 하나도 갑자기 말을 그치고 숨이 끊어지며 땅에 쓰러졌다. 세 번째 딸은 도망치려고 했고, 네 번째 딸은 숨을 곳을 찾았다. 그 밖의 딸들은 어떻게 해야 할지 몰라 두려움에 떨고 있었다. 마침내 딸 여섯이 죽고 말았다. 이제 막내딸 한 명만 남아서 어머니에게 매달렸다. 니오베는 그 딸을 몸으로 감쌌다.

"애는 제일 어린 딸입니다. 제발 하나만이라도 살려주십시오."

그러나 이렇게 니오베가 애원하고 있는 동안에 마지막 딸마저 죽고 말았다. 니오베는 아들도 딸도 남편도 죽은 가운데 적막하게 앉아 있었다. 그녀는 슬픔 때문에 넋이 나가버린 것 같았다.

그녀는 산들바람이 불어도 머리카락 하나 날리지 않았고, 볼의 핏기는 가셨으며, 눈은 가라앉은 채 움직이지 않았다. 그녀의 몸에는 살아 있는 것이라고는 없었다. 혀는 입천장에 붙어버렸고, 혈관도 생명의 흐름을 전하지 않게 되었다. 목도 구부러지지 않았다. 팔은 동작을 멈추었고, 발은 한 발짝도 옮기지 못했다.

니오베의 몸과 마음은 돌로 변해 버렸던 것이다. 그녀는 돌이 된 후에도 눈물만은 끊임없이 흘리고 있었다. 그때 회오리바람이 고향 산 위로 그녀를 옮겨 주었다. 그녀는 바위가 되어 지금도 그녀의 고향 산에 남아 있다. 바위에서는 여전히 물이 졸졸 흘러나와 니오베의 끊이지 않는 슬픔을 말해주고 있다.

니오베 이야기는 현대 로마의 몰락한 모습을 그린 바이런에게 적지 않은 도움을 주었다.

여러 나라의 어머니인 니오베여!
그녀는 이제 그곳에 아이도 없이 왕관도 없이,
무언의 비애에 젖은 채 서 있구나.
그 시든 손에는 빈 항아리(유골을 담는 항아리)가 들려 있지만
속에 든 성스러운 재는 오래전에 날아가 버렸다.
스키피오의 묘에도 이미 유골은 없다.
그 묘는 영웅적인 거주인도 없이 텅 비어 있는 것이다.
오, 티베리스 강이여! 그대는 대리석 황야 속을 흘러가는가?
그대의 저 황색 파도를 일으켜 그녀의 슬픔을 달래주소서.
— 「해롤드 경의 순유」 제4편 79절

니오베 이야기는 피렌체의 황실 미술관에 있는 유명한 조상(彫像)에 묘사되어 있다. 그것은 본래 한 신전의 페디먼트 pediment (삼각형의 박공벽)에 장식되었던 것으로 보이는 여러 개의 조상 가운데 하나로 작품성이 아주 뛰어났다. 두려움에 떠는 아이를 힘껏 끌어안고 있는 어머니의 모습은 많은 이들의 찬사를 받기에 충분했다. 라오콘 및 아폴론의 조상과 더불어 미술의 걸작품으로 손꼽히고 있다.

다음에 인용한 시는 그리스의 풍자시를 번역한 것인데, 아마도 이 조상을 노래한 것으로 생각된다.

죽어가는 니오베의 자식들, 안드레아 카마세이, 1638~39년

다른 이야기에 따르면, 니오베의 자식 가운데 아들 아미클라스와 딸 멜리보이아는 레토에게 어머니의 잘못을 용서해달라고 빌어 목숨을 건졌다고 한다. 「오디세우스」에서 호메로스는 딸들 중의 한 사람만이 살아남았다고 한다. 이후 이들은 레토의 신전을 지었으며, 멜리보이아는 클로리스로 이름을 바꾸고 필로스의 왕 넬레우스와 결혼하여 네스토르를 낳았다고 한다.

그리고 니오베는 리디아로 돌아갔으나, 여기서 신들에 의해 돌기둥으로 변하고 말았다. 암피온은 그 자리에서 자살했다고 하는가 하면 아폴론에게 복수하기 위해 그 신전을 공격하다가 살해되었다고도 한다.

신들은 그녀를 돌로 변하게 했지만 보람이 없었다.
조각가의 솜씨가 그녀를 다시 살려주었기 때문이다.

니오베 이야기는 비참하기 짝이 없지만, 모어의 「여로에서 부르는 노래」에서 이 이야기를 인용한 수법에는 우리들도 저절로 미소를 짓지 않을 수 없다.

마차 속이야말로 저 탁월한 인물
리처드 블랙모어 경이 시를 지었던 곳.
그리고 현자(賢者)의 눈이 잘못되지 않았다면
그는 죽음과 시 사이에서 일생을 보내고
질 낮은 작품을 마구 써대는 일과
살인으로 하루를 보냈다.
저 포이보스가 이륜차에 편안히 앉아
즐겁게 고상한 노래를 부르거나
니오베의 자식들을 죽였던 것처럼.

리처드 블랙모어 경 Sir Richard Blackmore 은 의사(영국의 앤 여왕을 보살핌)인 동시에 많은 작품을 남긴 시인이었다. 하지만 그의 시는 무미건조해 무어와 같은 재주꾼이 이렇게 농담 삼아 주의를 환기시키지 않았더라면 오늘날 그의 작품을 기억해줄 사람은 아무도 없을 것이다.

니오베의 자식들을 죽이는 아르테미스와 아폴론, 아니세 샤를 가브리엘 르모니에, 1772년

페르세우스, 벤베누토 첼리니, 1545~54년

XVI. 페르세우스의 모험

짓궂은 북풍이 불어 대지를 온통 얼어붙게 하면
옛날 키르케나 무서운 메데이아가 사용했던 것보다 훨씬 강한 마법의 힘으로
이전엔 언제나 둑에다 속삭여대던 어떤 시냇물도 모두 조용해지고,
쐐기처럼 둑 사이에 끼인 채 시든 갈대 하나 흔들지 못한다…….

Bulfinch's Mythology: The Age of Fable

페 르 세 우 스 의 모 험
페르세우스와 메두사

그라이아이 Graiai 는 세 명의 자매를 가리키는 말인데, 그들은 태어날 때부터 백발이었다고 전해진다. 그들을 부를 때 그라이아이(백발의 노파들)라고 하는 것도 이러한 특징에서 유래한 것이다.

고르고 Gorgo (단수형은 고르곤 Gorgon)들은 산돼지의 송곳니만큼이나 억세고 큰 이빨과 놋쇠처럼 거친 손을 가졌으며, 뱀 모양의 머리털을 가지고 있어, 흡사 괴물과도 같은 여인들이었다. 이 괴물 중 신화에 자주 등장하면서 많이 알려진 것은 메두사 Medusa 뿐이다. 그래서 일반적으로 고르고 하면 보통 메두사를 떠올린다.

현대 작가들의 말로는 다음에 설명하려고 하는 고르고와 그라이아이는 바다가 우리에게 주는 공포를 의인화한 데 불과하다고 한다. 즉, 고르고는 '거세다'라는 이름의 뜻처럼 넓은 바다의 '거센 파도'를 상징하고, 그라이아이는 '희다'라는 뜻에 맞게 해안의 바위에 부딪혀 부서지는 '흰 물보라'를 의미한다는 것이다.

페르세우스^{Perseus}는 제우스와 다나에 사이에서 태어난 아들이다. 그의 외조부인 아르고스의 왕 아크리시오스^{Acrisius}는 외손자가 왕위와 생명을 빼앗을 것이라는 신탁을 받고 놀라 다나에와 그 아들을 궤짝에 넣어 바다에 띄워 버렸다.

두 사람이 든 궤짝은 세리포스 섬 근처에서 떠다니고 있었는데, 마음씨 좋은 어부 딕티스^{Dictys}('그물'이라는 뜻)가 발견하고 두 모자를 국왕 폴리덱테스^{Polydectes}에게 데려갔다. 왕은 버림받은 모자를 친절하게 돌봐주고, 다나에를 아내로 삼아 페르세우스를 길렀다.

페르세우스가 성인이 되자, 국왕은 세상에 나가 무엇이든 훌륭한 일을 하도록 권했다. 용감한 젊은이는 괴물 메두사의 머리를 잘라 왕 앞에 바칠 것을 맹세하고 길을 떠났다.

페르세우스는 우선 그라이아이라 불리는 포르키스의 세 자매를 만났다. 그는 태어나면서부터 백발이었던 그녀들로부터 눈과 이빨을 빼앗았다. 그들이 그것을 돌려달라고 애원하자, 페르세우스는 이상한 요정들이 있는 곳을 가르쳐주면 돌려주겠다고 약속했다. 요정들은 날개 달린 신발, 배낭, 개의 털가죽 투구를 가지고 있었는데, 이 세 가지를 몸에 지니면 가고 싶은 곳은 어디든 날아갈 수 있고, 보고 싶은 것은 뭐든지 볼 수 있으며, 게다가 어느 누구의 눈에도 띄지 않을 수 있었다. 그라이아이는 조건을 받아들였다.

요정들로부터 원하던 것을 얻은 페르세우스는 헤르메스에게서 받은 청동 검을 가지고 메두사가 살고 있는 곳으로 날아갔다. 메두사는 원래 아름다운 처녀였으나 머리카락을 자랑거리로 생각하고 아테나와 그 아름다움을 경쟁하다가, 여신에게 모든 아름다움을 빼앗기고 무서운 괴물로 변한 것이다. 그런데 그 얼굴이 너무도 무시무시해서 누구든지 한 번 보기만 하면 모두 돌로 변하고 말았다. 그래서인지 메두사가 사는 동굴에는 사람이나 동물 모양을 한 돌이 많았다. 페르세우스는 얼굴을 돌리고 아테나가 빌려준 구리 방패에 비치는 괴물을 보면서 달려들어 어렵지 않게 그 머리를 잘랐다.

페르세우스가 메두사의 머리를 배낭에 넣고 리비아의 사막 위를 날고 있을 때 메두사의 목에서 핏방울이 뚝뚝 떨어져 여러 가지 빛깔의 뱀이 되었는데, 그로부터 이 지방에는 무서운 독사가 득실거리게 되었다고 한다.

「건강을 유지하는 기술 Art of preserving health」이라는 시의 작자 암스트롱은 강물 위에 뜬 얼음의 효과를 다음과 같이 노래하고 있다.

> 짓궂은 북풍이 불어 대지를 온통 얼어붙게 하면
> 옛날 키르케나 무서운 메데이아가 사용했던 것보다
> 훨씬 강한 마법의 힘으로
> 이전엔 언제나 둑에다 속삭여대던 어떤 시냇물도 모두 조용해지고,
> 쐐기처럼 둑 사이에 끼인 채
> 시든 갈대 하나 흔들지 못한다……
> 지독한 북동풍에 의해 굽이치는 파도도
> 초조한 노여움에 화가 난 얼굴을 흔들며

메두사, 미켈란젤로 메리시 다 카라바조, 1597년

광기의 거품을 내뿜다가
거대한 얼음으로 변해버린다.
……

너무나도 지독하고 너무나도 갑작스런 이러한 변화는
저 메두사의 무시무시한 얼굴이 해놓은 짓이다.
메두사는 숲 속을 돌아다니며 야수들을 돌로 만들었다.
사자가 거품을 뿜으며 맹렬히 돌진해 와도
그녀의 재빠른 마법의 힘은 순식간에 그것을 앞지르고 만다.
그리고 사자는 분노한 모습 그대로 그 자리에 우뚝 선다.
마치 분노한 대리석상처럼!

—「셰익스피어를 흉내 내어」

날개 달린 신발과 배낭과 개의 털가죽 투구를 얻는 페르세우스, 에드워드 번 존스, 1885년

Bulfinch's Mythology: The Age of Fable

페 르 세 우 스 의   모 험
페르세우스와 아틀라스

페르세우스는 멀리 육지와 바다를 건너 한 왕국에 이르렀다. 그 나라에는 거인으로 이름난 아틀라스 왕이 다스리는 나라였다. 아틀라스 왕국에는 양과 소와 돼지가 많았으며, 서로 영토를 다툴 이웃한 나라나 원수진 나라도 없었다. 더군다나 그곳에는 그의 가장 큰 자랑거리인 황금 사과가 열리는 나무가 있었는데, 나뭇가지는 금이었고, 가지에는 잎으로 반쯤 가려진 황금 사과가 매달려 있었는데, 거대한 용이 그 나무를 지키고 있었다.

페르세우스가 아틀라스 왕에게 말했다.

"나는 손님으로 여기에 왔습니다. 당신도 훌륭한 조상을 두셨겠지만 나도 그에 못지않은 가문 출신으로 제우스 신이 제 아버지이십니다. 당신이 많은 영웅적인 일을 해냈듯이 나도 고르곤들을 퇴치하는 위업을 이루었습니다. 나에게 쉴 수 있는 장소와 음식을 제공해 주십시오."

그러나 아틀라스는 언젠가 제우스의 아들이 자기의 황금 사과를 빼앗아 갈 것이라는 신탁을 생각해내고 이렇게 대답했다.

"가거라. 그런 엉터리 같은 공적이나 가문 같은 건 믿을 수 없다."

아틀라스는 페르세우스를 자신의 나라에서 추방하려고 했다. 페르세우스는 아틀라스가 직접 대적하기에는 너무나 힘이 세기에 혼자서는 역부족이라는 것을 깨달았다. 페르세우스는 꾀를 내었다.

"그대가 내 우정의 가치를 너무도 과소평가하는군. 내가 당신에게 선물을 하나 주겠소."

그리고는 자신은 얼굴을 돌린 채 메두사의 머리를 내밀었다. 순간, 아틀라스는 돌로 변했다. 그의 수염과 머리카락은 무성한 숲이, 튼튼한 어깨는 가파른 절벽이, 머리는 산꼭대기가 되고 뼈는 바위가 되었다.

그의 몸은 점점 커져 마침내 거대한 산이 되었고, 하늘은 모든 별들을 거느린 채 그의 어깨 위로 내려앉았다.

아틀라스와 페르세우스, 프란츠 폰 슈투크, 1908년

 아틀라스는 그리스 신화의 거인 신으로서 이아페토스와 클리메네의 아들이다. 또한, 그는 프로메테우스와 에피메테우스의 형제이며 티탄 신족의 한 사람이다.
 그 일족이 제우스와 싸워 패하자, 천계를 어지럽혔다는 죄로 어깨로 하늘을 떠받치는 벌을 받게 되었다.
 페르세우스는 괴물 메두사를 퇴치하고 돌아오는 길에 그를 찾아가 잠자리를 청했다가 거절당했다. 그는 화가 나 메두사의 죽은 머리를 내보였는데 그것을 본 아틀라스는 놀라서 돌로 변했다고 한다. 이것을 아틀라스산맥이라고 하는데, 대서양(아틀라스의 바다 Atlantic Ocean)의 어원이 되기도 했다.
 이 이야기는 하늘이 왜 떨어지지 않느냐는 의문에 대한 해석 때문에 생겨난 것으로, 높은 산이 하늘을 떠받치고 있다는 고대인의 생각을 엿볼 수 있다. 또 영웅 헤라클레스가 헤스페리데스의 황금 사과를 구하러 갔을 때 아틀라스가 그에게 사과를 따다 주었는데, 그 동안에 헤라클레스가 대신 하늘을 떠받치고 있었다는 이야기도 있다.

Bulfinch's Mythology: The Age of Fable

페 르 세 우 스 의   모 험
바다의 괴물

페르세우스는 날개 달린 신발을 신고 비행을 계속해 케페우스^{Cepheus} 왕이 다스리는 에티오피아의 해안에 도착했다. 케페우스의 아내인 카시오페이아^{Cassiopeia}는 자신의 외모를 자랑하며 감히 바다의 신인 네레우스의 딸들과 비교한 일이 있었다. 이에 화가 난 바다의 요정들은 거대한 바다 괴물을 보내 그 나라의 해안가를 황폐하게 만들어 버렸다. 케페우스는 신의 노여움을 풀기 위해 신탁을 청했는데, 딸 안드로메다^{Andromeda}를 괴물에게 제물로 바치라는 신탁이 내려졌다. 그는 신탁의 지시대로 딸을 제물로 바쳤다.

마침 하늘을 날아 그곳을 지나던 페르세우스의 눈에 바다에 높이 솟은 바위 위에 묶여 있는 한 처녀가 눈에 들어왔다. 그녀의 머리카락은 바람에 어지러이 흩어지고, 눈에서는 눈물이 뚝뚝 떨어지고 있었다. 그녀의 얼굴은 두려움 때문에 너무도 창백했고, 몸은 꼼짝도 하지 않았다. 만약 흘러내리는 눈물과 미풍에 흔들리는 머리카락이 아니었다면 대리석상으로 여겨질 정도였다. 페르세우스는 그녀의 아름다움에 마음을 빼앗긴 나머지 하마터면 날갯짓을 하는 것도 잊을 뻔했다. 그는 말했다.

"오, 아름다운 아가씨, 그대의 이름과 그대가 사는 곳을 가르쳐주시오. 서로 사랑하는 연인들을 결합할 사슬에 묶여 있어야 할 그대가 왜 이런 사슬에 결박되어 있는지도 가르쳐주시오."

결박된 처녀는 처음에는 수줍어서 아무 말도 못 했다. 할 수만 있었다면, 손으로 얼굴을 가렸을 것이다. 페르세우스가 질문을 되풀이했을 때, 그녀는 잠자코 있으면 무슨 죄를 지었기 때문에 이렇게 되었다고 의심받을까 봐 자신의 이름과 나라 이름을 밝혔다.

"저는 에티오피아 왕 케페우스의 딸로 안드로메다라 합니다. 제 어머니가 아름다움을 뽐내어 자신을 바다의 님프들과 비교하자, 노한 님프들이 거대한 바다 괴물을 보내어 아버지 나라의 해안을 황폐하게 만들었답니다. 그때 저를 제물로 바치면 이 재앙을 면할 수 있을 것이라는 신탁이 내려왔습니다. 백성들은 그 말을 따르도록 아버지를 협박했지요. 아버지는 하는 수 없이 저를 이 바위에 결박한 것입니다."

안드로메다가 말을 채 끝내기도 전에 큰 파도가 일며 바다 괴물이 나타났다. 그녀는 비명을 질렀고, 막 도착해 그 광경을 목격한 부모는 비통해했다. 특히 그녀의 어머니 카시오페이아의 비명은 더 심하게 울렸다. 그러나 두 사람은 아무런 대책을 세울 수가 없어 그저 탄식하며 제물이 될 딸을 끌어안고 있을 뿐이었다. 그때 페르세우스가 말했다.

안드로메다, 존 에드워드 포인터 경, 1869년

"눈물 같은 건 나중에라도 얼마든지 흘릴 수 있소. 지금은 당장 따님을 구해야 합니다. 제우스의 아들로서의 신분과 메두사를 정복한 자의 명성이라면 따님의 구혼자 될 자격이 충분할 테니, 만일 내가 따님을 구출한다면 그 대가로 내게 따님을 주시오."

부모는 기쁜 나머지 딸이 아니라 왕국까지도 지참금으로 주겠노라고 약속했다.

이제 바다 괴물은 투석을 어느 정도 할 수 있는 사람이라면 돌을 던져 닿을 정도로 다가와 있었다. 그때 갑자기 땅을 박차고 하늘로 날아오른 페르세우스가 괴물의 등으로 돌진했다. 그리고는 마치 높이 날다가 햇볕을 쬐고 있는 뱀을 발견한 독수리가 뱀에게 달려들어 그 목을 물고 비틀어 상대에게 독니를 쓸 기회조차 주지 않는 것처럼 괴물의 어깨를 칼로 찔렀다. 부상을 입고 화가 난 괴물은 무섭게 공격해 왔으나, 페르세우스는 들어갈 곳만 발견하면 헤르메스의 칼로 사정없이 찔러 괴물에게깊은 상처를 입혔다. 괴물은 짖어대는 개의 무리에 둘러싸인 산돼지처럼 재빠르게 좌우로 몸을 돌리며 페르세우스를 공격했다. 그러나 페르세우스는 날개 덕분에 괴물의 무시무시한 공격을 피할 수 있었다. 그는 괴물의 비늘 사이로 칼이 들어갈 만한 곳이 보일 때마다 옆구리에서 꼬리로 내려가며 상처를 입혔다. 이윽고 괴물이 콧구멍으로 피가 섞인 바닷물을 내뿜자, 페르세우스의 날개는 그 핏물에 젖어 더는 쓸모가 없었다. 페르세우스는 물 위로 나와 있는 암초에 몸을 의지하고 최후의 일격을 가했다. 마침내 바다 괴물은 숨이 끊어지고 말았다.

해안에 모여 있던 군중의 함성이 크게 메아리쳤다. 기쁨에 넘친 부모는 어찌할 바를 몰라 하며 장래의 사위를 포옹하고 그를 그들의 구세주라고 부르며 좋아했다. 이 싸움의 원인이자, 승리자의 전리품이라 할 수 있는 안드로메다는 바위에서 내려와 자유를 찾았다.

안드로메다를 구하는 페르세우스, 주세페 체사리, 1594~98년

Bulfinch's Mythology: The Age of Fable

페 르 세 우 스 의   모 험
결혼 축하 잔치

안드로메다의 부모는 페르세우스와 안드로메다를 궁전으로 데리고 갔다. 그들은 잔치를 열고 환희와 축제의 기쁨을 마음껏 누렸다. 그런데 갑자기 떠들썩한 소리가 나더니, 안드로메다의 약혼자였던 피네우스 Phineus 가 부하들을 이끌고 뛰어들어 왔다. 그는 안드로메다를 자기에게 줄 것을 요구했다. 케페우스는 말했다.

"네가 진정으로 내 딸을 사랑한다면, 괴물의 제물이 되어 바위에 결박되었을 때 그런 요구를 했어야 한다. 신들이 내 딸에게 그런 운명을 점지하셨을 때, 우리의 약속은 이미 무효가 된 것이다. 죽음이 모든 약속을 무효로 만들어 버리듯이……. 그리고 페르세우스는 괴물과 싸워

서 이겨 내 딸을 차지한 것이니, 자격이 충분하다."

피네우스는 아무 말도 하지 않고 갑자기 페르세우스에게 창을 던졌다. 그러나 창은 빗나갔다. 페르세우스도 창을 던지려 했으나, 비겁한 공격자는 재빨리 제단 뒤로 몸을 숨겼다. 그의 행동을 신호로 하여 피네우스 일행이 케페우스의 손님들을 공격하기 시작해 마침내 난투극이 벌어졌다. 손님들은 저마다 자신을 지키기 위해 무기를 들었지만 침입자의 수가 월등히 많았으므로 페르세우스의 무예와 용맹함으로도 그들을 당해낼 수가 없었다. 늙은 왕은 싸움을 말렸으나 소용이 없었다. 그는 이렇게 된 것은 자신의 책임이 아니니 굽어 살피시라고 신들에게 호소하고는 자리를 떴다.

페르세우스와 손님들은 얼마 동안 불리한 싸움을 계속했다. 그때 갑자기 페르세우스의 머리에 한 가지 생각이 떠올랐다. 그는 마지막 수단을 쓸 결심을 하고 큰 소리로 외쳤다.

"이런 짓은 하고 싶지 않지만, 예전의 원수에게 도움을 청할 수밖에 없네. 이 중에서 나의 적이 아닌 자는 얼굴을 돌리시오."

말을 마치고 페르세우스는 배낭에서 메두사의 머리를 꺼내 높이 쳐들었다.

"그런 마술을 가지고 우리를 겁주려 하다니!"

테스켈로스 Thescelus 는 이렇게 외치며 창을 던지려고 쳐들었다. 순간 그는 그 자세 그대로 돌로 변해 버렸다. 암피크스 Amphyx 는 쓰러진 적을 칼로 찌르려고 했지만, 팔이 굳어 앞으로 내밀 수도 없고 굽힐 수도 없게 되었다. 또 한 사람은 소리를 지르며 달려오다가 그대로 돌이 되어버려, 입은 열려 있지만 소리는 한마디도 나오지 않았다. 그러나 페르세우스 편에 있던 아콘테우스 Aconteus 역시 메두사의 머리를 보는 바

피네우스와 싸우는 페르세우스, 루카 지오르다노, 1680년

케페우스와 카시오페이아의 딸인 안드로메다의 숙부이자 약혼자, 케페우스의 동생으로, 안드로메다와 약혼했으나 그녀가 포세이돈의 명에 의해 제물로 바쳐졌을 때는 방관하다가 그녀가 페르세우스와 결혼하는 날 그녀를 되찾기 위해 페르세우스를 공격했다. 결국, 페르세우스에 의해 메두사의 머리를 보고 200명이 넘는 자신의 부하들과 함께 돌이 된다. 그는 눈물을 흘리며 애걸하는 표정 그대로 돌이 되었다고 한다.

람에 다른 사람들과 마찬가지로 돌이 되었다. 아스티아게스 Astyages 는 그런 줄도 모르고 아콘테우스를 내리쳤으나 칼은 '챙' 소리와 함께 튕겨져 나왔다.

마침내 피네우스는 무모한 싸움의 무서운 결과를 보고 당황했다. 그는 친구들의 이름을 소리 높여 불러 보았지만 대답하는 사람은 아무도 없었다. 그는 그들에게 손을 대보았다. 그들은 모두 돌로 변해 있었다. 그는 얼굴을 돌린 채 무릎을 꿇고 페르세우스에게 용서를 빌었다.

"무엇이든 다 가져가시오. 그러나 목숨만은 살려주시오."

페르세우스는 말했다

"비겁한 자여, 나는 너를 무기로 죽이지 않겠다. 너는 이 사건의 기념으로 이 집에 보관될 것이다."

피네우스는 죽을 힘을 다해 피하려고 애썼으나, 그 눈은 곧 메두사의 머리와 마주쳤다. 그러자 그는 무릎을 꿇고, 손을 뻗친 그대로 커다란 돌덩어리가 되어버렸다.

페르세우스는 안드로메다를 데리고 집으로 돌아왔다. 그리고 어머니 다나에와 다시 만나 행복한 나날을 보냈다.

얼마 후, 그는 신탁에 의한 예언을 외조부인 아크리시오스에게 행하고 말았다. 아크리시오스는 펠라스기오디스의 왕에게 몸을 피해 있었다. 페르세우스가 여행 도중 펠라스기오디스에 도착했을 때, 그곳에서는 투사의 시합이 벌어지고 있었는데, 이 시합에서 페르세우스가 던진 원반은 불행히도 외조부에게 맞은 것이다. 페르세우스는 외조부를 외진 곳에 매장하고 그의 왕국을 차지했다.

운명은 더 이상 그를 괴롭히지 않았다. 그는 안드로메다와의 사이에 훌륭한 아들들을 두어, 그의 명성은 그들에 의해 영원히 전해지게 되었다.

페르세우스에 대한 다음의 글은 밀만의 「세이모」에서 가져온 것이다.

전설로 유명한 리비아의 결혼 잔치가 한창일 때
페르세우스는 노여움에 불타면서도 침착하게 일어나
발목의 날개를 펄럭이며
반쯤 공중으로 몸을 날리니
저 방패에서 빛나는 고르곤의 머리가
미친 듯이 덤벼드는 자들을 돌로 바꾸어 놓았다.
브리튼 왕 세이모도 마법의 무기는 지니고 있지 않았지만,
간담을 서늘하게 하는 태도와 엄숙한 눈으로 일어섰다.
그러자 주위는 그 위엄에 눌려
소란스럽던 홀이 순식간에 조용해졌다.

카시오페이아는 에티오피아인이었다. 그러므로 그녀는 뛰어난 아름다움을 지닌 흑인이었다. 적어도 밀턴은 그렇게 생각하고 있었던 것 같다. 그래서 그는 「펜세로소 Penseroso」에서 이 이야기를 언급하며 '우울 Melancholy'을 향하여 이렇게 호소하고 있다.

현명하고 성스러운 여신이여,
당신의 고상한 얼굴은 너무나도 빛나
인간의 눈에는 온전히 비치지 않는다.
그 때문에 우리들의 약한 망막에는
검게 고정된 예지의 빛이 맺히지 않는다.
검다는 것은 존경의 뜻으로 쓴 말이다.

멤논 왕자의 누이동생에게나, 혹은
저 별로 변한 에티오피아의 왕비에게
어울리는 찬사이다.
자신의 아름다움이 바다 님프들을 능가한다고 뽐내다
신의 노여움을 샀던 저 카시오페이아에게나.

여기서 카시오페이아를 '별로 변한 에티오피아의 왕비'라고 한 까닭은 그녀가 죽은 뒤에 같은 이름의 별자리가 되었기 때문이다. 그녀는 이러한 명예를 얻었지만, 그녀의 옛 적인 바다 요정들은 여전히 앙심을 품고 있었다. 그래서 그들은 그녀를 북극에서 가까운 하늘에 배치되게 했다. 매일 밤의 반은 머리를 숙이게 함으로써 겸손을 배우게 하려는 의도였다.

멤논은 에티오피아의 왕자였다.

피네우스를 물리치는 페르세우스, 세바스티아노 리치, 1705~10년

XVII. 신화 속의 괴물들

하늘에서 내려오시오, 우라니아여,
만일 그 이름으로 부르는 것이 합당하다면, 그대의 그 성스러운 음성을 좇아
나는 올림포스 산보다도 높이 날아오르리니, 페가소스의 날개도 미치지 못할 만큼 엄청나게 높이.
…… 그대에게 이끌려 지상에서 올라간 천계의 하늘 손님으로 찾아가 정화(淨火)의 공기를 마셨다.

폴리페모스, 코르네이유 반 클레브, 1681년

Bulfinch's Mythology: The Age of Fable

신 화 속 의 괴 물 들
신화 속의 괴물들

괴물이란 신화 속의 설명을 빌리면, 부자연스런 체구 및 신체를 가진 생물을 말하며, 보통 엄청난 힘과 잔인성을 가지고 사람들을 괴롭히기 때문에 공포의 대상이 되는 존재라고 한다.

그들 중 어떤 것은 서로 다른 몇 가지 동물들의 신체 부분이 결합된 것이라고 사람들은 상상했다. 예를 들면, 스핑크스^{Sphinx}와 키마이라^{Chimaera}가 그러한다. 이들은 무시무시한 야수의 성질과 인간의 지혜 및 재능을 다 가지고 있다고 알려져 있다.

대부분의 다른 괴물들은 몸의 크기만 인간과 다를 뿐인데, 기간테스가 바로 그런 경우이다. 기간테스에도 여러 종류가 있다. 인간적인 기간테스, 예컨대 키클롭스나 안타이오스 Antaios 나 오리온 Orion 이나 기타의 기간테스는 인간과 전혀 다르지 않았다. 왜냐하면, 그들은 인간과 사랑에 빠지기도 하고 싸우기도 하면서 계속 관계를 맺고 접촉했기 때문이다. 그러나 신들과 전쟁을 치른 초인적인 기간테스는 체구가 굉장했다.

전해지는 이야기에 따르면, 티티오스 Tityus 는 누울 경우 9에이커(사방 12km 정도)의 초원을 덮을 만큼 몸집이 컸고, 엔켈라두스 역시 꾹 눌러 놓으려면 에트나 산 전체를 들어 그 위에 올려놓아야 할 만큼 엄청난 체구를 가지고 있었다고 한다.

우리는 기간테스가 신들을 상대로 전쟁을 벌였던 일(기간토마키아 Giganthomachia)과, 그 결과에 대해서 이미 이야기한 바 있다. 기간테스가 신들을 상대로 전쟁을 계속하는 동안 그들이 만만찮은 적이었다는 것이 밝혀졌다.

그들 중 브리아레오스 같은 자는 백 개의 팔을 가지고 있었고, 티폰과 같은 자들은 불을 내뿜었다. 이처럼 막강한 힘을 가진 기간테스에 쫓기던 신들이 이집트로 도망쳐 여러 가지 다른 모습으로 변신하여 몸을 감춘 일도 있었다.

제우스는 숫양의 형태로 모습을 바꾸었는데 그 후 이집트에서는 그를 구부러진 뿔을 가진 암몬 Ammon 신으로 숭배했다. 아폴론은 까마귀가 되었고, 디오니소스는 산양이 되었으며, 아르테미스는 고양이, 헤라는 암소, 아프로디테는 물고기, 헤르메스는 새가 되었다.

기간테스는 하늘로 올라가려고 옷사 산을 들어 펠레온 산 위에 포개 올린 일도 있었다.

하지만 결국 번개를 가진 제우스가 그들을 진압했다. 이 번개는 아테나가 발명한 것인데, 여신은 제우스를 위해 헤파이스토스와 그의 키

제우스와 기간테스 사이의 전쟁, 줄리오 로마노, 16세기

클롭스들에게 그 제조법을 가르쳐 번개를 만들게 했다.

테베의 왕 라이오스 Laius는 새로 태어난 그의 아들이 크면 그의 왕위와 생명을 위협하리라는 신탁의 경고를 받았다. 그래서 라이오스 왕은 아들이 태어나자마자 어느 양치기를 시켜 아들을 죽이도록 명령했다. 그러나 양치기는 아기가 가여워 차마 죽이지 못했다. 그는 아기의 발을 끈으로 묶어 나뭇가지에 매달아 두었다. 한 농부가 이를 발견하고 어느 부부에게 데려갔더니, 그들은 아기를 받아들이고 오이디푸스 Oedipus라 이름 지었다. 오이디푸스는 '부은 발'이란 뜻이다.

몇 년 후, 라이오스는 시종 하나를 데리고 델포이로 가는 도중 좁은 길에서 이륜마차를 몰고 있는 한 청년을 만났다. 청년이 길에서 물러서길 거부하자, 왕의 시종은 청년의 말을 한 마리 죽였다. 청년은 크게 분노해 라이오스와 그의 시종을 죽여 버렸다. 이 청년은 오이디푸스였다. 그는 자신도 모르게 친아버지를 죽인 것이다.

이 무렵 테베의 사람들은 큰 길을 횡단하는 괴물 때문에 괴로움을 당하고 있었다. 그것은 스핑크스라는 괴물로, 사자의 몸뚱이에 허리 위로는 여자였다. 스핑크스는 바위에 앉아 길 가는 사람들을 막고 수수께끼를 냈다. 그리고 그것을 푸는 자는 무사히 통과할 수 있으나 그렇지 못한 자는 목숨을 잃을 거라고 위협했다.

그러나 스핑크스의 수수께끼를 푼 사람은 그때까지 아무도 없었고, 모든 통행인들은 노상(路上)에서 처참하게 죽음을 맞이했다. 오이디푸스는 이 얘길 듣고도 겁내지 않고, 스핑크스를 시험하기 위해 대담하게 앞으로 나아갔다. 스핑크스는 그에게 물었다.

"아침에는 네 발로 걷고, 낮에는 두 발로 걷고, 저녁에는 세 발로 걷는 동물은 무엇인가?"

오이디푸스는 대답했다.

"그것은 바로 인간이다. 인간은 어릴 때는 두 손과 두 무릎으로 기어 다니고, 커서는 두 발로 서고, 늙으면 지팡이를 짚고 다니기 때문이다."

스핑크스는 수수께끼가 풀린 데 굴욕을 느끼고 바위 밑으로 몸을 던져 죽어버렸다.

테베 사람들은 오이디푸스가 괴물로부터 자신들을 구출한 것을 매우 고맙게 여겨 그를 왕으로 모시고 여왕인 이오카스테와 결혼하게 했다.

결국, 신탁대로 오이디푸스는 라이오스가 자신의 친아버지인지도 모르고 살해했고, 이번에는 여왕과 결혼함으로써 어머니의 남편이 된 것이다.

이런 무서운 일이 밝혀지지 않은 채 세월이 흘렀다. 테베에 기근과 역병 같은 재난이 계속해서 일어나자 오이디푸스는 신탁을 청하기로 했다. 신탁에 문의한 결과, 마침내 오이디푸스의 두 가지 죄가 만천하에 세상에 드러나고 말았다.

이를 알게 된 이오카스테는 자살하고, 오이디푸스는 실성하여 스스로 자신의 눈을 찔러 장님이 된 후 테베를 뒤로 한 채 방랑의 길을 떠났다.

오이디푸스는 모든 사람의 공포의 대상이 되어 버림을 받았으나, 그의 딸들만은 그를 충실히 보살폈다. 그는 여생 동안 비참한 방랑 생활을 하다 불행했던 생을 끝마쳤다.

시인 소포클레스는 이 전설을 비극 3부작 『오이디푸스 왕』에서 다루었는데, 이것이 소포클레스의 비극으로 정착되기까지는 오랜 세월이 흘렀다. 신화학자들은 이 이야기의 바탕에는 하나의 농경사회의 제사의식이 발단이 된 신화가 있다고 본다. 그 설명에 따르면, 오이디푸스는 해의 신이고 이오카스테는 땅의 신이다. 해의 신은 해마다 땅의 아들로 태어나 묵은해인 아버지를 배척하고 어머니를 갈고 일구는 지아비가 된다.

오이디푸스와 스핑크스, 귀스타프 모로, 1888년

프로이트를 비롯한 정신분석학자에 따르면, 이것은 어머니에 대한 유아의 독점애에서 비롯된 공상, 즉 아버지에게 반항하여 그를 배척하고 어머니를 자기 것으로 삼으려는 욕망(오이디푸스 콤플렉스)에서 비롯된 이야기라고 한다.

페르세우스가 메두사의 목을 베었을 때, 메두사의 피가 땅속으로 스며들어 날개 달린 말, 페가소스 Pegasus 가 탄생했다. 아테나는 페가소스를 잡아 길들여 뮤즈의 여신들에게 선물했다. 여신들이 사는 헬리콘 산 위에 있는 히포크레네 Hippocrene (말의 샘)라는 샘은 페가소스의 발굽에 채여 생긴 것이다.

키마이라는 불을 뿜는 무서운 괴물이었다. 앞모습은 사자와 염소를 합친 것이었고, 뒷모습은 용의 모습을 하고 있었다. 키마이라는 리키아의 마을에서 사람들을 괴롭혔기 때문에, 이오바테스 Iobates 왕은 이 괴물을 퇴치할 용사를 찾고 있었다.

때마침 그의 궁정에 벨레로폰 Bellerophon 이라는 용감한 젊은이가 이오바테스의 사위인 프로이토스 Proetos 의 편지를 갖고 왔다.

프로이토스가 쓴 편지에는 벨레로폰에 대한 진심 어린 추천사와 용감무쌍한 영웅이라는 격찬까지 담겨 있었다. 그런데 편지 끝에는 그를 죽여 달라는 부탁이 덧붙어 있었다. 프로이토스는 벨레로폰을 질투했는데, 그의 아내 안테이아 Anteia 가 벨레로폰을 지나치게 감탄 어린 눈길로 바라보았기 때문이었다. 자신도 모르는 새 스스로 사형 집행 영장을 가져 온 벨레로폰의 이 고사에서 '벨레로폰의 편지 Bellerophonic letter' 란 말이 유래했다. 즉, 어떤 종류의 편지든 자신이 지참인이 된,

본인에게 불리한 내용을 담은 편지를 가리키는 것이다.

이오바테스는 편지를 읽은 후 어쩔 줄 몰라 당황했다. 손님을 환대하지 않을 수도, 사위의 청을 들어주지 않을 수도 없는 노릇이었다. 고민 끝에 떠오른 묘안이 벨레로폰을 보내어 키마이라를 퇴치해야겠다는 생각이었다. 아무것도 모르는 벨레로폰은 이 제안을 승낙했다. 그가 길을 떠나기 전 예언자 폴리이도스Polyidus에게 상의하니, 가능하다면 페가소스를 얻어가지고 가는 게 좋을 것이라고 했다. 그러기 위해서는 아테나의 신전에서 밤을 지내야 했다.

벨레로폰이 예언자의 지시에 따라 여신의 신전에서 자고 있으려니, 아테나가 꿈에 나타나 그에게 황금 고삐를 쥐여주었다. 잠에서 깼을 때 고삐는 아직 그의 손에 남아 있었다. 아테나는 또한 페가소스가 페이레네 샘에서 물을 마시고 있다는 것도 가르쳐 주었다. 그가 페가소스를 찾아가자 그 날개 달린 말은 황금 고삐를 보고 제 발로 다가와 잡혔다. 벨레로폰은 페가소스를 타고 공중으로 올라가 바로 키마이라를 찾아낸 다음 쉽게 그것을 퇴치할 수가 있었다. 벨레로폰은 키마이라를 퇴치한 뒤에도 그에게 적의를 품은 이오바테스 왕 때문에 갖은 시련을 당하고 어려운 일들을 하게 되었으나, 그때마다 페가소스의 도움으로 모두 이겨냈다.

마침내 이오바테스도 벨레로폰이 신들에게 특별한 총애를 받는다는 것을 깨닫고 그의 딸과 결혼시켜 왕위의 계승자로 정했다. 그러나 벨레로폰은 자만심과 오만이 넘쳐 점점 제멋대로 구는 바람에 신들의 노여움을 사게 되었다.

전하는 이야기로는, 그가 페가소스를 타고 하늘로 올라가려 할 때 제우스가 한 마리의 등에를 보내 페가소스를 찌르게 해서 페가소스가 등에 올라앉은 벨레로폰을 떨어뜨리게 했다고 한다. 말에서 떨어진 벨레로폰은 절름발이에 장님이 되었다. 그 후 벨레로폰은 사람의 눈을 피하면서 알레이안의 들을 외로이 방황하다 비참한 최후를 마쳤다.

밀턴은 『실낙원』 제7편의 첫 부분에서 벨레로폰에 대해 언급하고 있다.

> 하늘에서 내려오시오, 우라니아여,
> 만일 그 이름으로 부르는 것이 합당하다면,
> 그대의 그 성스러운 음성을 좇아
> 나는 올림포스 산보다도 높이 날아오르리니,
> 페가소스의 날개도 미치지 못할 만큼 엄청나게
> 높이.
> …… 그대에게 이끌려
> 지상에서 올라간 천계의 하늘 손님으로 찾아가
> (그대가 알맞게 해준) 정화(淨火)의 공기를 마셨다오.
> 다시 그대의 안전한 인도에 따라
> 나를 지상의 집으로 돌아가게 해주오.
> 내 이 고삐도 없는 천마에서
> (옛날 그보다 훨씬 낮은 하늘에서
> 떨어진 벨레로폰 같이)
> 알레이안 들판으로 떨어져
> 혼자 쓸쓸하게 방랑하지 않
> 도록.

키마이라를 물리치는 벨레로폰, 요한 네포무크 쇨러, 1821년

에드워드 영 Edward Young (영국의 시인)은 「밤의 명상 Night Thoughts」에서 무신론자에 대해 언급하다가 이렇게 노래했다.

> 미래를 부정하는 맹목적인 성품의 소유자
> 벨레로폰이여, 그대와 같이 자신의 고발장을
> 아무것도 모르고 전달하여 자기 몸에 스스로 선고를 내린다.
> 사람의 마음을 읽을 수 있는 자는 불멸의 생명까지도 읽어낸다.
> 그렇지 않으면 자연은 거기서 제 자식들을 기만하여
> 신화를 쓴다. 인간은 허위로 만들어졌다고.

페가소스는 뮤즈 여신들의 말이었으므로 언제나 시인들에게 봉사해왔다. 실러는, 페가소스가 팔려가 짐마차와 쟁기를 끌었다는 내용의 아름다운 이야기를 썼다.

> 이 말은 그러한 일에 적당치 않았으므로 무지한 주인은 말을 제대로 부릴 수가 없었다. 그러던 어느 날, 한 젊은이가 주인 앞으로 다가와 그 말을 타보게 해달라고 부탁했다. 이윽고 그가 말 등에 오르자 처음에는 몰기 어려웠고, 기력이 없는 것처럼 보였던 말은 정령처럼 신처럼 당당하게 일어서서 빛나는 날개를 펴고 하늘로 날아올라 갔다.

미국의 시인 롱펠로도 이 유명한 천마의 모험을 「울타리 안의 페가소스」에 기록하고 있다.

셰익스피어도 『헨리 4세』에서 페가소스에 대해 이야기하고 있다. 즉 버논이 왕자 헨리를 묘사하는 대목에서 이런 말이 나온다.

벨레로폰과 페가소스, 조반니 바티스타 티에폴로, 1746~47년

나는 헨리 왕자를 보았다.

투구를 쓰고, 갑옷을 장전하여

용감하게 무장하고,

날개 달린 헤르메스처럼

지상에서 뛰어올라

부드럽게 말 잔등에 내려앉는 모습을.

그것은 마치 천사가

구름 속에서 내려와

성미 사나운 페가소스를 몰아

숨을 돌리고

멋진 마술(馬術)로

인간들을 매혹시키려는 것 같았다.

켄타우로스 Centauros 는 머리에서 허리까지는 인간이고 나머지는 말처럼 생긴 괴물이었다고 한다. 고대인들은 말을 매우 좋아하여, 말과 인간의 결합체를 이상하게 생각하지 않았다.

따라서 켄타우로스는 고대 공상 속의 괴물 중 훌륭한 특성만을 부여받은 유일한 괴물이었다. 켄타우로스는 인간과의 교제가 허용되었기 때문에 페이리토오스 Peirithous 와 히포다메이아 Hippodamia 의 결혼식에도 다른 손님과 함께 초대되었다. 그때 켄타우로스족의 한 사람인 에우리티온 Eurytion 이 술에 만취되어 신부를 유괴하려 했다. 그러자 다른 켄타우로스들도 그 행동을 뒤따라 하는 바람에 무서운 싸움이 일어났고, 그들 중 많은 켄타우로스가 죽었다. 이것이 그 유명한 라피타이족과 켄

신화 속의 괴물들 ┃ 391

타우로스족의 싸움으로, 이 사건은 고대 조각가들과 시인들이 즐겨 다루는 소재가 되었다.

그러나 모든 켄타우로스가 페이리토오스의 결혼식에 참석한 하객처럼 난폭한 것은 아니었다. 케이론 Cheiron이라는 켄타우로스는 아폴론과 아르테미스에게 교육을 받았고, 수렵·의술·음악·예언술에 능하기로 유명했다. 그리스 신화에 나오는 유명한 영웅들, 예를 들면 아킬레우스 Achilleus, 아스클레피오스 Aesculapius, 이아손 Iason, 디오스쿠로이 Dioskouroi 등은 모두 그의 제자였다.

특히 아스클레피오스의 아버지 아폴론은 어린 아스클레피오스를 케이론에게 맡긴 적이 있다. 케이론은 어린 아스클레피오스를 데리고 집으로 돌아왔다. 그때 딸 오키로이가 마중을 나와 아스클레피오스를 보고는 갑자기 예언자의 어조로, 그가 장차 성취할 영광을 예언했다. 아스클레피오스는 성장하여 유명한 의사가 되었고, 한 번은 죽은 사람을 살린 일까지 있었다. 그러나 하데스는 자신의 영역이 침범당했다고 여겨 매우 불쾌하게 여겼다.

결국, 제우스는 하데스의 요청에 따라, 이 유능한 의사를 벼락을 내려 죽였다. 그러나 죽은 뒤에는 그를 신들의 대열에 들게 해주었다.

케이론은 모든 켄타우로스 중 가장 현명하고 공정한 자였다. 제우스는 그가 죽자, 인마궁(人馬宮, 궁수자리)이라는 별자리 가운데에 그를 올려놓았다.

피그마이오스 Pygmaios란 난쟁이 종족으로, 큐빗 Cubit(척도 단위, 팔꿈치에서 가운뎃손가락 끝까지의 길이), 즉 약 33cm를 뜻하는 그리스어에서

유래된 이름이다. 그것은 이 종족의 키라고 전해진다.

그들은 네일로스 Neilos 강(나일 강)의 수원 근처에 살고 있었다. 호메로스는 두루미가 매년 겨울이면 피그마이오스 나라로 옮겨 오는데, 두루미의 출현은 피그마이오스 주민들에게는 유혈의 투쟁을 알리는 신호였다고 한다. 난쟁이들이 무기를 들고 자신들의 옥수수 밭을 두루미라는 약탈자로부터 지켜야 했기 때문이다. 피그마이오스와 두루미의 싸움은 여러 예술 작품의 소재가 되었다.

후대 작가들에 의하면, 피그마이오스의 군대는 헤라클레스가 잠든 것을 발견하고, 마치 큰 도시를 공격하는 것처럼 그를 공격할 준비를 했다고 한다. 그러나 헤라클레스는 잠이 깨자 작은 무사들을 보고 웃으며, 그중 몇 사람을 사자 가죽에 싸서 에우리스테우스 Eurysteus에게 갖다 주었다고 하다.

밀턴은 이 피그마이오스를 『실낙원』 제1편에서 언급하고 있다.

> 인도의 산 너머에 사는
> 저 피그마이오스 종족은
> 장난꾸러기 꼬마 요정과 비슷하다.
> 그들의 연회는
> 창백한 달이 천공(天空)에서 내려다보는
> 한밤중의 숲 그늘이나
> 샘가에서 벌어지는데,
> 잔치 때문에 길을 잃은 농부가
> 어쩌다 그들의 환락과 무도를 목격하고,

명랑한 음악을 들으면
농부의 가슴은 환희와 공포로 두근거린다.

그리핀 Griffin(그리폰 Gryphon·Griffon)은 사자의 몸뚱이에 독수리의 머리와 날개를 가지고 등이 깃털로 덮여 있는 괴물이었다. 그것은 새처럼 둥지를 지었으나 그 속에 알이 아닌 마노(瑪瑙 agate)를 낳았다. 그들은 술잔을 만들 수 있을 정도로 긴 발톱을 가지고 있었다.

그리핀의 고향은 인도였다. 그들은 산에서 금을 발견하고 금으로 둥지를 만들기 때문에 수렵가들의 표적이 되었다. 그리핀은 본능적으로 금이 매장되어 있는 곳을 알았고, 약탈자들의 접근을 막기 위해 전력을 다했다. 당시 그리핀들과 함께 번영하고 있던 아리마스포이인들은 스키티아의 외눈족들이었다.

밀턴은 『실낙원』 제2편에서 그리핀의 이야기를 들려주고 있다.

그리핀이 잠도 자지 않고 지키던 황금을
몰래 훔쳐서 달아난 저 아리마스포이인들을 추격하여
황야를 지나고, 언덕을 날아서
늪이 있는 골짜기를 넘어갔던 것처럼…….

죽은 시인을 안고 가는 켄타우로스, 귀스타프 모로, 1890년

레슬러, 필립 마니에, 1684~88년

XVIII. 뛰어난 인간들

두 사람은 너무나도 비슷했기 때문에
누가 누군지 분간할 수 없었다.
그 갑옷은 눈처럼 희고
준마도 눈처럼 희었다.
이처럼 진귀한 갑옷은
일찍이 이 지상의 모루 위에서는 빛난 적이 없고
이처럼 아름다운 준마가
지상의 냇가에서 갈증을 해소한 적이 없었다.

Bulfinch's Mythology: The Age of Fable

뛰 어 난 인 간 들
테세우스

테세우스는 아테네의 왕 아이게우스와 트로이의 왕 피테우스의 딸 아이트라^{Aethra} 사이에서 태어난 아들이다. 그가 트로이에서 성장하여 성인이 되었을 때, 아테네에서 아버지와 만나기로 되어 있었다.

아들이 태어나기 전 아이게우스는 아이트라와 작별할 때 그의 칼과 샌들을 큰 바위 밑에 두고, 장차 아들이 이 돌을 움직여 밑에 깔린 물건을 꺼낼 수 있을 만큼 강해지거든 자기에게 보내라고 했다. 테세우스가 장성하자, 아이트라는 그때가 왔다고 생각하고 테세우스를 바위 밑으로 데려갔다. 테세우스는 쉽게 바위를 움직여 칼과 샌들을 꺼냈다.

그 무렵 육로에는 도둑들이 횡행하고 있어, 테세우스의 외할아버지 피테우스는 테세우스에게 아버지 나라로 가는 데 가깝고도 안전한 바닷길을 이용하라고 설득했다. 그러나 그는 당시 그리스 전역에 이름을 날리고 있던 헤라클레스처럼 나라를 괴롭히는 도둑과 괴물을 물리치고 이름을 떨치고 싶은 영웅심에 불타 위험하면서도 모험이 가득 찬 육로를 선택했다.

여행 첫날, 테세우스는 에피다우로스에 이르렀다. 이곳에는 헤파이스토스의 아들 페리페테스 Periphetes 가 살았다. 난폭한 야만인인 페리페테스는 항상 쇠망치를 들고 다니며 나그네들을 괴롭히고 죽였다. 그는 테세우스가 오는 것을 보자, 곧 돌격해왔다. 그러나 곧 젊은 영웅의 일격을 받고 쓰러졌다. 테세우스는 그의 쇠망치를 빼앗아 첫 번째 승리의 기념으로 항상 지니고 다녔다.

테세우스는 그 후에도 각 지방 폭군이나 약탈자들과 여러 번 승부를 겨루었는데, 늘 그의 승리였다. 프로크루스테스 Procrustes 라는 자가 있었는데, 이름의 뜻은 '늘이는 자 Stretcher' 이다. 그는 자신의 땅에 들어온 모든 나그네들을 쇠침대 위에 결박했다. 그리고 침대보다 짧은 경우에는 몸을 잡아 늘여서 침대 길이에 맞추었고, 반대로 몸이 침대보다 길 경우에는 그만큼을 잘라버렸다. 테세우스는 프로크루스테스와도 싸워 물리쳤다.

이렇듯 여정 중에 온갖 위험을 극복하면서 테세우스는 마침내 아테네에 도착했다. 그러나 이곳에도 새로운 위험이 그를 기다리고 있었다.

마법사 메데이아는 이아손과 헤어진 뒤 코린토스에서 도망쳐와 아이게우스의 아내가 되어 있었다. 메데이아는 마법으로 젊은이가 누구인지를 알아냈고, 만약 그가 남편의 아들로 인정받게 되면 남편에 대한 자기의 영향력이 없어질까 두려워했다. 메데이아는 아이게우스의 마음속에 젊은 나그네에 대한 의심을 가득 채워 나그네에게 독이 든 술잔을 대접하도록 권유했다. 그러나 아이게우스는 테세우스가 독이

든 술잔을 받으려고 앞으로 나왔을 때, 그가 차고 있는 칼을 보고 자신의 친아들이란 것을 알고 잔을 내쳤다.

메데이아는 자신의 간계가 들통 나자 벌을 면하려고 다시 도망쳐 아시아 지방으로 갔다. 이 지방은 후에 그녀의 이름을 따서 메데이아라 불렸다. 그리고 테세우스는 아버지에게 친아들임을 인정받아 왕의 후계자가 되었다.

당시 아테네인들은 크레타의 왕 미노스 Minos 의 강요에 못 이겨 해마다 조공으로 바쳐야 하는 산 제물 때문에 큰 고통을 받고 있었다. 조공은 7명의 소년, 소녀들이었다. 인간의 몸과 소의 머리를 가진 미노타우로스 Minotauros 란 괴물의 먹이로 바치기 위해 이들을 해마다 크레타 섬으로 보내야 했던 것이다. 미노타우로스는 매우 억세고 사나운 짐승이었는데, 다이달로스 Daedalus 가 만든 미궁(迷宮 · 라비린토스 labyrinthos) 속에 갇혀 있었다. 미궁의 구조는 지극히 교묘하여, 누구도 그 속에 들어가면 혼자 힘으로 탈출하지 못하게 되어 있었다. 미노타우로스는 미궁 안에서 제물로 바쳐진 인간을 먹고 돌아다니며 사육되고 있었다.

테세우스는 죽음을 각오하고 이 재난으로부터 백성을 구하기로 결심했다. 이윽고 조공 시기가 다가오자, 산 제물이 될 소년과 소녀의 제비뽑기가 시작되었다. 그는 아버지의 완강한 만류에도 불구하고 자진하여 제물의 한 사람으로 나섰다. 배는 검은 돛을 달고 떠났는데, 테세우스는 아버지에게 승리하고 돌아올 때엔 흰 돛을 달겠다고 약속했다.

크레타에 도착하자 소년과 소녀들은 미노스 왕 앞으로 끌려나갔다. 왕녀 아리아드네 Ariadne 도 거기 있었다. 그녀는 테세우스를 본 순간 그를 사랑하게 되었고, 테세우스도 그녀에게 한눈에 반하고 말았다. 아리아드네는 테세우스에게 괴물을 찌를 칼과 실타래를 주면서, 그 실타

미노타우로스, 조지 프레데릭 와츠, 1885년

래만 가지면 미궁을 빠져나올 수 있다고 했다. 덕분에 그는 괴물을 손쉽게 죽이고 미궁에서 빠져나오는 데 성공했다. 그는 아리아드네와 함께 희생될 뻔한 사람들을 데리고 배에 올라 아테네를 향해 출항했다. 도중에 일행은 낙소스 섬에 머물렀는데, 테세우스는 잠든 아리아드네를 두고 고국으로 떠났다. 그가 은인에게 이같이 배은망덕한 짓을 한 것은 꿈에 나타난 아테나 여신의 명령 때문이었다.

아티카 해안에 이르렀을 때, 테세우스는 아버지와 약속한 것을 잊고 흰 돛을 달지 않았다. 멀리서 보이는 귀향선의 검은 돛을 본 아이게우스는 아들이 죽은 줄 알고 스스로 목숨을 끊었다. 그리하여 테세우스는 아이게우스의 뒤를 이어 아테네의 왕이 되었다.

테세우스의 모험 중 가장 유명한 것은 아마존족 정벌이었다. 테세우스는 아마존족이 헤라클레스로부터 받은 타격에서 회복되기도 전에 습격하여 여왕 안티오페Antiope (또는 히폴리테)를 납치했다. 그러자 이번엔 아마존족이 아테네 한가운데까지 쳐들어왔다. 테세우스가 승리를 거둔 마지막 전투는 바로 아테네에서 벌어진 시가전이었다. 이 전투는 고대 조각가들이 즐겨 선택하는 소재의 하나로, 현존하는 몇몇 예술작품 속에 그 모습이 남아 있다.

테세우스와 페이리토오스는 매우 절친한 사이였는데, 그들의 우정은 전쟁 중에 시작되었다. 페이리토오스는 마라톤 평야plain of Marathon에 침입하여 아테네 왕이 소유하고 있는 소 떼를 약탈하려 했다. 테세우스는 약탈자를 몰아내기 위해 나갔고, 페이리토오스는 테세우스의 늠름한 모습을 본 순간 감동을 받았다. 그는 평화의 표시로 손을 내밀면서 외쳤다.

"처분대로 하시오. 그대는 무슨 배상을 원하시오?"

"그대와의 우정을!"

아마존 전사들과의 전투, 페테르 파울 루벤스, 1618년
　테세우스는 혼자서 또는 그리스 영웅과 함께 아마존의 왕녀 안티오페(또는 히폴리테)를 납치했는데, 그 결과 아마존족이 아테네를 침공하고 히폴리테는 테세우스의 편에서 싸운다. 테세우스는 히폴리테에게서 히폴리토스라는 아들을 낳았는데 이 아들은 테세우스의 부인인 파이드라의 연모를 받았다고 한다.

테세우스가 대답했다. 그 자리에서 둘은 변함없는 우정을 맹세했다. 그 후 그들은 이 맹세에 충실했고, 진정한 친구로서 우정을 계속 이어갔다. 그런데 그들은 각기 제우스의 딸과 결혼하길 원했다. 테세우스는 헬레네를 택했다. 그때 그녀는 어린애였으나, 훗날 트로이 전쟁의 원인이 될 만큼 아름다웠다. 테세우스는 페이리토오스의 도움으로 헬레네를 납치했다.

페이리토오스는 하계의 여왕 페르세포네를 원했다. 테세우스는 위험한 일인 줄 알면서도 친구의 뜻을 위해 함께 하계로 내려갔다. 그러나 그들은 하계의 왕 하데스에게 붙잡혀 궁전의 문 앞에 있는 마법의 바위에 갇혔다. 그들이 그곳에 머무르고 있을 때, 마침 헤라클레스가 내려와서 테세우스를 자유의 몸이 되게 했지만, 페이리토오스는 그대로 내버려두었다.

안티오페가 죽자 테세우스는 크레타 왕 미노스의 딸 파이드라Phaedra와 결혼했다. 테세우스에겐 히폴리토스Hippolytus라는 아들이 있었는데, 아버지의 매력과 미덕을 겸비하고 있었고 나이도 파이드라와 비슷했다. 파이드라는 히폴리토스를 사랑했으나, 그는 의붓어머니의 구애를 단호히 물리쳤다. 그러자 파이드라의 사랑은 증오로 변했다. 그녀는 자기에게 마음을 빼앗긴 남편이 아들을 질투하게 했다. 결국, 테세우스는 포세이돈에게 아들에 대한 복수를 기원했다.

어느 날 히폴리토스가 해안가에서 전차를 몰고 있을 때, 해안가에 바다 괴물이 나타났다. 이에 놀란 말은 멋대로 달리기 시작했고, 이 때문에 전차는 산산이 부서졌다. 히폴리토스는 이렇게 죽었는데, 아르테미스의 도움으로 의술의 신 아스클레피오스가 그의 생명을 회복시켰다. 아르테미스는 히폴리토스를 이성적 판단을 잃은 아버지와 부정한 새어머니의 손이 미치지 않는 이탈리아로 데려다 놓고, 에게리아Egeria라는 님프로 하여금 보살피게 했다.

테세우스는 결국 국민의 지지를 상실하고, 스키로스의 왕인 리코메데스 Lycomedes 의 궁전으로 망명했다. 리코메데스는 처음에는 테세우스를 따뜻이 맞았으나 얼마 후 그를 배반하여 죽이고 말았다. 후에 아테네의 키몬 Cimon 장군이 테세우스의 유해가 안치된 곳을 발견하고 그의 유해를 아테네로 옮겼는데, 유해는 그를 기념하기 위해 테세이온 the Theseion 이라 불리는 신전에 안치되었다.

테세우스는 반은 역사적인 실제 인물이라고 볼 수 있다. 그에 관한 기록에 의하면, 테세우스가 당시 아티카 지방을 점유하고 있던 여러 종족을 하나로 통합했는데, 그 수도가 아테네였다고 한다. 이 대사업의 기념으로 테세우스는 아테네의 수호신인 아테나를 위해 판아테나이아 Panathenaea 라는 축제를 만들었다고 한다. 이것은 그리스의 다른 축제와는 두 가지 점에서 큰 차이가 있었다. 첫째는 아테네인들에 한한 축제라는 점이고, 둘째는 엄숙한 행진이 축제의 큰 부분을 이룬다는 점이다. 이 행진을 하면서 아테네인들은 페플로스 the Peplus, 즉 아테나의 성의(聖衣)를 파르테논 Parthenon (아테네의 아크로폴리스 산 위에 있는 아테나 신전)에 있는 여신의 상 앞에 걸어놓았다. 페플로스에는 전면에 수를 놓았는데, 아테네에서 최고 명문가의 처녀들을 선발하여 그것을 만들게 했다.

행렬에는 남녀노소 모두 참가했다. 노인들은 손에 올리브 나뭇가지를 들고, 젊은 남자들은 무기를 들고 행진했다. 젊은 여자들은 성기(聖器)와 과자, 기타 제물을 올리는 데 필요한 모든 것이 든 바구니를 머리에 이고 행진했다. 행렬은 파르테논 신전의 외부를 장식한 부조의 주제가 되었다. 이 조각의 상당 부분은 현재 '엘긴 대리석 Elgin marbles' 이라 불리며 19세기 초 엘긴 백작이 구입하여 영국으로 운반해 왔고, 영국박물관에 소장되어 있다.

실연의 아픔을 겪고 있는 파이드라, 알렉상드르 카바넬, 1880년

Bulfinch's Mythology: The Age of Fable

뛰어난 인간들
다이달로스

테세우스가 아리아드네의 실을 가지고 탈출한 미궁은 다이달로스라는 뛰어난 장인이 만든 것이다. 다이달로스의 미궁은 수없이 구불구불한 복도와 굴곡을 가진 건물로, 서로 통해 있으며 시작되는 곳도 끝나는 곳도 없는 것 같았다.

다이달로스는 미노스 왕을 위해 이 미궁을 만들었는데, 후에 왕의 총애를 잃어 탑 속에 갇히게 되었다. 그는 감옥에서 도망칠 궁리를 했는데 사방이 바다로 둘러싸여 바다를 건너지 않으면 안 되었다. 그런데 그것만은 도저히 불가능해 보였다. 왜냐하면, 미노스 왕의 허락 없이는 단 한 척의 배도 띄울 수 없었기 때문이다. 미노스 왕은 모든 배를 엄중히 감시하라고 지시하여, 세밀한 검열 없이는 배가 출발하지 못하게 했다.

"미노스 왕이 육지와 바다는 지배할 수 있겠지만 공중을 지배할 순 없을 것이다. 나는 이 길을 택하겠다."

다이달로스는 이렇게 말하고 자신과 아들 이카로스 Icarus 의 날개를 만들기 시작했다. 먼저 조그마한 깃털을 합친 다음 큰 것을 덧붙여서 날개의 면적을 점점 넓혀 나갔다. 그는 큰 깃털은 실로 매고 작은 깃털은 밀랍(蜜蠟)으로 붙여 전체를 새의 날개처럼 가볍게 구부렸다.

아들 이카로스는 곁에 서서 바라보다가 이따금 깃털이 바람에 날아가면 그것을 줍기 위해 이리저리 뛰어다니기도 하고 밀랍을 손가락으로 만지작거리기도 하며 아버지의 일을 방해하곤 했다.

마침내 날개가 완성되어 다이달로스가 직접 어깨에 메고 날개를 흔들자 몸이 공중에 떠올랐다. 그가 두 팔을 흔들면서 공기를 쳐 균형을 잡았더니 몸이 공중에 머물렀다. 그는 아들에게도 날개를 달아주고 나는 법을 가르쳤다. 그것은 마치 어미 새가 어린 새끼를 높은 보금자리로부터 공중으로 이끄는 광경 같았다. 모든 준비가 끝나자, 다이달로스가 아들에게 말했다.

"이카로스야, 적당한 높이를 유지해야 한다는 것을 잊지 말아라. 너무 낮게 날면 습기가 날개를 무겁게 하고, 너무 높게 날면 태양의 뜨거운 열이 날개를 녹이기 때문이다. 내 곁만 따라오면 안전하다."

주의를 주면서 아들의 어깨에 날개를 달아주는 아버지의 얼굴은 눈물에 젖었고 손까지 떨렸다. 그는 그것이 마지막 입맞춤인 줄도 모르고 아들의 뺨에 입을 맞추었다. 그리고 힘차게 날갯짓을 하며 공중으로 날아올랐다. 그는 아들에게 자기 뒤를 바짝 따르도록 이르면서 계속 아들을 격려했고, 아들이 날개를 조종하는 모습을 살폈다.

다이달로스와 이카로스, 도메니코 피올라, 1670년

　다이달로스와 크레타 왕 미노스의 여종 나우크라테 사이에서 태어난 아들이 유명한 이카로스다. 다이달로스는 아리아드네에게 미궁 라비린토스에서 영웅 테세우스를 구출하는 방법을 일러주었는데, 그로 인해 테세우스가 괴물 미노타우로스를 퇴치한 것을 안 미노스 왕은 노하여 다이달로스와 이카로스 부자를 미궁 라비린토스에 유폐했다.

그들이 하늘을 날아가는 모습을 보느라 농부들은 일손을 멈추고 하늘을 올려다보았고, 양치기는 지팡이에 몸을 기대어 바라보았다. 사람들은 그 광경을 보고 놀라서, 하늘을 나는 것을 보니 신이 틀림없다고 여겼다.

다이달로스 부자는 왼쪽으로는 사모스 섬과 델로스 섬을, 오른쪽으로는 레빈토스 섬을 통과했다. 그때 소년 이카로스는 하늘을 나는 기쁨에 흥분하여 아버지 곁을 떠나 하늘에 닿을 정도로 높이 올라갔다. 그러자 밀랍이 태양에 녹아내려 날개가 어깨에서 떨어져 나갔다. 이카로스는 팔을 흔들었으나 그의 몸을 공중에 뜨게 할 날개가 더 이상 남아 있지 않았다. 이카로스는 아버지를 향해 부르짖었다. 그의 몸은 바다로 떨어져 가라앉고 있었다. 그 후 이 바다를 이카로스 해(海)라 부르게 되었다.

"이카로스야, 이카로스야, 어디에 있느냐?"

다이달로스는 울부짖다가 물 위에 떠 있는 날개를 발견하고, 자신의 기술을 한탄하면서 아들의 시체를 묻은 뒤 죽은 아들을 기리는 뜻에서 그 땅을 가리켜 이카리아^{Icaria}라 불렀다.

다이달로스는 다시 하늘을 날아 무사히 시켈리아에 도착해, 그의 날개를 신에게 바치는 헌납물로 그곳에 걸어놓았다.

다이달로스는 자신의 업적에 의기양양하여 자기에게 필적할 자는 아무도 없으리라 생각했다. 그의 누이는 아들 페르딕스^{Perdix}를 그에게 맡겨 기술을 배우게 했다. 페르딕스는 손재주가 뛰어난 젊은이로, 놀랄 만한 재능을 보였다. 그는 해안에서 주운 물고기의 척추뼈를 모방해, 철판조각의 가장자리에 금을 내서 톱^{saw}을 발명했다. 또 두 개의 철편의 한쪽 끝을 못으로 연결시키고 다른 끝을 뾰족하게 하여 콤파스$^{a\ pair\ of\ compasses}$도 만들었다.

다이달로스는 조카의 재능을 시기하여 어느 날 그와 높은 탑 위에 있을 때 밀어서 떨어뜨렸다. 그러나 페르딕스의 재능을 아끼던 아테나가 그를 새로 변하게 해 죽음에서 구했다. 새는 그의 이름을 따서 패트리지 Partridge(메추라기과의 자고새)라 불렸다. 이 새는 높은 데서 떨어진 경험 때문인지 수목 사이에 둥지를 틀지 않고 높이 날지도 않는다고 한다.

추락하는 이카로스, 제이콥 피터 고위, 1636~38년

이카로스의 죽음을 슬퍼하는 님프들, 허버트 제임스 드레이퍼, 1898년

Bulfinch's Mythology: The Age of Fable

뛰 어 난 인 간 들
카스토르와 폴리데우케스

카스토르 Castor 와 폴리데우케스 Polydeuces 는 레다 Leda 와 백조로 둔갑한 제우스 사이에서 태어난 아이들이었다. 레다는 알을 하나 낳았는데 이 알에서 쌍둥이가 태어났다. 후에 트로이 전쟁의 원인이 되어 유명해진 헬레네가 그들의 누이였다.

테세우스와 페이리토오스가 헬레네를 스파르타에서 납치해 왔을 때, 젊은 영웅 카스토르와 폴리데우케스는 부하들을 거느리고 누이를 구하러 아티카로 달려갔다. 테세우스는 마침 아티카에 없었으므로 두 형제는 누이를 무사히 구출하는 데 성공했다.

카스토르는 말을 잘 길들이고 다루는 것으로 유명했고, 폴리데우케스는 권투를 잘하기로 유명했다. 두 형제는 사이가 매우 좋아 무슨 일을 하든 같이 했다.

그들은 아르고 원정에도 참가했는데 항해 중에 폭풍우가 일어났을 때 오르페우스는 사모트라키아 섬의 신들에게 기도를 하며 하프를 탔다. 그러자 폭풍우가 가라앉고 별들이 두 형제의 머리 위에 나타났다. 그 후로 항해자들은 카스토르와 폴리데우케스를 항해의 수호신으로 여겼고, 돛과 돛대의 주위에 반짝이는 온화한 불꽃을 보이는 대기의 상태를 그들의 이름으로 불렀다. 아르고 원정 후에 카스토르와 폴리데우케스는 이다스와 린케우스를 상대로 싸웠고, 이 싸움에서 결국 카스토르가 죽었다. 폴리데우케스는 형제의 죽음을 너무 슬퍼한 나머지 제우스에게 카스토르 대신 자기가 죽게 해달라고 애원했다. 제우스는 두 형제가 교대로 생명을 누리기를 허용하여, 하루는 지하에서 보내고 다음날은 하늘의 처소에서 보내도록 했다. 다른 이야기에 의하면, 제우스는 두 형제의 우애에 보답하여 그들을 게미니 Gemini, 즉 쌍둥이자리로 하늘에 올려주었다고 한다.

그들은 디오스쿠로이 Dioscuroi (제우스의 아들들)라 불리며 신으로서 존경받았다. 또한, 후대에 때때로 격전지에 나타나 어느 편인가에 가담했다고 전해지며, 그런 때에는 훌륭한 백마를 타고 있었다고 한다. 로마사에 의하면, 그들은 레길루스호 전투에서 로마군을 도왔다고도 한다. 전승 후에 그들이 나타난 곳에 그들을 기념하기 위해 신전이 건립되었다.

매콜리 Macaulay 는 『고대 로마의 민요 Lays of Ancient Rome』에서 이 이야기를 다음과 같이 언급하고 있다.

두 사람은 너무나도 비슷했기 때문에
누가 누군지 분간할 수 없었다.
그 갑옷은 눈처럼 희고
준마도 눈처럼 희었다.
이처럼 진귀한 갑옷은
일찍이 이 지상의 모루 위에서는 빛난 적이 없고
이처럼 아름다운 준마가
지상의 냇가에서 갈증을 해소한 적이 없었다.
……

이윽고 전투가 시작되니
저 무장한 쌍둥이 형제가
오른편에 나란히 선 것을 본 장군은
반드시 승리를 거두고 귀국한다.
그리고 이 쌍둥이 형제가
다시 돛 위에서 빛나면
그 배는 높은 파도를 헤치고 질풍을 피해
무사히 항구로 돌아오는 것이다.

레다와 백조로 변신한 제우스, 레오나르도 다 빈치, 1501~15년

　스파르타 왕 틴다레오스의 아내. 두 딸 헬레네·클리타임네스트라와 두 아들 폴리데우케스·카스토르의 어머니이다. 백조의 모습으로 변해 접근한 제우스와 사랑을 나눈 뒤, 남편과도 동침한 레다는 1개 또는 2개의 알을 낳았는데, 그 알에서 제우스의 아이인 헬레네와 폴리데우케스가, 틴다레오스의 아이인 클리타임네스트라와 카스토르가 태어났다고 한다.
　카스토르의 부친도 제우스라고도 하며(폴리데우케스와 카스토르는 제우스의 아들이라는 뜻인 디오스쿠로이라고 불린다), 예외로 클리타임네스트라만은 보통으로 태어났다고도 한다. 또 헬레네의 사실상의 모친은 복수의 여신 네메시스로서 거위의 모습으로 변한 그녀가 백조의 모습을 한 제우스와 교합하여 알을 낳고, 그것을 레다가 품어 태어난 헬레네를 스스로 딸로 키웠다는 설도 있다.

카스토르와 폴리데우케스 ǀ 417

Bulfinch's Mythology: The Age of Fable

뛰 어 난 인 간 들
이아손과 아르고호

옛날 테살리아에 아타마스 Athamas 란 왕과 네펠레 Nephele 라는 왕비가 살았다. 그들은 아들 하나, 딸 하나를 두고 있었는데 얼마 후 아타마스는 네펠레에게 냉담해져, 그녀와 이혼하고 테베 왕 카드모스의 딸 이노 Ino 와 재혼했다.

네펠레는 자신의 아이들이 계모에게 구박받지 않을까 걱정하여 그들을 계모 손이 닿지 않는 곳으로 보낼 방법을 생각했다. 헤르메스는 그녀를 동정하여 그녀에게 황금 양모를 가진 숫양 한 마리를 주었다. 그녀는 양이 아이들을 안전한 장소로 데려다 주기를 바라며 아이들을 양에 태웠다. 그러자 양은 아이들을 업고 뛰어올라 동쪽으로 날아갔다. 황금 양이 유럽과 아시아를 가로막은 해협에 다다랐을 때, '헬레Helle'라 불리는 딸아이가 양의 등에서 바닷속으로 떨어졌다. 그 후 그 바다는 헬레스폰토스라 불렸고, 오늘날의 다르다넬스 해협이 되었다.

양은 쉬지 않고 하늘을 날아, 이윽고 흑해의 코르키스란 왕국에 도착했다. 거기서 양은 사내아이인 프릭소스Phryxus를 내려놓았다. 코르키스의 왕 아이에테스Aeetes는 프릭소스를 뜨겁게 맞아주었다. 프릭소스는 양을 제우스에게 제물로 바치고, 황금 양모를 아이에테스에게 주었다. 아이에테스는 그것을 신에게 바쳐진 숲 속에 두고, 잠들지 않는 용에게 지키게 했다.

테살리아에는 아타마스 왕국 근처에 또 하나의 왕국이 있었는데, 그곳은 왕의 친척이 다스렸다. 그 왕국의 왕 아이손Aeson은 정치를 돌보는 일이 싫어, 아들 이아손이 성인이 될 때까지만 왕위를 아우인 펠리아스Pelias에게 양도했던 것이다. 세월이 흐르고 이아손이 성장하여 왕위를 돌려줄 것을 요구하자 펠리아스는 기꺼이 양도할 듯했다. 그러나 그는 황금 양모를 찾는 영광스런 모험을 해보지 않겠느냐며 이아손에게 모험을 은근히 권했다. 이미 이야기한 바와 같이 황금 양모는 코르키스 왕국에 있었고, 코르키스 일족의 정당한 소유물이었다. 이아손은 이 제안을 흔쾌히 받아들여 바로 원정을 떠날 준비를 했다.

그 당시 그리스인이 알고 있던 유일한 배는 나무둥치를 파내어 만든 작은 보트나 카누가 고작이었다. 그래서 이아손이 아르고스(앞에 등장한, 백 개의 눈을 가진 거인과는 다른 사람)에게 명령하여 50명을 태울 수 있는 배를 만들게 했을 때 사람들은 그것을 불가능한 일이라고까지 생각했다. 드디어 배가 완성되자, 만든 사람의 이름을 따서 그 배의 이름을 '아르고호'라고 지었다.

이아손은 모험을 좋아하는 그리스의 젊은이들을 모았다. 얼마 후 그는 용감한 젊은이들의 대장이 되었는데, 그들 대부분은 후에 그리스의 영웅이나 신들과 더불어 이름을 떨쳤다. 헤라클레스, 테세우스Theseus, 오르페우스Orpheus, 네스토르Nestor 같은 영웅들도 그 무리에 끼어 있었다. 그들이 탄 배의 이름을 따서 그들을 '아르고나우테스Argonautes(아르고호의 승무원이란 뜻)'라고 불렀다. 영웅들을 태우고 아르고호는 테살리아 해안을 떠나 림노스 섬에 머물렀다가 미시아를 지나 트라키아까지 항해했다. 이곳에서 그들 일행은 철인 피네우스를 만나 앞으로의 진로에 대한 가르침을 받았다.

에우크세이노스 해(흑해)의 입구는 두 개의 암석으로 된 섬이 가로막고 있었다. 이 섬은 수면에 떠 있어서 제멋대로 움직이다가 서로 부딪히기 때문에 그 사이에 들어오는 것은 무엇이든 산산이 부숴놓았다. 그래서 사람들은 이 섬을 심플레가데스Symplegades, 즉 충돌하는 섬이라 불렀다. 피네우스는 아르고나우테스들에게 이 위험한 해협을 통과하는 방법을 가르쳐주었다. 그들이 섬에 도착했을 때, 한 마리 비둘기가 바위 사이를 날아가자 두 바위 섬이 서로 부딪혔다. 그러나 비둘기는 꼬리털이 조금 빠졌을 뿐 무사히 빠져나갔다. 이아손과 일행은 섬이 부딪혔다 떨어지는 순간을 놓치지 않고 노를 저었다. 그들은 무사히 통과하여, 해안을 따라 배를 저어갔다. 마침내 그들은 바다의 동쪽 끝에 도착하여 코르키스의 왕국에 상륙했다.

이아손은 코르키스의 왕 아이에테스에게 자기의 용건을 전했다. 그러자 이아손은 놋쇠 발을 가지고 불을 뿜는 두 마리 황소를 쟁기에 매어주고, 카드모스 왕이 퇴치한 용의 이빨을 뿌려준다면 황금 양모를 가져가도 좋다고 했다. 이 용의 이빨을 대지에 뿌리면 그곳에서 한 무리의 용사가 돋아나 그것을 뿌린 자에게 무기를 들고 덤벼든다는 것은 잘 알려진 사실이었다. 그런데도 이아손은 그 조건을 승낙했고 결행할 날짜까지 결정했다.

이아손은 날짜가 되기 전 기회를 보아 아이에테스 왕의 딸인 메데이아^{Medeia}에게 사정을 털어놓는 데 성공했다. 그는 그녀에게 결혼을 약속하고 헤카테^{Hecate} 여신의 제단으로 가서 여신의 이름으로 결혼할 것을 서약했다. 그제야 메데이아는 그의 약속을 믿고 청혼을 받아들였다. 이아손은 마법에 능통한 그녀의 도움으로 호신의 마력을 갖고 있는 부적을 얻었다.

약속한 날이 오자 사람들이 아레스에게 바쳐진 숲에 모였다. 왕은 그의 왕좌에 앉았고, 여기저기서 몰려온 백성들이 산허리를 가득 메웠다. 이윽고 놋쇠 발을 가진 황소 두 마리가 콧구멍으로 불을 뿜으며 뛰어들자 길가의 풀들이 타버렸다. 황소들이 다가오자 용광로에서 쇳물이 끓는 것 같은 소리가 나고, 생석회(生石灰)에 물을 끼얹었을 때처럼 연기가 피어올랐다. 이아손은 황소를 향해 용감하게 덤벼들었다. 그 모습을 지켜보고 있던 그리스 전역에서 선발된 영웅인 그의 친구들조차도 몸을 부르르 떨었다. 이아손은 불을 뿜는 콧김에도 아랑곳없이 황소에게 말을 걸어 분노를 가라앉히고, 대담하게 손으로 목을 어루만지다 재치 있게 슬쩍 멍에를 씌우고 쟁기를 끌게 했다. 코르키스 사람들은 아연실색했고, 그리스인들은 환호성을 질렀다.

다음으로 이아손은 용의 이빨을 뿌리고 그 위에 흙을 덮었다. 놀랍게도 흙바닥에서 한 무리의 군사들이 튀어나왔다. 그들은 땅 위에 나타나자마자 무기를 휘두르며 이아손을 향해 돌진해왔다. 그리스인들은 그들의 영웅의 안전을 걱정했고, 그에게 호신용 부적을 주고 그것의 사용법을 가르쳐 준 메데이아까지도 공포로 안색이 창백해졌다. 이아손은 잠시 칼과 방패로 공격자들을 막았으나, 그들의 수가 점점 압도적으로 불어나자 메데이아가 가르쳐준 마법을 사용해, 돌 하나를 손에 쥐고 그것을 적들의 한가운데에 던졌다. 그러자 흙에서 나온 군사들은 방향을 돌려 자기편을 서로 찌르고 베고 하더니, 마침내 군사들이 모두 죽고 말았다.

남은 일은 황금 양모를 지키고 있는 용을 잠재우는 일이었다. 그러나 이것도 메데이아가 준 마법의 약을 용에게 서너 방울 떨어뜨려서 쉽게 해치웠다. 이아손이 뿌린 약의 냄새를 맡은 용은 분노를 가라앉히고 잠시 동안 꼼짝하지 않고 제자리에 서 있었다. 그러더니 예전에는 한 번도 감은 적이 없던 크고 둥근 눈을 감고 옆으로 쓰러져 잠이 들었다.

이리하여 이아손은 양피를 손에 넣은 후, 국왕인 아이에테스에게 그들의 출발을 저지할 여유를 주지 않기 위해 서둘러 배를 타고 테살리아로 돌아왔다.

알려진 일화 중에는 그녀가 그곳을 떠나면서 뒤를 쫓는 아버지를 따돌리기 위해 자신의 동생을 갈가리 찢어 바닷가에 여기저기 뿌려 버렸다고 한다. 마침 군사들과 함께 이들의 뒤를 쫓던 아이에테스는 자신의 아들이 딸에게 찢겨 죽은 뒤 버려지는 것을 보았다. 그는 시신을 수습하기 위해 군사들을 멈추고 아들의 팔과 다리 등 살점 하나하나를 주우며 오열했다고 한다.

아르고호의 영웅들은 이들의 추격을 물리치고 테살리아에 도착했다. 이아손은 양피를 펠리아스에게 건네주고 아르고호를 포세이돈에게 바쳤다. 그 후 황금 양모가 어떻게 되었는지는 알 수 없으나 아마 다른 보물처럼, 결국 그것을 손에 넣은 데 쏟은 노고에 비하면 그다지 가치 있는 물건이 아님이 판명되었을 것이다.

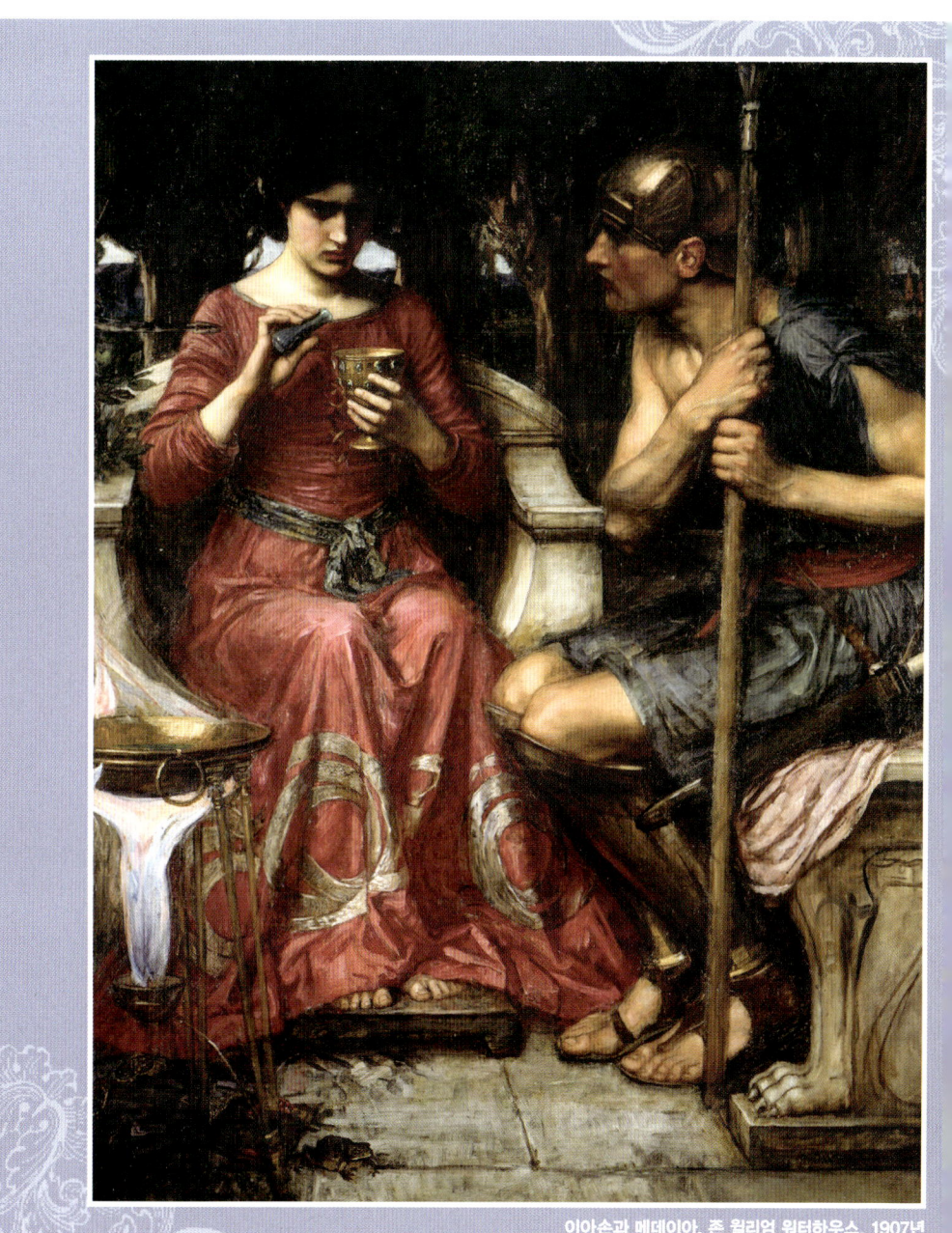
이아손과 메데이아, 존 윌리엄 워터하우스, 1907년

이 이야기는 근대의 어떤 작가가 말했듯이 비록 여러 개의 허구로 이루어져 있다 하더라도 그 밑바닥에는 진리가 깃들어 있다는 것을 사람들에게 믿게 할 만한 신화 가운데 하나이다. 그만한 이유란 최초의 대대적인 바다 원정이란 것이다. 그리고 우리가 역사에서 배워 알고 있듯이, 모든 나라에서 이러한 최초의 시도가 그러했던 것과 마찬가지로, 이 원정 역시 아마 반쯤은 해적 같은 성격을 띠고 있었으리라고 여겨진다. 그러므로 그 결과 풍부한 약탈품을 차지할 수 있었다면 황금 양모를 욕심내는 것도 당연한 일이었을 것이다.

　포프는 「성 세실리아의 날에 부치는 송가Ode on St. Cecilia's Day」에서 이 아르고호의 진수(進水)와 오르페우스의 음악의 힘을 다음과 같이 찬양하고 있다. 여기서 그가 트라키아인이라 부르는 사람은 오르페우스를 말한다.

저 최초의 배가 대담하게
바다로 나아갈 때,
트라키아인은 고물에 높이 서서
하프를 탔다.
아르고 성좌가,
자기 동족인 나무가
펠리온 산에서 바다로
미끄러져 내려가는 것을
지켜보는 동안
신인(神人)들은 그 가락에

이아손과 메데이아, 귀스타브 모로, 1865년

넋을 잃고 서 있었고
병사들의 마음도 부풀어 올랐다.

존 다이어 John Dyer(웨일즈 태생의 시인)의 「양모 The Fleece」라는 시에는 아르고호와 승무원들에 대해 노래한 구절이 있는데, 이것을 보면 그 원시적인 해상의 모험에 대해 잘 알 수 있다.

에게 해 연안 각지에서 용사들이 모여들었다.
저 유명한 쌍둥이 카스토르와 폴리데우케스,
음악의 명수 오르페우스,
바람처럼 재빠른 제테스와 칼라이스,
굳세고 강한 헤라클레스와
그밖에 유명한 영웅들이.
이올코스의 모래 깊은 물가에 밀려들어
번쩍거리는 갑옷으로 무장한 채
원정에 대한 호기심으로
가슴의 열기를 불태우고 있었다.

이윽고 월계수의 밧줄과 커다란 돌을 갑판에 올려
그 범선은 고물 밧줄을 풀었다.
놀랄 만큼 긴 용골은 아르고스의 교묘한 팔이
이 자랑스러운 원정을 위해 만든 것이다.
그 늘어난 용골에서 높은 마스트가 우뚝 솟고
돛마다 바람을 잔뜩 받는다.

영웅들에게도 새로운 것이다.
그리고 이제 비로소 일행은
큰 바다로 나아갈 대담한 항해술을 배웠다.
금빛으로 빛나는 별들에 이끌려
마치 케이론의 기술이
천공(天空)에다 표시를 해 두었듯이.

헤라클레스는 사랑하는 미소년 힐라스 때문에 미시아에서 이 원정대와 헤어지게 된다. 힐라스가 물을 뜨러 샘으로 갔는데, 그의 아름다움에 마음을 빼앗긴 샘의 요정들이 소년을 잡고 놓아주지 않았다. 그래서 헤라클레스는 이 소년을 찾아 나섰는데, 그 동안에 아르고호는 그를 남겨두고 출범하고 말았던 것이다.

모어는 어느 시(「아일란의 노래」 제2절)에서 이 사건을 아름답게 노래하고 있다.

힐라스는 물병을 들고 샘으로 떠났는데
빛이 넘쳐흐르는 들판을 지나 즐거운 마음으로
발걸음도 가볍게 목장과 언덕을 지나가는 동안
길가의 꽃에 정신을 빼앗겨
자신이 해야 할 일을 잊어버렸다.
이리하여 많은 사람은―나도 마찬가지로―
젊었을 때
'철학'의 성소 곁을 흐르는 샘물을

반드시 맛보지 않으면 안 되는데
물가에 핀 꽃에 넋을 잃고
중요한 시기를 헛되이 보낸 까닭에,
그 가벼운 물병은
내 물병과 마찬가지로 빈 채로 있다.

황금 양모를 되찾은 것을 기념하는 축하연에서 이아손을 우울하게 하는 일이 있었다. 부친인 아이손의 모습이 보이지 않았기 때문이다. 아이손은 너무 늙어 그들과 자리를 함께할 수 없었다. 이아손은 메데이아에게 말했다.

"아내여, 나는 그대의 마법으로 많은 도움을 받았는데, 다시 한 번 날 위해 마법을 써주지 않겠소? 내 수명에서 몇 년만 빼서 아버지의 수명에 보태주시오."

이에 메데이아가 대답했다.

"그런 희생은 안 해도 됩니다. 마법이 성공하면, 당신의 수명을 단축시키지 않아도 아버님의 수명을 연장시킬 수 있을 것입니다."

그로부터 며칠이 지나, 보름달이 떠오르자 그녀는 모든 생물이 잠든 한밤중에 홀로 궁전을 몰래 빠져나왔다. 메데이아는 우선 별을 향해 주문을 외운 후, 다음에는 달에게 그리고 지옥의 여신인 헤카테를 향해, 또 대지의 여신 텔루스^{Tellus}를 향해 주문을 외웠다. 왜냐하면, 이 여신들의 힘에 의해 마법에 효과가 있는 식물이 나기 때문이었다. 그녀는 숲이나 동굴, 산과 골짜기, 호수와 강, 바람과 안개의 신들에게도 힘을 빌려줄 것을 기도했다. 그녀가 빌고 있을 때 별들은 한층 더 밝게 빛을 냈고, 잠시 후 날개 달린 뱀들에 이끌려 이륜차가 하늘에서 내려왔다. 메데이아는 이륜차를 타고 하늘로 올라 먼 지방으로 향했다. 그곳에선 온갖 효험을 지닌 식물들이 자랐는데, 메데이아는 그중 자기 목적에 맞는 것을 찾을 줄 알았다. 그녀는 꼬박 9일 동안을 약초를 찾아 헤맸다. 그동안은 궁전으로 돌아가지도 않고 어떤 집으로도 들어가지 않았으며 사람들과도 일체 만나지 않았다.

약초를 다 수집한 다음에 그녀는 제단을 두 개 만들었는데, 하나는 헤카테의 것이었고, 하나는 청춘의 여신인 헤베의 것이었다. 그리고 한 마리의 검은 양을 제물로 바치고 우유와 포도주를 부었다. 그녀는 하데스와 그가 납치해 간 페르세포네에게 늙은 부왕의 생명을 빨리 데려가지 말도록 간청했다. 그런 후 그녀는 시아버지 아이손을 데려오게 하여 주문으로 죽음처럼 깊은 잠에 빠뜨린 후, 약초로 만든 침대 위에 뉘었다. 그곳은 세속적인 눈이 비법을 훔쳐보지 못하도록 하기 위해 다른 사람들은 물론이고 이아손까지도 그곳의 출입이 금지된 상태였다.

거의 모든 준비가 끝나자 메데이아는 머리를 풀고 제단 주위를 세 번 돌고, 불타는 작은 나뭇가지를 피에 적신 후 제단 위에 놓고 태웠다. 그동안 가마솥에 안칠 약재가 준비되었다. 그녀는 가마솥에 약초를 넣고 쓴 즙이 나오는 씨와 꽃, 먼 동방에서 가져온 돌, 온 세계를 둘러싸고 있는 대양의 해안에서 수집해온 모래를 넣었다. 그리고 달밤에 모은 하얀 서리와 올빼미의 대가리와 날개, 이리의 내장, 거북의 껍데기 조각과 수사슴의 간장과 인간의 아홉 세대를 넘어 산 까마귀의 대가리와 부리를 넣었다. 그녀는 자신이 원하는 것을 이루기 위해 이것뿐만 아니라 그 밖의 이름도 생소한 많은 것들을 같이 넣고 끓였다. 그리고 그것을 마른 올리브가지로 잘 섞었다. 솥에서 올리브가지를 꺼내자 그것은 녹색으로 변한 상태였고 얼마 지나지 않아 싱싱한 잎과 올리브로 뒤덮였다. 올리

힐라스와 님프들, 워터하우스, 1896년

힐라스는 그리스 신화에서 헤라클레스가 사랑한 미소년이다. 그는 드리오프스 사람 티오다마스와 오리온의 딸인 님프 메노디케 사이에서 태어난 아들이라고도 하고, 트라키아 왕 케익스와 알키오네 사이에서 태어났다고도 한다. 헤라클레스가 드리오프스 사람들이 사는 곳에 갔을 때 배가 고파서 먹을 것을 찾다가 티오다마스의 황소를 발견하고 잡아먹었다. 이 일로 싸움이 벌어져 티오다마스는 헤라클레스에게 죽었다. 헤라클레스는 티오다마스의 아들 힐라스를 거두어 키웠는데, 이아손 등과 함께 아르고호를 타고 황금 양모를 찾아가는 모험을 할 때 힐라스도 동행하였다.

헤라클레스는 항해 도중에 이아손 등과 노젓기 시합을 하다가 노를 부러뜨렸기 때문에 항해를 잠시 멈추고 노를 만들 나무를 구하러 갔다. 힐라스는 이때 청동 물병을 들고 페가에라는 샘에 물을 뜨러 갔는데, 물병을 샘물 속에 담그는 순간 그의 아름다운 모습에 반한 샘의 님프들이 목을 감아 물 속으로 끌고 들어갔다. 헤라클레스가 사라진 힐라스를 찾아 헤매는 동안 아르고호는 떠나 버렸고, 힐라스의 모습은 다시는 볼 수 없게 되었다.

이 이야기는 후대의 예술가들에게 영감을 주어, BC 3세기 무렵 그리스의 대표적인 목가(牧歌) 시인 테오크리토스는 에필리온 형식의 『힐라스』를 남겼다.

이아손과 아르고호 | 431

브 액이 솥 안에서 부글부글 끓다가 더러 주위로 튀었는데, 그 방울이 튄 곳에 있던 풀은 봄의 풀잎처럼 파랗게 싹이 텄다.

모든 준비가 끝나자, 메데이아는 아이손의 목을 베어 그의 몸 안에 있는 피를 전부 쏟아내고 입과 상처에 솥에서 끓고 있던 용액을 부었다. 용액이 혈관을 통해 온몸을 돌자 아이손의 머리털과 수염에는 청년의 것처럼 윤기나는 검은 빛이 돌았다. 그의 죽은 듯한 창백하고 야윈 얼굴은 사라지고, 혈관은 피로 충만해지고, 사지는 힘이 넘쳤다. 아이손은 자신이 40년 전의 젊은 시절과 같은 건강을 되찾았다는 것을 알고 소스라치게 놀랐다.

이렇듯 메데이아는 마법을 주로 선량한 목적을 위해 사용했으나, 가끔은 복수의 수단으로 사용했다.

펠리아스는 이아손의 숙부이면서도 그의 왕위를 빼앗았으며, 이아손을 자신의 나라에서 추방했다. 그러나 그의 딸인 공주들은 아버지를 지극히 사랑했다. 공주들은 메데이아가 아이손을 젊어지게 한 것을 보고 아버지인 펠리아스에게도 같은 일을 해 주길 메데이아에게 간청했다.

메데이아는 승낙하는 척한 뒤, 솥을 준비했다. 그리고 공주들에게 늙은 양 한 마리를 가져오게 해 솥 안에 넣었다. 얼마 지나지 않아 '메에'하는 소리가 들려와 솥뚜껑을 열자 새끼 양 한 마리가 뛰어나와 목장으로 달아났다. 메데이아는 공주들에게 아버지를 회춘시키려면 아버지를 토막내 솥에 넣어야 한다고 말했다. 그 말을 믿은 공주들은 기뻐하며, 당장 펠리아스를 부르러 갔다.

그러나 메데이아는 그를 위한 솥은 전혀 다른 방법으로 준비했다. 솥 안에는 물과 보잘것 없는 풀을 약간 넣었을 뿐이었다.

밤이 되자, 메데이아는 공주들과 펠리아스의 침실로 갔다. 그동안 왕과 그의 호위자는 그녀의 마법에 걸려 깊은 잠을 자고 있었다. 공주들은 단검을 빼내어 침대 곁으로 갔으나 차마 아버지를 베지 못하고 주저했다. 메데이아는 그들의 결단성 없음을 꾸짖었다. 그러자 공주들은 얼굴을 돌리며 부친을 단검으로 찔렀다. 그러자 펠리아스가 깨어나 부르짖었다.

"딸들아, 이 애비를 죽이려 하느냐?"

공주들은 단검을 떨어뜨렸다. 옆에 있던 메데이아는 왕에게 치명적인 타격을 가해 말문을 닫게 했다. 그들은 왕을 솥 안에 넣었다. 메데이아는 뱀이 끄는 이륜차를 타고 자신의 배신 행위가 발각되기 전에 급히 그곳을 떠나 도망쳤다. 그렇지 않았더라면 그녀는 펠리아스의 딸들로부터 커다란 보복을 당했을 것이다.

메데이아는 이아손을 위해 이 같은 큰 죄까지 저지르며 많은 일을 했으나, 대가를 거의 받지 못했다. 이아손은 크레우사^{Creusa}라는 코린토스의 공주와 결혼하고자 메데이아를 버렸다. 메데이아는 그의 배은망덕함에 분노하여 신들에게 복수를 기원하고, 독을 넣은 옷을 크레우사에게 선물로 보냈다. 그녀는 그 후 자신의 아이들을 죽이고, 궁전에 불을 지르고, 이륜차를 타고 아테나로 도망쳤다. 그녀는 그곳에서 테세우스의 부친인 아이게우스^{Aegeus} 왕과 결혼했다. 우리는 뒤에서 테세우스의 모험담을 이야기할 때 다시 메데이아를 만나게 될 것이다.

메데이아의 마법을 보고 독자들은 『맥베스^{Macbeth}』에 나오는 마녀들의 마법을 상기할 것이다. 다음 글은 이 고대의 이야기를 아주 분명하게 되새겨주는 구절이다.

가마솥 주위를 빙빙 돌자.
독이 있는 내장을 집어넣자.

메데이아, 프레드릭 샌디스, 1866~68년

> ......
> 늪에서 잡은 뱀 고기도
> 가마솥에 넣고 끓여라, 볶아라.
> 도롱뇽 눈알과 개구리 발가락,
> 박쥐 털과 눈먼 도마뱀의 독니,
> 개와 독사의 혓바닥,
> 도마뱀 다리와 올빼미 날개.
> ......
> 굶주린 상어 밥통에
> 밤에 캔 독이 있는 당근
> ......
> ―『맥베스』 제4막 제1장

그리고 이런 구절도 있다.

> 맥베스 : 대체 무슨 짓을 하고 있느냐?
> 세 마녀 : 말할 수 없는 비밀이오.

메데이아에 대해 전해지는 또 하나의 이야기가 있다. 예전부터 시인들은 모든 종류의 잔악 행위를 마녀의 소행으로 돌리려고 하는 경향이 있다. 그러나 그것은 마녀의 소행이라고 기록하기에는 너무나도 소름이 끼치는 무서운 이야기이다.

메데이아는 코르키스에서 달아날 때 동생 압시르토스를 데리고 나왔다. 그녀는 뒤쫓아온 아이에테스의 배가 바짝 따라붙자 이 청년을

자신의 자식들을 죽이는 메데이아, 외젠 들라크루아, 1862년

메데이아는 이아손에게 버림을 받자 독이 묻은 신부의 의상을 자식들에게 시켜 크레우사에게 보냈다고 한다. 이 옷을 입은 크레우사는 타 죽고 말았다. 그러고 나서 메데이아는 자신의 자식들마저 죽여 버렸다.

일설에 의하면 자식들은 어머니를 도와 신부인 크레우사를 죽인 벌로 코린토스인들에 의해 죽었다고도 한다. 크레우사의 아버지인 코린토스의 왕 크레온도 딸을 구하고자 신부의 옷에 손을 댔다가 같이 타서 죽었다고 한다.

메데이아가 낳은 자식들과 그 수에 대해서는 여러 설들이 있다. 메데이아와 이아손 사이에 메르메로스와 필레스 등 두 아들이 있었다는 설과 테살로스, 알키메네스, 티산드로스 등 세 아들이 있었으나 티산드로스만은 죽음을 면했다는 설이 있다.

그 후 그녀는 아테네에서 테세우스와 마주치기 전에는 별문제 없이 새로운 삶을 살았다. 그녀는 테세우스를 죽이기 위해 아이게우스를 설득해 마라톤을 공포에 몰아넣은 미노스의 황소(미노타우로스)를 퇴치하도록 시켰다고 한다.

436 | XVIII. 뛰어난 인간들

죽여 그 수족을 바다에다 뿌렸다. 아이에테스는 그 장소에 이르러 학살당한 자식의 처참한 모습을 보게 된다. 그는 바다 위에 흩어진 시체를 모아 가까운 항구로 돌아가서 정중하게 매장했다. 그동안에 아르고호 일행은 무사히 도망칠 수 있었다.

토머스 캠벨Thomas Campbell(스코틀랜드의 시인)은 에우리피데스Euripides(그리스의 시인, 극작가)가 쓴 비극 『메데이아』의 합창곡 가사를 번역한 바 있다. 시인 에우리피데스는 이 시에서 자기 고향인 아테네를 열렬히 찬양하고 있는데, 그 첫 부분은 다음과 같다.

오, 몹시 초췌한 왕비여!
그대는 친족의 피에 젖은 채
그 빛나는 이륜차를 아테네로 몰았던가?
저주받은 근친 살해의 죄를 감추기 위해
그대는 '평화'와 '정의'가
영원히 사는 나라로 가려고 하는가?

Bulfinch's Mythology: The Age of Fable

뛰 어 난   인 간 들
멜레아그로스와 아탈란테

멜레아그로스 Meleagros 는 아르고호의 원정에 참가했던 영웅 중 한 사람이었다. 그는 칼리돈의 왕 오이네우스와 그의 아내 알타이아 사이에서 태어난 아들이었다.

알타이아는 멜레아그로스가 태어났을 때, 세 명의 모이라이 Moirai (운명의 여신)를 보았다. 운명의 실을 짜는 모이라이들은 그녀의 아들이 지금 난로 속에서 타고 있는 장작이 다 타면 죽을 거라고 예언했다. 알타이아는 난로에서 장작을 꺼내 불을 끄고 조심스럽게 보존했고, 그동안 멜레아그로스는 성장하여 어른이 되었다.

그 무렵, 오이네우스는 신들에게 희생물을 바친 적이 있었다. 그런데 그는 여신 아르테미스에게만 아무것도 바치지 않았다. 여신은 무시당한 것에 격분하여 어마어마하게 큰 산돼지 한 마리를 보내 칼리돈의 들판을 황폐하게 만들었다.

어지간한 방법으로는 이 산돼지를 막을 수 없어, 멜레아그로스는 그리스의 영웅들을 초청하여 이 아귀와 같은 산돼지를 퇴치하는 사냥에 참가해 달라고 호소했다. 테세우스와 그의 친구인 페이리토오스, 이아손, 후에 아킬레우스의 아버지가 되는 펠레우스 Peleus, 아이아스 Aias 의 아버지인 텔라몬 Telamon 그리고 당시에는 아직 젊었으나 노인이 된 후에도 아킬레우스, 아이아스와 함께 무기를 들고 트로이 전쟁에 참가한 네스토르 등의 영웅들과 그 밖의 많은 영웅이 산돼지 사냥에 참가했다.

아르카디아의 왕인 이아소스의 딸 아탈란테 Atalante 도 이 사냥에 참가했다. 그녀의 얼굴은 여성의 미와 용감한 청년의 매력을 겸비하고 있었다. 멜레아그로스는 그녀를 보자마자 사랑에 빠지고 말았다.

일행은 산돼지가 사는 굴 가까이 갔다. 그들은 나무 사이에 튼튼한 그물을 쳤다. 그리고 개들을 붙들어 매두었던 끈을 풀자, 개들은 풀 속에 있는 짐승 발자국을 쫓아 앞다투어 뛰쳐나갔다. 산돼지는 늪으로 향하는 내리막길에서 갈대 사이에 몸을 숨기고 있었는데, 추격하는 개 소리를 듣자 갑자기 개들을 향해 돌진해 왔다.

몇 마리의 개들이 산돼지의 이빨에 나가떨어졌다. 이아손은 아르테미스에게 성공을 빌며 손에 들고 있던 창을 힘껏 내던졌다. 그러나 아르테미스는 산돼지에게 호의를 가지고 있어, 창이 날아가는 사이 창의 강철 끝을 제거하여 산돼지가 창에 맞아도 상처가 나지 않게 했다.

네스토르는 산돼지의 습격을 받자 재빨리 나무를 찾아 올라가 몸을 피했다. 텔라몬은 돌진하다 땅 위에 솟은 나무뿌리에 걸려 앞으로 고꾸

라졌다. 그러나 아탈란테가 쏜 화살에 마침내 처음으로 산돼지는 피를 흘렸다. 가벼운 상처였지만 멜레아그로스는 그것을 보고 환성을 질렀다.

안카이오스 Ancaeus 는 여자가 칭찬받는 것에 질투가 나 자신의 용맹함을 과시하며 산돼지를 보낸 여신에게 도전했다. 그러나 그가 도전했을 때 흥분한 산돼지는 그를 치명적인 부상을 입게 했다.

테세우스가 창을 던졌으나 나뭇가지에 걸려 옆으로 빗나갔다. 이아손이 던진 창은 목표물에 적중하지 않고 사냥개를 한 마리 죽였을 뿐이었다. 멜레아그로스는 한 번 실패한 뒤에 창을 산돼지의 옆구리에 박았다. 그리고는 돌진하여 산돼지를 때려눕혔다. 주위에서 환성이 일었다. 사람들은 승리자인 멜레아그로스를 축하하고 그의 손을 잡으려고 모여들었다. 그는 죽인 산돼지의 머리를 밟으며 아탈란테를 돌아보았고, 그의 전리품인 짐승 머리와 가죽을 그녀에게 선사했다. 그러자 이것을 본 사람들은 질투심을 일으켜 아탈란테에게 싸움을 걸었다.

멜레아그로스의 외삼촌인 플렉시포스 Plexi-ppus 와 톡세우스 Toxeus 가 누구보다 강하게 반대하여 아탈란테의 전리품을 강탈했다. 멜레아그로스는 그들의 무례한 행동에 몹시 화가 났고, 특히 사랑하는 아탈란테에게 그들이 준 모욕에 더욱 화가 나, 친족간의 예의도 잊고 무례한 자들의 심장을 칼로 찔렀다.

이 사실을 모르는 알타이아가 아들의 승리에 대한 감사의 선물을 여러 신전에 가지고 갔을 때, 그녀는 죽은 형제들의 시체를 보았다. 그녀는 울부짖으며 가슴을 치고 환희의 의복을 슬픔의 의복으로 갈아입었다. 그러나 형제들을 죽인 자를 알고 나서, 슬픔은 아들에 대한 단호한 복수심으로 변했다. 그녀는 운명의 여신들이 멜레아그로스의 생명을 좌우한다고 한 타다 남은 장작을 가지고 와서 불을 준비하라고 명령했다.

멜레아그로스의 산돼지 사냥, 페테르 파울 루벤스, 1618~19년

멜레아그로스는 아이톨리아의 칼리돈 왕 오이네우스와 그의 아내 알타이아의 아들이다. 그가 태어난 후 운명의 여신이 예언하기를, 난로 안에서 타고 있는 저 장작이 다 타버리면 그의 목숨도 다한다고 했다. 알타이아는 곧 타다 남은 장작을 주워 불을 끈 다음 상자 안에 간직했다. 그가 자란 후, 오이네우스가 들판을 주관하는 여신 아르테미스에게만은 제물을 바치지 않았기 때문에 노한 여신이 커다란 멧돼지를 들판에 풀어놓아 해를 입혔다.

멧돼지는 멜레아그로스의 손에 죽었는데, 사냥에 함께 참가했던 스코이네우스의 딸 아탈란테를 사랑한 멜레아그로스는 멧돼지 가죽을 그녀에게 주었다. 이를 못마땅하게 여긴 알타이아의 형제들이 아탈란테로부터 가죽을 빼앗으려고 하자 성난 멜레아그로스는 그들을 죽여 버린다. 가족을 잃은 알타이아는 화가 나서 상자 속에 간직했던 타다 남은 장작을 꺼내어 불 속에 던졌고, 멜레아그로스의 목숨은 그 자리에서 다하고 만다. 나중에야 이를 후회한 알타이아는 자살하고 그의 자매들도 비통한 나머지 죽고 말았는데, 이를 가엾게 여긴 여신 아르테미스가 그녀들을 호로새로 태어나게 했다는 이야기도 있다.

멜레아그로스와 아탈란테 | 441

그녀는 그 타다 남은 장작을 네 번이나 불타는 나뭇더미 위에 갖다 놓으려 했다. 그러나 아들을 잃게 되리란 생각에 모두 중지하고 말았다. 그녀는 어머니의 정과 동기간의 정 사이에서 심한 갈등을 느꼈다. 어느 순간 자기가 지금 무슨 짓을 하고 있나 생각하자 안색이 창백해지기도 했고, 아들이 범한 짓이 떠올라 분노로 얼굴이 달아오르기도 했다.

그러나 마침내 동기간의 정이 부모의 정을 압도하여 알타이아는 운명의 장작을 손에 꼭 쥐었다.

"복수의 여신들이여, 몸을 돌려 제가 가지고 온 희생물을 바라보십시오. 죄는 죄로써 보상되어야 합니다. 남편 오이네우스도, 우리 테스티오스 가문의 두 아들을 잃었는데 아들의 승리를 기뻐하진 않을 것입니다. 그러나 아, 나는 무슨 짓을 하려고 하는가? 형제여, 어미된 자의 약함을 용서하시오! 멜레아그로스는 죽어 마땅하지만, 그를 내 손으로 죽일 순 없습니다. 그렇다고 내 형제를 원수도 갚지 못한 채, 저승으로 보내야 하는데 멜레아그로스는 살아서 승리하고 칼리돈을 지배해야 옳단 말인가? 아니다, 넌 내 덕에 지금까지 살아왔다. 이젠 네 자신의 죄 때문에 죽어야 한다. 내가 두 번 네게 준 생명 - 처음은 탄생할 때, 두 번째는 타다 남은 나무를 화염에서 끄집어냈을 때 - 을 반환하라. 오, 차라리 그때 네가 죽었더라면! 아, 승리는 불행이다. 그러나 형제여, 그대들은 승리했노라."

그러고서 알타이아는 불길을 외면하며 운명의 장작을 불타는 나뭇더미 위에 던졌다. 그것은 무서운 신음을 냈다. 그러자 멜레아그로스는 그곳에서 멀리 떨어져 있으면서도 갑작스런 고통을 느꼈다. 그의 몸이 불타기 시작했다. 그는 용맹함과 긍지에 의지하여 그를 파멸시키는 고통을 감내했지만 결국 피도 흘리지 않고 불명예스럽게 죽어야 한다는 것에 한탄했다. 그는 마지막 숨을 거두면서 늙은 부친과 형제와 상냥한 누이들, 사랑하는 아탈란테와 자신을 죽음으로 몰아넣은 당사자인 어머니의 이름을 불렀다. 불꽃은 더욱 타올랐고 그와 더불어 멜레아그로스의 고통도 더해 갔다. 그러다 그의 생명은 사라졌다. 타다 남은 나무는 재가 되고 멜레아그로스의 생명은 바람에 날아갔다.

한편, 알타이아는 나무를 불 속에 던져 넣은 다음 스스로 목숨을 끊었다. 멜레아그로스의 누이들은 동생의 죽음을 슬퍼했다. 아르테미스는 자신을 화나게 했던 집안의 불행을 불쌍히 여겨 그녀들을 모두 호로새로 변하게 했다.

이 모든 슬픔의 원인은 아탈란테라는 처녀였는데, 그녀의 얼굴은 여자로 보기에는 남자답고 남자로 보기에는 너무 여자다웠다. 그녀는 언젠가 운명을 신탁에 물은 적이 있었는데 그 답은 다음과 같았다.

"아탈란테여, 결혼하지 말라. 결혼하면 멸망하리라."

신탁에 겁이 난 아탈란테는 남자와의 교제를 피하고 사냥에만 열중했다. 그러나 그녀에겐 수많은 구혼자가 있었다. 그녀는 구혼자들에게 한 가지 조건을 내세웠다.

"경주를 하여 나를 이기는 사람에게 상으로 내 몸을 맡기리라. 그러나 지는 자는 벌로 죽음을 당하리라."

그것은 그들의 성가신 요구를 물리치는 데 효과가 있었다. 그러나 그런데도 경주를 하자고 도전하는 이들이 있었다.

어느 날 이 경주를 심판하러 나온 멜라니온 Melanion (히포메네스 Hippomenes)은 이 경주를 심판할 작정이었고, 이렇게 말했다.

"한 여자 때문에 그런 모험을 할 만큼 경솔한 자가 있을까?"

그러나 막상 경주를 하려고 옷을 벗은 아탈란테의 모습을 보자, 멜라니온은 생각을 고쳐 말했다.

"젊은이들아, 용서하라. 나는 그대들이 경쟁하고 있는 여인의 가치를 몰랐다."

멜라니온은 그들 모두가 경주에서 패배하길 원했으며, 혹시 누군가 승리할 가능성이 조금이라도 보이면 질투에 불탔다. 그가 이런 심정에 젖어 있을 때, 아탈란테는 질주했다. 그녀가 달리는 모습은, 그처럼 아름다운 모습을 일찍이 본 적이 없었을 정도로 아름다웠다. 모든 경쟁자는 패배했고 무자비하게 사형당했다. 멜라니온은 이 결과를 보고도 겁내지 않고 처녀를 바라보며 말했다.

아탈란테의 경주, 노엘 할, 1762~65년

아탈란타라고도 한다. 아르테미스와 쌍벽을 이루는 유명한 사냥꾼으로서, 아버지는 아르카디아의 왕 이아소스 또는 보이오티아의 왕 스코이네우스라고 하며 어머니는 미니아스의 딸 클리메네이다. 아들을 바라던 아버지는 아탈란테가 태어나자 산속에 버렸는데, 그녀는 암곰의 젖을 먹고 살다가 사냥꾼에게 발견되어 그의 손에 자랐다.

어려서부터 산속에서 뛰놀며 자란 아탈란테는 남자들보다도 체력이 뛰어난 아름다운 처녀 사냥꾼이 되었다. 특히 달리기는 상대할 자가 없었다고 한다. 거칠기로 소문난 켄타우로스족의 로이코스와 휠라이오스는 아탈란테를 겁탈하려다가 그녀가 쏜 화살에 맞아 죽었다.

펠리아스의 계략에 빠진 이아손이 황금 양모를 찾기 위해 아르고호를 타고 모험에 나설 영웅들을 불러모을 때 아탈란테도 지원했으나, 이아손은 여성이 끼면 남성 동료들 사이에 불화가 생긴다며 거절했다고 한다.

"이런 느림보들을 이겼다고 해서 뽐낼 것 없소. 이번엔 내가 당신을 상대해 드리겠소."

아탈란테는 불쌍하다는 듯이 그를 보며 망설였다.

'어떤 신이 이처럼 젊고 아름다운 청년을 유혹하여 목숨을 버리게 하는가. 내가 불쌍히 여기는 것은 그의 아름다움 때문만은 아니고 젊음 때문이다. 그가 경주할 생각을 버려 주었으면 좋으련만. 아니면 나를 이겨주기를 바라는 수밖에 없겠지.'

그녀가 이런 생각을 반복하면서 주저하고 있을 때, 구경꾼들은 경주가 시작되기를 고대했고, 그녀의 부친은 어서 준비하라고 그녀에게 재촉했다. 멜라니온은 아프로디테에게 기도했다.

"도와주십시오. 나를 유도한 것은 사랑의 여신인 당신이니까."

아프로디테는 그의 소원을 받아들여 자비를 베풀었다. 아프로디테의 소유인 키프로스 섬의 신선한 정원에는 황금 잎과 황금 가지와 황금 열매를 가진 나무가 있었다. 아프로디테는 이 나무에서 황금 사과를 세 개 따서 아무도 몰래 멜라니온에게 주고, 사용법을 가르쳐 주었다.

신호가 떨어지자 두 사람은 동시에 출발하여 모래 위를 미끄러지듯 지나갔다. 그들의 걸음은 어찌나 가볍던지 물 위나 물결치는 곡식 위에서도 가라앉지 않고 달릴 것만 같았다. 관중들은 큰 소리로 멜라니온을 응원했다.

"힘껏 달려라! 빨리! 앞질러라! 기운 잃지 말고 좀 더 힘을 내라!"

이런 성원을 듣고 청년이 더 기뻐했는지, 처녀가 더 기뻐했는지는 알 수 없다.

멜라니온은 점점 숨이 가빠오고 목이 말랐다. 그러나 결승점은 아직 멀기만 했다. 그때 그는 갖고 있던 황금 사과 한 개를 아탈란테 앞으로 던졌다. 아탈란테는 떨어진 황금 사과를 보고 놀라, 그것을 주우려고 발을 멈추었다. 그 사이 멜라니온이 그녀를 앞질렀다. 사방에서 환성이 일어났다. 아탈란테는 더 힘을 내서 순식간에 그를 따라잡았다. 멜라니온은 다시 사과 한 개를 던졌다. 그녀는 또 발을 멈추었다가 이내 다시 따라잡았다. 점점 결승점이 가까워졌다. 기회는 한 번 남았을 뿐이었다.

"여신이여, 당신이 주신 물건에 힘을 주십시오!"

멜라니온은 최후의 사과를 던졌다. 아탈란테는 그것을 바라보며 줍기를 주저했다. 그러자 아프로디테는 그녀가 몸을 돌려 그것을 줍도록 만들었다. 그녀는 사과를 주웠고, 그만 경주에서 지고 말았다. 이리하여 청년은 상품으로 그녀를 데리고 돌아갔다.

그러나 이 연인은 자기들의 행복에 취해, 그만 아프로디테에게 감사의 인사를 하는 것을 잊어버리고 말았다. 아프로디테는 그들의 배은망덕함에 노하여 그들이 키벨레^{Cybele}를 노할 만하게 할 일을 저지르게 했다. 이 무서운 여신을 모욕하면 보복을 피할 수 없었다. 키벨레는 그들로부터 인간의 모습을 박탈하고, 그들의 성격을 닮은 짐승으로 만들었다.

수렵가인 아탈란테는 구혼자들과의 대결 가운데에서 승리를 얻었으므로 암사자로 변하게 하고, 남편인 멜라니온은 수사자로 변하게 했다. 그리고 그들에게 자기 수레를 끌게 했다. 지금도 여신 키벨레를 그린 조각이나 그림 등에는 두 마리 사자가 있는 것을 볼 수 있다.

키벨레는 그리스인들이 레아, 혹은 옵스^{Ops}라 부르는 여신의 라틴식 이름이다. 그녀는 크로노스의 아내이며, 또한 제우스의 모친이다. 그래서 그녀는 여러 미술 작품 속에서 헤라나 데메테르와 달리 여성답고 위엄 있는 자세를 하고 있다.

키벨레는 베일을 쓰고 곁에 두 마리 사자를 거느리고 옥좌 위에 앉아 있을 때도 있고, 때로는 사자가 끄는 이륜차를 타고 있을 때도 있다. 그녀는 벽 모양의 금관을 쓰고 있는데 그것은 테두리가 탑과 흉벽 모양으로 조각된 관이다. 키벨레에게 봉사하는 사제를 코리반테스 Corybantes 라고 불렀다.

바이런은 이 키벨레 여신에게서 회화적인 묘사를 빌려 아드리아 해의 낮은 섬 위에 건설된 베니스를 그리고 있다.

대양에서 갓 나온 바다의 키벨레처럼
자랑스러운 탑관을 쓰고 아득히 먼 곳에
장엄한 자태로 서 있다.
바다를 지배하고, 그 권력을 다스리는 베니스.
―「해롤드 경의 순유」

모어는 「여로에서 부르는 노래」에서 알프스 산의 절경을 노래하면서 다음과 같이 아탈란테와 히포메네스의 이야기를 했다.

이 경탄할 만한 지방에서도 나는 보았다.
발이 빠른 '공상'이 '진실'을 훨씬 앞서 가는 것을.
또는 적어도 그 공상이 저 히포메네스처럼,
제 손으로 던진 황금의 환상에 의해 진실을 샛길로 달리게 하는 것을.

헤라클레스, 리스포스, 216년

XIX. 신이 된 영웅

승리의 관을 쓰고 오이칼리아에서 돌아온
저 알케이데스(헤라클레스의 별명)가,
예복에 묻은 독기를 느끼고
괴로운 나머지 테살리아의 소나무를 뿌리째 뽑고,
오이테산에서 에우보이아 바다로
리카스를 던졌을 때처럼.

Bulfinch's Mythology: The Age of Fable

신 이 된 영 웅
헤라클레스

    헤라클레스는 제우스와 알크메네 사이에서 태어났다. 헤라는 남편인 제우스와 인간 사이에서 태어난 자녀들에겐 언제나 적의를 품고 있었는데, 헤라클레스라고 예외는 아니었다. 헤라는 헤라클레스가 태어나자 곧바로 선전포고를 했다.

    우선 헤라는 헤라클레스가 아직 요람 속에 있을 때 독사 두 마리를 보내 죽이려 했다. 그러나 이 조숙한 어린아이는 손으로 뱀의 목을 잡고 눌러 죽여 버렸다.

    헤라클레스가 어른이 된 후에도 헤라는 그를 계속 괴롭혔는데, 에우리스테우스의 부하가 된 헤라클레스는 에우리스테우스가 내리는 모

뱀을 잡아 죽이는 아기 헤라클레스, 조슈아 레이놀즈, 1786년

테베에 사는 암피트리온의 아내 알크메네와 주신 제우스 사이에서 태어났다. 제우스의 아내 헤라는 헤라클레스를 미워하여 사사건건 그를 괴롭혔다. 그러나 아버지인 제우스는 그를 무척 사랑하여 뛰어난 힘과 씩씩한 기상을 주었다. 그뿐만 아니라 헤라클레스는 암피트리온과 그 밖의 많은 달인(達人)들로부터 무예와 음악을 배워 훌륭한 무인(武人)으로 성장했다.

든 명령을 수행하도록 강요당했다. 에우리스테우스는 성공할 가능성이 거의 없는 모험을 헤라클레스에게 연달아 시켰는데, 이것이 '헤라클레스의 12과업(課業)'이라 불리는 일들이다.

첫 번째 모험은 네메아 사자와의 싸움이었다. 네메아 계곡에 무서운 사자 한 마리가 출몰하고 있었는데, 에우리스테우스는 헤라클레스에게 이 사자의 가죽을 가져오라고 명령했다. 헤라클레스는 몽둥이와 활로 덤볐다가 효과가 없자 맨손으로 사자를 목 졸라 죽이고, 죽은 사자를 메고 돌아왔다. 이 광경을 본 에우리스테우스는 그의 엄청난 힘에 놀라, 앞으로 모험의 결과를 보고할 때는 도시 밖에서 하라고 명령했다.

헤라클레스의 두 번째 모험은 히드라Hydra를 없애는 일이었다. 물뱀 괴물 히드라는 아르고스 지방의 사람들을 괴롭히며 아미모네 샘 근처의 늪지에 살았다. 아미모네 샘은 아르고스 지방이 가뭄으로 피해를 입고 있을 때 아미모네Amymone가 발견한 것이다. 전하는 이야기에 의하면, 아미모네를 사랑한 포세이돈이 그녀에게 삼지창으로 바위를 치게 하자 세 개의 구멍에서 샘이 솟았다고 한다.

그런데 그곳에 진을 치고 있는 히드라를 퇴치하라고 헤라클레스를 파견한 것이다. 히드라는 아홉 개의 머리를 갖고 있었는데, 그중 한가운데 머리는 절대 죽지 않는 운명을 갖고 태어났다. 헤라클레스가 곤봉으로 머리를 하나씩 쳐서 떨어뜨리면, 새로운 머리가 두 개씩 솟았다. 그러나 마침내 헤라클레스는 이올라오스Iolaus라는 충실한 하인의 도움으로 히드라의 머리를 모두 불태우고, 죽지 않는 머리는 큰 바위 밑에 묻었다.

세 번째 모험은 아우게이아스 왕의 가축우리를 청소하는 일이었다. 아우게이아스는 엘리스의 왕이었는데, 소를 3,000마리나 갖고 있었지만 30년간 한 번도 가축우리를 청소하지 않았다. 헤라클레스는 알페이

오스 강과 페네이오스 강의 물을 마구간으로 끌어들여 단 하루 만에 완전히 청소했다.

네 번째 모험은 더 까다로웠다. 에우리스테우스의 딸 아드메테Admete는 아마존족 여왕의 황금 허리띠를 탐냈다. 그것은 가장 용맹한 자의 상징이자 싸움의 신 아레스의 것이었다. 에우리스테우스는 헤라클레스에게 아마존족을 찾아가 여왕의 허리띠를 가져오라고 명령했다.

아마존족은 여자들만 있는 종족이었다. 그들은 매우 호전적이었고 몇 개의 번창한 도시를 갖고 있었으며, 여자아이만을 기르는 것이 관습이었다. 남자아이는 이웃 나라로 추방하거나 태어나자마자 죽였다.

헤라클레스는 많은 지원병을 거느리고 온갖 어려움을 겪은 끝에 마침내 아마존족의 나라에 도착했다. 여왕 히폴리테Hippolyte는 그를 따뜻이 맞으며, 황금 허리띠를 주기로 약속했다. 그러나 아마존족으로 변장한 헤라가 곳곳으로 돌아다니며 외국인이 여왕을 납치하려 한다는 소문을 퍼트렸다. 이 말을 곧이곧대로 믿은 아마존족의 여인들은 싸울 준비를 하고 헤라클레스의 배로 몰려갔다. 이에 헤라클레스는 히폴리테가 배반한 것으로 알고 그녀를 죽이고, 황금 허리띠를 빼앗아 고국으로 돌아왔다.

헤라클레스에게 부과된 또 하나의 모험은 게리온Geryon의 소 떼를 끌고 오는 일이었다. 게리온은 몸뚱이가 세 개인 괴물로, 에리테이아 섬Erytheia(붉은색의 섬)의 왕이었다. 에리테이아는 지는 해의 노을빛 밑에 있어 그런 이름이 지어졌다. 이는 아마 지금의 스페인을 지칭하는 듯하다.

헤라클레스는 여러 나라를 거쳐 마침내 아프리카의 북부 리비아와 유럽의 국경에 이르렀다. 그가 여행 기념으로 이곳에 칼페Calpe와 아빌라Abyla라는 두 개의 산을 세워 오늘날의 지브롤터 해협the strait of Gibraltar을 만들었다고 한다. 이 두 산은 헤라클레스의 기둥the Pillars of

Hercules이라고 불린다.

　게리온의 소 떼는 거인 에우리티온과 그가 데리고 있는 머리 둘 달린 개인 오르트로스가 지키고 있었다. 헤라클레스는 에우리티온과 오르트로스를 죽이고 소들을 무사히 에우리스테우스에게 갖다 주었다.

　헤라클레스의 모험 중 가장 어려운 일은 헤스페리데스들Hesperides이 지키는 황금 사과를 가져오는 일이었다. 왜냐하면, 헤라클레스는 그것이 어디 있는지도 몰랐기 때문이었다. 황금 사과는 헤라가 결혼 선물로 대지의 여신에게서 받은 것이었는데, 헤라는 그것을 헤스페로스의 딸들에게 지키게 하고 잠들지 않는 용인 라돈Ladon까지 붙여주었다.

　헤라클레스는 온갖 모험을 한 끝에, 아프리카의 아틀라스 산에 도착했다. 헤라클레스는 헤스페리데스들의 삼촌이자 신들에게 대항했던 티탄족의 한 사람인 아틀라스만이 황금 사과를 가져올 수 있다고 생각했다. 그러나 어떻게 아틀라스를 그곳에 보내며, 그가 없는 동안 누가 하늘을 받치고 있느냐는 것이 문제였다.

　결국, 헤라클레스 자신이 하늘을 짊어지고 아틀라스를 보내 황금 사과를 찾아오게 했다. 아틀라스는 황금 사과를 갖고 돌아왔다. 그는 잠시였지만 하늘을 이는 부담에서 벗어나 보니 다시 무거운 짐을 지는 게 내키지 않았지만, 결국 헤라클레스가 황금 사과를 가지고 에우리스테우스에게 돌아가게 했다.

　헤라클레스의 유명한 모험 중 하나는 안타이오스와 싸워 승리한 일이다. 안타이오스는 대지의 여신 가이아의 아들로, 힘이 어마어마하게 센 거인이었으며 레슬링의 명수였다. 그의 힘은 어머니인 대지에 발을 붙이고 있는 동안은 어느 누구도 꺾을 수 없을 만큼 강했다.

헤스페리데스의 정원, 에드워드 번 존스, 1870~73년

'저녁의 아가씨들'이라는 뜻으로, 아이글레·아레투사(에리테이아)·헤스페리아(헤스페라레투사) 등 3명을 가리키나, 다른 설에서는 4명 또는 7명이라고도 한다. 그녀들은 세계의 서쪽 끝에서 오케아노스의 강 가까이에 있는 황금 사과가 열리는 나무를 지키고 있었다. 이 나무는 헤라가 제우스와 결혼했을 때 대지의 여신 가이아로부터 선물받은 것이었다. 100개의 머리를 가진 용 라돈 Ladon 이 그녀들을 도와 이 나무를 지키고 있었으나, 영웅 헤라클레스에게 퇴치당하고 말았다.

다른 설에 따르면, 그리스의 영웅들이 타고 원정을 떠난 아르고스호가 난파되어 영웅들이 그녀들이 있는 곳에 다다랐을 때, 그녀들은 그들이 두려워서 모두 나무로 변신했다. 그녀들은 영웅들이 적의가 없음을 알자, 그들을 친절하게 대하고 그들의 행운을 빌어주었다고 한다.

안타이오스는 그의 나라에 오는 모든 손님에게 레슬링 시합을 하자고 강요했다. 그와 시합해 이기면 무사히 보내주지만, 지면 죽음을 면치 못한다는 조건이었다.

헤라클레스도 안타이오스와 겨루었다. 헤라클레스는 상대를 몇 번이나 집어던져 보았지만 아무리 내던져도 소용없자, 그를 번쩍 들어 올려 공중에서 목 졸라 죽여 버렸다.

카코스 Cacus 는 아벤티누스 산의 동굴에 사는 거인으로, 주변 나라를 괴롭히고 있었다. 헤라클레스가 게리온의 소들을 몰고 돌아오는 도중 이 땅에 들렀는데, 카코스는 소들 중 몇 마리를 헤라클레스가 잠든 틈에 훔쳤다. 카코스는 헤라클레스가 소의 발자국을 따라 추적해 오지 못하도록, 소의 꼬리를 잡고 뒤로 끌어 동굴로 끌고 갔다. 그래서 소의 발자국은 소가 모두 반대 방향으로 간 것처럼 보였다.

헤라클레스는 이 계략에 속았다. 그러나 다행히 남은 소들을 몰고 가던 중 우연히 카코스의 동굴 앞을 지날 때 도둑맞은 소가 동굴 안에서 울었기 때문에 헤라클레스는 이를 발견해냈다. 결국, 카코스는 헤라클레스에게 죽었다.

헤라클레스의 마지막 모험은 케르베로스(명부를 지키는 개)를 하데스의 영토인 하계에서 데려오는 일이었다. 헤라클레스는 헤르메스와 아테나의 안내를 받아 하데스의 나라로 갔다. 그리고 하데스에게서 만일 무기를 쓰지 않고 케르베로스를 제압할 수 있다면 지상으로 데려가도 좋다는 허가를 얻었다. 헤라클레스는 케르베로스가 끝까지 버티는데도 사로잡아서 에우리스테우스에게 끌고 갔다가 다시 하계로 데려다 주었다.

하계로 갔을 때, 헤라클레스는 자기를 존경하여 영웅 흉내를 냈던 테세우스를 자유의 몸이 되게 해주었다. 테세우스는 페르세포네를 납치하려다 실패하여 그곳에 죄수로 붙잡혀 있었던 것이다.

한번은 미친 듯이 노한 헤라클레스가 친구인 이피토스^{Iphitus}를 죽인 일이 있었다. 그는 이 벌로 3년간 리디아의 트몰로스 왕의 미망인인 여왕 옴팔레^{Omphale}의 노예가 되라는 선고를 받았다. 이 기간 동안 헤라클레스의 성질은 달라진 듯 보였다. 그는 매일을 무기력하게 보냈으며, 때때로 여자 옷을 입기도 하고, 옴팔레의 시녀들과 실을 잣기도 하면서 나약하기 짝이 없는 나날을 보냈다. 그와 반대로 옴팔레는 그의 사자 모피를 입고 다니며 헤라클레스를 여장시키는 재미로 지냈다.

밀턴은 헤라클레스가 이성을 잃었을 때를 이렇게 묘사하고 있다.

> 승리의 관을 쓰고 오이칼리아에서 돌아온
> 저 알케이데스(헤라클레스의 별명)가,
> 예복에 묻은 독기를 느끼고
> 괴로운 나머지 테살리아의 소나무를 뿌리째 뽑고,
> 오이테산에서 에우보이아 바다로
> 리카스를 던졌을 때처럼……

독일 시인 실러는 「이상과 인생」이라는 시에서 실제적인 것과 상상한 것의 대조를 아름답게 그리고 있는데, 그 마지막 두 절을 옮기면 다음과 같다.

> 비겁자의 노예로 전락해 있으면서도
> 용감한 알케이데스는 끊임없이 투쟁하며

괴로운 가시밭길을 걸어왔다.

히드라를 죽이고, 사자의 힘을 누르고,

벗을 지상으로 데려오기 위해

죽음의 강에 작은 배를 띄워 몸을 실었다.

헤라의 증오는 지상의 모든 고뇌를,

지상의 모든 노역을 그에게 부과했지만,

그는 그 노고를 운명의 탄생일로부터

저 장렬한 최후의 날까지 훌륭하게 참고 견뎌냈다.

마침내 지상의 옷을 벗은 신의 모습이

불에 탄 인간의 모습에서 떨어져 나와

천공에 가득 찬 가벼운 정기를 들이마셨다.

일찍이 맛보지 못한 몸의 가벼움에 기뻐하면서

지상에서의 어둡고 힘든 고통을 죽음 속에 버리고

그는 천상의 찬란한 빛을 향하여 날아올라 갔다.

올림포스의 신들은 모두 그를 환영하기 위해

그가 경애하는 아버지의 대전으로 모여들고,

빛나는 청춘의 여신 헤베는 뺨을 장밋빛으로 물들이며

남편이 된 그에게 넥타르를 바쳤다.

부역이 끝나자, 그는 데이아네이라^{Deianeira}와 결혼해 3년간 평화롭게 살았다. 그는 어느 날 아내와 여행을 하다가 어떤 강에 이르렀다. 그곳은 켄타우로스족의 네소스^{Nessus}가 규정된 요금을 받고 나그네를 건네주는 곳이었다. 헤라클레스는 걸어서 건넜지만, 아내는 네소스에게 건네 달라고 부탁했다. 그러자 네소스는 데이아네이라를 데리고 몰래 달

헤라클레스와 옴팔레, 프랑수아 르무아느, 1724년

 헤라클레스는 헤라의 저주를 받아 이따금 정신착란을 일으켰는데, 오이칼리아의 왕자 이피토스를 죽인 뒤에 죄를 씻기 위해 헤르메스의 노예로 팔려갔다. 옴팔레는 노예가 된 헤라클레스를 사서 여장(女裝)을 시키고 곁에 두었다. 헤라클레스는 옴팔레를 섬기면서 원숭이를 닮은 쌍둥이 케르코페스를 혼내 주고, 리디아에 재앙을 일으키는 뱀을 죽이는 등 여러 가지 공을 세웠다. 나중에 헤라클레스의 신분을 알게 된 옴팔레는 그와 결혼하여 아겔라오스와 라몬이라는 두 아들을 낳았다.

아나려 했다. 아내의 비명을 들은 헤라클레스는 네소스의 심장에 화살을 쏘았다. 네소스는 죽어가면서 데이아네이라에게 남편의 사랑을 유지할 주문으로 사용할 수 있으니 자기의 피를 얼마간 간직하라고 일렀다. 데이아네이라는 네소스의 말을 따랐다. 얼마 후 그녀에게 그의 피를 써야 할 때가 왔다.

헤라클레스는 숱한 정복을 감행하여 어느 날 이올레라는 아름다운 처녀를 포로로 잡아왔다. 그런데 데이아네이라의 생각엔 남편이 그녀를 무척이나 사랑하는 것 같았다. 헤라클레스가 승리를 감사하여 신들에게 희생물을 바칠 때, 그는 의식에서 입을 흰 옷을 가져오라고 아내에게 사람을 보냈다. 데이아네이라는 사랑의 주문을 시험해볼 절호의 기회라 생각하고, 남편의 옷에 네소스의 피를 적셨다. 물론 주의하여 피를 적신 뒤 그 흔적을 남김 없이 씻었지만, 마력만은 그대로 남아 있었다. 헤라클레스가 그 옷을 입고 따뜻해지자, 순식간에 온몸으로 독이 스며들어 그에게 큰 고통을 안겨주었다.

극심한 고통으로 분별력을 잃은 헤라클레스는 이 무서운 옷을 가져온 리카스를 잡아 바다로 던져 버렸다. 그는 옷을 벗으려 했으나 옷이 몸에 달라붙어 떨어지지 않았다. 결국, 헤라클레스는 옷과 함께 온몸의 살을 갈기갈기 찢어버렸다. 그는 그런 모습으로 배를 타고 집으로 돌아왔다. 데이아네이라는 뜻하지 않은 실수가 부른 결과를 보자 목을 매 스스로 목숨을 끊었다.

온몸이 타들어가는 듯한 괴로움을 이끌고 헤라클레스는 죽을 각오로 오이테 산에 올라 필록테테스 Philoctetes 에게 자기의 활과 화살을 주었다. 그리고 화장을 하기 위한 장작더미를 쌓게 했다. 그는 장작 위에 눕곤 곤봉을 머리에 베고, 사자 가죽을 몸에 덮었다. 그는 마치 축제 때의 신탁에 임하는 사람처럼 침착한 얼굴로 필록테테스에게 불을 붙이라고 명령했다. 불길은 삽시간에 일어나 헤라클레스의 몸을 삼켜버렸다.

신들도 용맹한 영웅이 비참한 최후를 맞는 것을 보고 마음 아파했다. 그러나 제우스만은 밝은 얼굴로 그들에게 말했다.

"나는 그대들이 나의 아들인 헤라클레스에게 깊은 관심을 보이는 것을 기쁘게 생각한다. 그리고 내가 그대들같이 충성스런 신들의 지배자라는 사실과, 내 아들이 그대들의 사랑을 받는 것이 대단히 만족스럽다. 비록 그대들이 내 아들에게 쏟은 관심이 그가 이룩한 위업에서 비롯된 것이라 할지라도 내 마음이 기쁜 것은 여전하다. 그러니 너무 마음 아파하지 말라. 모든 것을 정복한 영웅이 오이테 산에서 타오르는 불꽃에 정복되지는 않을 것이다. 사라지는 것은 어머니로부터 받은 육체뿐, 아버지인 내게 받은 것은 불멸이 될 것이다. 나는 지상의 생명을 잃은 헤라클레스를 천상으로 데려오려 하니, 그대들 모두 그를 따뜻이 맞아주길 바란다. 비록 그대들 가운데 그가 이러한 영광을 얻게 된 것을 못마땅하게 여기는 자가 있을지라도, 그 누구도 그가 이만한 것을 받을 만한 공적을 이루었다는 것을 부인할 수는 없을 것이다."

신들은 모두 찬성했다. 다만, 헤라는 마지막 말이 자신을 향해 한 말 같아 언짢았으나, 남편의 결정을 끝까지 반대할 정도는 아니었다.

불꽃은 헤라클레스가 어머니에게 받은 부분을 모두 태워버렸지만, 그의 신성한 부분은 다치지 않고 오히려 새로운 생명력을 지니고 나와 훨씬 고상한 풍채와 위엄을 갖추었다. 제우스는 헤라클레스를 구름으로 감싸고, 네 마리 말이 끄는 마차에 태워 하늘에 오르게 하여 별들 사이에서 살게 했다.

헤라클레스가 하늘에 자리 잡자, 아틀라스는 이 새로운 별의 무게

데이아네이라를 납치하는 네소스, 귀도 레니, 1620~21년

데이아네이라는 아이톨리아의 왕 오이네우스와 알타이아의 딸이다. 시인 박퀼리데스에 의하면, 헤라클레스는 명부에 내려갔을 때 멜레아그로스로부터 데이아네이라에 관한 이야기를 들었다. 그는 지상으로 돌아와, 하신 아켈로오스와 싸워 이긴 끝에 그녀를 아내로 삼았다.

를 온몸으로 느껴야 했다.

뒷날 헤라는 헤라클레스와 화해하고 딸 헤베를 그와 결혼시켰다.

헤라의 딸이며, 청춘의 여신인 헤베는 신들에게 술을 따르는 일을 맡고 있었다.

일반적인 이야기에 의하면, 그녀는 헤라클레스의 아내가 되자 그 역할을 그만두었다고 한다. 다른 이야기에 따르면, 어느 날 신들에게 술잔을 돌리다가 실수를 하여 자리에서 물러나게 되었다고 한다. 어쨌든 그녀의 뒤를 이은 것은 트로이 태생의 소년 가니메데스 Ganymedes (가니메데 Ganymede 라고도 함)였다. 이 소년이 이다 산에서 친구들과 놀고 있을 때, 독수리로 변신한 제우스가 하늘로 납치해 헤베의 후임자로 임명했다고 한다.

테니슨은 「예술의 전당」에서 이 이야기를 그린 어떤 벽의 장식 그림을 보고 다음과 같이 노래했다.

그리고 또 여기에는
가니메데스가 그려져 있다.
장밋빛 넓적다리를 반쯤
독수리의 날개 속에 파묻고
혼자 유성처럼 하늘을 날아
기둥만 세워져 있는 천상의 도시를 향해 갔다.

셸리의 「프로메테우스」에서는 제우스가 술잔을 채워 바치는 이 새로운 하인 가니메데스를 향하여 이렇게 말하고 있다.

천상의 술을 따르라, 이데 산의 가니메데스여.
그리고 다이달로스가 만든 술잔을
불처럼 태워라.

가니메데스의 납치, 렘브란트 하르먼손 판 레인, 1635년

XX. 인간의 도리

트리톤 강으로 둘러싸인 저 니사의 섬,
이교도들이 암몬이라 부르기도 하고, 리비아의 제우스라고도 부르는
저 나이든 캄이 아말테이아와 그 어린 홍안의 아들 디오니소스를
계모 레아의 이목으로부터 감춘 그 섬,

아프로디테, 대영박물관(런던) 소장, 2세기

Bulfinch's Mythology: The Age of Fable

인 간 의   도 리
아켈로스와 헤라클레스

강의 신 아켈로스 Achelous 는 테세우스 Theseus 와 그의 친구들을 불러모아 신들에게 불경하게 행동한 죄로 자기 몸을 뜯어먹는 벌을 받은 에리식톤 Erisichthon 의 이야기를 들려주었다.

여행 중이던 테세우스 일행은 아켈로스가 다스리는 강의 물이 범람하여 잠시 머무르는 동안 아켈로스의 환대를 받고 있었다. 아켈로스는 에리식톤의 이야기를 마치고 이렇게 덧붙여 말한다.

"나 스스로 변신할 수 있는 힘이 있는데, 다른 사람이 변신한 이야기를 할 필요는 없을 것 같습니다. 나는 때로 뱀이 되었다가 머리에 뿔이 두 개씩 돋친 황소가 되기도 합니다. 지금은 뿔 하나를 잃어버려 하나만 가진 황소로 변할 수밖에 없습니다."

말을 마친 아켈로스는 신음을 내뱉고는 침묵했다. 테세우스가 왜 그렇게 슬퍼하는지, 왜 뿔 하나를 잃었는지를 묻자 아켈로스는 대답했다.

"누가 자신의 패배를 즐겨 말하겠습니까? 그러나 나는 나의 패배를 말하는 데 주저하지 않겠습니다. 왜냐하면, 승리자가 위대한 헤라클레스였기 때문에 내가 진 거라고 스스로를 위로하며 깨끗이 패배를 인정하는 것입니다. 아마 당신도 아름답기로 유명한 데이아네이라^{Deianeira}의 명성을 들었을 겁니다. 그녀를 두고 수많은 구혼자가 서로 경쟁했는데, 헤라클레스와 나도 마찬가지였습니다. 다른 사람들은 모두 중도에 탈락하고 우리 둘만이 남게 되었습니다. 헤라클레스는 자신이 제우스의 아들이란 점과 계모 헤라가 요구한 어려운 일들을 완수한 모험담을 그녀에게 들려주었습니다. 나는 데이아네이라의 아버지에게 말했습니다.

'나를 보시오. 나는 당신의 국토를 관통하여 흐르는 강물의 왕이오. 나는 이방인이 아니라 당신 영토 안의 사람이오. 여신 헤라가 나에게 적의를 품지 않고 어려운 일을 시켜 벌하지 않았다 하여, 그것이 내 단점이라 생각지 마시오. 헤라클레스는 자기가 제우스의 아들이란 것을 뽐내지만 그것은 잘못된 주장입니다. 만일 그게 사실이라 해도 그것은 불명예스런 일입니다. 왜냐하면, 자기 어머니의 행실이 좋지 않았다는 것을 폭로하는 것이니까요.'

내가 이런 말을 하자, 헤라클레스는 날 노려보며 분노를 참으려 애쓰는 것 같았습니다. 헤라클레스는 말했습니다.

'내 손이 입술보다 대답을 더 잘할 거다. 말로는 너한테 진다만, 완력으로 결판을 내자.'

그러고 나서 내게 다가왔습니다. 그에게 내가 먼저 싸움을 건 이상 물러서는 것은 부끄러운 일이었습니다. 그래서 나는 녹색 옷을 벗고 싸울 준비를 했습니다. 그는 날 내던지려고 했지만 뜻대로 되지 않자, 나의 머리와 몸통을 번갈아가며 공격했습니다. 그러나 나는 그와 비교가 되지 않을 정도로 몸집이 커서 그가 아무리 공격해도 소용이 없었지요. 우리는 잠시 동안 쉬었다가 다시 싸웠습니다. 서로 한 발자국도 물러서지 않았습니다. 나는 기회를 엿보다가 그의 몸을 덮쳐, 그의 손을 꽉 잡고 머리로 그의 이마를 받으려 했습니다. 헤라클레스는 세 번이나 날 내던지려고 했으나 실패하고, 드디어 네 번째에 날 땅에 쓰러뜨리고는 내 등에 올라탔답니다. 순간 나는 마치 산이 내 위로 무너져 내린 듯한 느낌을 받았지요. 나는 숨을 헐떡거리며 팔을 빼내려 애썼지만, 그는 나에게 만회할 기회를 주지 않고 목을 눌렀습니다. 내 무릎은 땅에 닿고, 입은 흙 속에 묻혀 있었습니다. 힘으로는 도저히 그의 적수가 되지 않는다는 것을 깨닫고 난 뱀으로 변신하여 간신히 빠져나왔습니다. 나는 몸을 둘둘 말고 갈라진 혀로 슛슛 소리를 내며 그를 위협했습니다. 그러자 그는 비웃으며 '뱀 따위는 어릴 적에도 간단히 해치웠었다.'라며 손으로 내 목을 꽉 잡았습니다. 나는 질식할 것 같아 그의 손아귀에서 목을 빼내려고 몸부림쳤지요. 뱀으로 변해도 이길 수 없었던 나는 남아 있는 유일한 수단을 써서 황소로 변신했습니다. 내가 황소로 변하자, 그는 억센 팔로 내 목을 잡고 땅바닥에 질질 끌더니 모래톱에 내던졌습니다. 그는 그 정도에 만족하지 않고 그 무자비한 손으로 내 뿔 하나를 뽑았습니다. 그러자 강의 요정인 나이아스 Naiads 들이 그것을 주워 신에게 바치고 거기에다 향기로운 꽃을 채웠습니다. 풍요의 여신이 내 뿔을 가져다가 '코르누코피아 Cornucopia (풍요의 뿔)'라고 불렀답니다."

헤라클레스와 아켈로스, 아놀드 뵈클린, 1898년

아켈로스는 그리스 북서부에 위치한 같은 이름을 가진 강의 신이다. 그는 오케아노스와 테티스 사이에서 태어났다고 전해지고 있으며 사랑을 위해 헤라클레스와 싸운 것으로 알려져 있다.

후에 아켈로스는 알크마이온과 결혼한 칼리로에, 델포이의 유명한 샘물인 카스타리아의 님프 등 몇몇 님프와 세이렌을 자식으로 두게 된다.

옛날 사람들은 그들의 신화에 숨어 있는 뜻을 발견해 내는 것을 즐겼다. 그래서 그들은 아켈로스와 헤라클레스가 벌인 이 싸움을 이렇게 해석했다.

아켈로스는 장마철에 제방을 범람시킨 강이고, 아켈로스가 데이아네이라를 사랑하고 구혼했다는 이야기는 그 하천이 넘쳐 데이아네이라가 사는 나라로 흘러갔다는 것을 의미한다는 것이다. 아켈로스가 뱀으로 변신했다는 것은 강이 뱀처럼 곡선을 그리며 흘러갔다는 뜻이며, 황소로 변신했다는 것은 요란한 소리를 내며 흘러갔다는 것이다. 그 하천이 심하게 불어나 범람하다 보면 강에 다른 줄기가 생기게 마련인데, 황소 머리에 달린 뿔(우각호牛角湖 Oxbow lake)은 이를 의미한다. 헤라클레스는 제방을 쌓고 운하를 파서 주기적으로 발생하는 하천의 범람을 막았다. 그가 강의 신을 정복하고 그의 뿔을 하나 베었다는 이야기는 이를 뜻한다. 이로써 전에는 홍수로 황폐해졌던 토지가 복구되어 대단히 비옥해졌다고 하는데, '풍요의 뿔'이란 바로 이를 의미한다.

코르누코피아의 기원에 관해서 이와는 다른 설명도 있다. 제우스가 태어났을 때 그의 어머니 레아는 아들을 보호하기 위해 크레타의 왕 멜리세우스Melisseus의 딸들에게 양육하게 했다. 그들은 이 어린 신을 염소 아말테이아Amaltheia의 젖으로 양육했다. 제우스는 염소 뿔을 하나 꺾어 멜리세우스의 딸들에게 주었는데, 그것을 가진 자가 소망하는 것이면 무엇이든 이루어지게 하는 불가사의한 능력을 부여했다고 한다.

어떤 작가들은 디오니소스의 어머니 이름을 아말테이아라고 부르고 있다. 밀턴은 『실낙원』 제4편에서 이 이름을 다음과 같이 사용하고 있다.

트리톤 강으로 둘러싸인 저 니사의 섬,
이교도들이 암몬이라 부르기도 하고,
리비아의 제우스라고도 부르는
저 나이든 캄이 아말테이아와
그 어린 홍안의 아들 디오니소스를
계모 레아의 이목으로부터 감춘 그 섬.

Bulfinch's Mythology: The Age of Fable

인 간 의 도 리
아드메토스와 알케스티스

아스클레피오스 Aesculapius 는 아폴론의 아들이었다. 그는 아버지로부터 죽은 사람도 살릴 수 있는 뛰어난 의술을 물려받았다. 이를 알게 된 하계의 왕 하데스는 놀라 제우스를 설득해 아스클레피오스에게 벼락을 던지게 했다. 아폴론은 아들의 죽음에 분개하여 벼락을 만든 죄 없는 직공들에게 복수한다. 이 직공들은 키클롭스들로, 그들의 공장이 있는 에트나 Aetna 산 밑에서는 용광로의 연기와 불꽃이 끊임없이 뿜어져 나오고 있었다.

아폴론은 키클롭스들에게 화살을 쏘았다. 그러자 몹시 노한 제우스는 아폴론에게 벌을 내려 일 년 동안 인간의 하인이 되게 했다. 아폴론은 테살리아Thessaly 왕 아드메토스Admetus의 하인이 되어 암프리소스Amphrysos 강변의 초록빛 제방에서 그의 양 떼를 돌보게 되었다.

아드메토스는 펠리아스Pelias의 딸 알케스티스Alcestis와 결혼하기를 원했으나, 그녀에게는 수많은 청혼자가 있었다. 펠리아스는 사자와 산돼지가 끄는 이륜 전차를 타고 달릴 수 있는 자에게 딸을 주겠다고 약속했다. 아드메토스는 양을 돌봐주던 아폴론의 도움으로 이 문제를 해결하고 알케스티스를 아내로 맞아 행복하게 지냈다.

그러던 어느 날, 아드메토스가 병에 걸려 거의 죽을 지경에 이르자 아폴론은 운명의 신을 설득해 왕 대신 죽기를 자청하는 사람이 있으면 아드메토스를 살려주겠노라는 약속을 받아냈다. 죽음을 유예받은 아드메토스는 기쁜 나머지 자기 대신 죽을 사람에 대해서는 깊이 생각하지 않았다.

그는 평상시 아첨하던 자들이나 신하들이 항상 그를 위해 충성을 다짐했던 서약을 기억해내고는, 자기 대신 죽을 자를 구하기는 쉬울 것이라 생각했다.

그러나 상황은 그렇지 않았다. 군주를 위해 기꺼이 목숨을 바칠 용의가 있었던 용감한 병사들도 병석에 누운 군주 대신 죽는 것은 거부했다. 어릴 때부터 아드메토스와 그 일가의 은혜를 입은 늙은 신하들도, 보은 때문에 얼마 남지 않은 여생을 내놓는 것은 주저했다. 사람들은 의아하게 생각했다.

'왜 그의 부모 중 한 사람이 대신 죽지 않을까. 그분들이라면 수명도 얼마 남지 않았고, 또 그들이야말로 아들의 죽음을 막을 의무를 느끼지 않을까?'

그러나 아드메토스의 부모도 아들을 잃는 것은 슬펐으나 아들 대신 죽는 것은 꺼렸다. 마침내 알케스티스가 자신이 대신 죽겠다고 자청했다. 아드메토스는 아무리 살고 싶다 해도 사랑하는 아내를 잃는 엄청난 대가를 치르면서까지 생명을 연장시키고 싶지는 않았다. 그러나 이미 다른 방도가 없었다. 운명의 신이 내린 결정을 감히 취소할 수 없었기 때문이다.

죽음 직전의 아드메토스가 다시 살아나자, 대신 죽을 운명에 처한 알케스티스는 병이 날로 위독해져 죽음의 길에 거의 다다랐다.

바로 이때 헤라클레스가 아드메토스의 궁전에 도착했다. 그는 모든 궁중 사람들이 얼마 있지 않으면 사랑하는 여왕을 잃을 큰 슬픔에 잠겨 있는 것을 보았다. 어떤 어려움이 닥쳐도 모두 극복했던 헤라클레스는 이번에도 여왕을 구하기로 결심한다. 그는 죽어가는 여왕 옆에서 기다리다 죽음의 신이 그의 희생물을 데려가기 위해 왔을 때, 그를 붙잡고 알케스티스의 목숨을 단념해줄 것을 청했다. 그리하여 알케스티스는 회복하여 다시 남편과 행복하게 살았다.

밀턴은 「죽은 아내를 위한 소네트」에서 알케스티스 이야기를 다루고 있다.

나는 죽은 아내가 무덤 속에서 천사의
손길에 이끌려나오는 듯 보였다.
마치 위대한 제우스의 아들이
파리하고 가냘픈 죽음의 향취로부터
알케스티스를 구하여
기뻐하는 남편에게 돌려주었을 때처럼.

아드메토스를 위해 자신의 목숨을 내놓는 알케스티스, 하인리히 퓌거, 1804~05년

　에우리피데스의 연극에서 전해지는 또 다른 이야기로는 아드메토스가 죽을 때 그의 궁전의 손님으로 와 있던 헤라클레스가 죽음의 신과 싸워 알케스티스를 되찾았다고 한다.
　아폴론과 아드메토스의 관계는 그의 아들과도 연결된다. 아버지 아드메토스의 뒤를 이어 테살리아의 페라이 왕이 된 그의 아들 에우멜로스는 트로이 전쟁에 11척의 함대를 거느리고 참가했다. 그는 아폴론이 아드메토스를 위해 사육한 훌륭한 암말을 가지고 있었기에 영웅들과 어깨를 나란히 할 수 있었다. 사실 파트로클로스를 위한 장례 기념 전차 경주에서 디오메데스의 편을 든 아테나 여신이 에우멜로스가 탄 전차의 멍에를 부러뜨리지 않았다면 그가 우승했을 것이다. 그는 후에 페넬로페이아와 자매간인 입티메와 결혼했다.

저승의 사자와 싸우는 헤라클레스, 프레더릭 레이턴, 1869~71년

J. R. 로웰은 「아드메토스 왕의 양치기」라는 제목의 짧은 시를 지었다. 그는 이 작품에서 아폴론이 처음으로 인간에게 시를 가르쳐준 고사(古事)를 노래하고 있다.

사람들은 그를 게으르고,
아둔한 젊은이라고 불렀으나,
실제로는 그들도 알지 못하는 사이에
그가 무심코 내뱉은 말을 자신들의 법률로 삼았다.
그리고 그가 지나간 모든 곳이
갈수록 성스러움을 더해가자
훗날의 시인들은
이 최초의 형제가 신이었음을 깨달았다.

인 간 의 도 리
안티고네

그리스 시대 전설에 등장하는 흥미 있는 인물이나 고상한 행동을 보이는 주인공은 대부분 여성이었다. 알케스티스가 부부애의 표본인 데 비해 안티고네 Antigone 는 효성과 우애의 아름다움을 상징하는 표본이었다.

그녀는 오이디푸스 Oedipus 와 이오카스테 Iocaste 의 딸이었는데, 그녀의 일가는 가혹한 운명의 희생물이 되어 몰락한다. 오이디푸스는 정신적 충격을 이기지 못해 미쳐서 자신의 눈을 뽑아낸다. 그는 천벌을 받을 패륜아로서 모든 사람들로부터 공포의 대상이 되어 자신의 왕국이었던 테베에서 추방당했다. 그러나 그의 딸 안티고네는 방랑하는 아버지를 돌보며 곁에 있다가 그가 세상을 떠나자 테베로 돌아왔다.

안티고네의 오빠 에테오클레스^{Eteocles}와 폴리네이케스^{Polyneices}는 1년씩 번갈아가며 나라를 다스리기로 했다. 첫해는 에테오클레스가 다스렸는데, 그는 기한이 다 되었는데도 동생에게 나라를 양도하지 않았다. 그러자 폴리네이케스는 아르고스 왕 아드라스토스^{Adrastos}에게 도망가 도움을 청했다. 왕은 그를 자기 딸과 결혼시키고, 군대를 주어 왕위를 빼앗도록 했다. 이것이 그리스의 서사시인과 비극시인에게 많은 소재를 제공한 '테베 공략의 일곱 용사'라는 유명한 원정의 발단이었다.

아드라스토스의 누이의 남편인 암피아라오스^{Amphiaraos}는 이 계획을 반대했다. 예언자인 그가 점을 쳐보니 아드라스토스 이외의 다른 장수들은 아무도 살아 돌아오지 못하리라는 점괘가 나왔기 때문이었다. 그런데 암피아라오스가 왕의 누이인 에리필레^{Eriphyle}와 결혼할 때, 두 사람 사이에 의견이 맞설 경우에는 에리필레의 결정에 따르기로 합의했었다. 폴리네이케스는 이것을 기억하고는 에리필레에게 '하르모니아^{Harmonia}의 목걸이'를 선물해 그녀를 자기 편으로 만들었다. 이 목걸이는 하르모니아가 카드모스^{Cadmus}와 결혼할 때 헤파이스토스가 선물한 것으로, 폴리네이케스가 테베에서 망명할 때 가지고 온 것이었다.

에리필레는 뇌물의 유혹을 물리칠 수 없었다. 그녀는 폴리네이케스의 편을 들었고, 결국 아내의 결정에 따라 전쟁을 결행하게 된 암피아라오스는 피할 수 없는 운명을 향해 나아간다. 그는 전투에서 용감히 싸웠으나 예정된 운명을 피할 수 없었다. 적의 추격을 받아 냇가로 도망칠 때 제우스가 던진 벼락에 땅이 갈라져, 그와 그의 이륜 전차는 물론 그의 말을 몰던 병사까지 그 틈에 빠져 목숨을 잃고 만다.

여기에서 그 전투에서 장수들이 보여준 영웅적인 전과나 잔악한 행위를 자세히 설명하는 것은 적당치 않을 것이다. 그러나 에리필레의 나

에테오클레스와 폴리네이케스, 지오반니 바티스타 티에폴로, 1725~30년

폴리네이케스는 '대투쟁'이라는 뜻이다. 소포클레스의 『콜로노스의 오이디푸스』에 따르면, 폴리네이케스는 테베를 공격하기 위해 눈이 먼 채 추방되어 있던 아버지의 지지를 얻으려고 에테오클레스가 테베인을 선동해 자신의 편으로 끌어들이고 있다고 했다. 하지만 오이디푸스는 아들을 꾸짖으며 테베를 최초로 지배한 자로서 자신의 추방에 책임을 져야 할 자는 폴리네이케스라고 했다. 또한, 아르고스의 폴리네이케스 지지자들이 테베를 공격한다 해도 테베가 무사할 것은 물론이고 그의 두 아들이 서로 싸우다 죽이게 될 것이라고 저주했다.

폴리네이케스와 아르게이아 사이에는 테르산드로스라는 아들이 있었고, 이밖에도 아드라스토스와 티메이아스라는 아들이 있었다.

안티고네 | 483

약한 성품과 대조가 되는 에바드네 Evadne 의 정절을 이야기하지 않을 수 없다.

아르고스의 용사 카파네우스 Capaneus 는 전투에 지나치게 열중한 나머지 테베가 제우스 신의 도시라는 것을 잊고 그곳을 멸하겠노라고 선언한다. 그는 앞장서서 성벽에 사다리를 걸고 올라갔으나, 그의 불경스런 말에 화가 난 제우스는 벼락을 내려 그를 죽게 한다. 카파네우스의 장례식이 거행될 때 슬픔을 이기지 못한 그의 아내 에바드네는 불길에 휩싸인 장작더미 위로 몸을 던져 남편과 함께 죽었다.

전쟁 초기, 에테오클레스는 예언자 테이레시아스 Teiresias 에게 결과가 어찌될 것인지를 물었다. 테이레시아스는 젊었을 때 우연히 아테나가 목욕하는 모습을 본 일이 있었다. 그러자 아테나는 노하여 그를 장님으로 만들어 버렸는데, 후에 그를 가엾게 여겨 보상으로 미래를 내다보는 능력을 주었다.

에테오클레스의 물음에 테이레시아스는 만약 크레온 Creon 의 아들 메노이케우스 Menoeceus 가 자진하여 제물이 된다면 테베가 승리할 것임을 예언했다. 영웅심으로 충만한 청년 메노이케우스는 이 예언을 듣자 첫 번째 싸움에서 기꺼이 자신의 목숨을 던졌다.

포위전은 장기간 계속되었으나 승패가 결정나지 않았다. 마침내 양군은 에테오클레스와 폴리네이케스 둘의 싸움으로 승패를 가리기로 했다. 그러나 한참 싸우던 그들은 둘 다 서로의 칼에 찔려 쓰러졌다.

군사들은 다시 전투를 시작했다. 마침내 패색이 짙어지자 아르고군들은 전사자를 묻지도 않은 채 도망쳤다. 전사한 두 왕자의 외삼촌이자 왕이 된 크레온은 에테오클레스를 정중히 매장해 주었다. 그러나 폴리네이케스의 시체는 그가 전사한 곳에 그대로 내버려둔 채 매장을 금하여, 누구든지 시체를 매장하는 자가 있으면 사형에 처한다고 포고했다.

폴리네이케스의 누이 안티고네는 오빠의 시체를 버려두어 들개와 독수리 밥이 되게 했을 뿐만 아니라, 심지어는 죽은 자들이 편히 쉴 수 있도록 해주는 장례조차도 거행치 못하게 하는 몰인정한 포고를 듣고 분개했다. 안티고네는 다정다감하면서도 겁 많은 동생의 만류도 듣지 않고, 거들어주는 사람도 없이 혼자 시체를 매장하기로 했다.

하지만 그녀는 현장에서 발각되었다. 그러자 크레온은 국가의 엄숙한 포고를 고의로 위반했다는 이유로 안티고네를 생매장하라는 명령을 내렸다. 안티고네의 애인이자 크레온의 아들 하이먼은 그녀 앞에 닥친 운명도 막을 수 없고, 자기 혼자 살아남는 것도 원치 않아 스스로 목숨을 끊었다.

안티고네의 이야기는 그리스 시인 소포클레스가 쓴 두 편의 훌륭한 비극(『안티고네』와 『콜로노스의 오이디푸스』)의 주제를 이루고 있다.

제임슨 부인(영국의 저술가)은 『여성의 특질』에서 안티고네와 셰익스피어의 『리어 왕』에 나오는 코딜리어의 성격을 비교하고 있다.

다음에 소개하는 한 구절은 오이디푸스를 애도하는 안티고네의 슬픔이 담긴 노래인데, 마침내 죽음이 오이디푸스를 고난으로부터 해방시켰을 때를 표현한 것이다.

아! 제가 다만 바랐던 것은 불쌍한 아버지와
한날한시에 죽는 것이었다.
어떻게 혼자 그 이상 살길 바라겠습니까?
오, 아버지와 함께할 때는

오이디푸스와 안티고네, 안토니 브로도프스키, 1828년

괴로움도 달콤하고,
더없이 힘든 일도 아름다웠다.
오, 소중한 아버지,
이미 지하의 깊은 어둠 속에 묻혀버린 아버지,
당신은 노령으로 지쳐 있었지만
제게는 소중한 분이셨다.
앞으로도 영원히 그러할 것이다.

-『소포클레스』중에서

안티고네, 윌리암 아돌프 부그로, 1891년

Bulfinch's Mythology: The Age of Fable

인 간 의 도 리
페넬로페이아

페넬로페이아 Penelopeia 의 아름다움은 외모보다는 성격과 행동에서 나온 것으로, 그녀는 전설적으로 아름다움을 상징하는 여주인공이 되었다. 그녀는 스파르타 왕 이카리오스 Icarius 의 딸이었다. 그녀에게는 수많은 구혼자가 있었는데, 이타카의 왕 오디세우스 Odysseus 가 모든 경쟁자를 물리치고 그녀의 사랑을 얻었다.

페넬로페이아가 친정을 떠날 때, 아버지 이카리오스는 딸과의 이별을 견디지 못해 남편을 따라 이타카에 가지 말고 그냥 스파르타에 머물도록 설득했다. 오디세우스는 페넬로페이아에게 친정에 있든지 자기와 같이 가든지 맘대로 하라고 하자, 그녀는 아무 대답 없이 얼굴을 베

페넬로페이아를 깨우는 유리클레아, 앙겔리카 카우프만, 1772년

페넬로페는 스파르타의 왕인 이카리오스와 님프 페리보이아 사이에서 태어난 딸이다. 이카리오스는 페넬로페이아가 오디세우스와 결혼하여 자신의 곁을 떠나는 것을 원치 않아 말을 타고 그들의 뒤를 쫓았다. 그러자 오디세우스는 그녀에게 자신과 아버지 중 누구를 택할 것인지를 물었다. 이에 페넬로페이아는 아무 말 없이 베일을 씀으로써 오디세우스를 택했다고 한다.

두 사람에게는 아들 텔레마코스가 있었는데 오디세우스가 떠날 때는 갓난아이였다. 오디세우스가 20년 만에 돌아와 부자가 다시 만났을 때는 20세 정도의 청년이 되어 있었다. 그 후 페넬로페이아는 둘째 아들인 프톨리포르테스(도시의 파괴자라는 뜻)를 낳았다.

일로 가렸다. 그러자 더 이상 이카리오스는 강요하지 않았고, 그녀가 떠났을 때 그들이 이별한 곳에 '정절의 여신상'을 세웠다.

오디세우스와 페넬로페이아가 결혼한 지 일 년 남짓 되었을 때, 오디세우스가 트로이 전쟁에 참전하게 되면서 그들의 행복도 막을 내리게 되었다. 전쟁이 끝나고 그가 떠난 지 몇 년이 흘러도 오디세우스는 돌아오지 않았다. 그러자 살아 돌아올 가망성이 없다고 판단한 구혼자들이 페넬로페이아를 성가시게 한다. 그 괴롭힘에서 벗어나려면 그들 중 한 사람을 남편으로 선택하는 수밖에 없었다.

그러나 페넬로페이아는 오디세우스가 돌아올 것이라는 희망을 버리지 않고 차일피일 시간을 끌면서 구혼자 선택을 늦추었다. 그 방법 중 하나는 시아버지 라에르테스 Laertes 의 수의를 짜는 일이었다. 그녀는 구혼자들에게 수의 짜는 일을 마치면 누군가를 선택하겠다고 약속했다. 그래서 그녀는 낮에는 수의를 짜고 밤에는 낮에 짠 것을 다시 풀었다. 이것이 '페넬로페이아의 직물'이란 속담으로, 끊임없이 일하지만 마치지 못하는 일을 의미한다.

피에트로, 지안 로렌조 베르니니, 1615년

XXI. 술의 신 디오니소스

트리톤 강으로 둘러싸인 저 니사의 섬.
이교도들이 암몬이라 부르기도 하고, 리비아의 제우스라고도 부르는
저 나이든 캄이 아말테이아와 그 어린 홍안의 아들 디오니소스를
계모 레아의 이목으로부터 감춘 그 섬.

Bulfinch's Mythology: The Age of Fable

술 의 신 디 오 니 소 스
디오니소스

디오니소스(바쿠스)는 제우스와 세멜레 사이에서 태어난 아들이었다. 헤라는 남편의 사랑을 독차지한 세멜레에 대한 질투로 그녀를 죽일 음모를 꾸몄다. 헤라는 세멜레의 늙은 유모인 베로에^{Beroe}의 모습으로 변신하여 그녀에게 접근했다. 헤라는 그녀가 자신의 애인이 정말 제우스 신인지를 의심하게 만들기 위해 탄식하며 말했다.

"나는 진심으로 신이길 바라지만, 의심스러운 마음을 떨쳐버릴 수가 없습니다. 이 세상에는 제 입으로 말한 모습과 다른 사람이 많기 때문이죠. 그가 진정 제우스라면 증거를 보여 달라고 하십시오. 하늘에서와 같이 휘황찬란한 차림을 하고 오도록 요구하십시오. 그러면 정말

신인지 아닌지를 알 수 있을 것입니다."

세멜레는 유모가 말한 대로 하기로 마음먹었다. 그녀는 자신을 찾아온 제우스에게 무슨 내용인지도 밝히지 않고 부탁 하나를 들어달라고 요청했다. 제우스는 부탁을 들어주겠다며, 신들도 두려워하는 스틱스강 the river Styx 의 신을 증인으로 내세워 어길 수 없는 서약을 했다. 그제야 세멜레는 자신의 부탁이 무엇인지를 밝혔다. 제우스는 그녀가 말을 끝내기 전에 말을 막으려 했으나 그럴 틈이 없었다. 이미 부탁의 말을 입 밖으로 내뱉은 이상 제우스는 자신이 한 약속도, 세멜레의 청도 취소할 수 없었다.

제우스는 깊은 고뇌에 잠긴 채 세멜레와 헤어져 하늘로 돌아왔다. 그는 신 중의 신답게 찬란하게 빛을 내뿜는 몸차림을 했다. 그러고 나서 그는 세멜레의 방에 들어섰다. 하지만 인간인 세멜레는 신의 광채를 견뎌낼 수 없었다. 결국, 그녀는 순식간에 불타 재가 되어 사라지고 말았다.

제우스는 그녀의 몸에서 디오니소스를 꺼내어 니사 산의 님프들에게 맡겼다. 이 님프들은 디오니소스가 소년이 될 때까지 보살펴주고 그 보답으로 제우스에 의해 히아데스자리 the Hyades 가 되어 별 사이에 놓이게 되었다.

디오니소스는 성장하여 포도의 재배법과 포도에서 귀중한 과즙을 짜내는 법을 발견했다. 그러나 헤라는 디오니소스를 미치광이로 만들어 추방했기 때문에 그는 여러 나라를 떠돌아다니는 방랑객이 될 수밖에 없었다. 그가 프리기아에 이르렀을 때 여신 레아를 만났다. 그녀는 디오니소스의 광기를 치료해 주고 그녀의 종교의식을 가르쳐 주었다. 그 후 디오니소스는 아시아 여행을 떠나 그곳 주민들에게 포도 재배법을 가르쳐 주었다. 그의 여행 중 가장 유명한 것은 인도 원정이었는데,

제우스와 세멜레, 귀스타프 모로, 1895년

귀스타브 모로는 신화를 바탕으로 내적 감정을 표현한 프랑스의 대표적인 상징주의 화가다. 두드러지는 명암대비와 대담한 구도, 정밀한 묘사와 입체적인 색채는 그의 작품을 상징적이면서도 탐미적인 표현 세계로 구축해냈다.

모로 특유의 화풍은 그의 말년작 '제우스와 세멜레'에 잘 나타나는데, 마치 사후세계처럼 기묘하지만 아이러니하게도 술의 신 디오니소스의 출생 장면을 담은 그림이다. 각종 상징물이 난해하게 흩어진 가운데 제우스가 휘황찬란한 왕좌를 배경으로 슬픈 얼굴을 하고 있다. 무릎에는 그가 사랑했던 여인 세멜레가 안겨 있다.

아름다운 여인들의 후원자인 제우스가 아름다운 처녀 세멜레와 사랑에 빠졌다. 그녀는 아이를 갖고, 헤라 여신은 지옥 불보다 무서운 질투에 휩싸인다.

세멜레를 벌하기로 결심한 헤라는 유모로 변해 속삭인다. "요즘 사기꾼이 많으니, 진짜 제우스 신인지 확인해 보세요. 진짜라면 당당하게 번개를 부리는 모습을 보여줄 겁니다." 순진한 세멜레는 헤라의 꾐에 빠지고, 자신의 소원을 들어달라 요구한다. 영문을 모르는 제우스는 뭐든 들어주겠다며 스틱스 강에 대고 맹세한다. 뒤늦게 세멜레의 소원이 죽음을 재촉하는 것임을 안 그는 깊은 슬픔에 잠기지만, 맹세를 실천해야 했다.

결국, 그녀의 바람대로 제우스는 신의 광휘와 번개를 몰고 나타나고, 인간의 모습으로는 신의 광영을 대면할 수 없기에 세멜레는 온몸에 화상을 입은 채 숨지고 만다. 제우스는 그녀의 몸에서 태아를 꺼내 자신의 허벅지에 넣고 나머지 달을 채워 비로소 디오니소스가 탄생한다. 출생 이후 그는 미지의 섬에서 님프들 손에 길러진다.

이 여행은 수년간 계속되었다고 한다. 그곳에서 깨달음을 얻고 의기양양하게 그리스로 돌아온 디오니소스는 자기의 신앙을 펼치려 했다. 하지만 이를 반대하는 군주들이 그의 시도를 막았다. 그들은 디오니소스의 종교가 가져올 무질서와 광란을 염려하여 그의 종교가 퍼지는 것을 두려워했던 것이다.

디오니소스가 고향인 테베에 가까이 오자, 새로운 신앙을 존중하지 않는 국왕 펜테우스 Pentheus 는 이 의식의 집행을 금지했다. 그러나 디오니소스가 온다는 소식이 퍼지자 많은 사람들, 특히 여자들이 나이에 구별 없이 그를 만나고 개선 행렬에 참가하려고 구름같이 모여들었다.

롱펠로 Longfellow 는 「주연(酒宴)의 노래」에서 디오니소스의 행렬을 다음과 같이 노래한다.

> 파우누스들이 젊은 디오니소스를 따라갔다.
> 아폴론의 이마처럼 높고
> 또 영원한 젊음을 지닌 그 이마에는
> 월계수관이 씌워져 있다.
> 그의 주위에는
> 아름다운 바카이(디오니소스의 여신도를 말함)들이
> 심벌즈와 피리와
> 티르소스(디오니소스의 지팡이)를 들고
> 낙소스 숲이나 자킨토스 포도밭에서
> 미친 듯이 주연의 노래를 부르고 있다.

디오니소스의 행렬에 대해 펜테우스가 아무리 충고하고 명령하고 위협해도 허사였다. 그는 주위 시종들에게 말했다.

"가서 소란 피우는 군중을 지휘하는 방랑자를 잡아들여라. 그가 스스로 신족 태생이라 주장하지만, 나는 그것이 거짓이란 것을 자백하게 하고 그의 가짜 신앙을 버리도록 하겠다."

왕의 친구들과 현명한 고문관들이 신에게 대항하지 말라고 충고하고 애원했으나 펜테우스는 이를 듣지 않았다. 오히려 그들의 간언은 왕의 화를 더욱 부채질했다. 디오니소스를 잡아오라고 왕이 파견했던 부하들이 돌아왔다. 그들은 디오니소스의 신자들에게 쫓겨 돌아왔다. 그러나 신자들 중 한 사람을 포로로 잡아 왕 앞으로 데려왔다. 펜테우스는 잡혀온 자를 분노에 찬 눈으로 무섭게 노려보며 말했다.

"네 이놈! 다른 자에게 경종(警鐘)이 되기 위해 너를 당장 처형하고 싶으나 그전에 먼저 몇 가지 물어볼 게 있다. 네 이름은 무엇이며 너희들이 거행하는 새로운 의식이란 어떤 것인지 말하라."

이에 포로가 대답했다.

"제 이름은 아케테스이고, 고향은 마이오니아입니다. 이미 돌아가신 제 부모님은 가난하여 땅 한 떼기, 양 한 마리 남겨주지 못했지만, 다행스럽게도 저는 낚싯대와 그물과 어부라는 가업을 물려받을 수 있었습니다. 저는 가업에 수년간 종사하다 언제나 한 장소에 머무르고 있는 것에 싫증나서 별을 보고 항로를 안내할 수 있는 수로 안내인의 기술을 익혔습니다. 델로스를 향해 항해하고 있을 때, 디아 섬에 들르게 되어 상륙했습니다. 다음 날 아침 저는 물을 구하러 선원을 보낸 후에, 바람의 방향을 관찰하려고 작은 언덕으로 올라갔습니다. 그때 선원들이 아름다운 외모의 소년을 데려왔습니다. 선원들은 잠들어 있는 소년을 잡아온 것인데 그들은 소년을 근사한 전리품이라고 생각했습니다. 그들은 소년이 고귀한 신분이고, 혹여 어느 나라의 왕자일지도 모른다고 생각하여 몸값을 두둑이 받아낼 생각이었습니다. 저는 소년의 옷차림과 걸음걸이와 얼굴을 자세히 살펴보고, 뭔가 범상치 않은 점을 느꼈습니다. 저는 선원들에게 말했습니다.

'나는 어떤 신이 그의 모습 속에 숨어 있는지 모른다. 그러나 신이 깃들어 있음은 의심할 여지가 없다. 너그러우신 신이여, 저희들이 당신에게 가한 무례를 용서하십시오. 그리고 저희들이 하는 일을 도와주십시오.'

그러자 돛대에 오르거나 줄을 타고 내려오는 데 명수인 딕티스와 키잡이인 멜란토스 Melanthus 그리고 선원들이 소리 맞춰 구령할 때 지휘를 하는 에포페우스 Epopeus 등이 이구동성으로 소리쳤습니다.

'제발 기도는 그만두시오.'

탐욕이 그들의 눈을 어둡게 했던 것입니다. 그들이 소년을 배에 태우려 할 때에도 저는 반대했습니다.

'배를 불경스럽게 더럽혀서는 안 된다. 누구보다도 이 배는 내게 권리가 있다.'

그러자 난폭한 리카바스 Lycabas 가 저의 멱살을 붙잡고 배 밖으로 내던지려 했습니다. 저는 겨우 목숨을 건졌고 다른 자들도 리카바스의 행동을 막으려 하지 않았습니다. 그때 소년이 졸음을 참지 못하겠다는 표정으로 부르짖었습니다.

'당신들은 날 어떻게 하려는 거요? 뭐 때문에 싸우고 있소? 누가 날 이곳에 데려왔소? 당신들은 장차 나를 어디로 데려가려는 거요?'

그러자 한 선원이 말했습니다.

'걱정할 것 없다. 네가 가고 싶은 곳을 말해라. 우리가 널 그곳으로

디오니소스 | 499

바쿠스(디오니소스), 미켈란젤로 다 카라바조, 1596년

『바쿠스』는 카라바조의 청년기를 대표하는 작품으로 그가 로마에서 제작한 초기작 중 하나이다. 바쿠스(그리스어로는 디오니소스)는 그리스 로마 신화에서 포도주의 신을 이른다. 일반적으로 서양화에서 바쿠스는 머리에 월계수 잎과 포도 덩굴로 엮은 관을 쓰고 술에 취해 흥겨워하는 무리들 속에 있는 모습으로 많이 그려졌다. 카라바조의 이 작품은 이례적으로 관람자를 바라보며 홀로 앉아 포도주잔을 건네는 모습으로 표현되었다. 신화 속의 불멸의 신이라기보다는 분장한 소년처럼 앳되고 특히 관람자를 향한 미묘한 시선이 보는 이의 눈길을 사로잡는다.

데려다 주마.'

소년이 대답했습니다.

'우리 집은 낙소스요. 그곳으로 데려다 주시오. 후하게 사례하겠소.'

그들은 그렇게 약속했고, 제게 배를 낙소스로 안내하라고 명령했습니다. 낙소스는 오른쪽에 있었습니다. 그래서 저는 배가 그쪽으로 가도록 돛을 조절했습니다. 그러자 어떤 자는 눈짓으로, 또 어떤 자는 귀엣말로 저 애를 이집트로 데리고 가서 노예로 팔 작정이니 배를 반대 방향으로 몰라고 했습니다. 저는 당황하여 말했습니다.

'난 배 안내를 못 하겠으니 다른 사람을 시키시오.'

저는 그들의 음모에 가담하지 않았습니다.

'우리 생명이 오로지 너에게 달려 있는 줄 아느냐?'

그들은 제게 욕설을 퍼부으며 다른 사람을 뱃길 안내자로 내세웠습니다. 그자들은 배를 낙소스의 반대 방향으로 돌렸습니다. 그제야 소년은 선원들의 배반을 알아차린 듯 바다를 바라보며 울먹이는 소리로 말했습니다.

'선원들이여, 이곳은 당신들이 약속한 해안이 아니지 않습니까? 저 섬은 우리 집이 있는 곳이 아니오. 내가 무슨 죄를 지었다고 이런 짓을 하는 거요? 가엾은 아이를 속여서 좋을 게 뭐가 있습니까?'

저는 이 말을 듣고 울었습니다. 그러나 선원들은 우리 둘을 비웃기라도 하는 듯이 배의 속도를 올렸습니다.

그때 갑자기 이상한 일이 일어났습니다. 배가 바다 한가운데서 좌초된 것처럼 움직이지 않았습니다. 선원들은 놀라 배를 움직이기 위해 노를 잡아당기기도 하고 돛을 더 펴기도 하며 애썼으나 모두 허사였습니다. 열매가 줄줄이 달린 포도 덩굴이 노에 감겨 움직임을 방해하고 돛대 위로 뻗어 오르고 뱃전에 엉켰습니다. 어디에선가 피리 소리가 들리면서 향기로운 술 냄새가 풍겨 왔습니다.

소년도 모습이 달라져서 포도 잎사귀로 만들어진 관을 쓰고 손에는 담쟁이덩굴이 엉킨 창을 든 디오니소스가 되어 있었습니다. 그의 발밑에는 호랑이가 웅크리고 있고, 그 주위에는 형형색색의 스라소니와 얼룩무늬 표범이 놀고 있었습니다.

선원들은 공포에 사로잡혔는데, 그중 몇 명은 반쯤 정신이 나가 바다 속으로 뛰어들었습니다. 다른 사람들도 그 뒤를 따르려 했지만, 먼저 뛰어든 동료들의 모습이 변해 몸이 넓적해지고 구부러진 꼬리가 생기는 것을 보았습니다.

누군가 '이 무슨 변괴인가?'라고 말하는 순간, 한 선원의 입이 찢어지고 콧구멍이 커지면서 온몸이 비늘로 덮였습니다. 어떤 사람은 노를 저으려는데 손이 오그라들면서 지느러미로 변했습니다. 또 다른 사람은 줄을 잡으려는 순간 그 손이 팔 끝에서 사라졌습니다. 아까 그 선원은 변한 몸을 구부려서 바닷속으로 뛰어들었습니다. 이제까지 그의 다리였던 것은 초승달 모양의 꼬리가 되었습니다. 선원들은 하나도 남김없이 돌고래가 되어 버렸습니다. 그들은 배 주위를 헤엄쳐 다니면서 물 위에 뜨거나 바닷속으로 가라앉거나 물보라를 일으키거나 넓은 콧구멍으로 물을 뿜거나 했습니다. 열두 명 중 저만 남았습니다. 공포에 질린 저를 보고 디오니소스는 위로했습니다.

'걱정 말고 배를 낙소스로 돌리시오.'

제가 그의 말에 복종해 낙소스에 도착하자, 디오니소스는 제단에 불을 밝히고 제전을 거행했습니다."

펜테우스가 부르짖었다.

"어리석은 이야기에 시간을 너무 허비했다. 저놈을 데려가 속히 처형하라."

아케테스는 펜테우스의 부하들에게 끌려가 감옥에 갇혔다. 그러나 그들이 처형에 쓰는 도구를 마련하는 사이, 옥문이 절로 열리고 아케테스의 손발을 묶고 있던 쇠사슬이 풀렸다. 후에 그를 찾았으나 그는 아무 데도 없었다. 펜테우스는 그래도 반성하는 빛이 없었고, 다른 사람을 보내지 않고 자신이 직접 제전을 보러 가기로 했다. 키타이론 산은 신자들로 가득 찼고, 바카이^{Bacchai}(디오니소스의 여신도들)들의 부르짖음은 사방에 울려 퍼졌다. 이 소동은 펜테우스의 화를 다시 불러일으켰다. 그는 숲 속으로 들어가 제전의 중심부로 뛰어들었다. 마침 그 자리에는 펜테우스의 어머니와 숙모들이 있었고, 그들은 그 광경을 지켜보았다. 그중 디오니소스 때문에 정신이 현혹된 펜테우스의 어머니 아가베^{Agave}가 앞장서며 소리쳤다.

"저기 숲을 휩쓸고 다니는 괴물, 산돼지가 있소. 내가 먼저 산돼지를 잡으렵니다."

사람들이 펜테우스를 향해 달려들었다. 펜테우스는 겸손하게 빌기도 하고, 변명도 하고, 간절히 용서를 구하기도 했으나, 성난 군중들의 몰매를 피할 수 없었다. 펜테우스는 숙모들에게 호소하여 어머니로부터 보호해 달라고 했으나 효과가 없었다. 어머니 아가베와 숙모인 아우토노에^{Autonoe}는 펜테우스의 양팔을 하나씩 잡고, 그의 몸을 토막토막 잘랐다. 아가베가 외쳤다.

"우리가 승리했다! 영광은 우리 것이다!"

이리하여 디오니소스 신앙은 그리스에 확립되었다.

테세우스 편에서, 미노스 왕의 딸 아리아드네 이야기를 했다. 아리아드네는 테세우스를 도와 미궁에서 탈출시킨 후, 그와 같이 낙소스 섬으로 갔지만 배은망덕한 테세우스는 아리아드네가 잠든 사이 그녀를 낙소스 섬에 홀로 남겨 두고 귀국길에 올랐다.

아리아드네는 잠에서 깨어 버림받은 걸 알자 슬픔에 잠겼다. 이를 본 아프로디테가 그녀를 불쌍히 여겨 그녀가 잃어버린 인간 애인 대신 신을 애인으로 내려줄 것을 약속했다.

아리아드네가 버림받은 곳은 디오니소스가 좋아하는 섬으로, 티르레니아 선원들이 그를 납치하여 노예로 팔려고 궁리할 때 그가 데려다 달라고 애원했던 곳이기도 했다. 디오니소스는 운명을 한탄하고 있는 아리아드네를 발견하고 그녀를 위로하여 아내로 삼았다. 결혼 선물로 디오니소스는 그녀에게 보석으로 된 금관을 주었다.

그는 그녀가 세상을 떠났을 때 금관을 벗겨 공중에 던졌다. 금관이 하늘로 올라가면서 보석은 빛을 발하여 별이 되었다. 아리아드네의 금관은 원형 그대로 무릎을 꿇은 헤라클레스와 뱀을 쥐고 있는 부하 사이에 자리 잡았다.

스펜서는 아리아드네의 금관에 대해 이야기했는데, 그는 이 신화를 조금 잘못 알고 있었던 것 같다. 켄타우로스족과 라피타이족이 싸운 것은 테세우스의 결혼식장이 아니라 페이리토오스의 결혼식장에서였다.

보라, 저 아리아드네가 상아와 같은 이마에 썼던 관을.
그것은 테세우스가 결혼 피로연을 베풀던 날,
저 무례한 켄타우로스들이 용감한 라피타이 무리와

펜테우스, 폼페이의 벽화

　펜테우스는 카드모스의 딸 아가베와 용의 이빨 사이에 태어난 에키온의 아들로, 아버지의 뒤를 이어 국왕이 되었다. 그는 이 무렵 퍼지기 시작한 디오니소스 신에 대한 신앙을 금지하였는데, 어느날 키다이론 산에서 미쳐 날뛰는 여신자들이 신에게 제사지내는 것을 몰래 구경하러 갔다. 이 의식(儀式)은 열광적인 입신(入神) 상태를 수반하고 특히 여자들은 담쟁이덩굴을 감은 지팡이를 들고 난무하면서 야수를 죽이는 난폭한 것이었는데, 때마침 광란 상태에 빠져 있던 여자들은 펜테우스를 발견하자 어머니 아가베와 오누이들까지도 그를 야수로 보고 갈가리 찢어 죽임으로써, 디오니소스 신의 복수가 이루어졌다고 전해진다. 이 아가베는 디오니소스의 어머니 세멜레가 인간과 내통하고도 제우스의 이름을 팔다가 날벼락을 맞아 중상당했다고 한다.

디오니소스와 아리아드네, 세바스티아노 리치, 1713년

아리아드네는 크레타 섬의 왕 미노스와 파시파에의 딸이다. 아테네의 영웅 테세우스가 이 섬을 찾아왔을 때, 그를 연모한 아리아드네는 미궁(迷宮) 라비린토스로 가는 길을 안내하기 위해 그에게 실을 주었고, 괴물 미노타우로스를 퇴치하는 일을 도왔다. 실을 따라 라비린토스를 탈출한 테세우스는 아리아드네와 함께 낙소스 섬으로 도망갔는데, 여기서 테세우스는 해변에서 자고 있는 아리아드네를 버리고 떠나버렸다. 그 뒤 그 섬으로 온 디오니소스가 그녀를 사랑하게 되어 아내로 삼고 올림푸스로 데리고 갔다. 디오니소스는 그녀에게 금관을 주었는데, 후에 그 관은 별자리(왕관자리)가 되었다. 아리아드네는 디오니소스와의 사이에 토아스·스타필로스·오이노피온·페파레토스 등의 아들을 낳았다. 그러나 일설에 의하면 아리아드네는 남편 디오니소스의 명령에 따라 아르테미스에게 살해되었다고도 한다.

피비린내 나는 싸움을 하여 패한 날,
그녀가 쓰고 있던 것이지만
지금은 하늘 한쪽 구석에서
빛나는 하늘을 더욱 빛내며
주위를 질서정연하게 도는
별들의 장식이 되어 있나니.

디오니소스 제전, 윌리엄 아돌프 부그로, 1884년

병든 디오니소스, 미켈란젤로 다 카라바조, 1593~94년

아리아드네, 허버트 제임스 드레이퍼, 1905년

판, 메트로폴리탄 박물관(뉴욕) 소장, 1세기

XXII. 전원의 신들

훨씬 신성하고 한적한 그늘진 정자에서는, 누군가가 지어낸 이야기일 테지만,
판이나 실바누스가 잠자려 하지 않았다. 요정이나 파우누스가 지나가는 일도 없었다.

Bulfinch's Mythology: The Age of Fable

전 원 의   신 들
판

    판은 삼림과 들의 신이며, 양떼와 양치기의 신이기도 한다. 그는 작은 동굴 속에 살며 산이나 계곡을 방황하고, 수렵을 하거나 님프들에게 춤을 가르치는 것을 즐겼다. 그는 또 음악을 좋아해 양치기를 위해 '시링크스 Syrinx'라는 양치기의 피리를 발명했으며, 자신이 직접 연주도 했다.

    판은 다른 신들과 마찬가지로, 일 때문에 어쩔 수 없이 한밤중에 숲을 지나가야 하는 사람들에게 공포의 대상이었다. 왜냐하면, 그런 장소의 어둠과 고요는 사람의 마음속에 미신적인 공포를 불러일으키기 때문이다. 그래서 뚜렷한 이유 없이 갑작스레 공포를 느낄 때는 판이 원인이라 하여, 그런 공포를 '판의 공포 panic fear'라 하곤 한다.

판의 이름이 '모든all'이란 뜻이기 때문에, 사람들은 판을 우주의 상징인 동시에 자연의 화신(化神)으로 생각했다. 판은 후세에 모든 신과 기독교 이외의 모든 이교를 대표하는 존재로 생각되었다.

실바누스와 파우누스는 로마의 신이지만 그 성격이 판과 상당히 비슷하므로 그들을 동일한 신이라고 보아도 무방할 것이다.

숲에 사는 님프들은 판의 춤 상대자인데, 실제로 그 역할을 한 것은 님프들 중 일부에 불과했다. 그밖에 시냇물과 샘을 지배하는 나이아스, 산과 동굴의 님프인 오레이아스, 바다의 님프인 네레이스가 있었다. 이 세 종류의 님프들은 영원히 죽지 않았다. 그러나 드리아스Dryads나 혹은 하마드리아스Hamadryads라는 숲의 님프들은 그녀들이 머물고 있는 곳이기도 하며 그녀들과 동시에 출생한 수목이 죽으면 그녀들도 따라 죽는다고 믿었다. 따라서 수목을 함부로 베는 것은 경건치 못한 행위였으며 극단적인 경우에는 엄벌을 받았다. 우리가 다음에 얘기할 에리식톤의 경우가 한 예이다.

밀턴은 아름다운 필치로 천지창조를 그리고 있는데, 그 속에서 그는 판을 대자연의 화신으로 보고 다음과 같이 노래하고 있다.

> 만물의 판은
> 아름다움의 여신이나 계절의 여신들과 함께
> 춤추며 봄을 인도한다.

그리고 이브의 거처에 대해서는 이렇게 노래하고 있다.

훨씬 신성하고 한적한 그늘진 정자에서는,
누군가가 지어낸 이야기일 테지만,
판이나 실바누스가 잠자려 하지 않았다.
요정이나 파우누스가 지나가는 일도 없었다.

자연의 모든 현상을 흔히 신들의 행동으로 보았던 것이 고대 신앙의 재미있는 특징이다. 그리스인의 상상력은 육지와 바다를 비롯한 모든 곳에 신들이 살고 있다고 믿었을 정도였다. 오늘날의 철학이 자연 법칙에 의한 작용이라고 여기는 모든 현상을 신들의 작용이라고 생각했던 것이다.

이따금 우리는 시적인 기분에 사로잡혀 있을 때 이러한 우리 관념의 진화를 유감으로 여기고, 이 변화에 의해 우리의 이성이 얻은 것만큼 감성을 잃어버린 것은 아닌지 안타깝게 생각할 때가 있다. 이러한 기분을 윌리엄 워즈워스 William Wordsworth (영국의 시인)는 다음과 같이 힘차게 표현하고 있다.

위대한 신이여, 나는 오히려
이제는 허물어진 신앙의 젖을 먹으며 자라는 이교도가 되고 싶다.
그러면 이 즐거운 초원에 서서
나를 고독하게 하지 않는 광경을 바라볼 수 있으며,
바다에서 나타나는 프로테우스를 보거나
트리톤의 소라고둥 소리를 들을 수 있기 때문이다.

판과 시링크스, 페테르 파울 루벤스, 1617년

페테르 파울 루벤스는 바로크 시대 플랑드르 제일의 화가로서 날로 높아가는 명성과 많은 제자에게 둘러싸여 특유의 화려하고 장대한 예술을 펼쳐나갔다. 현란한 그의 작품은 감각적이고 관능적이며 밝게 타오르는 듯한 색채와 웅대한 구도가 어울려 생기가 넘친다.

실러는 옛날의 아름다운 신화가 사라진 것을 슬퍼하고 그런 기분을 「그리스의 신들」이라는 시에서 노래한 바 있다. 그리고 독실한 그리스도교도인 시인 브라우닝은 그에 답해 「죽은 판」이라는 시를 썼다.

> 머지않아 최고의 '미'에 정복된다고 스스로 인정하는
> 그대들의 미에 의해서,
> 또 그대들의 이교 중에서도 '진실'을 헤아리려고 하는
> 우리의 위대한 영웅적 정신에 의해서,
> 우리는 더 이상 슬퍼하지 말아요! 그리고 대지로 하여금
> 신들의 영광을 대신하게 하세요.
> 판은 죽어 버린 것입니다.
>
> 이제 대지는 성장하여 어렸을 때 그 곁에서 들리던
> 저 신화의 공상에는 귀를 기울이지 않게 되었습니다.
> 그리고 진실 옆에서 듣던 건전하면서도 지루한
> 저 우아한 이야기에도 귀를 기울이지 않게 되었습니다.
> 아폴론의 이륜차의 길은 이제 끝났습니다!
> 시인들이여, 눈을 들어 태양을 보세요!
> 판, 판은 죽은 것입니다.

이 시는 초기 그리스도교 전설을 바탕으로 쓰인 것이다. 그 전설에 따르면, 천사들이 베들레헴의 양치기들에게 그리스도의 탄생을 알리자, 갑자기 신음이 그리스 온 땅에 울려 퍼지며 위대한 판은 죽고, 올림포스의 신들은 모두 그 지위를 잃었으며, 몇몇 신들은 차갑고 어두

운 세계로 쫓겨났다고 한다. 그래서 밀턴은 「그리스도의 탄생에 부치는 송가」에서 다음과 같이 노래하고 있다.

> 쓸쓸한 산들을 넘고
> 파도치는 해변을 넘어
> 탄식의 소리, 커다란 슬픔의 소리가 들려오자
> 요정이 출몰하는 샘이나
> 창백한 백양목이 우거진 골짜기에서
> 요마(妖魔)는 한숨을 쉬면서 모습을 감춥니다.
> 요정들도 꽃비녀를 꽂은 머리를 풀어헤치고
> 우거진 숲 속에 몸을 감추고 그 그늘에서 탄식합니다.

판과 플로라, 한스 마카르트, 1872년

　한스 마카르트는 오스트리아의 화가이다. 빈의 미술학교에서 수학하였고 뮌헨에 유학하였다. 베네치아파, 특히 파올로 베로네제에게 영향을 입어, 역사적 주제나 우의적인 내용을 자유로운 구도와 화려한 색채, 호사한 장식을 구사해서 그리는 마카르트양식을 확립했다. 이 네오 바로크 풍의 양식은 실내장식, 의상, 가구디자인의 영역에까지 널리 영향을 끼쳤다. 많은 신화화(神話畵)를 그렸는데 이것들은 지금 베를린·뮌헨·드레스덴·빈 등의 미술관에 진열되어 있다.

Bulfinch's Mythology: The Age of Fable

전 원 의 신 들
에리식톤

에리식톤 Erisichthon 은 감히 신들을 경멸한 불경한 자였다. 한번은 그가 대담하게도 데메테르 여신에게 봉헌된 숲을 도끼로 쳐내려고 했다.

그 숲에는 참나무 한 그루가 서 있었는데, 어찌나 큰지 그 한 그루가 숲으로 보일 정도였다. 오래된 줄기는 하늘 높이 솟아 있었고, 가지에는 여신에게 봉헌된 꽃다발이 걸려 있었으며, 나무의 요정에게 소원을 빈 사람이 소원이 이루어진 데 대한 보답으로 이름을 아로새겨 놓았다. 숲의 요정인 하마드리아스들은 손에 손을 잡고 이 나무 주위를 돌며 춤을 추곤 했다. 둘레만도 15큐빗(1큐빗은 45.72cm)이나 되는 이 나무는 주위의 다른 나무들을 누르고 까마득히 솟아 있었다. 에리식톤은 나무가 크다고 베지 못할 이유는 없다면서 하인들에게 어서 베라고 명령했다.

"여신이 아끼는 나무든 아니든 상관없다. 설령 여신이라 해도 내 길을 막는다면 베어 버리겠다."

그가 도끼를 들었다. 참나무가 몸을 떨고 신음을 내는 듯했다. 한번 내리치자 도끼가 찍힌 자리에서 피가 흘렀다. 이 광경을 지켜보던 사람들은 두려움에 떨었다. 그중 한 사람이 용기를 내어 에리식톤에게 도끼질을 멈출 것을 간청했지만, 에리식톤은 그를 경멸하는 눈빛으로 노려보며 말했다.

"너의 믿음의 대가를 받아라."

에리식톤은 말이 끝나기가 무섭게 나무를 찍으려던 도끼를 돌려 그를 내리쳤다. 그러고는 몸 여기저기에 많은 상처를 내고도 모자라는 듯 그자의 머리를 베어 버렸다. 그때 참나무 속에서 어떤 목소리가 들려왔다.

"이 속에 살고 있는 나는 데메테르의 총애를 받고 있는 님프이다. 지금은 네 손에 죽지만 꼭 복수할 테니 그리 알아라."

저주의 목소리에도 불구하고 에리식톤은 도끼질을 멈추지 않았다. 마침내 수없이 도끼에 찍힌 나무를 밧줄로 묶어 잡아당기자 나무는 견디지 못하고 요란한 소리를 내며 쓰러졌다. 숲의 대부분의 나무들도 그 밑에 깔려 같이 쓰러졌다.

하마드리아스들은 혈육이 살해되고 숲의 자랑인 거목이 쓰러진 것을 보고 놀라, 모두 상복을 입고 데메테르에게 몰려가 에리식톤에게 벌을 내려달라고 간청했다. 여신이 승낙의 표시로 머리를 끄덕이자 들판에 익은 곡식들도 모두 머리를 끄덕였다(데메테르는 곡식의 여신이다). 데메테르는 그와 같은 죄인도 동정을 받을 수 있다면, 아무리 잔혹한

숲의 님프들, 장 바티스트 카미유 코로, 1850년

마음을 가진 사람일지라도 동정심을 갖지 않을 수 없을 만큼 무서운 형벌을 그에게 내리기로 했다. 그 형벌이란 기아의 여신 리모스^{Rimos}에게 그를 데려다 주는 것이었다.

데메테르는 운명의 여신이 그들이 만나는 것을 금했기 때문에 리모스에게 접근할 수 없었다. 그녀는 산의 님프 오레이아스를 불러 다음과 같이 말했다.

"눈에 덮인 스키티아에서 멀리 떨어진 어떤 지방이 있는데, 그곳은 수목도 없고 곡식도 없는 아주 적막한 불모의 땅이다. 그곳에는 '한기', '공포', '기아'가 살고 있다. 가서 기아의 여신에게 에리식톤의 뱃속을 점령하라고 일러라. 아무리 많은 음식을 먹어도 물러서지 않고 끝끝내 그곳을 떠나지 말라고 해라. 갈 길이 멀다고 걱정하지 말고 내 이륜차를 타고 가거라. 내 이륜차를 끄는 용들은 빨리 달리고 고삐에 잘 복종하므로 하늘을 날면 금세 목적지에 도착할 것이다."

데메테르는 오레이아스에게 고삐를 넘겨주었다. 오레이아스는 이륜차를 몰아 순식간에 스키티아에 도착했다. 이윽고 코카서스 산에 오른 오레이아스는 용을 세우고, 돌투성이 들판에서 이빨과 발톱으로 얼마 남지 않은 풀을 뜯고 있는 기아의 여신 리모스를 발견했다. 그녀의 머리카락은 거칠고, 눈은 쑥 들어가고, 얼굴과 입술은 창백했다. 턱은 먼지가 뽀얗게 앉아 있고, 몸은 수척하여 피골이 상접한 모습이었다.

오레이아스는 감히 가까이 갈 엄두가 나지 않아 멀리서 그녀를 바라보며 데메테르의 명령을 전했다. 오레이아스가 그곳에 있었던 것은 아주 잠시 동안이었다. 게다가 가능한 한 멀리 떨어져 있었는데도 어느새 허기를 느꼈다. 오레이아스는 곧장 용의 머리를 돌려 테실리아로 돌아왔다.

리모스는 데메테르의 명령에 복종했다. 하늘을 날아 에리식톤의 집에 도착한 리모스는 죄인의 침실로 몰래 들어가서 자고 있는 그를 내려다보았다. 그녀는 그를 자신의 날개로 감싸고 그의 몸속에 시장기를 불어넣어 혈관 구석구석까지 독이 스며들게 했다. 임무를 마친 뒤 그녀는 풍요의 나라를 떠나 자신의 안식처로 되돌아갔다.

에리식톤은 그때까지도 잠들어 있었는데 그는 꿈속에서도 먹을 것을 찾아다니며 마치 뭔가를 먹고 있는 것처럼 입을 우물거렸다. 에리식톤은 잠에서 깨어 눈을 뜨자 견딜 수 없이 배가 고팠다. 마음대로 할 수 있다면 일 분도 지체 없이 지상에서든 바다나 공중에서든 어디서 나는 것이든 간에 먹을 수 있는 것이라면 무엇이든 식탁에 갖다놓고 싶었다. 그는 먹고 있으면서도 배고픔을 느꼈다. 한 도시의 사람들을 다 먹일 수 있는 양식도 그에게는 충분치 않았다. 먹으면 먹을수록 더 먹고 싶었다. 그의 시장기는 모든 냇물을 받아 삼켜도 차지 않는 바다와 같았다. 앞에 쌓여 있는 모든 땔감을 다 태워버리고도 계속해서 혀를 날름거리는 불과 같았다. 그는 아귀병(餓鬼病)에 걸렸고 끝도 없어진 식욕때문에 재산이 급격히 줄어들었다. 형편이 어찌되었든 배고픔은 조금도 해소되지 않았다. 그는 마침내 전 재산을 탕진했고 딸인 메스트라^{Mestra}만 남았다. 그녀는 아버지와는 달리 좋은 성품을 지니고 있었다. 그러나 에리식톤은 딸마저 팔아버렸다. 그녀는 노예로 팔려가야 하는 자기 운명에 순종하지 않고 해변에서 손을 들어 포세이돈에게 기도를 올렸다. 기도를 들은 포세이돈은 메스트라를 산 주인이 가까이서 지켜보고 있는데도 그녀를 열심히 일하는 어부의 모습으로 바꾸었다. 그녀의 주인은 그녀를 찾다 어부를 보고 말했다.

"이봐요, 어부 양반. 조금 전까지 이곳에 있던 처녀가 어디로 갔는지 모르시오? 헝클어진 머리에 허술한 옷을 입고, 당신 근처에 서 있었는데……. 솔직하게 일러주시오. 그래야 재수가 좋아 고기도 잘 잡힐 거요."

메스트라는 자기 소원이 받아들여진 걸 알았다. 그녀는 자신에게 자신의 행방을 묻는 것이 우스웠다. 메스트라는 이렇게 대답했다.

"미안합니다. 나는 일에 열중하고 있어 아무것도 보지 못했습니다. 그러나 이곳에 나 이외에는 여자든 남자든 아무도 없었습니다. 맹세합니다. 내 말이 거짓이라면 고기를 한 마리도 못 잡아도 좋습니다."

주인이 이 말을 곧이듣고 노예가 도망쳐 버린 줄 알고 그곳을 떠나자, 그녀는 본래의 모습으로 돌아왔다. 굶주린 에리식톤은 딸을 팔아 돈을 얻어도 딸이 그대로 있는 것이 기뻤다. 그는 딸을 몇 번씩 팔며 비겁한 방법으로 먹을 것을 얻었다. 그러나 그는 여전히 허기를 피할 수 없었고, 마침내 자신의 팔다리를 먹었으며, 제 몸을 뜯어먹으면서도 목숨을 지키려 했다. 그의 고통은 죽음이 데메테르의 복수에서 그를 해방시킬 때까지 계속되었다.

하마드리아스들은 자신들에게 해를 끼친 자에게는 벌을 내렸지만, 은혜에 보답할 줄도 알았다.

로이코스 Rhoecus 는 우연히 참나무가 넘어지려는 것을 보고 하인들을 시켜 버팀목으로 받쳐주었다. 이때 하마터면 쓰러지는 나무 밑에 깔려 죽을 뻔했던 님프가 있었다. 그녀는 로이코스를 찾아와 목숨을 건져준 데 대해 고마움을 표시하고, 소원을 말하라고 했다. 로이코스가 대담하게 님프와의 사랑을 요구하자 님프도 이를 승낙했다. 님프는 로이코스에게 변함없는 사랑을 부탁했다. 그녀는 그에게 전령으로 벌을 보내 만나도 좋을 때를 알려주겠다고 했다.

어느 날 로이코스가 장기를 두고 있을 때 벌이 날아왔다. 장기에 열

딸을 파는 에리식톤, 얀 스테인, 1660년
그리스 신화에서 메스트라의 아버지이며 트리오파스의 아들로서 매우 오만하고 불경스러운 인물이었다. 곡물의 여신 데메테르의 신성한 정원에는 숲의 요정들이 둘러싸며 놀던 커다란 나무가 있었다. 에리식톤은 요정들의 간청에도 불구하고 그 나무를 도끼로 쓰러뜨렸다. 분노한 데메테르는 리모스를 보내 그에게 아무리 먹어도 허기를 느끼는 저주를 내렸다.

중해 있던 로이코스는 벌을 그냥 쫓아버렸다. 님프는 화가 나서 그를 장님으로 만들어 버렸다고 한다.

미국의 시인 로웰은 이 이야기를 근거로 하여 「로이코스」라는 제목의 시를 지었다. 그 첫 부분은 이렇게 시작된다.

이제부터 고대 그리스의
옛이야기를 해요.
후세에 이르기까지
아테네풍의 벽에 새겨져 있는
저 불멸의 생생한 모습만큼이나
자유와 젊음과
아름다움으로 충만한 이야기를.

노예시장, 장 레옹 제롬, 1884년

로얄 덕스 도자기 컵, 로얄 덕스(보헤미아), 1900년

XXIII. 물의 신들

자, 나이아스 처녀들이여, 샘으로 인도해다오!
자비로운 처녀들이여! 내게는 아직 그대들의 선물을 노래하고,
(파이에온이, 저 '건강'의 신들이 그렇게 명령했듯이)
그 수정과 같은 물을 찬양할 의무가 남아 있다오.

Bulfinch's Mythology: The Age of Fable

물 의 신 들
물의 신

 오케아노스와 테티스는 티탄족으로, 물을 지배하고 있었다. 제우스와 그의 형제들이 티탄족을 정복하고 그들의 권력을 빼앗았을 때, 포세이돈과 암피트리테 Amphitrite(포세이돈의 아내, 오케아노스의 딸)가 오케아노스와 테티스를 대신하여 물의 통치권을 인계받았다.

 포세이돈은 물의 신들을 다스리는 지배자였다. 그는 권력의 상징인 삼지창으로 암석을 부수기도 하고, 폭풍우를 불러내거나 잠재우기도 했다. 그는 말[馬]을 창조했으며 경마(競馬)의 수호신이기도 했다. 그의 말들은 말굽은 놋쇠였으며 갈기는 금빛이었다. 그는 말들이 끄는 이륜차를 타고 바다 위를 달렸다. 그럴 때 바다는 그의 눈앞에서 평화롭게

포세이돈, 페테르 파울 루벤스, 1635년

제우스의 형제이자 신 중의 2인자로서 바다와 물의 신으로, 시간의 신 크로노스와 풍요의 여신 레아의 아들이다. 로마 신화의 넵투누스에 해당하며 올림포스 12신 중 하나이다. '바다를 뒤흔드는 자'인 그는 그의 무기인 삼지창 트라이아나^{Triaina}를 휘둘러 암석을 분쇄하고, 폭풍우를 일으키고, 해안을 흔드는 지진의 신이며, 말을 창조한 경마의 수호신이기도 하다. 평소에 그는 파도 위를 흰 말이 끄는 황금 갈퀴와 놋쇠 바퀴의 수레를 타고 해령을 데리고 바다를 달렸으므로 마신이라고도 일컬어졌다. 제우스를 도와 티탄족을 정복한 뒤 바다를 지배하게 되었다.

펼쳐지고, 괴물들은 그가 지나가는 주위에서 뛰놀았다.

암피트리테는 포세이돈의 아내였다. 그녀는 네레우스와 도리스의 딸이며, 트리톤의 어머니였다. 포세이돈은 암피트리테에게 구혼할 때 돌고래를 타고 갔다. 암피트리테를 얻은 뒤 포세이돈은 돌고래를 별자리들 사이에 놓아서 은혜에 보답했다.

네레우스와 도리스는 네레이스라 일컬어지는 바다 님프들이었다. 네레이스 중 가장 유명한 님프는 암피트리테, 아킬레우스의 어머니 테티스, 외눈박이 거인족 폴리페모스에게 사랑을 받았던 갈라테이아였다. 네레우스는 지혜롭고 진리와 정의를 사랑하는 것으로 유명했다. 그가 장로(長老)라고 불린 것도 이 때문이다. 그에게는 예언의 힘도 주어졌다.

트리톤은 포세이돈과 암피트리테 사이에서 태어난 아들이었다. 시인들은 그를 아버지인 포세이돈의 나팔수로 묘사했다. 프로테우스도 포세이돈의 아들이었다. 그도 네레우스처럼 지혜롭고 미래를 내다볼 수 있었기 때문에 '바다의 장로 sea-elder'라고 불렸다. 그는 자기 모습을 마음대로 바꿀 수 있는 특별한 능력이 있었다.

테티스는 네레우스와 도리스의 딸이었다. 그녀는 매우 아름다워서 제

아킬레우스와 테디스, 조반니 바티스타 티에폴로, 1757년
 조반니 바티스타 티에폴로의 작품은 베네치아 로코코 회화의 전형을 보여준다. 화사하고 밝은 색채, 다양한 화면구성, 당당한 인물표현으로 18세기 최대 화가의 한 사람이 되었다.
 테티스는 대양의 신 오케아노스의 딸로 펠레우스와 결혼하여 아킬레우스를 낳는다.

넵튠과 암피트리테의 승리, 니콜라 푸생, 1634년

암피트리테는 포세이돈의 아내로 네레우스와 오케아노스의 딸 도리스 사이에서 태어난 50(또는 100)명의 딸들이자 네레이스 중 하나이다.

포세이돈은 네레이스들이 낙소스 섬에서 춤을 출 때, 그중에서 암피트리테를 골랐다. 그녀는 포세이돈의 청혼을 거절하고 아틀라스에게 도망갔으나 포세이돈이 보낸 돌고래가 그녀를 다시 그에게 데리고 갔다. 결국, 암피트리테는 포세이돈의 아내가 되었고 포세이돈은 그 대가로 돌고래를 별자리로 만들어주었다.

암피트리테는 '아우성치다'라는 뜻인데 포세이돈은 제우스와 마찬가지로 여러 여신 또는 여인들과 관계하여, 이로 인해 이들 사이에는 늘 분노와 성난 소리가 그치지 않았다고 한다. 포세이돈과의 사이에서 트리톤·로데·벤테시키메 등을 낳았다.

예술 작품에 등장하는 암피트리테는 포세이돈 옆에서 왕좌를 차지하고 있거나, 포세이돈과 함께 해마나 기타 신화적인 바다 생물이 끄는 이륜마차를 타고 있는 모습으로 묘사된다.

우스에게 구혼을 받았을 정도였다. 그러나 제우스는 거인족의 한 사람인 프로메테우스로부터 테티스가 아버지보다 위대한 아들을 낳으리라는 말을 듣고 구혼을 중지하고 테티스를 인간의 아내가 되도록 정했다.

그래서 테살리아 왕 펠레우스가 켄타우로스의 한 사람인 케이론의 도움을 받아 테티스를 신부로 맞는 데 성공했다. 그들의 아들이 유명한 아킬레우스이다. 트로이 전쟁 때 테티스는 충실한 어머니로서 아들이 곤경에 처할 때마다 아들을 돕는 등 시종일관 전력을 다했다.

이노는 카드모스의 딸이며 아타마스의 아내였는데, 남편이 미치자 어린 아들 멜리케르테스 Melicertes를 안고 도망치다 절벽에서 뛰어내려 바다에 빠졌다. 신들은 이노를 불쌍히 여겨 바다의 여신으로 만들어주고 레우코테아 Leucothea(하얀 여신)라는 이름을 붙여주었다. 아들 멜리케르테스는 팔라이몬 Palaemon이라는 신이 되었다. 모자는 그들이 난파선을 구하는 힘을 가진 것으로 여긴 선원들의 기원을 받았다.

팔라이몬은 보통 돌고래를 타고 있는 모습으로 표현된다. 로마 사람들은 팔라이몬을 포르투누스 Portunus라 불렀고, 항구와 해안을 지배한다고 생각했다.

밀턴은 「코무스」의 끝 부분에서 이 신들을 이렇게 노래하고 있다.

아름다운 사브리나여,
위대한 오케아노스의 이름으로 청하노니
모습을 나타내고 우리의 소원을 들어주소서.

대지를 뒤흔드는 포세이돈의 삼지창과
테티스의 엄숙하고 장엄한 걸음걸이에 의지하여,
백발 네레우스의 주름 잡힌 얼굴과
카르파토스 섬 현인(프로테우스)의 지팡이에 의지하여,
비늘 돋은 트리톤의 조개와
늙은 예언자 글라우코스의 주문에 의지하여,
레우코테아의 사랑의 두 손과
해안을 지배하는 그 자식에 의지하여,
은구두를 신은 테티스의 발과
달콤한 세이렌의 노래에 의지하여 비노니……

「건강을 유지하는 기술」을 쓴 시인 암스트롱은 건강의 여신 히게이아(아스클레피오스의 딸)의 영감을 받고 나이아스들을 다음과 같이 찬양하고 있다. 이 시에 등장하는 파이에온은 아폴론과 아스클레피오스 두 신에 대한 호칭이다(아폴론과 아스클레피오스는 모두 의술의 신).

자, 나이아스 처녀들이여, 샘으로 인도해다오!
자비로운 처녀들이여! 내게는 아직 그대들의 선물을 노래하고,
(파이에온이, 저 '건강'의 신들이 그렇게 명령했듯이)
그 수정과 같은 물을 찬양할 의무가 남아 있다오.
열망하는 입술과 떨리는 손으로 그대들의 새로운 생명을
쭉 들이키면 상쾌한 활력이 혈관을 채웁니다.
시골 노인은 이 이상 마음을 데워주는 것을 결코 구하지 않았다.
평화롭고 행복한 나날이 계속될 뿐이어서

그들은 열광적인 환락과 가슴 아픈 절망을 맛보지 못했다.
평온하게, 마음 편하게
신의 은혜로 질병으로부터 보호받으며
수세기 동안 살아왔다.
그리고 그들이 피할 수 없는
다만 늙어 가는 것뿐.
그리고 죽음이 아니라 오히려 잠이었다.

로마 사람들은 뮤즈 여신들을 카메나이 Camenae 라 불렀다. 이 외에 다른 신들, 주로 샘의 님프들도 카메나이에 포함된다. 에게리아는 그 님프들 중 하나로 그녀의 샘과 동굴은 아직도 남아 있다. 전하는 바에 의하면, 로마의 두 번째 왕 누마 Numa 는 에게리아의 사랑을 받고 그녀와 종종 밀회를 나눴는데, 그때 에게리아는 왕에게 지혜와 법을 가르쳐주었으며, 왕은 이것을 그의 신흥 국가의 여러 제도에 구현했다고 한다. 누마가 죽은 후 에게리아는 날로 파리해져 샘으로 변해버렸다.

바이런은 「해롤드 경의 순유」 제4편에서 에게리아와 그녀의 동굴에 대하여 다음과 같이 노래하고 있다.

에게리아여!
그대는 이 영혼을 빼앗긴 동굴 안에서
천상의 생각을 담아둔 가슴을 두근거리며
지상의 연인이 다가오는 먼 발소리를 기다렸다.

샘에서 목욕하는 여인, 귀스타브 쿠르베, 1868년

자줏빛 한밤은 별이 빛나는 천장이 되어
그 신비로운 밀회를 덮었다.

테니슨도 「예술의 전당」에서 밀회를 은근히 기다리는 누마 왕의 모습을 그리고 있다.

한 손을 귀에 대고
잠시 발소리를 듣고 있노라니,
이윽고 숲의 요정의 모습이 보였다.
에트루리아 왕은 지혜와 법률을 배우기 위해 그녀를 기다렸다.

* 에게리아는 네미 호숫가의 디아나 숲에 사는 샘의 요정이며, 에트루리아 왕은 누마 왕을 가리킨다.

갈라테이아, 라파엘로 산치오, 1514년

XXIV. 바람의 신들

특별한 매력을 풍기는 그 아름다움에 취해 있었다.
이윽고 그는 제피로스가 플로라에게 속삭일 때처럼 상냥한 목소리로,
살그머니 그녀의 손을 만지며 속삭였다.

고대 그리스 네레이드(Nereid) 기념물, 대영박물관 소장, 기원전 4세기

Bulfinch's Mythology: The Age of Fable

바 람 의 신 들
바람의 신

보레아스 Boreas 혹은 아킬로 Aquilo 는 북풍을, 제피로스 혹은 파보니우스 Favonius 는 서풍을 가르킨다. 또한, 노토스 Notus 혹은 아우스테르 Auster 는 남풍을, 에우로스 Eurus 는 동풍을 가리킨다.

시인들은 주로 북풍과 서풍을 소재로 삼아 노래했는데, 특히 북풍은 난폭함의 전형으로, 서풍은 온화함의 전형으로 읊었다.

보레아스는 님프 오리티이아 Orithyia 를 사랑해 그녀에게 구혼했으나 사랑을 얻는 데 실패했다. 왜냐하면, 조용히 숨을 쉰다는 것이 그에게는 곤란한 일이었고, 더구나 탄식한다는 것은 불가능했던 것이다.

아무리 노력해도 성과가 없자, 지칠 대로 지친 보레아스는 마침내 본

성을 드러내 오리티이아를 납치했다. 그들 둘 사이에서 태어난 아들이 날개 돋친 무사로 알려진 제테스^{Zetes}와 칼라이스^{Calais}였다. 이들은 아르고호 원정에 참가하여 하르피이아^{Harpies}라 불리는, 여인의 얼굴을 한 새들과 싸워 큰 공을 세웠다.

제피로스는 플로라^{Flora}(꽃과 풍요와 봄의 여신)의 연인이었다.

밀턴은 『실낙원』에서 이 두 신에 대해 언급하고 있다. 아담이 아직 잠들어 있는 이브를 깨우려고 물끄러미 바라보는 모습을 그린 대목이다.

> 그는 한 손을 짚고 반쯤 몸을 일으킨 채
> 마음에서 우러나오는 사랑의 눈길로
> 황홀하게 그녀를 내려다보며
> 깨어 있을 때나
> 잠들어 있을 때나
> 특별한 매력을 풍기는 그 아름다움에 취해 있었다.
> 이윽고 그는 제피로스가 플로라에게 속삭일 때처럼 상냥한 목소리로,
> 살그머니 그녀의 손을 만지며 속삭였다.
> "눈을 떠요.
> 참으로 아름다운 이여, 내게 시집온 이여,
> 내가 마침내 찾아낸 이여,
> 하늘에서 마지막으로 베풀어주신 선물이여,
> 영원히 새로울 내 기쁨이여!"

「밤의 명상」을 쓴 시인인 영 박사는 나태하고 사치에 물든 자들을 향해 이렇게 말하고 있다.

> 그대 사치스러운 자들이여,
> 아무것도 참지 못하며,
> 그대들 자신조차도 참기 어려운 자들이여!
> 그대들 때문에 겨울 장미는 피지 않으면 안 되나니.
> ……
> 비단처럼 부드러운 파보니우스여,
> 좀 더 부드럽게 불어주오.
> 그렇지 않으면 그대로 야단을 맞으리니!

보레아스(북풍의 신), 존 윌리엄 워터하우스, 1903년

키타라(Kithara)를 들고 있는 아폴로, 아폴로 키레네 사원의
원작품(기원전 200~150년)을 복제한 작품(기원후 200년)

XXV. 위대한 음악가들

특별한 매력을 풍기는 그 아름다움에 취해 있었다.
이윽고 그는 제피로스가 플로라에게 속삭일 때처럼 상냥한 목소리로,
살그머니 그녀의 손을 만지며 속삭였다.

Bulfinch's Mythology: The Age of Fable

위대한 음악가들
오르페우스와 에우리디케

　오르페우스 Orpheus 는 아폴론과 무사이(뮤즈) 여신 가운데 하나인 칼리오페 Calliope 사이에서 태어난 아들이다. 그는 아버지에게서 리라(현악기)를 선물 받고 연주하는 법도 배웠는데, 그 솜씨가 너무도 뛰어나 매료되지 않는 사람이 거의 없었다. 인간뿐만 아니라 난폭한 짐승들까지도 그의 연주를 들으면 유순해져서 그에게 다가와 음악 소리에 귀를 기울였다. 심지어는 나무와 바위까지도 그 음악의 매력에 사로잡혔다. 나무는 그가 있는 쪽으로 가지를 늘어뜨렸고, 바위는 그 견고함마저 누그러뜨려 연주를 듣는 동안은 부드러운 상태로 있었다.
　오르페우스와 에우리디케 Eurydice 의 결혼식 날, 축하객으로 혼인의 신 히메나이오스^{Hymenaeos}(히멘이라고도 함)도 초대받았다. 그런데 히메나이오스는 참석은 했으나 아무런 길조도 가져오지 않았다. 게다가 그의 햇불에서는 매운 연기만 나서 사람들의 눈에서 눈물만 나게 했다.

이같은 전조 때문이었는지 에우리디케는 결혼한 지 얼마 되지 않아 님프 친구들과 산책을 하고 있을 때, 꿀벌을 치는 아리스타이오스의 눈에 띄었다. 에우리디케의 아름다움에 반한 아리스타이오스는 그녀의 사랑을 얻고자 추근거렸다. 에우리디케는 아리스타이오스를 피해 도망치다 풀숲에 있던 뱀에게 물려 그만 목숨을 잃고 말았다.

오르페우스는 아내를 잃은 슬픔을 노래에 실어 호소했다. 신과 인간을 가리지 않고, 지상의 공기를 호흡하는 모든 것들에 그의 음악이 전해졌다. 그러나 그는 이런 노력도 아무 소용이 없음을 알고, 죽은 자의 나라에 가서 아내를 찾기로 마음먹었다. 그는 타이나로스 섬 옆의 동굴을 거쳐 죽은 자의 나라에 도착했다. 그는 유령들 사이를 헤치고 하데스와 페르세포네 옥좌 앞으로 나아갔다. 그리고 리라를 연주하며 노래를 불렀다.

"하계의 신들이시여, 생명 있는 자들은 당신들이 있는 이곳으로 오게 마련입니다. 제 진심을 들어주십시오. 제가 이곳에 온 것은 타르타로스^{Tartaros}(명계의 가장 밑에 있는 지옥. 저승을 일컫는다)의 비밀을 염탐하기 위해서도 아닙니다. 뱀의 머리카락에 머리가 셋 달린 문지기 개와 힘겨룸을 하기 위해서도 아닙니다. 다만, 꽃다운 청춘에 독사에게 물려 뜻하지 않은 죽음을 맞이한 제 아내를 찾으러 온 것입니다. 사랑이 절 이곳으로 인도한 것입니다. 옛말이 옳다면 사랑의 신은 지상에 살고 있는 우리들을 지배하는 전능의 신뿐만 아니라, 이곳에서도 역시 그러할 것입니다. 저는 공포로 가득한 이곳, 침묵과 유령의 나라에서 맹세

오르페우스, 존 맥캘란, 1847년

에우리디케와 아리스타이오스, 니콜로 델 아바테, 16세기

    이탈리아 화가인 니콜로 델 아바테는 고전 신화를 넓은 풍경 속에 그려서 17세기 고전주의 풍경화의 교량 역할을 하였다.

    아리스타이오스는 아폴론의 아들이라고도 하고 그의 제자라고도 한다. 또는 트라키아 왕 오이아그로스의 아들이라고도 하며, 그리스어로 '최고'를 뜻한다. 그는 디오니소스의 신봉자로 알려져 있다. 디오니소스 신앙은 트라키아 지방과 매우 깊은 인연을 가지고 있다. 이 때문에 술과 음악을 매개로 하는 오르페우스 신앙도 자연스럽게 연결되었다.

코 당신들에게 간청합니다. 제발 에우리디케의 생명줄을 다시 이어 주십시오. 우리 모두는 언젠가는 이 나라로 올 것입니다. 오직 일찍 오느냐, 늦게 오느냐 하는 차이가 있을 따름입니다. 제 아내도 수명을 다하면 이곳으로 올 것입니다. 그러나 원컨대 그때까지는 그녀를 제게 돌려주십시오. 저는 결코 혼자서는 돌아가지 않을 것입니다. 만약 거절하신다면 저도 죽겠습니다. 그러면 우리 두 사람의 죽음을 앞에 놓고 승리의 노래를 부르시겠지요."

그가 이런 애달픈 노래를 부르자, 유령들까지도 눈물을 흘렸다. 탄탈로스 Tantalus 는 목이 말랐지만 잠깐 동안 물을 마실 생각을 못했고, 익시온 Ixion 의 수레바퀴도 정지했다. 독수리는 거인의 간을 파먹는 일을 잊었고, 다나오스 Danaos 의 딸들은 밑 빠진 독에 물을 퍼담던 손길을 멈추었으며, 시시포스 Sisyphos 도 바위 위에 앉아 오르페우스의 노래에 귀를 기울였다. 복수의 여신들도 양 볼이 눈물에 젖은 것은 그때가 처음이라고 한다. 페르세포네도 애달픈 사랑 노래에 깊은 감동을 받았고, 하데스도 끝내 양보하여 에우리디케를 호출했다. 그녀는 새로 들어온 유령들 사이에서 뱀에게 물린 발을 절뚝거리며 나타났다.

오르페우스는 그녀를 데리고 가도 좋다는 허락을 받았으나, 여기에는 조건이 있었다. 지상에 도착하기 전까지 절대 그녀를 돌아보아서는 안 된다는 것이었다. 이런 조건하에 오르페우스는 앞장서서 에우리디케를 데리고 어둡고 험한 길을 말 한마디 없이 걸어나갔다. 마침내 지상 세계로 나가는 출구에 도착했을 때, 오르페우스는 약속을 잊고 그녀가 무사히 따라오는지 뒤를 돌아보았다. 그 순간, 그녀는 순식간에 지하 세계로 되끌려갔다. 오르페우스는 사라져 가는 아내를 붙잡으려 손을 뻗었으나 손은 허공을 휘저을 뿐이었다. 두 번째로 죽어가면서도 에우리디케는 남편을 원망할 수 없었다.

"이제 완전히 이별이에요. 안녕히……."

그녀는 어찌나 빨리 끌려갔던지 이 마지막 말조차 잘 들리지 않을 정도였다.

오르페우스는 그녀의 뒤를 따르려고 했다. 그는 다시 그녀를 데려오려고 스틱스 강의 뱃사공에게 지하세계로 가게 해줄 것을 탄원했다. 그러나 무정한 뱃사공은 건네주기를 거절하며 그를 떼밀었다. 그는 7일 동안 먹지도 자지도 않고 그 강가에 앉아 있었다. 그리고 지하세계 신들의 무자비함을 원망하며 자신의 생각을 노래로 담아 바위와 산에 호소했다. 그러자 호랑이의 마음이 움직였고, 참나무도 감동하여 그 큰 줄기를 흔들었다.

그 후 오르페우스는 여자를 멀리한 채 슬프고도 불행한 추억을 회상하며 살았다. 트라키아의 처녀들이 그의 마음을 사로잡으려 노력했으나, 그는 모든 유혹을 물리쳤다. 처녀들은 그의 거만한 태도에 화가 났지만 때가 오기를 기다렸다.

그러던 어느 날 오르페우스가 디오니소스 제전에 참석하여 흥분한 나머지 정신을 잃은 것을 한 처녀가 발견하고, "저기 우리를 모욕한 사내가 있다!"라고 소리치며 그에게 창을 던졌다. 그러나 창은 그의 리라 소리가 들릴 정도의 거리에 도달하자 힘을 잃고 그대로 그의 발밑에 떨어졌다. 그들이 던진 돌도 마찬가지였다. 그러자 처녀들은 소리를 질러 리라 소리가 들리지 않게 한 후 무기를 던졌다. 결국, 그는 무기에 맞아 온몸이 피투성이가 되었다. 광분한 처녀들은 그의 사지를 갈기갈기 찢고 머리와 리라를 헤브로스 강에 던졌다. 그러자 그것들은 슬픈 노래를 속삭이듯 노래와 연주를 하며 흘러내려 갔고, 양쪽 강변도 이에 맞

명계를 나오는 오르페우스와 에우리디케, 장 바티스트 카미유 코로, 1861년

코로의 이 그림은 빛에 의하여 변조되는 미묘한 색조와 시정으로 가득 찬 몽환적 분위기를 잘 보여주고 있다.

비록 에우리디케의 죽음을 막지는 못했지만 그녀가 죽은 후 명계를 다녀온 오르페우스의 이야기 중 가장 오래된 설에 따르면 그는 명계에 무사히 다녀옴으로써 자신이 신봉하는 디오니소스가 죽음도 초월하는 능력을 가졌다는 것을 증명해 보였다는 것이다. 하지만 그 이후 베르길리우스와 오비디우스의 이야기에서 그는 아내를 잃은 것으로 나온다.

디오니소스의 신앙과 오르페우스 신앙은 이후 계속 남아 있었는데, 사람들은 술이나 음악에 의해 최면과도 같은 상태에서 최고의 카타르시스를 경험하고 그것을 천상의 경험이라 생각했다. 왜냐하면, 이같은 상태를 통해 잠시나마 죽음을 맛보고 다시 살아난다고 믿었기 때문이다.

취 슬픈 노래를 불렀다. 음악의 여신들은 찢긴 그의 몸을 모아 레이베트라에 묻었다.

지금도 그리스의 밤꾀꼬리는 다른 어떤 지방보다도 레이베트라에 있는 오르페우스의 묘에서 더 아름다운 소리로 운다고 전해진다.

그의 리라는 제우스에 의해 별자리 사이에 놓여졌다. 유령이 된 그는 다시 타르타로스에 내려가 에우리디케를 찾아내고는 열렬히 그녀를 끌어안았다. 그들은 행복에 취해 들판을 앞서거니 뒤서거니 하면서 걸었다. 이제는 부주의하게 돌아보았다는 이유로 벌 받을 염려도 없었으므로 그는 맘껏 아내를 바라보았다.

인간은 종종 자신의 이익을 위해 하등동물이 가진 본능을 이용하는 때가 있다. 양봉도 그중 하나다. 처음에는 꿀이 야생의 산물로 알려졌을 것이며, 벌은 속이 빈 나무나 바위틈 아니면 우연히 발견된 이와 비슷한 움푹 팬 곳에 벌집을 만들었을 것이다. 그래서 때로는 죽은 짐승의 시체 속에도 집을 지었을 것이다. 그런 일이 있었기 때문에 벌은 짐승의 썩은 살에서 발생한 것이라는 미신도 생겨난 것이다. 다음 이야기도 이런 미신을 기초로 하고 있다.

포프는 「성 세실리아의 날에 부치는 송가」에서 오르페우스의 이야기를 인용하며 음악의 위대한 힘을 노래하고 있다. 다음의 일절은 이 이야기의 결론을 노래한 것이다.

그러나 곧,
너무도 빨리 그의 눈동자는 뒤돌아본다.

그리고 아내는 다시 죽음의 문턱을 넘고
하계에 떨어져 죽는다. 죽어버린다!
이번에는 어떻게 해서
운명의 여신들의 마음을 움직이려 하는가?
아내를 사랑하는 게 죄가 아니라면
그대에게는 아무 죄도 없으련만.
때로는 산 아래 매달린 폭포 길을 따라,
때로는 숲 속에 굽이쳐 흐르는 헤브로스
강을 헤매며,
다만 홀로
슬퍼하며 아내의 망령을 부른다.
영원히, 영원히, 영원히
잃어버린 아내를 찾아!
때로는 복수의 여신들에게 둘러싸여
절망과 곤혹에 시달리면서,
로도페 산의 눈 속에서
추위에 떨며 몸을 태운다.
보라, 사막을 지나는 바람 같이
미친 듯이 달려가는 그의 모습을.
들으라! 바카이들이 외치는 소리에 떠는
하이모스 산을.
아, 보라, 그는 죽어간다!
그러나 죽음 속에서도
그는 에우리디케를 노래 부르고

오르페우스와 에우리디케, 찰스 리케츠, 1922년

떨리는 혀로 여전히
에우리디케의 이름을 부른다.
에우리디케! 그러자 숲의 나무도,
에우리디케! 그러자 강물도,
에우리디케! 그러자 바위도,
그리고 텅 빈 산들도
그 이름을 되풀이하여 부른다.

오르페우스 무덤 위의 꾀꼬리가 다른 곳의 꾀꼬리보다 더 아름다운 소리로 운다는 이야기는 로버트 사우디(영국의 시인, 비평가)의 「탈라바」에 다음과 같이 묘사되어 있다.

그때 그의 귀에는 참으로 묘한 화음이 들렸으리라!
희미한 가락과 은은한 노랫소리가
흥겨운 정자에서,
인적이 드문 폭포에서,
나뭇잎이 속삭이는 작은 숲에서 들려왔다.
그리고 꾀꼬리 한 마리가
흐드러지게 핀 장미 가지에 앉아 울기 시작했다.
그것은 한 둥우리에서 사는 연인도,
오르페우스의 무덤 곁에 서 있는 트라키아의 양치기도
일찍이 들어본 적이 없는 아름다운 멜로디였다.
가령 거기서 무덤 속의 망령이 전력을 다하여
사랑을 노래한들 그 소리에 미칠 수 있을까?

오르페우스의 머리를 나르는 트라키아의 여인, 귀스타프 모로, 1864년

Bulfinch's Mythology: The Age of Fable

위대한 음악가들
아리스타이오스

처음으로 양봉법을 가르친 아리스타이오스 ^{Aristaeos} 는 물의 님프 키레네 ^{Cyrene} 의 아들이었다. 어느 날 그가 치던 벌이 다 죽어버리자, 아리스타이오스는 도움을 청하러 어머니를 찾아갔다. 그는 강가에 서서 어머니에게 이렇게 말했다.

"오, 어머니! 제 평생의 자랑거리가 송두리째 사라졌습니다. 저는 제 귀중한 벌을 모두 잃었습니다. 제 주의와 기술도 소용이 없었으며, 어머니도 재난의 타격으로부터 절 막아주시지 못하였습니다."

그의 어머니는 강 아래 궁전에서 님프들에게 둘러싸여 있었다. 님프들은 모두 실을 잣거나 옷감을 짜는 등 여자들이 하는 일을 하며 이야기를 하고 있었는데, 아리스타이오스의 슬픈 목소리가 들려오자 모두 일손을 놓았다. 한 님프가 물 위로 얼굴을 내밀어 아리스타이오스를 살펴본 뒤, 다시 궁전으로 돌아와 그의 어머니에게 보고하자 키레네는 그를 자기 앞에 데려오도록 명령했다.

강물은 이 명령을 받아 몸을 벌려 물을 가른 다음 그를 통과시켰는데, 그때 강물은 양쪽으로 높은 산과 같이 말려 올라가서 몸을 웅크린 채 서 있었다. 그는 큰 강물들의 원천이 있는 곳으로 내려갔다. 그는 그곳에서 거대한 저수지를 보았고, 지면을 향해 여러 방향에서 쏜살같이 흐르는 물을 쳐다보았을 때 그 물소리로 인해 귀가 멀 지경이었다.

이윽고 그의 어머니가 거처하는 방에 도착했을 때 어머니와 님프들은 산해진미로 그를 환대했다. 그들은 우선 포세이돈에게 제삿술을 올린 뒤 향연을 즐겼다. 식사 후 어머니는 아들에게 말했다.

"바닷속에 프로테우스 Proteus 라는 늙은 예언자가 살고 있는데, 그는 포세이돈의 사랑을 받는 자로, 신의 물개들을 지키고 있단다. 우리 님프들은 그를 매우 존경하고 있지. 왜냐하면, 그는 학자이기에 과거와 현재, 미래의 일을 다 알기 때문이란다. 그러면 네게 벌이 죽는 원인과 그 치료법을 가르쳐줄 수 있을 것이다. 그러나 아무리 간청해도 자진해서 가르쳐주진 않을 것이니, 완력으로 해야 한다. 네가 그를 잡아 쇠사슬로 묶어 놓으면 그는 풀려나기 위해 어쩔 수 없이 네 질문에 대답할 것이다. 네가 쇠사슬을 꼭 쥐고 있으면, 그는 아무리 재주를 부려도 벗어날 수 없을 것이다. 그가 정오에 낮잠을 자러 동굴로 돌아올 때 내가 널 그곳으로 데려다 주겠다. 그러면 쉽게 그를 붙잡을 수 있을 거다. 그러나 그 후에도 정신을 바짝 차려야 한다. 그는 자기가 누군가에게 붙잡힌 것을 알면 변신술을 써서 여러 형태로 모습을 바꿀 것이다. 산돼지, 사나운 범, 비늘 돋친 용, 누런 갈기를 가진 사자 등 자유자재로 변신할 것이다. 그러니 그를 단단히 결박하고 있거라. 마침내 온갖 재주를 다 부려도 소용없음을 깨달으면, 그는 원래 모습으로 돌아가 네 명령에 복종할 것이다."

이렇게 말하며 그녀가 아들의 몸에 향기로운 넥타르를 끼얹자, 비상한 힘이 그의 전신에 충만해지면서 심장에 용기가 가득 차고 향기로운 냄새가 주위에 진동했다.

키레네는 아리스타이오스를 데리고 예언자가 있는 동굴로 갔다. 그리고 아들을 바위틈에 숨긴 후, 자신은 구름 뒤에 숨었다. 이윽고 인간과 짐승 모두가 눈부신 태양을 피해 조용히 낮잠을 즐기는 정오가 되었다.

프로테우스가 물개들을 거느리고 물속에서 나왔다. 물개들은 해안에 올라오자마자 몸을 뉘었다. 프로테우스는 바위에 앉아 물개들을 세어보고는 동굴 바닥에 누워 잠들었다. 그러자 아리스타이오스는 재빨리 그의 다리를 쇠사슬로 묶고 큰소리로 외쳤다. 잠에서 깬 프로테우스는 자기가 사로잡힌 것을 알자 곧 재주를 부렸다. 처음에는 불로 변했다가 다음에는 강, 그 다음에는 무서운 짐승 등으로 차례로 변신하면서 쇠사슬에서 빠져나가려고 했다. 그러나 아무리 해도 효과가 없음을 깨닫고는 마침내 본래 모습으로 돌아와 성난 어조로 아리스타이오스에게 말했다.

"나의 거처에 침입한 젊은이여, 그대는 누구며 내게 무엇을 원하는가?"

이에 아리스타이오스가 대답했다.

"프로테우스여, 당신은 이미 알고 있을 것이오. 아무도 당신을 속일 수 없으니 말이오. 당신도 내 손에서 벗어나려는 헛된 기대를 버리시

오르페우스와 에우리디케, 조지 프레데릭 왓츠, 1875년

조지 프레드릭 왓츠는 빅토리아 여왕 시대에 활동하며 상징주의 운동을 이끌었던 화가이자 조각가이다.

오르페우스와 에우리디케의 안타까운 사랑이야기를 표현한 그림이다. 오르페우스는 그리스 신화 속 최고의 시인이자 음악가였고, 전설적인 리라의 명수였다. 오르페우스는 '음악의 아버지'로 그의 감미로운 목소리와 리라의 연주 솜씨는 신과 인간을 물론 사나운 동물마저 얌전하게 만들 정도로 뛰어났다고 한다. 그의 연주는 님프들에게도 사랑받았었는데, 어느 날 에우리디케라는 물의 님프와 사랑에 빠져 결혼을 하게 된다.

오. 나는 내 재난의 원인과 그 치료법을 당신에게 들으려고 신의 도움을 받아 이곳에 오게 된 것이오."

이 말을 듣자, 예언자는 회색 눈으로 아리스타이오스를 뚫어지게 보면서 말했다.

"그대는 에우리디케를 죽게 한 행위에 대해 당연한 벌을 받은 것이오. 왜냐하면, 에우리디케는 그대를 피하려다 뱀을 밟아 그 뱀에 물려 죽은 것이니까. 그녀의 원수를 갚기 위해 친구인 님프들이 그대의 벌들을 없애버린 것이오. 그대는 그녀의 분노를 풀어줘야 하오. 그러려면 이렇게 하시오. 몸이 아름답고 잘생긴 황소 네 마리와 암소 네 마리를 마련해 님프들을 위한 제단을 네 개 세운 후 먼저 마련한 소를 희생물로 바치고, 죽은 소를 나뭇잎이 우거진 숲 속에 버려두시오. 오르페우스와 에우리디케의 원한을 풀 수 있을 만큼 정중한 제물을 그들에게 바치시오. 9일 뒤 그 장소에 돌아가서 죽은 소를 살펴보면 어떤 일이 일어났는지 알게 될 것이오."

아리스타이오스는 이 지시를 충실히 따랐다. 소를 희생물로 바치고, 죽은 소를 숲 속에 버리고, 오르페우스와 에우리디케의 망령에 제물을 바쳤다. 그런 뒤 9일째 되는 날에 돌아가 죽은 소를 살펴보니 이상하게도 벌떼들이 소의 시체를 완전히 뒤덮은 채 벌통 안에서처럼 열심히 일하고 있었다.

쿠퍼는 「과제(課題)」라는 시에서 러시아의 황후 앤이 세웠다는 얼음궁전에 대해 노래하면서 아리스타이오스의 이야기를 언급하고 있다. 이 시인은 얼음이 폭포 등과 어우러져 만들어낸 환상적인 형상을 노래하고 있다.

에우리디케의 죽음, 외젠 들라크루와, 1856~63년
외젠 들라크루아는 프랑스 낭만주의의 중요한 화가이다. 19세기 낭만주의 예술의 최고 대표자로 손꼽힌다. 작품의 소재는 종교·신화·문학·역사에서부터 현실의 풍속·인물·풍경·정물 등 다양하다.

신기하기에 더욱 감탄해야 하지만
칭찬해야 할 가치가 없는 것,
그것이 인간의 일이다.
모피를 두른 러시아 황후여!
대자연의 더없이 장엄하고 위대한
장난이야말로 북극의 경이다.
자연이 짓고자 할 때는
숲의 나무도 벌채되지 않고,
채석장의 벽돌을 캐지 않아도 좋다.
자연은 강을 갈라
그 유리 같은 물에서 대리석을 만들었다.
이러한 꿀벌을 잃어버린 슬픈 이야기를
어머니의 귀에 전하기 위해
아리스타이오스는 궁전으로
키레네를 찾아왔다.

밀턴이 쓴 『코무스』를 보면, '수호하는 님프의 노래'가 나온다. 그 시에서 밀턴은 강의 요정 사브리나를 세 번 노래하면서 키레네와 그 강바닥의 모양을 마음에 떠올리고 있었던 듯싶다.

아름다운 사브리나여!
지금 그대가 앉아 있는
그 유리같이
차고 투명한 파도 밑에서 들어다오.

흩어진 호박색 머리칼을
백합 띠로 묶으면서 들어다오.
은백색 강의 여신이여!
처녀의 존귀한 명예를 위하여
제발 들어다오, 그리고 구원해다오.

Bulfinch's Mythology: The Age of Fable

위대한 음악가들
신화 속 시인과 음악가들

다음에 소개할 사람들은 신화에 전해 내려오는 유명한 시인 및 음악가들인데, 그중에는 오르페우스 못지않게 뛰어난 자도 있다.

암피온 Amphion 은 제우스와 테베의 여왕 안티오페 Antiope 사이에서 태어난 아들이다. 그는 쌍둥이 형제 제토스 Zethus 와 함께 태어나자마자 바로 키타이론 산에 버려졌다. 그들은 거기에서 부모가 누구인지도 모른 채 양치기들 사이에서 성장했다.

헤르메스는 암피온에게 리라를 주고, 연주법도 가르쳐주었다. 그의 아우 제토스는 수렵이나 양을 지키는 일을 했다. 그동안 그들의 어머니 안티오페는 테베의 왕위를 노리는 리코스 Licos 와 그의 아내 디르케

Dirce에게 모진 학대를 받았다. 그녀는 마침내 쌍둥이 형제들에게 출생의 비밀을 밝히면서 그들의 권리를 알리고, 자신을 돕게 했다. 그들은 동료 양치기들과 더불어 리코스를 공격하여 그를 살해하고, 디르케의 머리칼을 황소에다 잡아매어 끌도록 하여 그녀를 죽였다.

이리하여 테베의 왕이 된 암피온은 성벽을 쌓아 수비를 강화했는데 그가 리라를 타면 돌들이 저절로 성벽을 쌓았다고 전해진다.

리노스 Linos 는 헤라클레스의 음악 선생이었다. 어느 날 그는 제자를 너무 심하게 꾸짖은 것이 화근이 되어 헤라클레스가 내리친 리라에 맞아 죽었다.

타미리스 Thamyris 는 악기를 타며 노래를 부르는 옛날 트라키아의 음유시인이었는데, 무엄하게도 뮤즈 여신들에게 누가 더 솜씨가 좋은지 겨루어보자고 도전했다. 그러나 그는 이 시합에서 패배하여 여신들에 의해 장님이 되고 말았다.

아테나는 피리를 발명하여 하늘에 있는 모든 청중을 즐겁게 했다. 그러나 장난꾸러기 에로스가 피리를 부느라 잔뜩 찡그린 여신의 기묘한 얼굴을 바라보며 무례하게 웃자, 아테나는 화를 벌컥 내며 피리를 내던졌다.

땅에 떨어진 피리는 마침 그곳을 지나가던 마르시아스 Marsyas 의 손에 들어갔다. 그가 피리를 불자 사람의 마음을 빼앗는 듯한 아름다운

암피온, 엘리자베스 루이 비제 르 브룅, 1793~95년

엘리자베스 비제 르브룅은 18세기 로코코시대를 대표하는 프랑스 여성 화가이다.
암피온은 자신의 쌍둥이 형제인 제토스와 함께 키타이론 산에 버려졌는데 양치기가 이들을 데려다 키웠다. 암피온은 음악에, 제토스는 무술과 목축에 뛰어났다고 한다. 훗날 암피온은 자신을 키워준 양치기를 위해 헤르메스를 모시는 신전을 만들었는데 헤르메스는 이에 대한 보답으로 리라를 주었다.

신화 속 시인과 음악가들 | 575

소리가 났다. 그는 자만하여 아폴론에게 도전했다. 결과는 아폴론의 승리였다. 마르시아스는 아폴론에게 도전한 벌로, 산 채로 세워진 채 결박되어 껍질이 벗겨지는 벌을 받았다.

멜람푸스 Melampus 는 예언력이 주어진 최초의 인간이었다. 그의 집 앞에는 참나무가 한 그루 서 있었고, 그 속에는 뱀의 보금자리가 있었다. 하인들이 어미 뱀을 죽였으나, 멜람푸스가 새끼 뱀들을 불쌍히 여겨 소중히 길렀다.

어느 날 그가 참나무 밑에서 자고 있을 때 뱀들이 그의 귀를 혀로 핥았다. 그 순간 그는 자신이 새나 기어 다니는 동물들의 말을 알아듣게 되었음을 깨닫고 깜짝 놀랐다. 그러한 능력 덕분에 그는 유명한 예언자가 되었다.

그러던 어느 날, 적들이 그를 사로잡아 감금했다. 멜람푸스는 한밤중에 재목 속에 있는 벌레들이 서로 이야기하는 것을 듣고, 벌레들이 재목을 거의 다 파먹어 머지않아 지붕이 내려앉으리라는 것을 알게 되었다. 그는 자기를 감금한 자들에게 이 사실을 알리고 석방을 요구했으며, 그들도 조심해야 한다고 경고했다. 그들은 멜람푸스의 경고를 받아들였고 죽음을 면하자 그에게 감사와 존경을 표하였다.

무사이오스 Musaeus 는 반신화적인 인물로, 어떤 전설에 의하면 오르페우스의 아들이라고도 한다. 종교적인 시집이나 신화집을 썼다고도 전해진다.

제우스와 안티오페, 야코프 요르단스, 1650년

밀턴은 『펜세로소 Penseroso Ⅱ』에서 무사이오스의 이름과 오르페우스의 이름을 함께 거론하고 있다.

오, 슬픈 여신이여, 당신의 힘으로
무사이오스를 나무 그늘에서 일으켜 주오.
아니면 오르페우스의 망령에게 명하여
노래를 부르라고 해주오.
그가 리라에 맞추어 노래하여
하데스의 뺨에 쇠 눈물이 흐르게 하고,
사랑을 어둠의 나락으로 빠져들게 했던
저 슬픈 가락을.

아폴론과 마르시아스, 요한 리스, 1627년

아폴론과 아홉 명의 뮤즈, 귀스타브 모로, 1856년

Bulfinch's Mythology: The Age of Fable

위대한 음악가들
역사 속 시인과 음악가들

이번에 소개하는 시인들은 실재했던 인물들이고, 그들의 작품 가운데 몇 편은 오늘날까지 전해지고 있다. 그러나 작품 자체보다도 그들이 후대 시인들에게 미친 영향이 더 중요하다.

이 시인들에 대한 기록은 독자들이 지금까지 읽은 다른 이야기와 출처가 같다. 즉, 신과 사람들이 입에서 입으로 전한 이야기인 것이다.

다음에 나오는 두 이야기는 독일어로 된 것을 번역한 것이다. 아리온 Arion 이야기는 아우구스트 슐레겔 August W.von Schlegel 의 민요시 「아리온」에서, 그리고 이비코스 이야기는 실러의 민요시 「이비코스의 두루미」에서 각각 번역하였다.

아리온은 유명한 음악가로, 그는 자신을 대단히 총애하던 코린토스(Corinthos) 왕 페리안드로스의 궁정에서 살았다. 시켈리아(시칠리아)에서 음악 경연이 열린다는 소식을 접한 아리온은 그 대회에 참가하고 싶어 했다.

그는 자신의 생각을 페리안드로스에게 말했다. 그러자 그는 그 생각을 포기하라고 형제와 같은 마음으로 간청하며 말했다.

"제발 내 곁에 있게. 내 곁에 있는 것으로 만족하고 다른 생각은 하지 말게. 얻으려는 자는 잃는 법일세."

그러자 아리온은 대답했다.

"방랑 생활이야말로 시인의 자유로운 정신에 가장 어울리는 것이다. 신에게서 부여받은 나의 재능을 다른 사람에게도 즐거움의 원천이 되게 하고 싶다. 그리고 내가 상을 탄다면 얼마나 기쁘겠습니까. 나의 명성이 널리 퍼질 것이니까요."

결국, 그는 음악 경연대회에 출전하여 상을 받고, 부상으로 받은 많은 상품을 가지고 코린토스로 향하는 배를 타고 귀로에 올랐다. 다음날 아침에는 바람이 잔잔하게 불었다. 그는 부르짖었다.

"오! 페리안드로스여, 이제 걱정할 것 없다. 머지않아 당신과 포옹하는 순간 모든 걱정을 잊게 될 것이다. 우리는 많은 제물을 신들에게 아낌없이 바칠 것이다. 그러면 축하연의 식탁은 얼마나 즐겁겠습니까?"

바람은 잠잠했고, 바다는 여전히 평온한 상태였다. 하늘에는 구름 한 점 없었다. 그가 바다를 믿는 것은 문제가 없었지만 사람을 믿은 것은 큰 잘못이었다. 아리온은 선원들이 뭔가 서로 수군거리는 것을 엿듣고 그제서야 그들이 자신의 재물을 약탈하기 위해 음모를 꾸미고 있다는 걸 알았다. 그로부터 얼마 지나지 않아 뱃사람들이 소리를 지르며 그를 둘러싼 다음 불손한 태도로 말했다.

"아리온, 넌 죽어야 한다. 육지에 네 무덤을 갖고 싶으면 이 자리에서 얌전히 죽고, 그렇지 않다면 바다에 투신하여라."

그러자 아리온이 말했다.

"꼭 내 목숨을 빼앗아야겠는가? 내 재물이 탐난다면 가져라. 나는 기꺼이 그 돈으로 내 목숨을 사겠다."

"아니, 안 된다. 우리는 너를 살려둘 수가 없다. 네 존재는 우리에게 너무 위험스럽다. 만일 우리가 강도질한 것을 페리안드로스가 안다면 그가 우리를 가만히 두겠는가. 그를 피해 어디로 도망칠 수 있겠는가? 집에 돌아가서도 늘 공포에 시달려야 한다면 네 재물도 우리에게는 아무 소용이 없을 것이다."

아리온이 말했다.

"내가 무슨 말을 해도 생명을 구할 수 없을 것 같으니, 그러면 마지막 소원을 들어다오. 제발 부탁이니 내가 이제껏 살아온 것처럼 음유시인답게 죽게 해다오. 나를 위한 임종의 노래를 부르고 싶다. 그리고 리라 줄의 진동이 멈췄을 때, 이 세상을 이별하고 주어진 운명에 따르겠다."

그런데 이 소원도 들어줄 것 같지 않았다. 이유는 선원들이 오직 약탈품만을 생각하고 있었기 때문이었다. 그러나 아리온같이 유명한 음악가의 노래를 들을 수 있다는 생각이 그들의 거친 마음을 움직였다.

아리온은 덧붙여 말했다.

"그렇다면 제발 옷을 갈아입을 때까지 기다려다오. 아폴론은 내가 음유시인의 옷차림을 하고 있지 않으면 힘을 빌려주시지 않으니까."

그리고 나서 그는 균형이 잘 잡힌 몸에 눈이 부시리만큼 아름다운 금빛과 자줏빛 옷으로 갈아입었다. 웃옷은 부드러운 주름을 만들면서 그의 몸을 감싸고, 보석은 그의 팔을 장식하고, 금빛 화관은 그의 이마를 덮고, 목과 어깨에는 향기로운 냄새가 풍기는 머리카락이 늘어져 있었다. 그리고 왼손에는 리라를, 오른손에는 리라 줄을 타는 상아 막대기를 들었다.

그는 영감을 받은 사람처럼 아침 공기를 들이마시며 아침 햇살 속으로 광채를 뿜어냈다. 뱃사람들은 감탄하며 그를 바라보았다. 그는 뱃전으로 걸어나가 깊고 푸른 바다를 내려다보았다. 그리고 리라를 타면서 노래를 불렀다.

"나의 목소리 나의 친구여, 나와 함께 황천으로 오라. 케르베로스 Cerberos 가 으르렁거린다 하더라도 노래의 힘으로 능히 그 노기를 가라앉힐 수 있으리라. 저 어두컴컴한 강 건너 엘리시움 Elisyum (착한 사람들이 죽은 후에 가는 곳으로 극락이나 이상향으로 표현된다)에 사는 영웅들이여, 얼마 있지 않아 나는 그대들의 대열에 참여하리라. 그러나 그대들은 나의 슬픔을 가라앉힐 수 있겠는가? 아, 나는 나의 친구 페리안드로스를 이 세상에 남겨두고 간단 말인가. 오르페우스여! 그대는 에우리디케를 만났으나, 만나자마자 다시 또 잃지 않았던가. 그녀가 꿈같이 사라졌을 때 저 눈부신 햇빛도 그대에게는 얼마나 원망스러운 것이었겠는가. 나는 가야 한다. 그러나 두려워 않으리라. 신들이 하늘에서 우리를 보살펴주기 때문이다. 죄 없는 나를 죽이는 자들이여, 그대들도 몸을 떨 때가 올 것이다. 바다의 여신 네레이스들이여, 그대들의 처분에 몸을 맡기는 손님을 받아들이라."

이렇게 애절한 노래를 부르면서 그는 바닷속으로 뛰어들었다. 그러자 큰 파도가 그의 몸을 덮어버렸다. 뱃사람들은 항해를 계속하며 이제 자기들의 범행이 발각될 우려가 없어졌다고 안심했다.

아리온, 귀스타브 모로, 1881년

그러나 바다에 사는 생물들이 아리온의 노래를 듣고 그의 주위로 몰려들었고, 돌고래들은 마술에 걸린 것처럼 배를 따라왔다. 아리온이 파도 속에서 몸부림치고 있을 때, 따라오던 돌고래 중 한 마리가 그를 등에 태우고 무사히 해안으로 데려다 주었다. 후에 이 사건을 기념하기 위해 그가 상륙한 지점에 황동 기념비가 세워졌다.

아리온은 돌고래가 자신을 해안에 내려놓을 때, 고마워하며 말했다.

"자, 충성스럽고 친절한 돌고래여, 잘 가거라. 나는 그대의 은혜를 갚고 싶지만, 같이 갈 수 없구나. 우리는 친구가 될 수 없는 것을……. 바다의 여왕 갈라테이아가 은총을 내려주시기를! 그리고 그대는 여왕이 탄 이륜차를 의기양양하게 끌며 거울과도 같이 잔잔한 바다 위를 달리기를!"

아리온은 해안을 떠나 걸음을 재촉했다. 얼마 지나지 않아 눈앞에 코린토스의 탑들이 보였다. 그는 손에 리라를 들고 노래를 부르며 계속 걸었다. 가슴속에 사랑과 행복이 가득 차올랐다. 재물을 잃은 것도 어느새 잊고 남아 있는 것, 즉 친구와 리라만이 생각났다.

그가 궁정에 도착하자, 페리안드로스는 뛰어나와 반갑게 그를 맞으며 포옹했다. 아리온이 말했다.

"친구여, 나는 그대에게 다시 돌아왔소. 신이 내게 부여한 재능은 수많은 사람에게 기쁨을 주었소. 하지만 경연에서 받은 상금은 악당들에게 모두 빼앗기고 말았소. 그러나 내 이름을 세상에 널리 알렸으니 그것으로 만족한다오."

아리온이 페리안드로스에게 자기가 당한 놀라운 사건을 이야기하자, 그가 놀라며 말했다.

"그와 같은 못된 자들이 승리하다니 될 말인가! 범인을 잡을 테니 그대는 숨어 있으시오. 그러면 그들은 의심 없이 접근할 것이니."

배가 항구에 도착하자, 그는 뱃사람들을 불러들여 말했다.

"너희들은 아리온의 소식을 들은 일이 있느냐? 나는 그가 무사히 돌아오기를 초조하게 기다리고 있다."

그러자 그들은 대답했다.

"타렌툼 Tarentum (지금의 타란토)에서 그와 작별했는데 잘 있다고 한다."

그들이 말을 끝맺기도 전에 아리온이 나타났다. 그는 균형 잡힌 몸에 아름다운 주름이 잡힌 금빛과 자줏빛 옷을 입고, 팔에 보석을 끼었고, 머리에 금빛 화관을 썼으며, 목과 어깨 위로 흘러내린 머리카락에서는 향기가 풍겼다. 왼손에는 리라를 들고 오른손에는 리라 줄을 타는 상아 막대기를 들고 있었다. 뱃사람들은 마치 벼락이라도 맞은 것처럼 그의 발밑에 엎드렸다.

"우리는 그를 죽이려 했는데, 그는 신이 되었다. 오, 대지여! 입을 벌려 우리를 받아달라."

그러자 페리안드로스가 말했다.

"노래의 명인인 그는 살아 있다. 자비로운 하늘이 시인의 생명을 보호했다. 나는 복수의 신을 불러내지 않겠다. 아리온은 너희들의 피를 원치 않는다. 탐욕의 노예들아, 당장 사라지거라. 야만인의 나라로 가거라. 그리고 아무리 아름다운 것이라도 너희들의 정신을 즐겁게 하지 말기를 빌어주리라!"

스펜서는 아리온에 대해 쓰면서, 돌고래 등에 올라탄 아리온이 포세이돈과 암페트리테의 행렬을 이끄는 것으로 표현했다.

천상의 소리인 듯 더없이 아름답고 섬세한 음악 소리가 들려왔다.
뒤이어 부유하는 왕좌에 앉은 아리온이 하프를 타며 그 우아한
행렬을 따르는 수많은 군중의 귀와 마음을 사로잡았다.
해적들을 유유히 지나 에게 해를 건넜던 돌고래도
조용히 곁에서 그 노랫소리에 경탄했다.
그리고 거친 바다도 기쁜 나머지 울부짖는 소리를 잊고 있었다.

바이런도 「해롤드 경의 순유」 제2편에서 아리온 이야기를 언급하고 있다. 바이런이 자신의 항해 이야기를 들려주면서 어떤 뱃사람에 대해 노래하고 있는 대목이다. 이 뱃사람은 사람들을 즐겁게 하려고 음악을 연주하고 있었던 것이다.

달이 떴다.
창공에 아름다운 밤이 떴다!
길게 흐르는 빛줄기는
춤을 추는 파도 위로 번져간다.
이제 해변의 젊은이들은
사랑의 한숨을 몰아쉬고
처녀들은 그 진실을 믿을 것이다.
육지로 돌아갔을 때
우리의 운명도 그러하기를!
그렇게 생각하는 동안
아리온의 손이 끊임없이
뱃사람들이 좋아하는

돌고래와 아리온, 살바토르 로사, 1648년

아리온은 레스보스 섬 출생으로 코린토스의 참주인 페리안드로스의 궁전에 거주했다고 전해지지만, 그의 생애에 관해서는 알려진 것이 별로 없고, 작품도 전하는 것이 없다. 그는 합창 형식의 하나인 '디티람보스'라는 서정시의 시조로 일컬어지며, 디티람보스와 비극의 기원 사이에 깊은 관계가 있다고 생각된다는 점에서 주목되는 시인이다.

활기찬 곡을 연주한다.
그러자 흥에 겨운 청중이
자리에서 일어나
귀에 익은 곡에 맞추어
기묘하게 몸을 움직인다.
그곳이 바다임을 잊고,
마치 해변을 자유로이
서성거리고 있기라도 하듯이.

서정시 Ibycos를 이해하려면 다음 내용을 기억해둘 필요가 있다. 고대 극장은 1만 내지 3만 명의 관객을 수용할 정도의 큰 건물이었다는 것. 그리고 이러한 극장은 제전 때만 사용되었으며, 누구나 무료로 입장할 수 있었기 때문에 대개 만원이었다는 것, 지붕이 없는 노천극장이었기 때문에 낮에만 공연이 있었고, 복수의 여신들 이야기도 오늘날처럼 무섭게 과장되지는 않았다는 것 등이다.

전하는 이야기에 따르면, 언젠가 비극시인인 아이스킬로스 Aeschylos (그리스 3대 비극시인의 한 사람)가 50명이나 되는 합창단을 동원하여 복수의 여신을 형상화하자(『오레스테스 Orestes』 3부작 중 '자비로운 여신들'을 말함), 관객들이 공포에 질려 기절하고 경련을 일으키는 등 큰 소동이 벌어졌다고 한다. 그 후 이와 같은 공연은 금지되었다는 기록이 남아 있다.

신들에게 경건했던 시인 이비코스 Ibykos (기원전 6세기경의 그리스 서정시인)가 코린토스의 이스트모스 Isthmos에서 거행되는 이륜차 경주와 음악 경연대회에 참가하러 가던 어느 날이었다. 당시 이 경기와 경연은 그리스 사람들에게 아주 인기가 좋았다. 아폴론은 그에게 노래에 대한 재능과 꿀과 같은 시인의 입술을 부여했기 때문에, 그는 걸음걸이도 가볍게 아폴론만을 생각하며 걸어갔다. 어느새 하늘 높이 솟은 코린토스의 탑들이 눈앞에 펼쳐졌다. 그는 경건한 마음으로 포세이돈의 성스러운 숲으로 들어갔다. 사람은 하나도 눈에 띄지 않고 오직 남쪽을 향해 날아가는 두루미만이 이비코스의 머리 위에서 같은 방향으로 날고 있었다. 이비코스는 크게 소리쳤다.

"바다를 건너올 때부터 나의 길동무였던 정다운 친구들이여, 너희들에게 행운이 함께 있기를! 나는 친절한 접대를 기대하며 너희들과 같이 이곳까지 왔다. 너희들이나 나 외지에서 온 손님을 친절하게 보살펴주는 환대를 받게 되기를!"

그는 발걸음을 재촉하여 바로 숲 한가운데에 도달했다. 그때 돌연 강도 둘이 나타나 길을 막았다. 항복하든지 죽음을 각오하고 싸우지 않으면 안 될 상황이었다. 그러나 리라에는 익숙했으나 무기를 갖고 싸우는 데는 익숙하지 않은 그의 손은 연약했다. 그는 인간과 신들에게 구원을 요청했으나, 그의 외침을 듣고 찾아오는 도움의 손길은 하나도 없었다.

"이곳에서 죽어야 하다니! 낯선 타향에서 악한의 손에 세상을 떠나야 하다니! 슬퍼해 줄 사람도 없고, 원수를 갚아줄 사람도 없구나."

그가 심한 부상을 입고 땅에 쓰러지자, 공중에서 두루미들이 쉰 목소리로 울어댔다. 그가 말했다.

"두루미들아, 내 원수를 갚아다오. 너희들 외에는 나의 부르짖음에 답하는 소리가 없구나."

그는 이렇게 말하며 죽었다. 그의 시신은 가진 것을 몽땅 털린 채 처참한 모습으로 발견되었다. 그를 기다리던 코린토스의 친구는 상처를 입어 형편없이 변해버린 사람이 이비코스란 것을 알아보고 부르짖었다.

"이런 모습의 너를 대할 줄이야! 나는 네가 노래 경연대회에서 승리의 화관으로 네 이마를 장식하길 바랐는데!"

제전에 모인 손님들도 이 소식을 듣고 크게 놀랐다. 전 그리스 사람들이 가슴 아파하며 아까운 사람을 잃었다고 한탄하였다. 그들은 법정 주위에 모여 살인자에게 복수하고, 그들의 피로써 죄를 보상하기를 요구했다.

그러나 성대한 제전을 보러 모여든 수많은 군중 속에서 무슨 증거가 있어 범인을 찾아낸단 말인가? 그가 강도의 손에 죽은 것인지, 아니면 개인적으로 원한을 품은 자의 손에 죽은 것인지조차 알 길이 없었다. 사실을 알고 있는 자는 세상의 모든 것을 내려다보는 태양신뿐이었다. 누구도 그가 죽어가는 모습을 본 사람이 없었다.

군중들이 열을 지어 좌석을 메우자 건물은 금방이라도 터져나갈 것 같았다. 헛되이 복수를 바라고 있는 이 순간에도 살인자는 군중 사이를 활보하며 자신이 저지른 죄악을 즐기고 있을지도 모르는 일이었다. 아니, 바로 신전 경내에서 신들을 비웃으며 태연히 군중 틈에 섞여 원형극장으로 들어가고 있을지도 모르는 일이었다.

원형극장 안은 빈 자리 하나 없이 군중들로 가득 차 건물 자체가 터질 것만 같았다. 한 단 한 단 올라갈수록 넓게 퍼지는 원형의 좌석은 하늘에라도 닿을 것 같고, 관객들의 아우성은 바다의 포효를 듣는 듯했다.

이윽고 많은 군중들은 '복수의 여신' 역할을 하는 합창대의 무서운 소리에 귀를 기울였다. 그들은 장엄한 의상을 입고 모두 보조를 맞춰

복수의 여신, 귀스타브 모로, 1891년
 티시포네, 알렉토, 메가이라의 세 에리니스이며 복수의 여신들이다. 온갖 죄를 처벌하며, 특히 근친살해를 한 자에게 복수하고 죽은 사람에게도 벌을 내린다. 대지의 여신 가이아, 또는 밤의 여신 닉스의 딸들이라 한다. 아테네 사람들은 그녀들을 두려워하여 에우메니데스라고 불렀으며, 로마인들은 푸리아이 또는 디라이라고 불렀다.

역사 속 시인과 음악가들

테스피우스의 딸들, 귀스타브 모로, 1853년

이리저리 무대 주위를 돌았다. 합창대는 이 세상 사람들 같지 않았다. 그리고 조금 전과 달리 침묵을 지키고 있는 군중들도 살아 있는 인간들 같지 않았다.

합창대원들은 검은 옷을 입고, 야윈 손에는 시뻘겋게 타오르는 횃불을 들고 있었다. 그들의 볼에는 핏기가 없고, 이마 주위에는 머리 대신 부푼 몸을 한 뱀이 똬리를 틀고 있었다. 이런 무서운 차림을 한 사람들이 원을 그리며 노래를 부르고 있었다. 그 노래는 죄지은 자들의 심장을 찢었고, 그들의 능력을 완전히 마비시켰다. 노랫소리는 점점 높아지며 하늘로 퍼지더니 이내 악기 소리를 압도했고, 심장과 피가 멎는 감동으로 판단력을 마비시켰다.

"마음이 정결하고 죄 없는 자는 행복할지어다! 그런 자에게는 우리 복수의 여신도 손을 댈 수 없느니라. 그러나 남몰래 살인한 자는 불행할지어다. 우리들 밤의 무서운 종족들은 그의 전신을 노리고 있다. 그런 자가 날아서 도망치면 우리를 피할 수 있을 줄 아는가? 우리는 그를 추격하여 더 빨리 날리라. 우리 뱀들을 그의 발에 감기게 하여 넘어뜨리리라. 끈질기게 우리는 추격하리라. 동정심도 우리의 앞길을 막지 못하리라. 죽을 때까지 쫓고 또 쫓아 그에게 안정도 휴식도 주지 않으리라."

복수의 여신들은 이런 내용의 노래를 부르며 장엄한 운율로 춤추었다. 죽음의 정적과도 같은 고요가 관객들을 내리눌렀다. 마침내 그들은 무대를 한 바퀴 돌고 나자, 조용히 뒤쪽으로 사라졌다.

사람들의 심장은 환상과 실체 사이에서 고동쳤고, 가슴은 뭐라 표현할 수 없는 공포로 두근거렸으며, 숨기고 있는 은밀한 범죄를 감시하고 운명의 실타래를 보이지 않게 감고 있는 무서운 신의 권능 앞에서 몸을 떨었다. 그 순간 제일 위에 있는 좌석에서 부르짖는 소리가 들렸다.

"보라, 보라! 친구야, 저기 이비코스의 두루미들이 온다."

그러자 갑자기 공중을 가로질러 검은 물체가 나타났는데, 그것은 언뜻 보아도 극장을 향해 날아오는 두루미 떼였다.

"뭐라고? 이비코스라고?"

이 사랑스런 이름은 모든 사람의 가슴속에 슬픔을 불러일으켰다. 바다 위에 물결이 연달아 일어나듯이 입에서 입으로 전달되었다.

"이비코스! 우리 모두를 슬픔에 빠뜨린 사람, 어떤 살인자의 손에 죽은 사람, 두루미와 그 사람이 무슨 관계가 있을까?"

말소리가 점점 커지자 번개같이 모든 사람의 심중에 떠오르는 생각이 있었다.

"복수의 여신의 힘이다. 저 경건한 시인의 원수를 갚아야 한다! 살인자는 스스로 자신의 죄를 드러냈다. 제일 먼저 소리를 지른 자와 그 자가 말을 건 상대를 잡아라!"

범인은 할 수만 있다면 자기 말을 취소하고 싶었을 것이다. 그러나 때는 이미 늦었다. 살인자들의 얼굴은 공포로 창백해졌고, 끝내 그들은 자신들의 죄를 고백했다.

시모니데스 Simonides 는 그리스 초기 시인들 중 가장 많은 작품을 남겼으나 오늘날에는 몇 개의 짧은 글만이 전해지고 있을 뿐이다. 그가 쓴 작품에는 찬가, 송가 그리고 비가가 있는데 그중에서 비가가 가장 우수하다. 그는 감동을 주는 시를 짓는 데 능했다. 인간의 심금을 울리는데 그보다 더 진실한 효과를 거둔 사람은 없었다.

「다나에의 비탄 Danaedes」은 지금까지 남아 있는 그의 단편 시 중 가장 중요한 작품인데, 다나에와 그녀의 젖먹이 아기가 다나에의 아버지 아크리시오스 Akrisios 의 명령에 의해 상자에 갇혀 바다에 띄워졌다는 전설에서 따온 것이다.

세리포스 섬에 표류하던 상자를 어부 딕티스가 건져내 폴리덱테스 Polydectes 왕에게 데려가자, 왕이 그들을 보호했다. 다나에의 아들 페르세우스는 성장해서 유명한 영웅이 되었다. 그의 모험담은 앞에서 다루었다.

시모니데스는 생애의 대부분을 왕족이 사는 궁정에서 보냈다. 그는 종종 송가와 축가를 부탁받아 지어주었는데, 그것들은 거의 그들의 공적을 찬양한 시로 왕족들로부터 후한 사례를 받았다. 이렇듯 다른 사람의 부탁을 받아 시를 짓고, 그 보수를 받는다는 것은 당시에는 불명예스러운 일이 아니었다. 옛날 시인들, 예컨대 호메로스(호머)가 소개하는 데모도코스 Demodocus 라든지, 호메로스 자신도 그런 일을 했다는 기록이 남아 있다.

시모니데스가 테살리아 Thessalia 왕 스코파스 Skopas 의 궁정에 머물고 있던 어느 날이었다. 왕은 주연 석상에서 자신의 공적을 찬미한 시를 듣기 위해 그에게 시 한 수를 지어달라고 부탁했다. 경건한 시인으로 널리 알려져 있는 그는 시의 내용을 다채롭게 하기 위해 카스토르 Castor 와 폴리데우케스 Polydeuces 의 공훈을 인용하여 시를 지었다. 이것은 다른 시인들도 자주 쓰는 기법이어서 별로 이상한 일이 아니었다. 게다가 웬만한 사람 같으면 레다 Leda 의 쌍둥이 아들(카스토르와 폴리데우케스를 가리킴)과 나란히 찬사받는 것을 상당히 영광스럽게 여겼을 것이다. 그러나 스코파스의 허영심은 한이 없었다. 신하들과 아부꾼들에 둘러싸여 향연을 벌이던 그는 자신을 직접 찬미하지 않는 시행이 불만스러웠다. 시모니데스가 약속한 보수를 받으려고 앞으로 나오자, 스코파스는 다음과 같이 말하며 약속한 금액의 절반밖에 주지 않았다.

제우스와 다나에, 렘브란트, 1636~50년

아크리시오스는 자신의 딸 다나에가 낳은 아들(외손자)에 의해 죽는다는 신탁을 받는다. 그 후 아크리시오스는 딸을 청동 탑 안에 가두어 놓고 어떤 남자도 접근할 수 없도록 하였으나, 하늘에서 이를 지켜본 제우스가 황금 빗물로 변신하여 그녀의 두 무릎 사이로 스며들어가 교접하여 페르세우스가 태어났다. 왕은 다나에와 페르세우스 모자를 상자에 넣어 바다에 띄워 보냈다. 이들은 표류하여 세리포스 섬에 닿았는데, 이 섬의 왕 폴리덱테스의 동생인 딕티스에게 구조되어 페르세우스가 성인이 될 때까지 이곳에 머물렀다.

훗날 경기를 관람하고 있던 아크리시오스는 페르세우스가 던진 원반에 맞아 숨을 거둔다. 피하려고 무진 애를 썼으나 결국 신탁이 이루어진 것이다. 이 이야기는 많은 화가의 그림 소재로 다루어졌으며, 리하르트 슈트라우스의 가극 『다나에의 사랑』도 있다.

"자, 나는 그대의 노래에 대하여 내 몫만 지불하겠다. 나머지는 카스토르와 폴리데우케스가 지불할 것이다."

당황한 시인은 왕의 조롱에 뒤이은 떠들썩한 웃음소리를 들으며 자기 자리로 돌아왔다. 잠시 후, 시모니데스는 말을 탄 두 젊은이가 밖에서 기다린다는 전언을 받고 문밖으로 나갔다. 그러나 자신을 찾았다던 젊은이들은 없었다. 그런데 시모니데스가 연회장을 나오자, 지붕이 큰 소리를 내며 무너져내리는 바람에 스코파스와 연회에 온 손님들은 그 밑에 묻히고 말았다. 시모니데스는 카스토르와 폴리데우케스가 자신의 생명을 구했다고 확신했다.

사포 Sappho 는 그리스 문학 초기에 활약하던 여류 시인이었다.

그녀의 작품 가운데 지금까지 남아 있는 것은 몇 개의 단편뿐이지만, 그것만으로도 그녀가 아주 뛰어난 천재 시인이었다는 것을 알기에 부족함이 없다.

'사포' 하면 떠오르는 이야기가 하나 있다.

그녀는 파온 Phaon 이라는 아름다운 청년을 열렬히 사랑했으나 그의 사랑을 받지 못하자, 레우카디아 Leucadia (레우카스) 절벽 위에서 바다로 몸을 던져 자살했다. 그렇게 한 연유는 '사랑의 투신 바위'에서 몸을 던지는 자는, 죽지만 않는다면 그 사랑의 병이 치유된다는 미신에 연유한 것이었다.

바이런은 「해롤드 경의 순유」 제2편에서 사포에 대해 언급하고 있다.

사포, 쥘 엘리 들로네, 19세기

해롤드 경은 계속 항해하여,

슬픔에 잠긴 페넬로페이아가 굽어보던

불모의 절벽을 지나,

지금도 잊을 수 없는 산을 바라보았다.

저 연인의 은신처를,

저 레스보스 섬 시인의 묘를.

우울한 사포어!

불멸의 시는

저토록 영원히 사라지지 않는 불꽃을 지닌

저 가슴을 구제할 수 있었던가?

해롤드 경이 까마득한

레우카디아 절벽을 향해

이렇게 소리친 것은

그리스의 가을,

어느 조용한 저녁 무렵이었다.

사포, 에드먼드 프리드리히 카늘트, 1879년

다아나와 엔디미온, 마이센 도자기 제작, 1785년

XXVI. 신과 인간의 사랑

그대의 찬란한 빛 속에 누워 잠들어 있는 암소들은 신의 나라의 초원을 꿈꾼다.
헤아릴 수 없이 많은 산들은 몸을 일으켜 그대의 눈짓의 축복을 받기를 갈망한다

Bulfinch's Mythology: The Age of Fable

신 과 인 간 의 사 랑
엔디미온

엔디미온 Endymion 은 라트모스 산 위에서 양을 기르는 아름다운 청년이었다. 어느 고요하고 청명한 밤이었다. 달의 여신 아르테미스가 인간 세상을 내려다보니, 잠자고 있는 이 젊은이가 눈에 띄었다. 처녀 신의 차가운 심장은 그의 빼어난 아름다움에 곧바로 매료되었다. 여신은 그에게 내려와 키스 세례를 퍼붓고 그가 잠들어 있는 동안 그를 지켜주었다.

다른 전설에 의하면, 제우스가 그에게 영원한 청춘과 영원한 잠을 주었다고 하나 그에 관한 이야기는 극히 적다. 아르테미스는 그가 매일 잠만 자다가 그 사이 자신의 재산을 잃어버리지 않게 돌보아주었다

아르테미스와 엔디미온, 세바스티아노 리치, 1713년

세바스티아노 리치는 이탈리아 화가이자 판화가이다. 18세기 베네치아파의 대양식 기초를 만들고 데포르마숑을 예고하는 다채로운 화풍으로 알려졌다.

엔디미온에 대한 자료는 제각각 다르지만 엘리스의 왕이었다는 것에는 이견이 별로 없다. 전설에 따르면 제우스는 엔디미온에게 원하는 것을 들어주겠다고 했는데, 이때 엔디미온은 영원한 젊음을 간직하기 위해 영면을 택했다고 한다.

다른 전설에 따르면 엔디미온의 잠은 그가 제우스의 아내인 헤라와 사랑에 빠졌기 때문에 제우스로부터 받은 벌이라고도 한다.

고 한다. 즉, 그의 양 떼가 자유롭게 풀을 뜯고 번식할 수 있도록 해주었고, 야수로부터 지켜주었다는 것이다(아르테미스는 사냥의 여신이기도 하다).

엔디미온의 이야기는 인간적인 의미에서 보면 아주 얇은 베일에 가려진 듯한 독특한 매력이 있다. 엔디미온에게서 젊은 시인의 모습을 엿볼 수 있기 때문이다. 즉, 시인의 공상과 마음이 스스로를 만족시킬 만한 것을 찾아다니다가 마침내 고요한 달빛 속에서 사랑하는 시간을 찾고, 그 빛나는 무언의 목격자(달)가 내리비치는 빛 아래서 우수에 잠기거나, 자신을 불살라버릴 정열을 기르는 것이다. 그러므로 이 이야기는 정열적이고 시적인 사랑, 현실보다는 꿈속에서 더 많은 시간을 보내는 인생, 젊은 나이에 기꺼이 맞아들이는 죽음을 암시하고 있다.

키츠의 「엔디미온」은 거칠고 공상적인 시이지만, 그 가운데 다음 구절처럼 달을 향해 노래하는 아름다운 시구가 있다.

그대의 찬란한 빛 속에 누워
잠들어 있는 암소들은 신의 나라의 초원을 꿈꾼다.
헤아릴 수 없이 많은 산들은 몸을 일으켜
그대의 눈짓의 축복을 받기를 갈망한다.
게다가 그대의 축복은 어두운 은신처에도,
비좁은 장소에도,
모름지기 기쁨이 전해질 수 있는 곳이면
비켜가는 법이 없다.
어두운 땅속 둥우리에 있는 굴뚝새도

조용한 눈초리로
그대의 아름다운 얼굴을 우러러본다.

영 박사도 「밤의 명상」이라는 시에서 다음과 같이 엔디미온에 대해 노래하고 있다.

오, 밤이여! 이러한 명상은 그대의 것이다.
그것은 그대 속에서 연인들의 가냘픈 한숨처럼
다른 사람들이 잠든 뒤에 흘러나온다.
시인들은 킨티아(달의 여신 아르테미스의 별칭)가
그림자로 몸을 감싸고 남몰래 천상에서 내려와
양치기를 위로해주었다고 하지만,
그녀를 열렬히 사랑하는 그 양치기 못지않게
나 역시 그대를 열렬히 사랑한다.

셀레네와 엔디미온, 제롬 마르탱 랑글루아, 1822년

신 과 　 인 간 의 　 사 랑
오리온

오리온 Orion 은 포세이돈의 아들이었다. 그는 아름다운 거인이었으며, 힘센 사냥꾼이었다. 그의 아버지는 그에게 바닷속을 걸어다닐 수 있는 힘을 주었다. 다른 이야기로는 바다 위를 걸어가는 능력을 주었다고도 한다.

그는 키오스 Chios 섬 오이노피온 Oenopion (포도주를 마신다는 뜻) 왕의 딸 메로페 Merope 를 사랑하여 그녀에게 청혼했다. 그는 연인에게 종종 섬에서 사냥한 야수를 선물로 가져왔다. 그러나 오이노피온이 결혼 승낙을 차일피일 연기하자, 오리온은 메로페를 강제로 자기 것으로 만들려고 했다. 이에 화가 난 오이노피온은 오리온에게 술을 먹여 취하게 한 다음 두 눈을 뽑은 뒤 실신한 그를 해변에 버렸다.

장님이 된 오리온은 외눈박이 거인족 키클롭스의 망치 소리를 따라 길을 더듬어 간신히 림노스 섬에 도착하여, 헤파이스토스의 대장간을 찾아갔다. 오리온을 불쌍히 여긴 헤파이스토스는 자신의 직공 케달리온 Cedalion 을 시켜 그를 아폴론의 거처로 안내하게 했다. 오리온은 케달리온을 어깨에 올려놓고 동쪽을 향해 먼 길을 가서 태양의 신(아폴론은 의술의 신이기도 함)을 만났다. 태양신 아폴론은 자신의 빛으로 오리온의 시력을 되찾아주었다.

그 후 그는 사냥을 하면서 아르테미스와 함께 생활했다. 그는 이 여신을 아주 좋아했고, 얼마 지나지 않아 그와 여신이 결혼할 것이라는 소문이 돌게 되었다. 여신의 오빠(아폴론)는 이를 탐탁지 않게 여겨 오리온과 가까이 지내지 말라고 그녀에게 여러 차례 충고했으나, 효과가 없었다.

어느 날 아폴론은 오리온이 머리만 물 위로 내놓고 바다를 건너는 것을 보았다. 그는 아르테미스에게 그녀의 솜씨로는 저 바다 위의 검은 물체를 맞힐 수 없을 거라고 약을 올렸다. 활의 명수인 여신은 운명의 목표물인 오리온을 향하여 화살을 쏘았다. 결국, 오리온의 시체는 파도에 실려 해변으로 떠내려왔다. 아르테미스는 끊임없이 눈물을 흘리며 후회하고 자신의 실수를 원망하며 통곡하다가 오리온을 별자리에 올려놓았다. 그는 몸에 사자 모피를 걸치고 허리띠를 두르고, 칼과 곤봉을 쥔 거인의 모습으로 밤하늘에 떠 있다. 그리고 사냥개 세이리오스가 그의 뒤를 따르고, 플레이아데스 Pleiades 가 그의 앞에서 날 듯이 달아나고 있다.

플레이아데스는 아틀라스 Atlas 의 딸들로, 아르테미스의 시중을 드는

오리온과 다이아나가 있는 풍경, 니콜라 푸생, 1658년

니콜라 푸생은 17세기 프랑스 최대의 화가이며 프랑스 근대회화의 시조이다. 로마에 오랫동안 머물면서 고전주의적인 주제들을 많이 그렸다.

오리온은 바다의 신 포세이돈과 에우리알레의 아들. 거인이자 미남 사냥꾼으로 유명하다. 워낙 거인이었기 때문에 바다에 들어가도 바닷물이 어깨까지밖에 닿지 않았다고 한다. 그의 아내 시데는 헤라와 아름다움을 겨루다가 명계로 쫓겨났다. 아내를 잃은 오리온은 키오스 섬의 왕 오이노피온을 찾아가 그의 딸 메로페에게 구혼하고 왕이 조건으로 내건 대로 야수를 퇴치했으나 왕은 약속을 지키기는커녕 그를 장님으로 만들어버렸다. 그는 신탁을 통해 해가 뜨는 것을 지켜보고 시력을 되찾는다. 후에 그는 아르테미스를 범하려다 그녀가 보낸 전갈에 찔려 죽게 된다. 오리온과 오리온을 죽인 전갈은 나중에 별자리가 되었는데, 하늘로 올라간 뒤에도 오리온자리는 전갈자리를 피해 다닌다고 한다.

님프들이었다. 그들을 본 오리온이 매혹되어 뒤쫓아가자, 그들은 어찌할 줄 모르며 신들에게 변신시켜 달라고 기도했다. 그러자 제우스는 그들을 불쌍히 여겨 비둘기로 변하게 한 후 하늘의 성좌가 되게 했다. 모두 7명이었는데 육안으로 6개밖에 보이지 않는 것은, 그들 중 하나인 엘렉트라Electra가 그녀의 아들이 세운 트로이의 함락을 보지 않으려고 그곳을 떠났기 때문이라고 한다. 트로이는 그녀의 아들인 다르다노스가 세운 도시였던 것이다. 그녀의 자매들도 트로이가 함락되는 것을 보고 마음이 상한 나머지 오늘날에 이르기까지 창백한 안색을 띠고 있다.

「오리온의 엄폐(掩蔽)」라는 롱펠로의 시가 있다. 다음은 시인이 오리온에 대한 신화를 염두에 두고 노래한 시의 한 구절이다.

여기서 미리 알아두어야 할 것은, 하늘에서 빛나는 오리온은 사자 모피를 몸에 두르고 곤봉을 휘두르는 모습으로 그려지고 있다는 점이다. 이 별자리의 별이 하나씩 달빛에 눌려 사라져가는 순간을 시인은 이렇게 노래하고 있다.

> 사자의 붉은 모피가
> 그의 발밑에 있는 강으로 떨어졌다.
> 커다란 곤봉도 더는 황소의 이마를
> 치지 않는다.
> 그리고 그는
> 옛날처럼 해변을 비틀거리며 걷는다.
> 마치 오이노피온에게 시력을 빼앗기고
> 대장장이를 찾아 방황하다가,

끝내 깊은 산골짜기에 올라가
공허한 시선을 태양에 고정시켰을 때처럼.

테니슨은 플레이아데스에 대해 다른 생각을 갖고 있었다.

수없이 많은 밤을 나는 보았다.
플레이아데스가
부드러운 어둠 속에서 떠오르며
은줄에 달린 반딧불 무리처럼
반짝반짝 빛나는 것을.

바이런은 스스로 모습을 감춘 플레이아데스(엘렉트라를 말함)에 대해 다음과 같이 노래하고 있다.

지상에서는 이제 더는 볼 수 없는,
저 모습을 감추어버린 플레이아데스처럼.

Bulfinch's Mythology: The Age of Fable

신 과 인 간 의 사 랑
에오스와 티토노스

새벽의 여신 에오스 Eos 는 언니인 달의 여신 아르테미스처럼 인간과 종종 사랑에 빠지곤 했다.

그녀가 가장 아낀 사람은 트로이의 왕 라오메돈 Laomedon 의 아들 티토노스 Thithonos 였다. 그녀는 그를 납치한 후 제우스를 설득하여 영원한 생명을 주도록 했다. 그러나 영원한 생명과 함께 젊음을 청하는 것을 잊어, 여신은 그가 점점 늙어가는 것을 지켜보며 마음 아파했다. 그가 백발이 되자, 그녀는 그와의 교제를 중단했다. 그러나 그는 계속해서 그녀의 궁전에 머물며 신의 음식을 먹고 하늘의 옷을 입고 지냈다. 마침내 그가 수족을 움직일 수 없을 만큼 늙고 병들자 그녀는 그를 방안에 가두었다. 그 후 티토노스가 힘없이 흐느끼는 소리가 종종 밖으로 새어나왔다. 그러자 마침내 그녀는 그를 매미로 만들어버렸다.

멤논 Memnon 은 에오스와 티토노스 사이에서 태어난 아들이다. 그는 에티오피아 Ethiopia 의 왕으로, 동쪽 끝의 오케아노스 Okeanos 해안에서 살았다. 그는 트로이 전쟁 때 아버지의 친족을 돕기 위해 군대를 이끌고 갔다. 트로이의 왕이며 티토노스의 형제인 프리아모스 Priamos 왕은 그를 정중히 맞았다.

멤논이 오케아노스 해안에서 경험한 놀랍고도 신기한 일들을 밤새 이야기하자 프리아모스는 감탄해 마지않으며 경청했다.

트로이에 도착한 다음 날, 멤논은 그냥 가만히 쉬는 게 싫어 바로 군대를 이끌고 싸움터로 나갔다. 네스토르 Nestor 의 용감한 아들 안틸로코스 Antilochus 가 그의 손에 피살되었고 그리스인들은 달아나기에 바빴다. 그때 아킬레우스 Achilleus 가 나타나 전세를 역전시켰다. 아킬레우스와 멤논 사이에 격렬한 싸움이 벌어졌으나 마침내 승리는 아킬레우스에게 돌아갔고, 멤논이 전사한 후 트로이군은 도망쳤다.

하늘의 거처에서 위험에 처한 아들을 걱정하던 에오스는 그가 넘어지는 모습을 보고, 그녀의 형제인 바람의 신들에게 그의 시체를 파플라고니아에 있는 아이세포스 Aesepos 강가로 운반하게 했다.

이윽고 저녁이 되자, 에오스는 시간의 여신들과 플레이아데스를 데리고 와 죽은 아들을 보며 통곡했다. 밤의 여신도 그녀의 슬픔을 애석해 하여 구름으로 하늘을 덮었다. 하늘과 땅을 비롯한 모든 자연이 새벽의 여신의 아들을 애도했다. 에티오피아인들은 님프들의 숲을 흐르는 강가에 그의 묘를 세웠다. 제우스는 새를 가지고 그의 시체를 화장하는 나뭇더미의 불똥과 재를 만들었는데, 새들은 화장하려고 쌓아둔

에오스, 조반니 프란체스코 바르비에리, 1621년

    에오스는 새벽의 여신. 바람과 별의 어머니이기도 하다. 로마에서는 아우로라고 불린다. 티탄 신족 히페리온과 테이아 사이에서 태어난 딸이다. 태양의 신 헬리오스(아폴론), 달의 여신인 셀레네와는 동기간이다. 전쟁의 신 아레스와 사랑에 빠져 아프로디테의 미움을 받았다. 그녀는 언제나 사랑에 빠져 있어야 하는 벌을 받아 오리온, 케팔로스, 티토노스, 클레이토스 등 수많은 인간 세상의 젊은이와 염문을 뿌렸다. 또한, 그녀는 티토노스와의 사이에 멤논을 낳았는데, 그는 후일 헥토르가 죽은 뒤 트로이를 돕기 위해 아킬레우스와 싸우다 전사했다. 호메로스 등의 시인들은 '사프란빛 옷을 입은 여신', '장밋빛 손가락으로 밤의 장막을 거두는 여신' 등의 표현으로 에오스를 찬미했다.

나뭇더미 위에서 양편으로 갈라져 서로 싸우다 마침내 불꽃 속에 떨어졌다. 매년 그가 죽은 날에는 새들이 다시 돌아와 같은 방법으로 그의 장례를 거행한다.

에오스는 아들을 잃은 슬픔을 언제까지나 잊지 못하여 지금도 눈물을 흘리는데, 매일 아침 풀 위에 내린 이슬이 바로 그녀의 눈물이라고 한다.

멤논의 이야기는 고대 신화에 나오는 대부분의 신비스러운 이야기와는 달리 실화였을 가능성을 보여주는 몇 개의 기념비가 오늘날까지 남아 있다. 이집트의 나일 강변에는 두 개의 거대한 석상이 세워져 있는데 그중 하나가 멤논의 상이라고 전해진다.

그리고 고대 작가들의 기록에 따르면, 이른 아침의 첫 햇살이 이 석상에 닿으면 그 속에서 어떤 소리가 나는데, 그 소리가 리라의 연주 소리와 비슷하다는 것이다. 그러나 현존하는 그 석상이 고대 작가들이 말하는 그 상인지 아닌지는 분명하지 않다(오늘날 이것은 아메노피스 3세의 상으로 여겨지고 있다).

그 이상한 소리의 정체는 의심스러운 부분도 많다. 그러한 소리가 지금도 들리는지에 대해 전혀 확인할 수 없는 것은 아니다. 즉, 큰 바위로 된 석상 속에 들어 있는 공기가 틈새나 구멍으로 빠져나오면서 나는 소리를 근거로 하여 이러한 이야기가 생겨난 것이 아닌가 싶다.

권위 있는 여행가 알랜 헨더슨 Gardiner, Alan Henderson 경(영국의 이집트학자)은 이 석상을 조사한 결과 속이 빈 데가 있음을 발견했다. 그는 다음과 같이 서술하고 있다.

"석상의 무릎 부분을 두드리면(이 상은 앉은 자세로 있다고 한다) 금속성 소리가 나는데, 처음부터 이 상의 신비스러운 힘을 믿던 관광객들을 혼란스럽게 만드는데 이러한 소리가 이용된 것이 아닌가 싶다."

아폴론과 함께 있는 에오스, 제라르 드 레레스, 1617년

소리를 내는 멤논의 상은 시인들이 즐겨 사용하는 시제가 되어 왔다. 다윈은 「식물원」에서 이렇게 노래하고 있다.

성스러운 태양신이
멤논의 신전을 방문하자
새들이 저절로 아침 노래를
합창하기 시작했다.
이에 답하여 아폴론의 빛이
그곳에 있던 뤼라를 애무하니
현이란 현은
모두 가볍게 떨리며 소리를 높인다.
계단도 이에 맞추어
부드러운 곡조를 뽑아내니,
신성한 메아리가 숭상하는 찬가를 부른다.

폴리페모스, 줄리오 로마노, 1526~28년

Bulfinch's Mythology: The Age of Fable

신 과 인 간 의 사 랑
갈라테이아와 아키스

조용한 섬 시칠리아^{Sicilia}에는 내륙에서 바다로 뻗어나온 세 개의 곶이 있다. 파키노스는 비가 많이 내리는 남쪽을 향해 뻗어 있고, 릴리바이온은 부드러운 서풍을 맞이하는 위치에 있으며, 펠로로스는 북쪽을 바라보고 있다. 그리고 사나운 개들을 띠로 엮어 허리에 두르고 있는 괴물 스킬라^{Skylla}는 시칠리아의 오른쪽에 위태롭게 몸을 드러내고 서 있고, 지나가는 배를 붙들고 깊이 들이마셨다가 뱉어내는 괴물 카립디스^{Charybdis}는 왼쪽에 서 있곤 했다.

이곳 시칠리아는 갈라테이아^{Galateia}라는 요정이 머물다 가는 곳이기도 했다. 그녀는 바다의 신 네레우스^{Nereus}와 물빛의 몸을 가진 바다의 여신 도리스Doris 사이에서 태어난 딸이었다.

어느 날 갈라테이아는 사랑에 빠졌다. 상대는 아키스Acis라는 이름의 소년으로, 반인반수의 괴물 사티로스Satyr와 강의 요정 시마이티스Simaitis의 아들이었다. 열여섯 번째 생일이 갓 지난 그의 보드라운 뺨에는 어른이 다 됐다는 것을 나타내듯 솜털 수염이 보송보송 나 있었다.

아키스는 갈라테이아의 마음을 훔치기에 충분한 아름다운 외모와 수려하면서도 기품 있는 언어로 그녀에게 다가왔고, 그녀는 첫 만남에서 그에게 마음을 모두 빼앗겨버렸다.

갈라테이아와 아키스는 날마다 서로의 사랑을 확인하며 행복해했다.

그대의 처분을, 그리고 동정을,
애타게 하지 않는 정다운 사랑을,
일편단심, 아예 방황하지 않는
거짓 없는 사랑을,
꾸밈없고 순수하여 티도 없는!
오! 그대를 모두 나에게 다오.
모두, 모두 다오. 내 님이 되어다오!
그 모습, 그 아리따움,
그 멋지고 감미로운 사랑 조금이라도,
그대의 키스를, 부드러운 손길을,
그 따스한 눈길까지
그리고 그 따스하고 하얀,
숱한 기쁨의 젖가슴을,

폴리페모스와 갈라테이아, 아키스가 있는 풍경, 클로드 로랭, 1657년

    폴리페모스는 해신(海神) 포세이돈의 아들로 오디세우스에 의해 눈이 멀게 되었다. 오디세우스가 트로이 전쟁에서 돌아오는 길에 부하들과 함께 그가 사는 곳을 지나가게 되었는데 폴리페모스는 동굴 안에 오디세우스 일행을 가두고 그의 부하들을 잡아먹었다. 그 보복으로 오디세우스는 만취한 그의 눈을 찌르고 도망쳤다. 소경이 된 폴리페모스는 이를 분하게 여겨 포세이돈에게 복수해줄 것을 부탁했고 그로 인해 오디세우스의 귀국이 늦어졌다.

그대 자신을, 넋을,

기꺼이 다 나에게 다오.

털끝의 털끝만큼도 아끼지 말고…….

아니면 나는 못 살아.

나의 삶은 그대의 노예.

마음은 방향을 잃고

나의 희망은 절망이 되고 말 것이니!

하지만 그녀의 사랑을 막는 치명적인 장애물이 있었다. 그것은 외눈박이 종족인 키클롭스 Cyclopes 중 하나인 폴리페모스 Polyphemos였다. 폴리페모스는 시칠리아의 섬에 가끔 쉬러 오던 갈라테이아의 모습에 반해 사랑에 빠지고 말았다. 하지만 갈라테이아의 사랑은 폴리페모스를 향하고 있지 않았다. 갈라테이아의 깊은 눈망울은 항상 아키스를 향해 있었고, 그녀의 달콤한 사랑의 말은 아키스만의 것이었다. 아키스 못지않게 그녀를 향한 폴리페모스의 사랑 또한 깊었지만 그 사랑은 갈라테이아에게는 자신의 사랑을 방해하는 치명적인 방해물일 뿐이었다.

그녀는 폴리페모스에게 사랑을 심어준 아프로디테 여신을 원망하며 말했다.

"아프로디테 여신이시여, 당신의 권능은 참으로 대단하십니다. 저 야만족 폴리페모스를 보면 산속의 수풀도 벌벌 떨고, 그를 처음 보는 사람은 누구라도 위협을 느낍니다. 그는 위대한 올림포스 영산이나 거기 사는 모든 신들조차도 경멸하는 자입니다. 그런 그가 이제 사랑을 시작했나 봅니다. 격한 감정에 사로잡혀 가슴속에 불이 붙은 폴리페모스는 자기의 양 떼며 동굴 집도 다 잊고 말았습니다. 이제 그는 외모에도 관심을 쏟기 시작했습니다. 그는 나를 기쁘게 해주려고 갈고리로 돼지털 같은 머리를 빗기 시작했답니다. 기분이 좋아지면 낫을 들고는 제 턱에 멋대로 돋은 수염을 깎고, 물속에 비치는 꼴사나운 모습을 꼼꼼하게 뜯어보고 요리조리 표정을 만들어보고 있지요. 이제 그는 자신의 살인 충동, 야만성, 아무리 마셔도 가시지 않는 피에 대한 갈증을 다 잊고 말았답니다. 이제 바다를 드나드는 배들도 무사하겠지요. 하지만 저에게 그를 얼마나 미워하냐고 물으신다면 전 이렇게 말하겠어요. 아키스에 대한 사랑의 감정이 큰 만큼 폴리페모스에 대한 미움의 크기도 크다고 말이에요."

폴리페모스에 대한 그녀의 미움은 점점 커져갔다. 그만큼 아키스에 대한 사랑이 컸던 것이다.

어느 날 에우리모스 Eulimus 의 아들 텔레모스 Telemos 가 여행 중에 시칠리아에 들르게 되었다. 텔레모스는 신들 사이에서도 예언을 잘하기로 유명했다. 그의 예언은 한 번도 틀린 적이 없었다. 그는 에트나 산에 올랐다가 우연히 만난 폴리페모스에게 충고의 한마디를 던졌다.

"이봐 폴리페모스, 자네에게 한 가지 사실을 알려주고 가겠네. 후에 오디세우스란 자를 만나거든 자네의 그 눈을 조심하게나. 이마 한가운데 붙은 자네의 외눈을 오디세우스가 뽑아버릴지도 모르니 말일세."

그러나 이 말을 들은 폴리페모스는 별일 아니라는 듯이 말했다.

"넌 엉터리 예언자야. 나의 눈은 이미 뽑혀 없는 거나 다름없다구. 그건 다른 사람도 아닌 한 처녀가 벌써 훔쳐가고 없는걸!"

폴리페모스의 마음은 이미 그녀에게 모조리 가 있었다.

그는 쐐기 모양의 언덕이 바다로 불룩하게 튀어나와 있는 곶(串)으로 향했다. 양쪽으로 파도가 빙글빙글 돌며 들어찼다 빠지기를 반복하고 있었다. 폴리페모스는 가운데로 뻗은 능선에 걸터앉아 있었고 뒤로는 그가 기르는 털복숭이 양 떼들이 한가로이 풀을 뜯고 있었다. 그는 자신이 쓰는 돛대만한 소나무 지팡이를 발치에 놓아두고 갈대로 엮은 피리를 꺼내 불었다. 그 소리는 멀리 넘실대는 바다 끝까지 울렸다.

그때 마침 갈라테이아는 근처 해안에서 아키스와 사랑을 속삭이며 한낮의 햇살을 즐기고 있었다. 그녀는 피리 소리에 놀라 근처에 있던 바위 뒤로 몸을 숨기며 폴리페모스에게 들키지 않기 위해 숨어 있어야 했다.

"오, 매발톱 꽃잎보다 더 희고 눈송이처럼 아름다운 갈라테이아! 그대는 목장에 활짝 핀 어느 꽃보다 아름답소. 오리나무보다 훤칠하고, 수정보다 맑고, 갓 태어난 새끼 염소보다 쾌활하고, 바닷물에 시달린 조갯살보다 연하고, 겨울의 햇빛보다 따뜻하고, 여름의 그늘보다 상쾌하고, 사과보다 상큼하고, 높은 버짐나무보다 보기 좋고, 얼음보다 빛나고, 잘 익은 포도보다 달콤하고, 백조의 솜털보다 부드럽고, 맑은 물로 적신 꽃밭보다 곱구나!

나를 피하지 말아다오. 오, 나의 갈라테이아! 당신은 길들여지지 않은 암소보다 고집스럽고, 늙은 참나무보다 야물고, 수양버들의 가지보다 질기고, 바위보다 단단하고, 강물보다 우쭐대고, 칭찬받는 공작새보다 오만하고, 불보다 무섭고, 가시보다 따갑고, 새끼를 낳은 어미곰보다 사납고, 발길에 밟힌 뱀보다 독하구나.

하지만 당신이 나를 알게 된다면, 나에게서 달아난 걸 후회하게 될 거요. 당신이 그동안 나에게서 멀어지고자 시간을 허송한 것을 자책하고, 나를 당신 곁에 꼭 붙잡아두려고 할 거요. 이 땅의 온 산기슭이 모두 내 거요. 또한, 나는 곳곳의 둥근 바위틈에 있는 동굴 집도 여러 채 가지고 있소. 이 집은 한여름의 뜨거운 햇빛도 침범하지 못하고 한겨울

아키스와 갈라테이아, 니콜라 푸생, 1630년
아키스는 목축의 신 판(로마 신화의 파우누스)과 님프 시마이티스 사이에서 태어난 아들이다. 시칠리아 섬에서 양치기를 하던 미소년으로 바다의 님프 갈라테이아의 사랑을 받았다. 오비디우스의 『변신 이야기』에 따르면, 외눈박이 거인족 키클롭스의 하나인 폴리페모스와 연적 관계였다.

폴리페모스와 갈라테이아, 귀스타브 모로, 1880년

매서운 북풍의 차가운 한기도 모른다오. 나는 가지가 휘도록 열매를 매단 과일나무도 가지고 있소. 늘어진 넝쿨에는 금색, 자주색의 포도 송이가 주렁주렁 달렸지. 나는 이 두 가지를 당신에게 주기 위해 잘 간직해 두었소. 봄에는 숲 속 그늘진 곳에서 자라는 향긋한 딸기를, 여름에는 버찌와 자두를 당신의 손으로 따 먹어 보시오. 농익은 검은 것만 말고, 갓 따온 꿀처럼 노란 맛좋은 것도 말이오. 나를 당신의 남편으로 받아준다면, 알밤이며 감귤은 지천으로 있다오. 모든 나무는 당신의 뜻대로 해도 된다오.

이 양들도 모두 당신 것이오. 이곳의 양들 말고도 많은 양 떼가 계곡에 몰려다니고 있다오. 당신이 그 수를 물어본다면, 나는 그 수를 헤아릴 수 없어 대답을 못할 것이오. 또한, 따뜻한 우리에는 새끼 양들도 있소. 이 양 떼가 낳은 새끼들이지. 그래서 나는 언제나 눈같이 흰 젖을 받아두었다 마시곤 하오.

당신에게 주고 싶은 애완동물이 있소. 쉽게 볼 수 있는 사슴, 토끼, 산양, 비둘기 같은 예사 놈들을 어떻게 그대에게 주겠소? 산꼭대기에 올라가면 똑같이 생긴 쌍둥이 새끼 곰 두 마리가 있소. 구별하지 못할 만큼 서로 아주 닮은 놈들이오. 이놈들을 그대에게 주고 싶소. 난 그 놈들을 처음 보자마자 말했소. '나의 사랑하는 갈라테이아에게 갖다 주어야지' 하고 말이오.

제발, 깊고 푸른 바다에서 그대의 빛나는 머리를 들어올려 내게로 오시오, 갈라테이아여. 내가 주는 선물들을 거부하지 말아 주오. 당신은 하늘에서 신들의 왕 노릇을 하는 제우스인가 뭔가를 들먹이지만, 제우스도 나보다 덩치가 크지는 않을 거요. 숱 많은 내 머리칼은 우람한 내 몸을 덮어 수풀처럼 나의 두 어깨에 그늘을 만든다오. 나무는 잎이 없으면 보기 흉하고, 말은 황갈색의 갈기가 없으면 꼴불견이 되고, 새는 깃이 있고, 양은 털이 있어 보기 좋듯이 남자는 몸에 까칠까칠한 수염과 텁수룩한 털이 있어야 사내다운 것이오. 난 이마 한가운데에 눈이 하나뿐이오. 하지만 그것은 큰 방패만 하다오. 생각해 보시오. 하늘의 태양은 우리들의 세상을 두루 살피지 않소? 그 햇님도 눈이 딱 하나라오.

그리고 나의 아버지는 그대가 사는 바다의 왕이오. 하지만 나는 그분에게도 무릎을 꿇지 않소. 이제 당신에게만 무릎을 꿇을 것이오. 제우스, 하늘, 번갯불, 이런 것들은 다 두렵지 않소. 아름다운 갈라테이아, 당신을 보기만 하면 언제나 두렵소. 그리고 당신이 성을 내면 천둥, 번개보다 무섭기만 하다오. 당신이 날 멸시해도 다른 남자만 가까이하지 않는다면 난 참을 수 있소. 그런데 당신은 왜 나 폴리페모스를 마다하고 당신의 사랑을 아키스에게만 바치려 하오? 그자는 당신이 사랑해주지 않아도 자기 자신만으로도 충분히 행복해질 수 있는 자요. 난 당신의 결정을 결코 받아들일 수 없소. 아니, 난 어쩌면 그자를 죽일지도 모르오. 그런 일이 일어나야 내가 내 덩치만큼이나 힘이 세다는 걸 깨닫겠소? 산 채로 그자의 창자를 끄집어내고 사지를 갈가리 찢어서 당신이 노니는 물결 위에 뿌려주리까? 당신이 정히 그자와 결합하기를 원한다면, 나는 결코 당신을 그냥 내버려두지 않으리다. 왜냐고 묻는다면 이렇게 말해주고 싶소. 내겐 사랑의 불이 붙었소. 온몸이 불덩이처럼 타고 있단 말이오. 에트나 산을 화염째 내 가슴속에 안고 있는 것 같소. 아니, 내 속에는 그보다 더 거센 불길이 일고 있단 말이오. 그런데도 갈라테이아 당신은 눈 하나 깜짝하지 않는구려!"

폴리페모스는 이렇게 아무도 들어주지 않는 긴 탄식을 늘어놓은 뒤, 암소를 잃고 미쳐버린 황소가 한 자리에 가만히 서 있지 못하듯 갈라테

갈라테이아의 승리, 루카 지오르다노, 1675~77년

폴리페모스란 이름은 나중에 다시 등장한다. 그는 그리스 신화에 나오는 키오스 시의 건설자이다. 라피테스족의 한 사람인 엘라토스가 안티프포스의 딸 히페아와 결혼하여 낳은 아들로서, 여자로 태어났다기 남자가 된 카이네우스와 이스키스의 형제이다.

그는 이아손이 주도하여 황금의 양 모피를 찾아나선 아르고호의 모험에 참여하였다. 아르고호가 소아시아의 미시아 연안에 이르렀을 때, 헤라클레스의 노가 부러지는 바람에 그들은 해변에 상륙하였다. 헤라클레스는 미소년 힐라스를 데리고 모험에 참여하였는데, 물을 길러 샘을 찾은 힐라스는 그의 미모에 반한 샘의 님프들에 의해 물속으로 끌려들어갔다. 폴리페모스는 힐라스의 비명을 듣고 헤라클레스와 함께 그를 찾아나섰다. 아르고호의 다른 영웅들은 세 사람이 돌아오지 않자 출항하였다. 헤라클레스는 12가지 과업을 수행하기 위해 그곳을 떠났으나, 폴리페모스는 힐라스를 찾기 위해 남았다. 폴리페모스는 그곳에 키오스라는 도시를 건설하고 왕이 되었다.

키클롭스 폴리페모스, 안니발레 카라치, 1605년

이아가 갈 만한 곳은 모두 찾아 온 숲 속을 이리저리 헤매며 돌아다녔다.

해가 서산에 걸릴 무렵이었다. 아키스와 갈라테이아는 폴리페모스가 가까이 와 있다는 것을 까맣게 모른 채, 어떤 운명이 닥치리라는 생각 같은 것은 전혀 하지 못한 채 해변가 백사장에 나란히 누워 사랑을 나누고 있었다. 불행하게도 폴리페모스의 외눈은 그 광경을 보고 말았다. 그는 우레와 같은 목소리로 갈라테이아와 아키스를 향해 고함을 질렀다.

"나의 심장을 갉아먹기 위해 그곳에 있는 것이냐! 나의 이 눈에서 뿜어대는 분노의 불을 보려는 게냐! 이제 너희들의 포옹은 오늘이 마지막이 될 것이다!"

폴리페모스의 성난 목소리는 에트나 산을 뒤흔들어놓을 정도였다. 갈라테이아는 너무 놀라 여린 몸을 벌벌 떨며 어찌할 바를 몰라 하다가 급히 근처 바닷속으로 숨어들었다. 하지만 미처 달아나지 못한 아키스는 창백해진 얼굴로 뒷걸음질만 칠 뿐 길을 찾지 못하다가 겨우 정신을 차리고 뛰기 시작했다.

"갈라테이아, 날 제발 살려줘. 아버지, 어머니, 살려주세요. 당신의 왕국으로 다시 돌아가게 해주세요!"

폴리페모스는 아키스를 뒤쫓아가다가 산등성이 한 모퉁이의 거대한 바위를 쳐들어 아키스를 향해 집어던졌다. 아키스는 그만 바위에 깔려 그 자리에서 죽고 말았다. 갈라테이아는 아키스가 죽어가는 것을 보고 급히 운명의 여신에게 예전에 약속한 한 가지 소원을 들어달라고 간청했다. 그것은 옛날 그녀의 가문이 가지고 있던 힘을 되찾는 일이었다.

잠시 후 아키스가 깔려 죽은 거대한 바위 밑에서 선홍색 피가 조금씩 새어 나왔다. 잠깐 사이 피의 붉은 색조는 희미해지더니 조금씩 황토색으로 변하다가 점점 맑아져 갔다. 그런가 싶더니 폴리페모스가 던진 바위가 쩍 갈라지면서 그 틈새로 억센 갈대가 솟고, 벌어진 바위틈에서 물이 솟구쳤다.

시간이 다소 흐른 뒤, 그 틈으로 한 사람이 하늘거리는 골풀 화관을 두른 채 나타났다. 몸집이 더 우람하고 얼굴이 온통 푸른색이라는 것만 빼면, 그건 틀림없는 아키스였다. 아키스는 강의 원류로 변한 것이다.

그 강은 지금도 옛날 이름을 그대로 보존하고 있다. 갈라테이아는 바위 밑에서 흘러나오는 그의 피를 운명의 여신의 도움으로 강으로 바꾸어 놓았으며, 에트나 산 기슭에 있는 그 강은 그의 이름을 따서 아키스 또는 아키니우스(지금의 자키 강)라고 이름 지어졌다. 이 이야기는 오비디우스의 신화를 제외하고 현존하는 다른 자료에는 나오지 않는다.

드라이든은 「키몬과 이피게네이아」라는 시에서 한 시골뜨기가 사랑의 힘에 의해 교양 있는 신사로 변하는 이야기를 노래하고 있는데, 어떤 의미에서는 여기에 갈라테이아와 키클롭스 전설의 흔적이 깃들어 있는 것으로 보인다.

아버지의 노력과 가정교사의 솜씨가
아무리 절묘하다 하더라도
그의 거친 마음에
교양의 씨를 뿌리지는 못하리.
그러나 사랑이라는 최상의 교사는
그의 마음을 다듬는다.
마치 메마른 토지에 불을 질러

비옥한 토지로 만들듯이.
사랑은 그에게 부끄러움을 가르친다.
그리고 사랑과 싸우는 부끄러움이
아름다운 인생을 사는 교양을 가르친다.

XXVII. 트로이전쟁의 기원

나는 저 슬픈 장소에서 희망을 버렸다.
아직도 그 이름을 입에 올리는 것조차 싫고 두렵기만 하다.
아버지는 얼굴을 한 손으로 가리고 나는 눈물 때문에 앞이 보이지 않았다.

양치기 소년, 베르텔 토르발센, 1822년

Bulfinch's Mythology: The Age of Fable

트 로 이 전 쟁 의   기 원
파리스의 심판

 지혜의 여신 아테나 ^{Athena} 는 언젠가 한 번 지혜롭지 못한 행동을 한 적이 있다. 그것은 헤라와 아프로디테를 상대로 아름다움을 겨루었던 일이다. 그 일이 벌어진 경위는 다음과 같다.
 펠레우스 ^{Peleus} 와 테티스 ^{Thetys} 의 결혼식 날, 불화의 여신 에리스 ^{Eris} 만이 초대를 받지 못했고 나머지 모든 신들이 초대를 받았다. 에리스는 자신만 제외된 데에 화가 치밀어 하객들이 앉은 자리에 황금 사과를 하나 던졌는데, 그 사과에는 '가장 아름다운 여신에게'라고 씌어져 있었다. 그러자 헤라, 아프로디테, 아테나는 제각기 그 사과가 자기 것이라고 주장했다.

펠레우스와 테티스의 결혼식에 던져진 황금 사과, 페테르 파울 루벤스, 1636년

트로이전쟁의 발단이 된 사과를 선물한 에리스는 밤의 여신 닉스의 딸이라고도 하고, 제우스와 헤라의 딸로 군신 아레스의 누이동생이라고도 한다. 싸움을 즐겨 분쟁과 불화를 조장해서 신들조차도 그녀를 함부로 대하지 못했다. 망각의 화신 레테와 재앙의 여신 아테를 낳았다

제우스는 이런 미묘한 문제에 끼어들고 싶지 않아 여신들을 이데^{Ide} 산으로 보냈다. 그곳에는 양치기 청년 파리스^{Paris}가 제우스의 양 떼를 돌보고 있었는데, 제우스가 그에게 이 분쟁의 심판을 맡겼던 것이다. 여신들은 각각 그의 앞에 나타나 자기에게 유리한 판결을 내려달라고 부탁했다. 헤라는 그에게 권력과 부를, 아테나는 전쟁에서의 영광과 명예를, 아프로디테는 가장 아름다운 여자를 아내로 얻어주겠다고 약속했다.

아프로디테의 제안이 가장 마음에 들었던 파리스는 아프로디테의 편을 들어, 결국 그녀에게 황금 사과를 주었다. 그래서 다른 두 여신은 그와 적이 되고 말았다. 파리스는 아프로디테의 보호 아래 그리스로 항해하여 스파르타^{Sparta} 왕 메넬라오스^{Menelaos}의 환대를 받았다. 그런데 메넬라오스의 아내 헬레네^{Helene}가 아프로디테에 의해 파리스의 아내로 예정된 가장 아름다운 여인이었다. 결혼하기 전 그녀에게는 수많은 청혼자가 있었다. 그리고 그녀의 결단이 알려지기까지 그들은 청혼자 중 하나인 오디세우스의 권유에 따라 그녀를 모든 위험으로부터 보호하고, 필요한 경우에는 그녀를 위해 힘을 합쳐 복수하겠다고 서약했다.

결국, 그녀는 메넬라오스를 선택했고 그녀가 그와 함께 행복하게 살 무렵 파리스가 온 것이다. 파리스는 아프로디테의 도움을 받아 그녀를 설득하여 함께 트로이로 가버렸다. 이로 인해 그 유명한 트로이전쟁 – 호메로스와 베르길리우스^{Vergilius}가 노래한 고대의 가장 위대한 시 『일리아스』, 『오디세이아』 및 『아이네이스』의 주제가 된 전쟁 – 이 일어났다.

파리스의 심판, 페테르 파울 루벤스, 1636년

그리스 신화에서 말하는 트로이전쟁의 원인은 파리스의 헬레네 납치 사건 때문이다. 하지만 이것은 단순하게 생각할 문제만은 아닌 것 같다.

신화에서 말하는 것 자체만 가지고도 트로이전쟁의 원인은 여러 가지로 설명할 수 있다. 그러나 전쟁의 원인은 결코 단순하게 설명되지 않는다. 신화적인 요소들을 제쳐둔다면, 현실적인 관점에서 실제로 그런 대규모 전쟁의 원인이 한 여자에게서 비롯되었다고 생각하기는 힘들다. 트로이가 신화에 등장하는 도시가 아니라 실제 있었던 도시라는 것은 이미 밝혀졌고, 또 그곳에서 엄청난 파괴의 흔적을 발견했다. 그렇다면 트로이전쟁은 실제로 일어났던 전쟁일 수 있다. 학자들은 보다 더 현실적인 전쟁의 이유를 밝혀야 했다.

콜린 맥클로우의 『트로이의 노래』나 원형의 『트로이아 대전쟁』과 같은 현대에 다시 쓴 트로이전쟁 이야기는 이런 점들을 설명하고 있다. 실제로 전쟁이 끝난 후, 흑해 연안에는 그리스의 식민지가 많이 생겼다고 한다. 이러한 이유로 트로이전쟁은 상권을 확보하기 위한 전쟁이었으며, 이 길을 통제하고 있는 트로이를 힘으로써 굴복시키려는 시도였다는 것이다.

그러다 19세기 말에 어려서부터 트로이 전설에 특히 관심을 가지고 있던 슐리만이라는 사람이 트로이에서 3,000여 년 전의 유적을 발굴함으로써 호메로스의 시는 역사적 기록으로서 새롭게 인식되었다. 트로이는 신화 속의 성이 아니라 현재 터키의 히사를리크라는 지역에 있던 실제 성이었고, 트로이전쟁은 신들의 전쟁이 아닌 인간들의 전쟁이었던 것이다. 한편, 현대의 학자들에게도 헬레네에 의한 전쟁 발발설은 받아들이기 어려운, 너무 낭만적인 이야기에 불과했다. 그래서 그들이 새로 내세운 전쟁의 원인은 무역 전쟁론이었다. 즉, 트로이전쟁은 아카이아인들이 트로이의 상권을 빼앗기 위해 일으킨 전쟁이라는 것인데, 그 증거로 그들은 전쟁이 끝난 후에 흑해 연안에 아카이아의 식민지가 생겼다는 점을 지적하고 있다. 경제적인 투쟁이 역사의 원동력이라고 생각하는 사람들에게 이보다 합리적인 원인은 찾기 어려울 것이다.

파리스와 헬레네, 자크 루이 다비드, 1788년

Bulfinch's Mythology: The Age of Fable

트 로 이 전 쟁 의   기 원
전쟁의 서막

　메넬라오스는 그리스의 왕족과 귀족들에게 일찍이 약조했던 대로 공약을 이행하여 자신의 아내를 되찾아오는 데 협력해줄 것을 요구했다. 그들 대부분은 이에 응해 출정을 약속했으나, 오디세우스는 페넬로페이아와 결혼하여 아들과 함께 잘 지내고 있었으므로 귀찮은 일에 말려들고 싶지 않았다.
　오디세우스가 주저하고 있을 때 팔라메데스^{Palamedes}가 이타카^{Itaca}에 도착했다. 그러자 오디세우스는 미친 사람처럼 행동했다. 나귀와 황소를 한 쟁기에 매어 밭을 갈고 종자 대신 소금을 뿌렸다. 팔라메데스는 그가 정말 미쳤는지 시험하기 위해 오디세우스의 어린 아들 텔레마코스^{Telemachus}를 쟁기 앞에 내려놓았다. 그러자 오디세우스는 아들이 다칠까 봐 쟁기를 옆으로 치워버렸다. 팔라메데스의 시험으로 그의 거짓 행동은 들통나고 말았다.

오디세우스는 미친 사람이 아니란 것이 증명되자 약속을 거절할 수 없었다. 그는 전쟁에 참가하게 되자, 참전을 거부하는 다른 왕족들, 특히 아킬레우스를 참가시키는 데 안간힘을 썼다. 아킬레우스는 사건의 발단이 된 결혼식 때 에리스의 사과가 떨어진 자리에 있던 여신 중 테티스의 아들이었다. 바다의 님프인 테티스는 신의 위치에 있었다. 아들이 전쟁에 참가하면 트로이 성을 눈앞에 두고 죽을 운명이란 것을 안 테티스는 온갖 수단을 다 동원해 아들의 참전을 막으려 했다.

그래서 그녀는 아킬레우스에게 여장을 시켜 리코메데스^{Lycomedes} 왕의 궁정으로 보내 왕의 딸들 사이에 몸을 숨기게 했다.

오디세우스는 아킬레우스가 그곳에 은신해 있다는 말을 듣고 상인으로 변장해 궁정으로 가서는, 공주들 앞에 여자들의 장신구를 팔려고 내놓았다. 그는 아킬레우스를 꾀기 위해 장신구와 함께 무기들을 같이 내놓았다. 예상대로 왕의 딸들은 장신구에 열중했지만, 아킬레우스는 무기를 만졌다. 그래서 그의 정체가 발각되었다. 아킬레우스는 오디세우스의 끈질긴 설득에 넘어가 어머니의 현명한 충고를 듣지 않고 다른 이들과 함께 전쟁에 참가하게 되었다.

헬레네를 유혹한 양치기 파리스는 트로이 왕 프리아모스의 아들이었다. 그는 장차 국가에 재앙을 끼치리라는 불길한 예언 때문에 남몰래 양육되었던 것이다. 이 예언은 결국 현실이 되었다. 왜냐하면, 트로이를 공격하려는 그리스군은 전에 없었던 대규모의 군비를 갖추었기 때문이다.

리코메데스 딸들 속의 아킬레우스, 에라스무스 켈리누스 2세, 17세기

훗날의 신화 작가들의 이야기에 따르면, 펠레우스는 아들이 트로이전쟁에서 전사하리라는 신탁을 받고는 아킬레우스를 스키로스에 있는 리코메데스의 궁궐로 보내 여자 옷을 입히고 공주들과 같이 키웠다고 한다(그 딸들 중 하나인 데이다미아는 그에게 네오프톨레모스를 낳아주었음).

그러나 예언가 칼카스가 아킬레우스 없이는 트로이를 함락시킬 수 없다고 경고했기 때문에 그리스인들은 그를 찾아다녔고 결국 아킬레우스는 발견되었다.

칼카스의 예언은 후에 다시 한 번 나오게 된다. 아폴론에게 제사를 드리자, 뱀 한 마리가 제단에서 내려와 옆에 있는 나무로 올라가서 둥지에 있는 참새 새끼 여덟 마리와 어미 등 아홉 마리의 참새를 잡아먹은 뒤 돌로 변해버린 것이다. 이를 본 칼카스는 제우스 신이 10년 후에야 트로이를 정복하게 해줄 것이라고 해석했다.

미케네 왕이자 피해를 입은 메넬라오스의 형 아가멤논 Agamemnon 이 총지휘자로 선출되었다. 아킬레우스는 그리스군 중 가장 유명한 무장이었다. 그 다음은 아이아스 Aias 였는데, 그는 몸집이 크고 용감했으나 지혜가 모자랐다. 디오메데스 Diomedes 는 영웅다운 기질 면에서 아킬레우스를 잇는 장수로 손색이 없었다. 오디세우스는 지혜로운 사람으로 유명했고, 네스토르 Nestor 는 그리스군의 지휘자 중 최연장자인 고문으로 존경받았다.

그러나 트로이도 결코 허술하지는 않았다. 국왕 프리아모스는 늙었으나, 젊었을 때는 현명한 군주로서 안으로는 선정을 베풀고, 밖으로는 이웃 여러 나라와 동맹을 맺어 국력을 증강시켰다. 그리고 그의 왕위를 보좌해주는 가장 중요한 기둥인 아들 헥토르 Hector 역시 고대 이교도 중 가장 고귀한 인물 중 하나였다. 그는 전쟁이 시작되었을 때부터 조국의 멸망을 예감했으나, 끝까지 저항을 멈추지 않았다. 그러나 조국의 운명을 이처럼 위태롭게 한 동생 파리스의 부정행위를 정당화하려 하지는 않았다. 안드로마케 Andromache 와 결혼한 그는 남편으로서, 또 아버지로서도 훌륭했다. 헥토르 이외에 트로이군의 주요 지휘자는 아이네이아스 Aeneas, 데이포보스 Deiphobos, 글라우코스 Glaucos, 사르페돈 Sarpedon 등이었다.

2년에 걸쳐 전쟁 준비를 갖춘 그리스군은 함대를 이끌고 보이오티아의 아울리스 항에 집결했다. 그런데 여기서 아가멤논의 실수로 아르테미스에게 바쳐진 수사슴을 죽였다. 화가 난 여신은 그에 대한 보복으로 군대 안에 악병을 퍼뜨리고, 배를 항구에서 떠나지 못하게 바람을 잠재웠다. 예언자 칼카스 Kalchas 는 신의 노여움을 가라앉히기 위해 숫처녀를 제물로 바쳐야 하는데, 제물은 죄를 지은 자의 딸이어야 한다고

트로이 전쟁의 원인이 된 파리스와 헬레네, 노엘 니콜라 쿠아펠, 1728년

선언했다. 아가멤논은 싫어도 승낙할 수밖에 없었다. 그는 딸 이피게네이아Iphigeneia를 아킬레우스와 결혼시킨다는 구실을 붙여 불러왔다. 그런데 그녀가 산 제물로 바쳐지려는 순간 여신이 마음이 풀려, 그 자리에 암사슴을 남겨놓고 그녀를 납치해갔다. 아르테미스는 이피게네이아를 타우리스Taulis로 데려가 자기 신전의 사제가 되게 하였다.

이윽고 순풍이 불어 함대는 무사히 출항할 수 있었다. 군대는 트로이 해안으로 이동했다. 트로이군은 그리스 군대의 상륙을 막기 위해 일제히 진격했다. 최초의 전투에서 프로테실라오스Prothesilaus가 헥토르의 손에 전사했다. 프로테실라오스에게는 라오다메이아Laodameia라는 아내가 있었는데, 그녀는 이 소식을 듣자 세 시간 동안만이라도 남편과 작별 인사를 할 수 있게 해달라고 신들에게 탄원했다. 이것이 허용되어, 헤르메스는 프로테실라오스를 다시 이승으로 데려왔다. 작별 인사를 끝내고 그가 두 번째로 죽을 때 라오다메이아도 그를 따라 죽었.

전설에 의하면, 님프들이 그의 묘지 주위에 느릅나무를 여러 그루 심었다고 한다. 순식간에 이 나무들은 트로이를 바라볼 수 있을 만큼 자란 후 말라죽었는데, 그와 동시에 뿌리에서 새로운 가지가 다시 나왔다고 알려져 있다.

테니슨은 「미녀들의 꿈」이라는 제목의 시에서 이피게네이아로 하여금 산 제물로 바쳐지는 순간의 기분을 다음과 같이 말하게 하고 있다. 이 순간은 수많은 명화에 그려져 있는 장면이다.

나는 저 슬픈 장소에서 희망을 버렸다.
아직도 그 이름을 입에 올리는 것조차
싫고 두렵기만 하다.

이피게네이아의 희생, 지오반니 바티스타 티에폴로, 1757년

이피게니아, 안젤름 포이어바흐, 1862년

아버지는 얼굴을 한 손으로 가리고
나는 눈물 때문에 앞이 보이지 않았다.
그래도 무엇인가를 말하려고 애썼다.
그러나 그 소리는 한숨으로 흐려졌고
마치 꿈속 같았다. 희미하게 보이던 것은
검은 수염의 엄숙한 장군들 모습이었다.

그들은 이리같은 눈을 하고
내 죽음을 보려고 기다리고 있었다.
높은 돛대가 바다 위에서 흔들렸다.
신전도, 사람들도, 그리고 해안도.
누군가가 날카로운 칼을 가느다란 내 목에 대고 그었다.
천천히…… 그리고 그뿐이었다.

워즈워스는 프로테실라오스와 라오다메이아 이야기를 주제로 삼아 시를 썼다. 이 시를 보면, 싸움의 승리는 최초의 희생자를 낸 쪽으로 돌아간다는 신탁이 있었던 듯싶다. 시인은 프로테실라오스가 이승으로 다시 돌아온 짧은 기간 동안 라오다메이아에게 자신의 운명에 대해 이야기하는 것을 이렇게 노래하고 있다.

기다리던 바람도 불기 시작했다.
나는 조용히 바다 위에 앉아 신탁을
곱씹었다.
그리고 장수 하나가 앞장을 서야 한다면

천 척의 함대 가운데 내 전함의 뱃머리가

제일 먼저 해안을 받겠노라고 결심했다.

내 피로 저 트로이의 모래를 먼저

물들이겠다고.

그러나 사랑하는 아내여!

그대를 잃어야 한다고 생각하니

마음이 찢어지며, 그 눈물이 피가 되어 강을 이루는구나.

머릿속은 온통 그대와의 아름다운 추억뿐,

세상은 온통 우리가 나누었던 기쁨뿐.

함께 거닐던 오솔길—저 샘, 저 꽃,

내가 설계한 새로운 보금자리,

채 완성되지 않은 망루.

그러나 망설이는 모습을 보이면 적군이 소리치리라.

"보라, 놈들은 떨고 있다! 그 전열은 당당하지만,

그중 어느 하나도 분연히 죽으려 하지 않는다."라고.

나는 마음속으로 이 모욕의 빚을 갚겠다고 생각했다.

그러자 또 저 약한 마음이 고개를 들었다.

그러나 고상한 마음이

행동이 되어 나타나 나를 구해주었다.

헬레스폰투스의 바닷가에(세상 사람들의 믿음을 받아들이면)

첨탑 모양의 나무 한 그루가

사모하던 남편의 무덤에서 돋아났다.

그리고 키가 자라 일리오스(트로이)의
성벽을 내려다볼 정도가 되자
높이 자란 나뭇가지는 말라버렸다.
또 자랐다가 마르고,
끝없이 자랐다가 마르고, 자랐다가 말랐다.

부록 **신화 속 계보**

플루톤에게 납치된 페르세포네, 프랑수아 지라르동, 1677~99년

■ 올림포스 신족과 티탄 신족

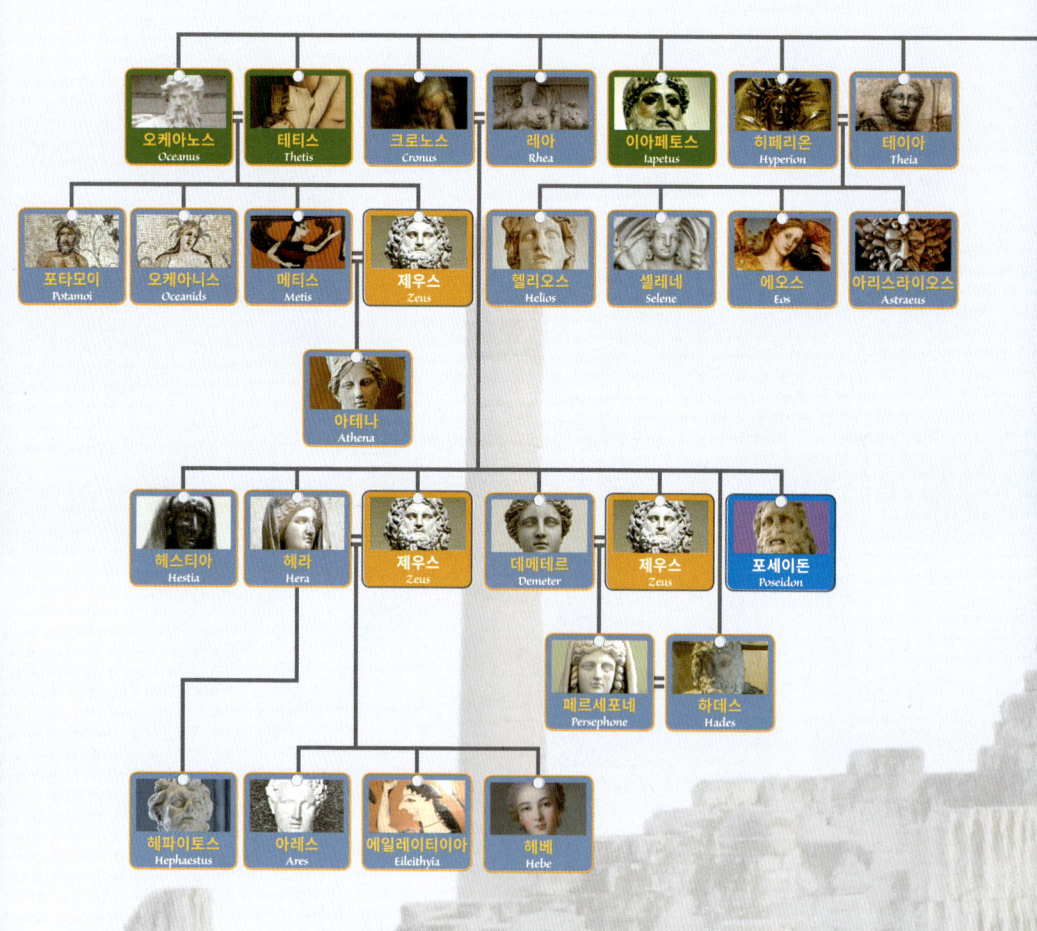

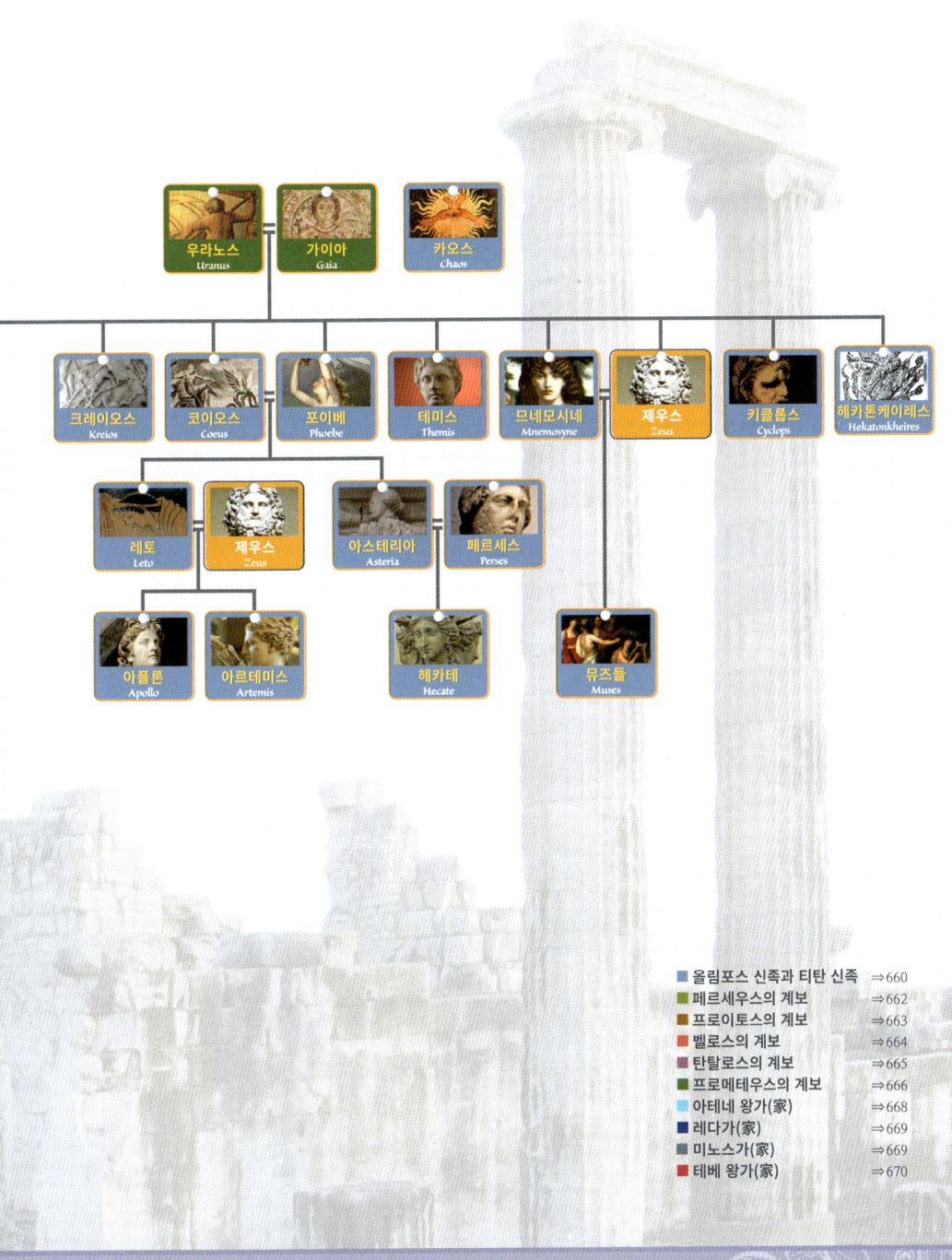

- 올림포스 신족과 티탄 신족 ⇒ 660
- 페르세우스의 계보 ⇒ 662
- 프로이토스의 계보 ⇒ 663
- 벨로스의 계보 ⇒ 664
- 탄탈로스의 계보 ⇒ 665
- 프로메테우스의 계보 ⇒ 666
- 아테네 왕가(家) ⇒ 668
- 레다가(家) ⇒ 669
- 미노스가(家) ⇒ 669
- 테베 왕가(家) ⇒ 670

■ 페르세우스의 계보

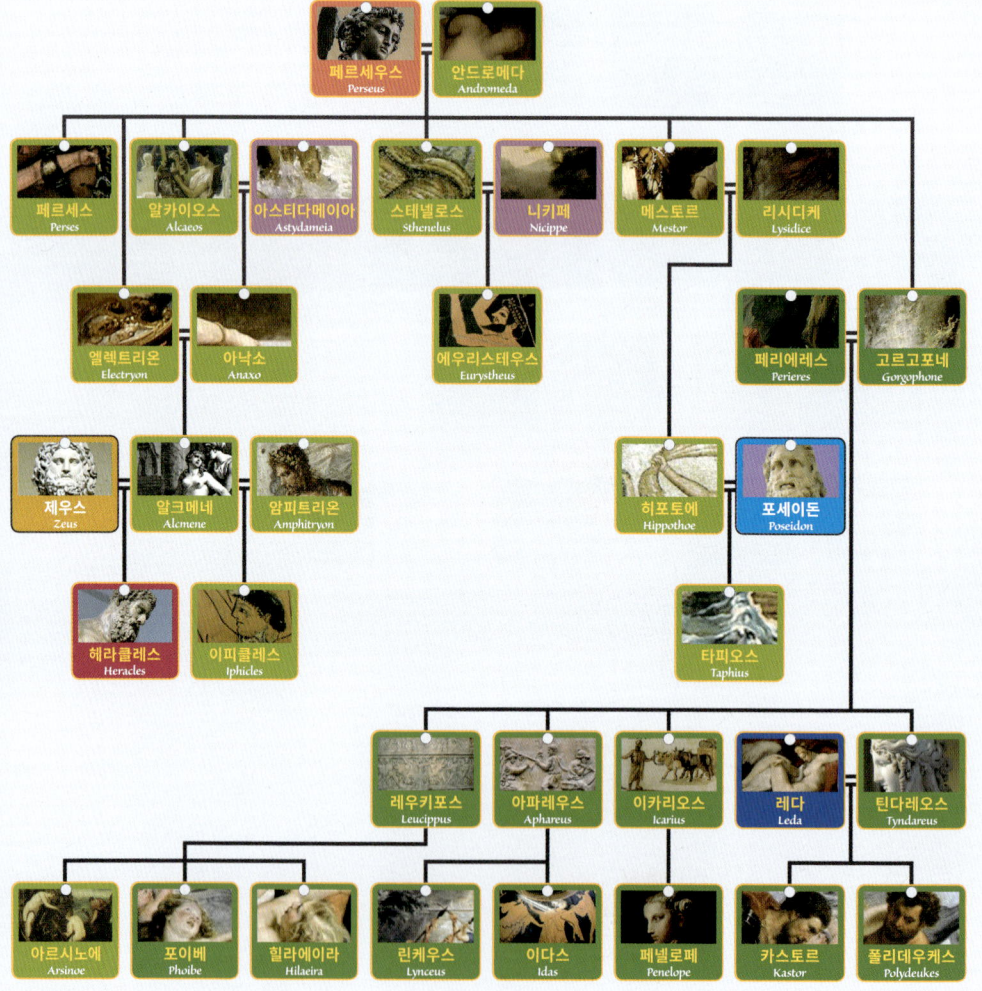

프로이토스의 계보

- ■ 올림포스 신족과 티탄 신족 ⇒660
- ■ 페르세우스의 계보 ⇒662
- ■ 프로이토스의 계보 ⇒663
- ■ 벨로스의 계보 ⇒664
- ■ 탄탈로스의 계보 ⇒665
- ■ 프로메테우스의 계보 ⇒666
- ■ 아테네 왕가(家) ⇒668
- ■ 레다가(家) ⇒669
- ■ 미노스가(家) ⇒669
- ■ 테베 왕가(家) ⇒670

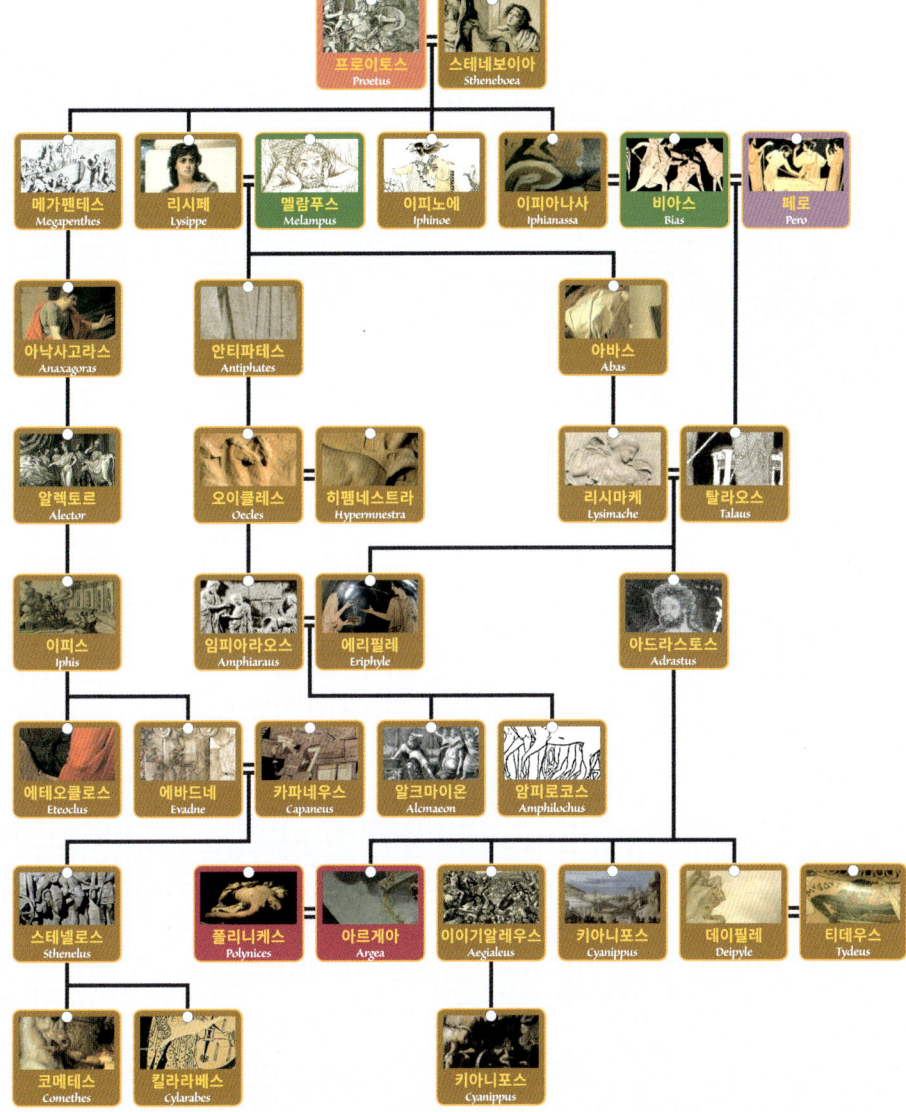

벨로스의 계보

■ 탄탈로스의 계보

■ 올림포스 신족과 티탄 신족	⇒660
■ 페르세우스의 계보	⇒662
■ 프로이토스의 계보	⇒663
■ 벨로스의 계보	⇒664
■ 탄탈로스의 계보	⇒665
■ 프로메테우스의 계보	⇒666
■ 아테네 왕가(家)	⇒668
■ 레다가(家)	⇒669
■ 미노스가(家)	⇒669
■ 테베 왕가(家)	⇒670

- 제우스 Zeus
- 플루토 Plouto
- 탄탈로스 Tantalus
- 디오네 Dione
- 악시오케 Axioche
- 펠롭스 Pelops
- 히포다메이아 Hippodameia
- 니오베 Niobe
- 암피온 Amphion
- 크리시포스 Chrysippus
- 아트레우스 Atreus
- 아에로페 Aerope
- 티에스테스 Thyestes
- 피테우스 Pittheus
- 아스티다메이아 Astydameia
- 니키페 Nicippe
- 에우리디케 Eurydice
- 펠로페이아 Pelopia
- 아이기스토스 Aegisthus
- 아이트라 Aethra
- 아이게우스 Aegeus
- 클로리스 Chloris
- 넬레우스 Neleus
- 아가멤논 Agamemnon
- 클리타임네스트라 Clytemnestra
- 메넬라오스 Menelaus
- 헬레네 Helen
- 네스토르 Nestor
- 비아스 Bias
- 페로 Pero
- 오레스테스 Orestes
- 이피게네이아 Iphigenia
- 엘렉트라 Electra
- 크리소테미스 Chrysothemis
- 테세우스 Theseus
- 티사메노스 Tisamenus

프로메테우스의 계보

- 올림포스 신족과 티탄 신족 ⇒ 660
- 페르세우스의 계보 ⇒ 662
- 프로이토스의 계보 ⇒ 663
- 벨로스의 계보 ⇒ 664
- 탄탈로스의 계보 ⇒ 665
- 프로메테우스의 계보 ⇒ 666
- 아테네 왕가(家) ⇒ 668
- 레다가(家) ⇒ 669
- 미노스가(家) ⇒ 669
- 테베 왕가(家) ⇒ 670

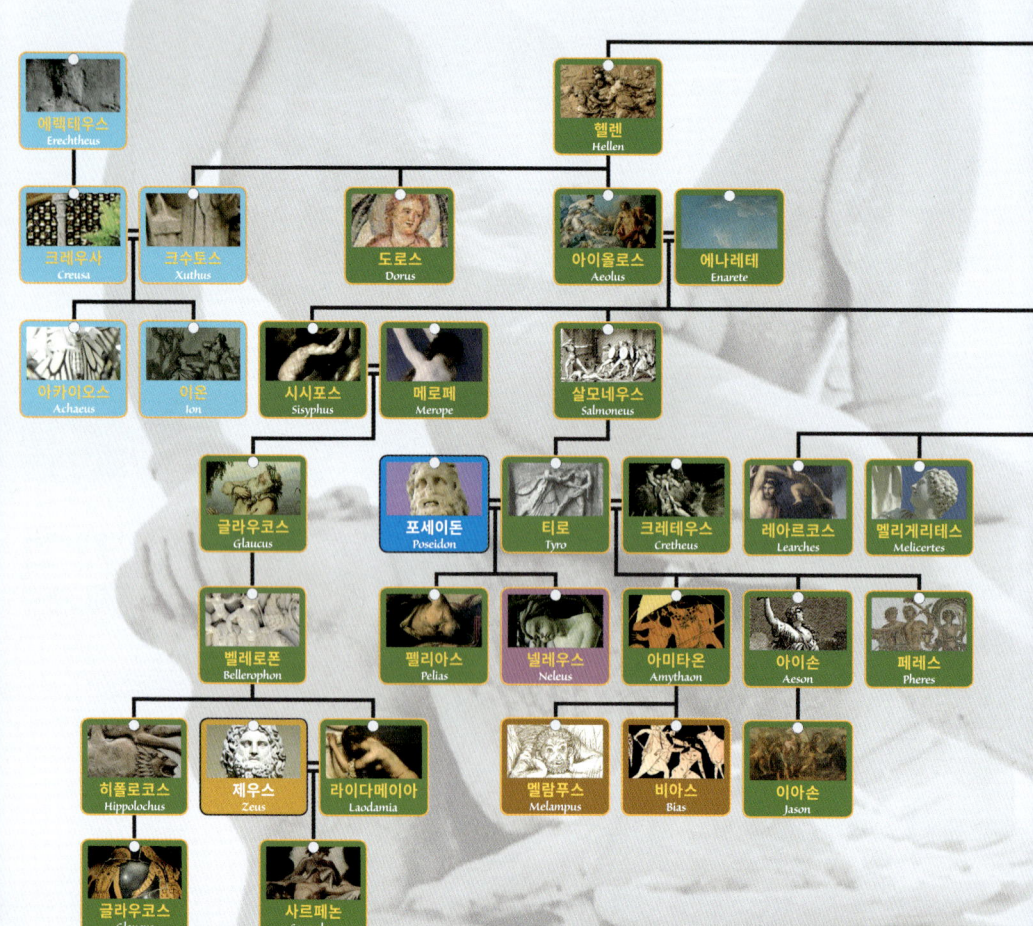

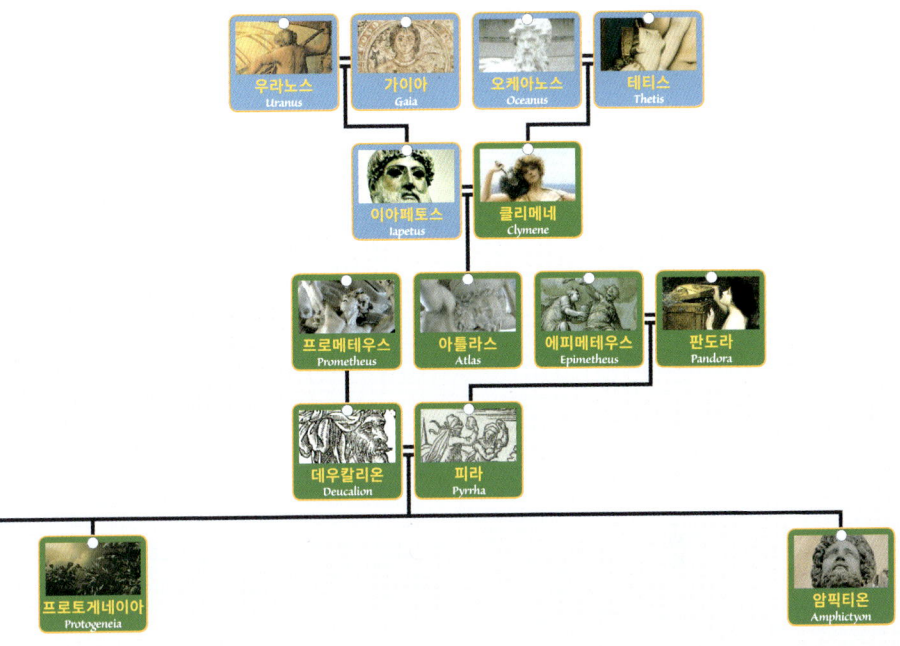

아테네 왕가(家)

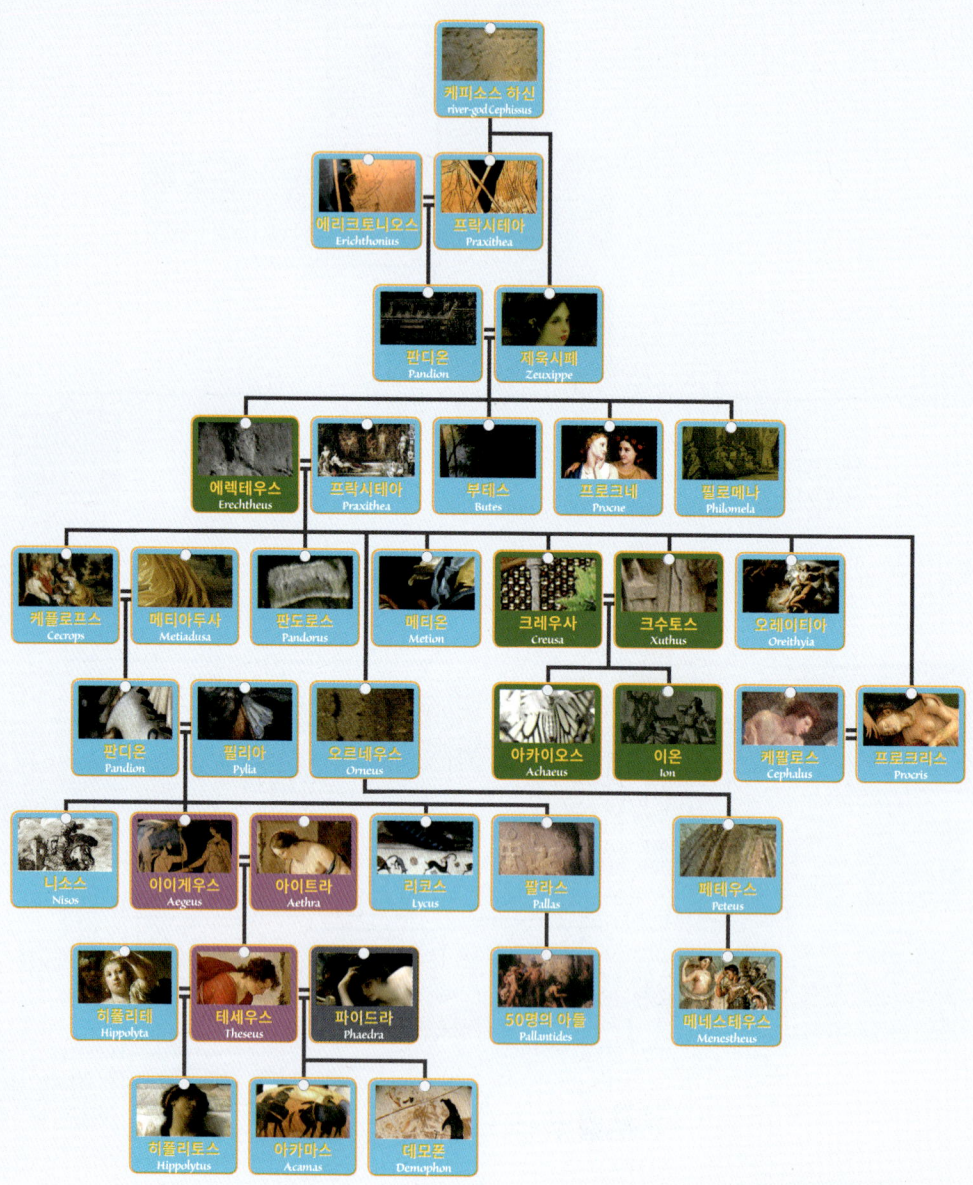

■ 레다가(家)

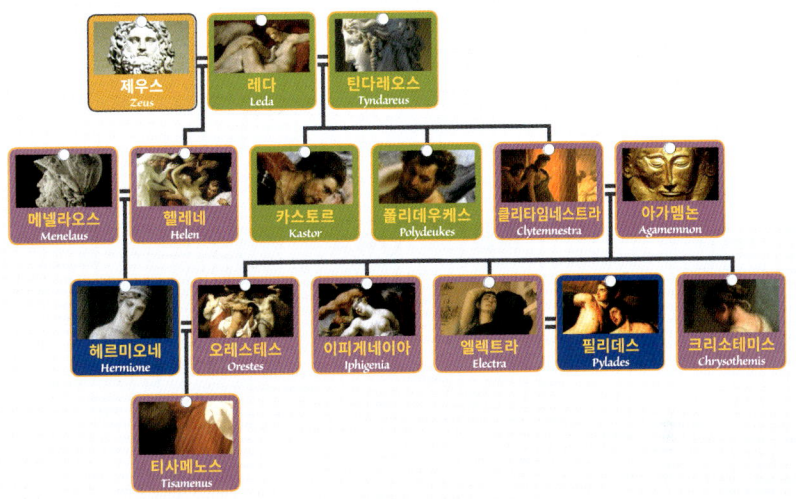

■ 미노스가(家)

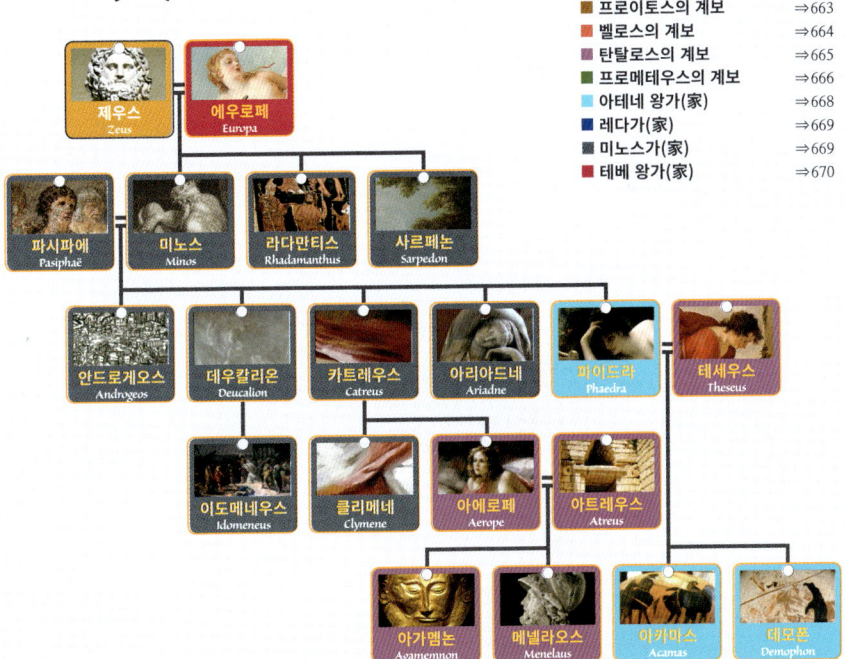

올림포스 신족과 티탄 신족	⇒660
페르세우스의 계보	⇒662
프로이토스의 계보	⇒663
벨로스의 계보	⇒664
탄탈로스의 계보	⇒665
프로메테우스의 계보	⇒666
아테네 왕가(家)	⇒668
레다가(家)	⇒669
미노스가(家)	⇒669
테베 왕가(家)	⇒670

테베 왕가(家)

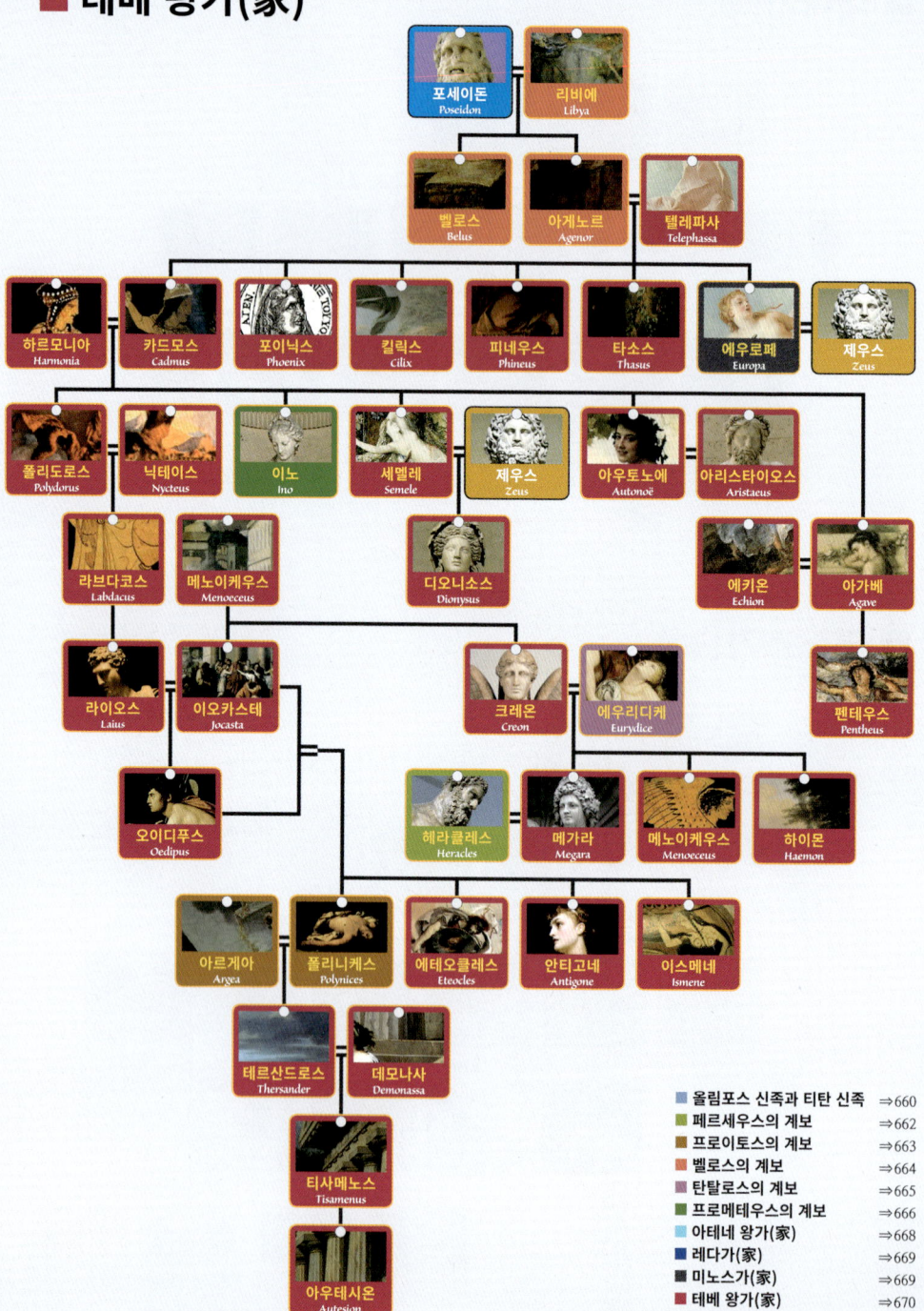

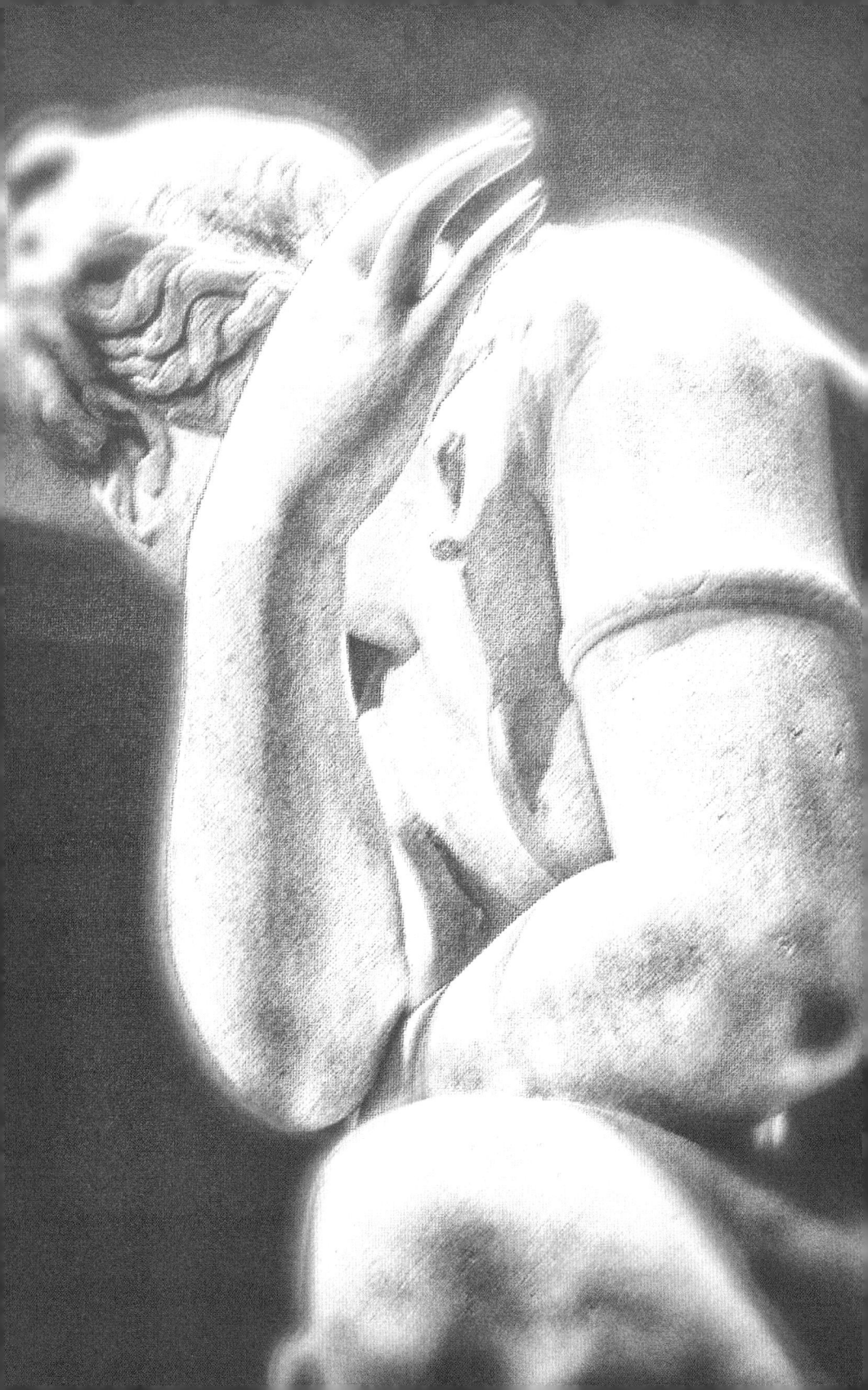

INDEX

신과 영웅의 이름

INDEX 1

ㄱ

가니메데스 Ganymedes ·················· 464~465
가이아 Gaia ················ 77~82, 125, 455~456, 593
갈라테이아 Galatea ········ 232~233, 235, 534, 543, 586, 623~626, 628~633, 635~636
강의 신 River God ··················· 124, 211, 220
거신족 巨神族 ······················· ⇒ 티탄 Titans
게니우스 Genius ···································· 96
게리온 Geryon ······················· 454~455, 457
게브 Geb ·· 32
고르고 Gorgo ···························· 358~359, 365
고르디우스 Gordius ······························· 194
곡식의 여신 ····················· ⇒ 데메테르 Demeter
괴물 Monsters ···································· 380
그라이아이 Graiai ······························ 358~359
그리핀 Griffin ····································· 394
글라우코스 Glaucos ······························· 648
글라우코스 Glaucus ··············· 219~222, 225
기간테스 Gigantes ······················· 79~80, 380~382
기눙가 Ginnunga ··································· 35
기아의 여신 ························· ⇒ 리모스 Rimos

ㄴ

나르키소스 Narcissos ······················· 314~324
나이아스 Naiads ··········· 165, 183, 470, 515, 531, 539
나페 Nape ··· 160
네레우스 Nereus ············· 182, 367, 534, 537, 539, 623
네레이스 Nereis ····················· 182, 515, 534, 584
네메시스 Nemesis ························· 91, 317, 321
네소스 Nessus ····························· 459, 461, 463
네스토르 Nestor ················ 353, 420, 439, 617, 648
네펠레 Nephele ······························· 158, 418
네프티스 Nephthys ································· 32
넵투누스 Neptūnus ·············· ⇒ 포세이돈 Poseidon
넵튠 Neptune ···················· ⇒ 포세이돈 Poseidon
노토스 Notus ···································· 546
누마 Numa ······························ 96, 540, 542
누트 Nut ······································ 32, 34
늘이는 자 Stretcher ········· ⇒ 프로크루스테스 Procrustes
니오베 Niobe ······························· 61, 346~355
닉스 Nix ·· 77

님프 Nymph ··· 66, 79, 83, 92, 122, 141~142, 145, 147~149, 151, 158, 172~173, 175, 185, 207, 210~220, 224, 236~237, 266, 268, 274, 312, 314, 316~317, 319, 321, 325~338, 368, 377, 404, 413, 427, 431, 471, 490, 495~496, 514~515, 522~524, 526, 534, 540, 546, 553, 565~566, 568~569, 571, 612, 617, 629, 633, 646

ㄷ

다나에 Danae ············· 340, 342, 345, 359, 375, 597~599
다나오스 Danaos ·································· 557
다르다노스 Dardanus ····························· 614
다이달로스 Daedalus ······················· 400, 408~411
다이아나 Diana ···················· ⇒ 아르테미스 Arthemis
다프네 Daphne ····························· 118, 120~126
달의 여신 ························· ⇒ 아르테미스 Arthemis
대大 호루스 Horus ································· 32
데메테르 Demeter ······· 78, 88, 205~207, 209~210, 212~215, 287, 446, 521~522, 524, 526~527
데모도코스 Demodocus ··························· 598
데우칼리온 Deucalion ························· 109~111
데이아네이라 Deianeira ········· 459, 461, 463, 469, 472
데이포보스 Deiphobos ···························· 648
도르케우스 Dorceus ······························· 160
도리스 Doris ··························· 182, 534, 537, 624
드리아스 Dryads ··································· 515
드리오페 Dryope ·························· 236~238, 240
디르케 Dirce ·································· 573, 574
디아나 Diana ···················· ⇒ 아르테미스 Arthemis
디오네 Dione ··································· 82~83
디오니소스 Dionysus ··· 88, 90, 94, 97, 190~192, 381, 466, 472~473, 493~498, 500, 502~506, 508, 510, 556, 558~559
디오메데스 Diomedes ···························· 648
디오스쿠로이 Dioscuroi ··························· 415
디오스쿠로이 Dioskouroi ························· 392
딕티스 Dictys ·························· 359, 499, 598~599

ㄹ

라 Ra ······································ 31~32, 35
라돈 Ladon ································· 149, 455~456
라레스 Lares ······································· 96

라에르테스 Laertes ·· 491
라오다메이아 Laodameia ····························· 650, 653
라오메돈 Laomedon ··· 616
라오콘 Laocoon ·· 352
라이오스 Laius ··· 383, 384
라케시스 Lachesis ·· 91
라토나 Latona ······································· ⇒ 레토 Leto
라피타이 Lapiths ··· 392, 504
레다 Leda ································ 340~341, 414, 417, 598
레아 Rhea ························· 62, 76, 78~79, 88, 446~447, 472, 495
레아 Leah ··· 77~78, 81
레안드로스 Leandros ································· 329~333
레우코테아 Leucothea ································· 538~539
레토 Leto ····················· 83, 141, 164~168, 347~349, 353
렐랍스 Lelaps ·· 160
로물루스 Romulus ···················· ⇒ 키리누스 Quirinus
로이코스 Rhoecus ······································ 526, 528
로티스 Lotis ·· 237, 240
루키나 Lucina ··· 94
리노스 Linos ·· 574
리라 Lyre ·· 619
리모스 Rimos ·· 524, 527
리베르 Liber ······························· ⇒ 디오니소스 Dionysus
리카바스 Lycabas ··· 499
리카스 Lichas ··· 461
리코메데스 Lycomedes ························· 405, 646, 647
리코스 Licos ·· 573~574
린케우스 Lynceus ·· 415

ㅁ

마노 瑪瑙, agate ··· 394
마르두크 Marduk ··· 30
마르스 Mars ······································· ⇒ 아레스 Ares
마르시아스 Marsyas ····························· 574, 576, 579
마이다스 Midas ······························· ⇒ 미다스 Midas
마이아 Maia ·· 87
머큐리 Mercury ···························· ⇒ 헤르메스 Hermes
메가이라 Megaera ··· 91
메넬라오스 Menelaos ······························· 642, 645~646
메노이케우스 Menoeceus ································ 484
메데이아 Medea ·········· 223, 357, 360, 399, 400, 421~423, 425,
428~429, 432~437
메두사 Medusa ········ 358~362, 365~366, 370, 473~375, 486
메로페 Merope ··· 611, 613

메르쿠리우스 Mercurius ············· ⇒ 헤르메스 Hermes
메스트라 Mestra ······································ 525~527
메타네이라 Metaneira ······································ 209
멜라니온 Melanion ·································· 443~447
멜란토스 Melanthus ·· 499
멜람포스 Melampus ·· 160
멜람푸스 Melampus ·· 576
멜레아그로스 Meleagros ························· 438~444
멜리세우스 Melisseus ······································ 472
멜리케르테스 Melicertes ·································· 538
멜포메네 Melpomene ·· 90
멤논 Memnon ······································· 617~619, 621
모르페우스 Morpheus ····························· 258~261
모이라이 Moirai ·· 438
무사이오스 Musaeus ······························· 576, 578
물키베르 Mulciber ·············· ⇒ 헤파이스토스 Hephaistos
뮤즈 Muse ················ 75, 88~90, 386, 389, 540, 552, 574, 580
므네모시네 Mnemosyne ··················· 77~78, 89~90
미네르바 Minerva ······························ ⇒ 아테나 Athena
미노스 Minos ······················ 304, 400, 404, 408~410, 436
미노타우로스 Minotauros ················ 400~401, 410, 436
미다스 Midas ··· 190~195

ㅂ

바다의 신 ····································· ⇒ 네레우스 Nereus
바다의 여신 ······································· ⇒ 도리스 Doris
바우키스 Baucis ······················· 189, 196~197, 199~200
바카이 Bacchai ·································· 497, 503, 561
바쿠스 Bacchus ·························· ⇒ 디오니소스 Dionysus
베 We ·· 36
베누스 Venus ······························· ⇒ 아프로디테 Aphrodite
베로에 Beroe ·· 494
베르툼누스 Vertumnus ············· 266, 268~271, 274
베스트라 Bestra ·· 36
벨레로폰 Bellerophon ····························· 386~390
벨로나 Bellona ··· 94
보나디아 Bona Dea ····················· ⇒ 파우누스 Faunus
보레아스 Boreas ·· 546, 549
보르 Borr ··· 36
복수의 여신 ··························· 557, 561, 590, 592~593, 596, 597
볼룹타 Volupta ·· 293
부리 Buri ··· 36
불화의 여신 ··································· ⇒ 에리스 Eris
브라흐마 Brahma ·· 43, 45~47

브리아레오스 Briareus ································ 204, 381
브하바 Bhava ··· 42
비너스 Venus ················ ⇒ 아프로디테 Aphrodite
빌리 Wili ·· 36

ㅅ

사냥의 여신 ····················· ⇒ 아르테미스 Arthemis
사르페돈 Sarpedon ································· 648
사브리나 Sabrina ···································· 571
사투르누스 Saturnus ················· ⇒ 크로노스 Cronos
사티로스 Satyr, Saturos ············ 91~92, 94, 147, 269, 624
사포 Sappho ····································· 168, 600
새벽의 여신 ······························· ⇒ 에오스 Eos
새턴 Saturn ························ ⇒ 크로노스 Cronos
세멜레 Semele ···················· 88, 163, 308, 494~496, 505
세미라미스 Semiramis 여왕 ························ 127
세이리오스 Sirius ··································· 612
세트 Set ··· 32
솜노스 Somnus ························ ⇒ 히프노스 Hypnos
수금竪琴의 신 ··· 193
슈 Shu ·· 32
스코파스 Skopas ································· 598, 600
스킬라 Skylla ·· 623
스핑크스 Sphinx ·························· 380, 383~385
시리우스 ······························· ⇒ 세이리오스 Sirius
시링크스 Syrinx ································ 147~151
시마이티스 Simaitis ··························· 624, 629
시시포스 Sisyphos ·································· 557
실레노스 Silenus ································ 190, 192
실바누스 Silvanus ························ 269, 513, 515~516

ㅇ

아가멤논 Agamemnon ···························· 646, 648
아가베 Agave ·································· 503, 505
아게노르 Agenor ································ 302, 304
아글라이아 Aglaia ·································· 90
아낙사레테 Anaxarete ·························· 272~273
아네모이 Anemoi ···································· 82
아도니스 Adonis ······························· 241~244
아드라스토스 Adrastos ··························· 482~483
아드메테 Admete ·································· 454
아드메토스 Admetus ························ 474~477, 480
아라크네 Arachne ························· 335~341, 343~346
아레스 Ares ············· 83, 300, 308, 311, 336, 421, 454, 618, 641
아레투사 Arethusa ······················ 210~211, 214, 216
아르고나우테스 Argonautes ························· 420
아르고스 Argos ······················· 146~148, 152, 419, 426
아르카스 Arcas ····································· 154
아르테미스 Arthemis ········· 83, 122, 136, 138, 141, 147~149,
     156~159, 161, 163, 166~167, 180, 198, 205, 211, 213,
     242, 314, 347~348, 355, 381, 392, 404, 439, 441, 443
     ~444, 606~609, 612~613, 616, 648, 650
아리마스포이인 Arimaspians ························ 394
아리스타이오스 Aristaios ·········· 553, 556, 565~567, 569, 571
아리아드네 Ariadne ······ 400, 402, 408~409, 504, 506, 511
아리온 Arion ···························· 581~583, 585~589
아마존족 Amazons ····························· 402~403, 454
아말테이아 Amaltheia ···················· 466, 472~473, 493
아모레 Amore ·································· ⇒ 에로스 Eros
아미모네 Amymone ·································· 452
아스클레피오스 Aesculapius ·············· 392, 404, 474, 539
아스트라이아 Astraea ·························· 106~108
아스티아게스 Astyages ······························ 375
아우게이아스 Augeas ································ 452
아우구스투스 Augustus 황제 ························ 96
아우스테르 Auster ··································· 546
아우토노에 Autonoe ···························· 163, 503
아이게우스 Aegeus ···················· 398~399, 402, 433, 436
아이네아스 Aeneas ······························· 225, 648
아이손 Aeson ····························· 419, 428~429, 432
아이아스 Aias ································· 439, 648
아이에테스 Aeetes ···························· 223, 419~422, 437
아이올로스 Aeolus ······························ 252, 264
아이트라 Aethra ····································· 398
아케테스 Acetes ································ 498, 503
아켈로스 Achelous ·························· 468~469, 471~472
아콘테우스 Aconteus ····························· 373, 375
아크리시오스 Akrisios ···························· 598~599
아키스 Acis ······················ 623~629, 632, 635~636
아킬레우스 Achilleus ·········· 107, 163, 392, 439, 534~535,
     538, 617~618, 646~648, 650
아킬로 Aquilo ·· 546
아타마스 Athamas ····························· 418~419, 538
아탈란테 Atalante ···················· 439~441, 443~447
아테나 Athena ··········· 69, 75~76, 80, 86~87, 102, 205, 279, 334,
     336~341, 343~344, 360, 381, 386~387, 402, 405, 412,
     533, 457, 477, 484, 574, 640, 642
아트로포스 Atropos ·································· 91

아틀라스 Atlas ·· 79, 182, 311, 364~366, 455, 462, 537, 612
아폴로 Apollo ·················· ⇒ 아폴론 Apollon
아폴론 Apollon · 62, 75, 78, 83, 88~89, 102~103, 116~118, 120~126, 141, 157, 166~167, 169, 171~175, 177, 181, 183, 192~193, 245~248, 252, 257, 280, 302~303, 325 ~326, 347~349, 352~353, 355, 381, 392, 474~475, 477, 480, 497, 518, 539, 552, 556, 576, 579, 580, 583, 590 ~591, 612, 618, 620~621, 647
아프로디테 Aphrodite ····· 66~67, 82~83, 85~86, 97, 103, 122, 205, 231, 233, 235, 241~244, 269, 272~273, 277 ~279, 281, 287~291, 293, 295, 308, 311, 313, 329, 331, 381, 445~446, 467, 504, 618, 626, 640, 642
악타이온 Actaeon ····················· 157~163, 308
안드라이몬 Andraemon ···················· 236~237, 240
안드로마케 Andromache ························· 648
안드로메다 Andromeda ···················· 367~372, 374~375
안카이오스 Ancaeus ····························· 440
안타이오스 Antaios ······················ 381, 455, 457
안테로스 Anteros ································ 86
안테이아 Anteia ································ 386
안티고네 Antigone ················ 481~482, 485~486, 488
안티오페 Antiope ···················· 402~404, 454, 573, 577
안틸로코스 Antilochus ····························· 617
알렉토 Alecto ································· 91
알케스티스 Alcestis ························· 474~477, 481
알케이데스 Alcides ············· ⇒ 헤라클레스 Hercules
알크메네 Alcmene ························· 450~451
알키오네 Halcyone ············ 250, 252~254, 256~260, 262~264
알타이아 Althaea ························ 438, 440~443
알페노르 Alphenor ······························· 349
알페이오스 Alpheius ························· 211, 213~215
암몬 Ammon ···································· 381
암페트리테 Amphitrite ····························· 587
암피소스 Amphissos ··························· 236, 240
암피아라오스 Amphiaraos ·························· 482
암피온 Amphion ························· 349, 353, 573~575
암피크스 Amphyx ································ 373
암피트리테 Amphitrite ························· 532~534, 537
압시르토스 Apsyrtos ··························· 223, 437
야누스 Janus ···································· 96
에게리아 Egeria ························· 404, 540, 542
에라토 Erato ···································· 90
에레보스 Erebus ································· 77
에로스 Eros ········· 77, 86, 121~122, 125, 205, 216~217, 241, 277~280, 285~286, 289, 293, 295~298, 574

에리니에스 Erinyes ······························ 91
에리다노스 Eridanus ····················· 175, 183, 185
에리스 Eris ···························· 640~641, 646
에리식톤 Erisichthon ············· 468, 515, 521~522, 524~527
에리필레 Eriphyle ··························· 482, 484
에바드네 Evadne ································ 484
에오스 Eos ······················ 129, 136~138, 206, 257, 616~620
에우로스 Eurus ································· 546
에우로페 Europa ··················· 302, 304, 340~341, 344, 345
에우리노메 Eurynome ·························· 78, 83
에우리디케 Eurydice ············· 552~553, 556~557, 559~563, 568~570, 584
에우리모스 Eulimus ······························ 627
에우리스테우스 Eurystheus · 393, 450, 452, 454~455, 457
에우리티온 Eurytion ·························· 392, 455
에우메니데스 Eumenides ·························· 91
에우테르페 Euterpe ··························· 89~90
에우프로시네 Euphrosyne ·························· 90
에코 Echo ······················ 312, 314~317, 319, 321, 324
에테오클레스 Eteocles ······················ 482~485
에포페우스 Epopeus ····························· 499
에피메테우스 Epimetheus ················· 102~103, 105
엔디미온 Endymion ·························· 604, 606~610
엔켈라두스 Enceladus ························ 204, 381
엘렉트라 Electra ··························· 614~615
여와 女媧 ··································· 48~51
오디세우스 Odysseus ···· 221, 224~225, 227, 270, 353, 489~491, 625, 627, 642, 645~646, 648
오딘 Odin ···························· 36~37, 39~40
오레스테스 Orestes ······························ 590
오레이아스 Oreads ··························· 515, 524
오로라 Aurora ······················ ⇒ 에오스 Eos
오르트로스 Orthros ····························· 455
오르페우스 Orpheus · 415, 420, 424, 426, 552~553, 555 ~560, 562~564, 568~569, 573, 576, 578, 584
오리온 Orion ························· 381, 611~614, 618
오리티이아 Orithyia ··························· 546, 547
오시리스 Osiris ································· 32
오이네우스 Oeneus ························· 438, 441~442
오이노피온 Oenopion ························ 611, 613~614
오이디푸스 Oedipus ······· 107, 383~386, 481, 483, 485~486
오케아노스 Oceanus ············ 77~78, 154, 182, 207, 220, 532, 535, 537~538
오키로이 Ocyroe ································ 392
오피온 Ophion ··································· 78

옴팔레Omphale ··· 458, 460
옵스Ops ··· ⇒ 레아Rhea
우라노스Uranus ·· 77, 81
우라니아Urania ·· 90
유노Juno ··· ⇒ 헤라Hera
유미르Ymir ·· 35~37, 43, 49
유피테르Iuppiter ···································· ⇒ 제우스Zeus
율리시스Ulysses ······················· ⇒ 오디세우스Odysseus
의술의 신 ······································ ⇒ 아폴론Apollon
이나코스Inachos ·································· 145~147, 152
이노Ino ··· 308, 418, 538
이다스Idas ··· 415
이리스Iris ································· 80, 167, 256~258, 261
이비코스Ibykos ··········· 581, 590~592, 596~597
이스메노스Ismenus ·· 348
이시스Isis ··· 32
이아소스Iasus ·· 439, 444
이아손Iason ················· 107, 223, 392, 399, 418~423, 425,
                          428~429, 431~433, 436, 439, 440, 444
이아페토스Iapetus ·· 77~78
이오Io ·· 144~148, 150, 152, 155
이오바테스Iobates ··· 386~387
이오카스테Iocaste ······························· 384, 386, 481
이올라오스Iolaus ·· 452
이올레Iole ···································· 236~237, 240, 461
이카로스Icarus ··· 409~413
이카리오스Icarius ······································· 489~491
이켈로스Icelus ·· 259
이피게네이아Iphigeneia ··············· 648, 650~651
이피스Iphis ·· 272~273
이피토스Iphitus ······································· 458, 460
익시온Ixion ··· 557
일리오네오스Ilioneus ·· 349

ㅈ

제우스Zeus ······· 66, 74~75, 78~83, 86~91, 99, 102~105, 107
              ~109, 111~113, 123, 141, 144~147, 150, 152~155, 167
              ~168, 171, 174, 182~183, 196, 199, 200, 204~205, 207,
              212~213, 223, 277, 279, 293, 295, 302~304, 311, 314,
              316, 336, 340, 359, 365~366, 370, 381~382, 388, 392,
              414~415, 417, 419~420, 446, 450~451, 456, 462, 464,
              466, 469, 472~473, 474, 476, 482, 484, 493~496, 505,
              532~534, 537~538, 560, 573, 577, 599, 606~607, 612,
              616~617, 631~632, 641~642, 647

제테스Zetes ··· 547
제토스Zethus ·· 573, 575
제피로스Zephyros ············ 246~247, 281, 283, 286,
                                          544, 546~547
주피터Jupiter ·· ⇒ 제우스Zeus

ㅋ

카드모스Cadmus ········ 157, 301~303, 305~311, 418, 420, 482
카를로스Carlos ·· 252, 255
카립디스Charybdis ··· 623
카메나이Camenae ··· 540
카스토르Castor ·············· 414~415, 417, 426, 598, 600
카시오페이아Cassiopeia ··········· 367~368, 374, 376~377
카오스Chaos ·· 77, 101, 183
카코스Cacus ·· 457
카파네우스Capaneus ··· 484
칼라이스Calais ·· 547
칼리스토Callisto ························· 153~154, 156
칼리오페Calliope ·· 90, 552
칼카스Kalchas ··· 647~648
케달리온Cedalion ··· 612
케레스Ceres ··· ⇒ 데메테르Demeter
케르베로스Kerberos ················· 291~292, 457, 584
케이론Cheiron ·· 163, 392, 538
케익스Ceyx ··············· 250, 252~257, 259~260, 263
케크롭스Cecrops ··· 337
케팔로스Cephalus ·· 136~140
케페우스Cepheus ·················· 367~368, 372~374
켄타우로스Centauros ········· 391~392, 395, 444, 459, 504, 538
켈레오스Celeos ·· 206, 214
코리반테스Corybantes ··· 447
코이오스Coeus ·· 77
콘수Khonsu ··· 32
큐피드Cupid ·· ⇒ 에로스Eros
크레온Creon ·· 436, 484~485
크레우사Creusa ·· 433, 436
크로노스Cronos ·········· 60, 76~79, 81~82, 88, 93~94, 446
크로칼레Crocalle ·· 158
크리오스Crius ·· 77
클레이오Clio ·· 89~90
클로토Clotho ·· 91
클리메네Clymene ·· 172, 175
키레네Cyrene ·· 550, 565~567, 571
키르케Circe ·· 221~224, 227

키리누스 Quirinus	94
키마이라 Chimaera	380, 386~388
키몬 Cimon	405
키벨레 Cybele	⇒ 레아 Rhea
키클롭스 Cyklops	77~79, 81, 381, 474, 612, 626, 629, 634, 636
킴메리오스인 Cimmerian	257

ㅌ

타르타로스 Tartarus	79~80
타미리스 Thamyris	574
타이탄	⇒ 티탄 Titans
탄탈로스 Tantalus	347, 557
탈레이아 Thalia	89~90
태양의 신	⇒ 아폴론 Apollon
태양의 신	⇒ 라 Ra
테론 Theron	160
테르미누스 Terminus	94
테르프시코레 Terpsichore	90
테미스 Themis	77~78, 86, 91, 106, 110
테세우스 Theseus	107, 398~400, 402~405, 408, 410, 414, 420, 433, 436, 439, 440, 457, 468~469, 504, 506,
테스켈로스 Thescelus	373
테스티오스 Thestius	442
테우크로스 Teucer	272
테이레시아스 Teiresias	321, 484
테이아 Theia	77~78
테티스 Thetys	77, 154, 156, 176, 220, 532, 640~641, 646
테티스 Thetis	74, 83, 534~535, 538~539
테프누트 Tefnut	32
텔라몬 Telamon	439
텔레모스 Telemos	627
텔루스 Tellus	428
토트 Thoth	32
톡세우스 Toxeus	440
튀폰 Typhon	204
트리무리티 Trimriti	38
트리톤 Triton	110, 221, 534, 537, 539
트립톨레모스 Triptolemos	209, 214
트몰로스 Tmolus	193, 458
티그리스 Tigris	160
티스베 Thisbe	127~133, 135
티시포네 Tisiphone	91
티아마트 Tiamat	30
티탄 Titans	77~79, 102, 114, 204, 455, 532~533
티토노스 Thithonos	616~618
티티오스 Tityus	381
티폰 Typhon	80, 381

ㅍ

파리스 Paris	640, 642~644, 646, 648~649
파보니우스 Favonius	546, 548
파에톤 Phaethon	170~175, 177~180, 183~185, 187
파온 Phaon	600
파우나 Fauna, Fatua	⇒ 파우누스 Faunus
파우누스 Faunus	⇒ 판 Pan
파우니 Fauni	94
파이드라 Phaedra	403~404, 406
파이에온 Paeon	531, 539
파포스 Paphos	152, 233, 235
판 Pan	91, 94, 147~148, 150~151, 164, 193, 269, 512~518, 520, 522, 524
판도라 Pandora	98~99, 101, 103~105, 112
판타소스 Phantasus	259
팔라메데스 Palamedes	645~646
팔라이몬 Palaemon	538
팔레스 Pales	94, 97
팜파고스 Pamphagus	160
페가소스 Pegasus	378, 386~391
페나테스 Penates	96
페네이오스 Peneus	122~123
페넬로페 Penelope	224, 270
페넬로페이아 Penelopeia	477, 489~491, 602, 645
페누스 Penus	96
페르딕스 Perdix	411~412
페르세우스 Perseus	356~360, 363~368, 370, 371~377, 386, 598~599
페르세포네 Persephone	88, 202~208, 210, 212~215, 218, 290~291, 404, 429, 457, 553, 557
페리안드로스 Periandros	582~584, 586~587, 589
페리페테스 Periphetes	399
페이리토오스 Peirithous	392, 402, 404, 414, 439, 504
펜테우스 Pentheus	308, 497~498, 502~503, 505
펠라스기오디스 Pelasgiotis	375
펠레우스 Peleus	439, 535, 538, 640~641, 647
펠리아스 Pelias	419, 422, 432~433, 444, 475
포르투누스 Portunus	538
포모나 Pomona	94, 96, 132, 266, 268~269, 271, 274

포세이돈 Poseidon ······ 78~80, 109~110, 156, 167, 182, 337, 340, 374, 404, 422, 452, 525, 532~534, 537, 539, 566, 587, 591, 611, 613, 625
포이베 Phoebe ··· 77~78
포이보스 Phoebus ························· ⇒ 아폴론 Apollon
폰토스 Pontos ··· 77
폴리네이케스 Polyneices ···································· 482~485
폴리데우케스 Polydeuces ··· 414~415, 417, 426, 598, 600
폴리덱테스 Polydectes ······································· 359, 598
폴리이도스 Polyidus ··· 387
폴리페모스 Polyphemos ······ 534, 622, 625~630, 632~636
폴리힘니아 Polyhymnia ··· 90
푸리아이 Furies ··· 91
프라자파티 Prajapati ··· 42
프로메테우스 Prometheus ··· 99~103, 109~113, 115, 538
프로세르피나 Proserpine ⇒ 페르세포네 Persephone
프로이토스 Proetos ··· 386
프로크루스테스 Procrustes ·· 399
프로크리스 Procris ··· 136~140
프로테실라오스 Prothesilaus ································ 650, 653
프로테우스 Proteus ············ 221, 534, 539, 566~567
프리아모스 Priamos ······································· 617, 646, 648
프릭소스 Phryxus ··· 419
프시케 Psyche ··· 277~299
플레이아데스 Pleiades ······························· 612, 615, 617
플렉시포스 Plexi-ppus ··· 440
플로라 Flora ································· 94, 544, 547
플루토 Pluto ······························ ⇒ 하데스 Hades
피그마이오스 Pygmaios ··· 393
피그말리온 Pygmalion ··························· 229~233, 235
피네우스 Phineus ························· 372~375, 377, 420
피라 Pyrrha ··· 109~111
피라모스 Pyramus ············ 127, 129~132, 133, 135
피테우스 Pittheus ··· 398
피톤 Python ··· 116
피티아 Pythia ··· 284
필레몬 Philemon ············ 189, 196~197, 199~200
필록테테스 Philoctetes ·· 461~462

ㅎ

하데스 Hades ····· 78~80, 88, 203, 205~207, 210, 213~215, 217, 291, 392, 304, 329, 357, 474, 553, 557~578
하르모니아 Harmonia ······················· 301, 308~311, 482
하르피이아 Harpies ··· 547

하마드리아데스 Hamadryades ································· 268
하마드리아스 Hamadryads ················· 515, 521~522, 526
하신 河神 ······································· ⇒ 이나코스 Inachos
하이먼 Hyman ··· 485
하프의 신 ····························· ⇒ 수금竪琴의 신
헤라 Hera ······ 78, 80, 83, 96, 107, 113, 145~146, 148, 150, 152 ~156, 165~167, 256, 258~259, 279, 314, 316, 321, 348, 446, 450, 454~455, 462, 464, 469, 494~495, 640, 642
헤라클레스 Hercules ····· 79, 366, 393, 399, 402, 404, 420, 426~428, 431, 448~464, 468~472, 476~478, 504, 574, 633
헤로 Hero ·································· 329~331, 333
헤르메스 Hermes ····· 87~88, 92, 99, 103, 112, 147~148, 152, 196, 199, 213, 293, 359, 370, 381, 391, 418, 457, 460, 573, 575, 650
헤베 Hebe ····························· 75, 429, 464
헤스티아 Hestia ································· 78, 94~95
헤스페로스 Hesperus ··· 455
헤스페리데스 Hesperides ······················ 191, 366, 455~456
헤카테 Hecate ······························ 421, 428~429
헤카톤케이르 Hekatoncheir ··································· 77~78
헤파이스토스 Hephaistos ····· 76, 80, 82~83, 86, 94, 173, 177, 308, 381, 399, 482, 612
헥토르 Hector ·· 648, 650
헬레 Helle ··· 419
헬레네 Helene ····· 107, 111, 270, 404, 414~415, 417, 642~644, 646, 649
호라이 Horai ······························ 75, 82
호루스 Horus ························· ⇒ 대大 호루스 Horus
휘페르보레오스 Hyperboreans ······················ 72~73
히드라 Hydra ································ 452~453, 459
히메나이오스 Hymenaeos ·· 553
히멘 ································ ⇒ 히메나이오스 Hymenaeos
히아킨토스 Hyacinthus ······················· 243, 245~249
히알레 Hyale ··· 158
히페리온 Hipherion ··· 77~78
히포다메이아 Hippodamia ··· 392
히포메네스 Hippomenes ············· ⇒ 멜라니온 Melanion
히포크레네 Hippocrene ··· 386
히폴리테 Hippolyte ······················· ⇒ 안티오페 Antiope
히폴리토스 Hippolytus ······················· 403, 404
히프노스 Hypnos ······················ 256, 257, 258, 259, 261
힐라스 Hylas ·· 427, 431

예술가와 작품 & 그 밖의 주요 명칭 INDEX 2

ㄱ

갠지스 Ganges 강 180
거해궁 巨蟹宮 176
건강을 유지하는 기술 Art of preserving health ... 360, 539
게랭 ⇒ 피에르 나르시스 게랭 Pierre-Narcisse Guérin
게릭 ⇒ 데이빗 게릭 David Garrick
게미니 Gemini ⇒ 쌍둥이자리
견우성 牽牛星 179
고갱 ⇒ 폴 고갱 Paul Gauguin
고대 로마의 민요 Lays of Ancient Rome 415
고전문학사전 古典文學辭典 ⇒ 그리스 로마 전설 신화사전 Dictionary of Greek and Roman Biography and Mythology
고흐 ⇒ 빈센트 반 고흐 Vincent Willem van Gogh
골드스미스 ⇒ 올리버 골드스미스 Oliver Goldsmith
공겁 空劫 58
공주 Princess 345
과제 課題 569
괴겁 壞劫 56, 58
구세주 Messiah 107
구에르치노 ⇒ 조반니 프란체스코 바르비에리 Giovanni Francesco Barbieri
궁수자리 ⇒ 인마궁 人馬宮, 궁수자리
귀도 레니 Guido Reni 463
귀스타브 모로 Gustave Moreau ... 187, 304, 385, 395, 425, 453, 496, 564, 580, 585, 593, 595, 630
귀스타브 쿠르베 ⇒ 장-데지레 귀스타브 쿠르베 Jean-Désiré Gustave Courbet
그레이 ⇒ 토머스 그레이 Thomas Gray
그리스 Greece 642, 646
그리스도의 탄생에 부치는 송가 ... 62, 264, 519
그리스 로마 전설 신화사전 Dictionary of Greek and Roman Biography and Mythology 64
그리스 소녀가 꾼 극락도의 꿈 216
그리스의 신들 518
그림쇼 ⇒ 존 앳킨슨 그림쇼 John Atkinson Grimshaw
금우궁 金牛宮 176
기간토마키아 Gigantomachia 381
기정 氣精의 무도회 The Sylph's Ball 132

ㄴ

나의 논문에 대한 비방에 대하여 On the detractuin which followed upon his writing certain treatuses 168
나폴레옹 보나파르트에 바치는 노래 114
낙소스 Naxos 섬 ... 402, 497, 501~502, 504, 506, 537
난생신화 卵生神話 46
네메아 Nemea 452
네일로스강 Nile 150, 393, 619
넥타르 nectar 75, 165, 242, 567
노아의 대홍수 30
노엘 니콜라 쿠아펠 Noel-Nicolas Coypel 649
노엘 할 Noël Hallé 444
니노스의 무덤 129
니사 Nysa 산 495
니콜라스 베르헴 Nicolaes Berchem 156
니콜라스 세바스찬 아담 Nicolas-Sébastien Adam ... 100
니콜라 푸생 Nicolas Poussin ... 133, 135, 138, 175, 192, 324, 537, 613, 629
니콜로 델 아바테 Niccolò dell'Abbate 208, 556

ㄷ

다나에의 비탄 Danaedes 597
다르다넬스 Dardanelles 해협 ⇒ 헬레스폰토스 Hellespontus
다비드 테니에르 2세 David Teniers the Younger ... 333
다윈 ⇒ 이래즈머스 다윈 Erasmus Darwin
단테이 게이브리얼 로세티 Dante Gabriel Rossetti ... 212
대방광불화엄경 大方廣佛嚴經 52
대양하 大洋河, River Ocean 72
데이비 ⇒ 험프리 데이비 Sir Humphry Davy
데이빗 게릭 David Garrick 344
델로스 Delos 섬 .... 141, 166~169, 411, 498
델포이 Delphi 71, 75, 81, 123, 167, 383
도메니코 피올라 Silvio Piola 410
돈 주앙 Don Juan 168
드라이든 ⇒ 존 드라이든 John Dryden
드레이퍼 ⇒ 허버트 제임스 드레이퍼 Herbert James Draper
디르크 반 바뷔렌 Dirck van Baburen 113
디아 Dia 섬 498
디에고 벨라스케스 Diego Velázquez 85, 339

ㄹ

라비린토스 labyrinthos ⇒ 미궁 迷宮
라이트 바커 Wright Barker … 224
라트모스 Latmos 산 … 606
라파엘로 산치오 Raffaelo Sanzio … 298
라파엘로 산치오 다 우르비노 Raffaello Sanzio da Urbino … 543
랑글루아 ⇒ 제롬 마르탱 랑글루아 Jerome Martin Langlois
랜더 ⇒ 월터 세비지 랜더 Walter Savage Landor
레길루스호 Regillus … 415
레빈토스 Lebynthos 섬 … 411
레오나르도 다 빈치 Leonardo da Vinci … 417
레우카디아 Leucadia … 600, 602
레이베트라 Libethra … 560
레테 Lethe 강 … 257
렘브란트 하르먼손 판 레인 Rembrandt Harmenszoon van Rijn … 199, 342, 465, 599
로도페 Rhodope 산 … 180
로버트 사우디 Robert Southey … 563
로웰 J. R. Lowell … 480, 528
로이코스 Rhoecus … 528
롱펠로 ⇒ 헨리 워즈워스 롱펠로 Henry Wadsworth Longfellow
루벤스 ⇒ 페테르 파울 루벤스 Peter Paul Rubens
루시아드 Lusiad … 132
루이 웰든 호킨스 Lousie Welden Hawkins … 327
루카 지오르다노 Luca Giordano … 374, 633
류트 lute … 282
르모니에 ⇒ 아니세 샤를 가브리엘 르모니에 Anicet Charles Gabriel Lemonnier
르므완 ⇒ 잔 밥티스트 르무완 Jean Baptiste Lemoyne
르므완 ⇒ 프랑수와 르므완 Francois Lemoyne
르 브룅 ⇒ 엘리자베스 루이 비제 르 브룅 Élisabeth-Louise Vigée-Le Brun
리디아 Lydien … 458
리라 Lyre … 75, 88, 123, 126, 181, 193, 238, 245, 247, 552~553, 558, 560, 568, 573~575, 578, 583~584, 586~587, 591
리비아 Libya … 180, 360
리시다스 Lycidas … 248
리처드 블랙모어 경 Sir Richard Blackmore … 354
리처드 윌슨 Richard Wilson … 263
리치 ⇒ 세바스티아노 리치 Sebastiano Ricci
리키아 Lycia … 164, 167
리 헌트 Leigh Hunt 에게 바친 시 … 150
림노스 Lemnos 섬 … 83, 420, 612

ㅁ

마라톤 평야 plain of Marathon … 402
마이안드로스 Meander 강 … 180
마이오니아 Maeonia … 498
마카르트 ⇒ 한스 마카르트 Hans Makart
마트 Maat … 31~33, 35
매콜리 ⇒ 토머스 매콜리 Thomas Babington Macaulay
맥베스 Macbeth … 433
맥캘란 ⇒ 존 맥캘란 John Macallan Swan
메데이아 Medea … 437
메소포타미아 문명 … 30
멜치 ⇒ 프란체스코 멜치 Francesco Melzi
모건 ⇒ 에벌린 드 모건 Evelyn De Morgan
못생긴 사나이에 대하여 … 323
무니에르 ⇒ 에밀 무니에르 Emile Munier
무명업 無明業 … 53
무스펠헤임 Muspelheim … 35~36
무시무종 無始無終 … 53
무이오포트모스 Muiopotmos … 343
미궁 迷宮 … 400, 402, 408~410, 504
미녀들의 꿈 … 650
미시아 Mysia … 420, 427
미케네 Mycenae … 646
미켈란젤로 메리시 다 카라바조 Michelangelo Merisi da Caravaggio … 361, 500, 510
미켈란젤로 부오나로티 Michelangelo di Lodovico Buonarroti Simoni … 22, 27~28
밀만 ⇒ 헨리 하트 밀만 Henry Hart Milman
밀턴 ⇒ 존 밀턴 John Milton
밀턴론 論 … 62

ㅂ

바르비에리 ⇒ 조반니 프란체스코 바르비에리 Giovanni Francesco Barbieri
바빌로니아 Babylonia … 30, 127, 180
바아드의 여인 이야기 Wife of Bath's Tale … 194
바이런 ⇒ 조지 고든 바이런 George Gordon Byron
바티칸 미술관 Vatican Museums … 116
반고 盤古 … 48~49
반야심경 般若心經 … 54
밤의 명상 Night Thoughts … 389, 548, 609
베네치아 Venezia … 447
베르길리우스 ⇒ 푸블리우스 베르길리우스 마로 Publius Vergilius Maro

베르니니 · ⇒ 지안 로렌조 베르니니 Gian Lorenzo Bernini
베르텔 토르발센 Bertel Thorvaldsen ················ 639
베스탈 Vestals ··· 94
베첼리오 티치아노 Vecellio Tiziano ········· 159, 163
벤베누토 첼리니 Benvenuto Cellini ················ 356
벤벤 Ben-Ben ··· 31
벨라스케스 ⇒ 디에고 벨라스케스 Diego Velázquez
벨레로폰의 편지 Bellerophonic letter ············· 387
벨베데레 Belvedere ································· 116~117
벼락을 맞아 장님이 된 어떤 미남자에 대하여 ···· 323
보스 bos ·· 150
보스포로스 Bosphorus 해협 ·························· 150
보이오티아 Boeotia ······································ 648
복희 伏羲 ··· 48, 50
뵈클린 ············ ⇒ 아놀드 뵈클린 Arnold Böcklin
부그로 ······ ⇒ 윌리암 아돌프 부그로 Willian-Adolphe Bouguereau
불핀치 ············ ⇒ 토마스 불핀치 Thomas Bullfinch
브라우닝 ········ ⇒ 엘리자베스 배럿 브라우닝 Elizabeth Barrett Browning
비토레 카르파치오 Vittore Carpaccio ············· 255
빈센트 반 고흐 Vincent Willem van Gogh ····· 23~24

ㅅ

사계 Seasons, 四季 ·· 274
사과주 Apple-orchard ·································· 274
사라스바티 Saraswati ····································· 45
사모스 Samos 섬 ·· 411
사모트라키나 Samothrace 섬 ························· 415
사성좌 蛇星座 ·· 179
사수궁 射手宮 ··· 176
사우디 ················ ⇒ 로버트 사우디 Robert Southey
사자궁 獅子宮 ··· 176
사투르날리아 Saturnalia ································· 93
살라미스 Salamis ··· 273
살바토르 로사 Salvator(e Rosa) ·············· 107, 589
삼선도 三善道 ··· 55
삼악도 三惡道 ··· 55
삼재 三災 ·· 56
새뮤얼 테일러 콜리지 Samuel Taylor Coleridge ···· 66, 215
샌디스 ············ ⇒ 프레드릭 샌디스 Frederick Sandys
서정시 Ibycos, Ibycus ·································· 590
성 세실리아의 날에 부치는 송가 Ode on St. Cecilia's Day ·· 424, 560

성주괴공 成住壞空 ··· 53
세기경 世紀經 ··· 52, 55
세리포스 Seriphus 섬 ·························· 359, 598~599
세바스티아노 리치 Sebastiano Ricci ···· 377, 506, 607
세스토스 Sestus ····································· 329~332
세이모 Samor ······································· 185, 376
셰익스피어 ⇒ 윌리엄 셰익스피어 William Shakespeare
셰익스피어를 흉내 내어 Imitations of Shakspeare ··· 362
셸리 ··············· ⇒ 퍼시 비시 셸리 Percy Bysshe Shelley
소포클레스 Sophocles ····························· 384, 485
쉘러 ⇒ 요한 네포무크 쉘러 Johann Nepomuk Schaller
쉬외르 ········· ⇒ 외스타슈 르 쉬외르 Eustache Le Sucur
슈투크 ············ ⇒ 프란츠 폰 슈투크 Franz von Stuck
스미스 ·················· ⇒ 윌리엄 스미스 William Smith
스키로스 Skyros ·· 405
스키티아 Scythia ································· 150, 180, 394, 524
스킬라 Scylla ································· 219~222, 225
스틱스 Styx 강 ································ 495~496, 558
스파르타 Sparta ············ 160, 246, 414, 417, 489~490, 642
스펜서 ············ ⇒ 에드먼드 스펜서 Edmund Spenser
시링크스 Syrinx ···································· 514, 517
시모니데스 Simonides ···················· 597~598, 600
시의 진보 The Progress of Poesy ····················· 88
시칠리아(Sicilia 섬 ··················· ⇒ 시켈리아 Sicilia 섬
시켈리아 Sicilia 섬 ···· 210, 213~214, 222, 411, 582, 623, 626 ~627, 629
식물원 The Botanic Garden ··························· 621
신통기 神統記 ··· 77
실낙원 失樂園 ········· 62, 78, 83, 112, 214, 388, 393~394, 472, 547
실러 ⇒ 프리드리히 실러 Johann Christoph Friedrich von Schiller
심플레가데스 Symplegades ··························· 420
쌍둥이자리 ·· 415

ㅇ

아네모네 Anemone ······································ 243
아놀드 뵈클린 Arnold Böcklin ······················· 471
아니세 샤를 가브리엘 르모니에 Anicet Charles Gabriel Lemonnier ··························· 355
아담의 창조 ··· 22, 27~28
아도네이스 Adonais ······································ 161
아도니스의 죽음 The Death of Adonis ············ 228
아둠블라 Audumbla ······································ 35
아드리아 해 Adriatic Sea ······························ 447

아드메토스 왕의 양치기 ··············· 480
아르고스 Argos ················ 359, 415, 452, 482, 484
아르고호 Argo ············· 418~420, 422, 424, 426~427, 431, 437~438, 444
아르카디아 Arcadia ······· 91, 143, 149, 151, 155, 439, 444
아마투스 Amathos ······································· 241
아미모네 Amymone 샘 ································ 452
아벤티누스 Aventinus 산 ····························· 457
아비도스 Abydus ··························· 329, 331~332
아비도스 Abydos의 신부 ······························· 264
아빌라 Abyla ·· 454
아서 해커 Arthur Hacker ······························ 149
아우구스트 슐레겔 August W. von Schlegel ·· 581
아울리스 Aulis 항 ··· 648
아이가이온 해 Aegaeon·Briareus ················· 166
아이기스 Igis ·· 80
아이네이스 Aeneis ································· 63, 642
아이세포스 Aesepos 강 ································· 617
아이스킬로스 Aeschylos ······························· 590
아일란의 노래 ·· 427
아크로폴리스 Acropolis 산 ·························· 405
아크리시오스 Acrisius ·························· 359, 375
아테네 Athens ············· 20, 313, 336~400, 402~403, 405, 414, 436~437
아토스 Athos ·· 180
아톰 Atum ·· 31~32
아트만 Atman ··· 41
아틀라스 Atlas 산 ··· 455
아티카 Attica ······················· ⇒ 아테네 Athens
아페닌 Apennine 산 ····································· 180
아푸스 Abzu ··· 30
아풀레이우스 Apuleius ································ 293
안니발레 카라치 Annibale Carracci ············ 634
안드레아 카마세이 Andrea Camassei ········· 353
안젤름 포이어바흐 Anselm Feuerbach ······· 652
안토니 브로도프스키 Antoni Brodowski ···· 486
안토니오 다 코레조 Antonio da Correggio ·· 144
안토니오 델 폴라이올로 Antonio del Pollaiolo ·· 120
안토니오 카노바 Antonio Canova ··············· 299
안토니오 코레지오 Antonio da Correggio ··· 341
안티고네 Antigone ······································· 485
알랜 헨더슨 Gardiner, Alan Henderson ······ 619
알렉산더 ·················· ⇒ 알렉산드로스 Alexander 대왕
알렉산더 이바노프 Alexander Ivanov ········· 246
알렉산더 포프 Alexander Pope ··········· 107, 424, 560

알렉산드로스 Alexander 대왕 ······················ 194
알렉상드르 카바넬 Alexandre Cabanel ······· 406
알파벳 Alphabet ··· 309
알페이오스 Alpheus 강 ································ 452
알프레드 테니슨 Alfred, Lord Tennyson ···· 344~345, 464, 542, 615, 650
알프스 Alps 산 ··· 180
암브로시아 ambrosia ······························ 75, 177
암스트롱 ··············· ⇒ 존 암스트롱 John Armstrong
암프리소스 Amphrysos ································ 475
앙겔리카 카우프만 Angelika Kaufmann ····· 490
앙리 토마스 쉐퍼 Henry Thomas Schäfer ·· 350
야코프 요르단스 Jacob Jordaens ······· 115, 305, 577
얀 브뤼헐 Jan Brueghel ······························· 167
얀 스테인 Jan Steen ····································· 527
양귀비 opium·poppy ··································· 257
양모 The Fleece ·· 426
에게 Aegean 해 ·· 259
에드먼드 스펜서 Edmund Spenser ··· 62, 90, 343, 504
에드먼드 프리드리히 카놀트 Edmund Friedrich Kanoldt ··················· 603
에드워드 메튜 헤일 Edward Matthew Hale ·· 288
에드워드 번 존스 Edward Burne-Jones ····· 232, 280, 363, 456
에드워드 스펜서 Edmund Spenser ·············· 587
에드워드 영 Edward Young ························· 389
에라스무스 켈리누스 2세 Erasmus Quellinus II · 647
에레보스 Erebus ·· 213
에리테이아 Erytheia 섬 ································ 454
에릭스 Eryx 산 ·· 205
에밀 뮤니에르 Emile Munier ························ 68
에벌린 드 모건 Evelyn De Morgan ······ 311, 328
에우리피데스 Euripides ······························· 437
에욱세이노스 Euxine ··························· 71, 419~420
에우프라테스 Euphrates 강 ························ 180
에트나 Aetna ······ 180, 204, 381, 474, 627, 632, 635~636
에티오피아 Ethiopia ··················· 367~368, 376~377, 617
에티오피안 Ethiopian ······························ 73, 180
에피다우로스 Epidaurus ··············· 301, 310, 399
엔나 Enna ·································· 205, 214~215, 217
엔디미온 Endymion ······················ 238, 247, 265, 608
엘레우시스 Eleusis ······················ 206, 212, 214
엘리스 Elis 지방 ···························· 211, 452, 607
엘리시온의 들 Elysian Plain ·························· 73
엘리시움 Elisyum ·· 584

엘리자베스 루이 비제 르 브룅 Élisabeth-Louise Vigée-Le Brun … 575
엘리자베스 배럿 브라우닝 Elizabeth Barrett Browning … 518
엥겔리아인 Enchelians … 309
여로 旅路 … 216
여로에서 부르는 노래 … 354, 447
여름 축제 … 297
영 박사 Dr. Young … 548, 609
예술의 전당 … 464, 542
오디세이아 Odysseia … 75, 642
오리온의 엄폐 掩蔽 … 614
오비디우스 Ovid … ⇒ 푸블리우스 오비디우스 나소 Publius Ovidius Naso
오이디푸스 콤플렉스 … 386
오이테 Oete … 180, 461~462
오케아노스 Okeanos … 617
올리버 골드스미스 Oliver Goldsmith … 322
올림포스 산 Mount Olympus … 71, 73, 75~80, 89, 180, 308, 337, 518, 626
옷사 Ossa 산 … 180, 381
외스타슈 르 쉬외르 Eustache Le Sueur … 89
외젠 들라크루아 Eugène Delacroix … 436
요한 네포무크 셸러 Johann Nepomuk Schaller … 388
요한 리스 Johann Liss … 579
요한 카를 로트 Johann Carl Loth … 199
우울에 부치는 송시 Ode to Melancholy … 215
울타리 안의 페가소스 … 391
워즈워스 … ⇒ 윌리엄 워즈워스 William Wordsworth
워즈워스 … ⇒ 헨리 워즈워스 롱펠로 Henry Wadsworth Longfellow
워터하우스 … ⇒ 존 윌리엄 워터하우스 John William Waterhouse
월계수 月桂樹 … 116, 125~126
월터 세비지 랜더 Walter Savage Landor … 185
위약 효과 Placebo Effect … 235
위젠 들라크르와 Eugène Delacroix … 570
윌리암 아돌프 부그로 Willian-Adolphe Bouguereau … 82, 92, 142, 294, 488, 508
윌리엄 미클 William Julius Mickle … 132
윌리엄 셰익스피어 William Shakespeare … 134, 391, 433
윌리엄 스미스 William Smith … 64
윌리엄 워즈워스 William Wordsworth … 516
윌리엄 쿠퍼 William Cowper … 323, 569
유령 ghost … 96

육도윤회 六道輪廻 … 55
윤회 輪廻 … 53
은의 시대 Silver Age … 104
은하수 milky way … 108
이다 Ida 산 … 180, 464
이데 Ide 산 … 642
이래즈머스 다윈 Erasmus Darwin … 621
이바노프 …… ⇒ 알렉산더 이바노프 Alexander Ivanov
이상 Ideals … 233
이상과 인생 … 458
이스트모스 Isthmos … 590
이오니아 Ionia … 149, 150, 152, 252
이집트 Egypt … 31, 35, 38, 152, 381, 619
이카로스 해 海 … 411
이카리아 Icaria … 411
이타카 Itaca … 489, 645
이탈리아 Italia … 183, 404
인마궁 人馬宮, 궁수자리 … 392
일리리아 Illyria … 150
일리아스 Iliad … 642
1월 …… ⇒ 최초의 달 January

ㅈ

자코포 주치 Jacopo Zucchi … 285
자크 루이 다비드 Jacques-Louis David … 644
작은곰자리 Ursa Minor … 154~155, 179
장-데지레 귀스타브 쿠르베 Jean-Désiré Gustave Courbet … 541
장 레옹 제롬 Jean-Léon Gérôme … 235, 529
장 바티스트 카미유 코로 Jean Baptiste Camille Corot … 523, 559
장 오귀스트 도미니크 앵그르 Jean Auguste Dominique Ingres … 74
장 쿠쟁 1세 Jean Cousin the Elder … 98
재스퍼 반 데르 라넨 Jasper van der Laanen … 133
전설적 민요 Legendary Ballads … 140
정절의 여신상 … 491
제라르 드 레레스 Gerard De Lairesse … 620
제롬 …… ⇒ 장 레옹 제롬 Jean-Léon Gérôme
제롬 마르탱 랑글루아 Jerome Martin Langlois … 610
제이콥 피터 고위 Jacob Peter Gowy … 412
제임스 톰슨 James Thomson … 274
조반니 바티스타 티에폴로 Giovanni Battista Tiepolo … 249, 390, 535

조반니 프란체스코 바르비에리 Giovanni Francesco
　　　　　　　　　　Barbieri 618
조슈아 레이놀즈 Joshua Reynolds 451
조지 고든 바이런 George Gordon Byron ... 61, 87, 112,
　　114, 116, 168, 264, 309, 332, 352, 447, 540, 588, 600, 615
조지 프레데릭 왓츠 George Frederick Watts ... 401, 568
조지프 말로드 윌리엄 터너 Joseph Mallord William
　　　　　　　　　　Turner 331
존 다이어 John Dyer 426
존 드라이든 John Dryden 194, 636
존 맥캘란 John Macallan Swan 555
존 밀턴 John Milton 62, 73, 78, 83, 112, 155, 168, 214,
　　243, 248, 264, 295, 309, 319, 320, 376, 388, 393~394,
　　458, 472, 476, 515, 519, 538, 547, 571, 578
존 암스트롱 John Armstrong 360, 539
존 앳킨슨 그림쇼 John Atkinson Grimshaw 240
존 에드워드 포인터 경 Sir Edward John Poynter ... 369
존 윌리엄 워터하우스 John William Waterhouse
　　　　105, 125, 128, 223, 227, 316, 321, 423, 431, 549
존 키츠 John Keats ... 150, 226, 238, 247, 265, 297, 330, 608
존 필립스 John Phillips 274
죠슈아 레이놀즈 Joshua Reynolds 460
주겁 住劫 56
주세페 마추올리 Giuseppe Mazzuoli 228
주세페 체사리 Giuseppe Cesar 371
주연 酒宴의 노래 497
죽은 아내를 위한 소네트 476
줄리오 로마노 Giulio Romano 382, 622
줄리오 피피 Julio Pippi ... ⇒ 줄리오 로마노 Giulio Romano
쥘 엘리 들로네 Jules-Élie Delaunay 601
지브롤터 해협 the strait of Gibraltar 454
지비어 Gebir 186
지안 로렌조 베르니니 Gian Lorenzo Bernini ... 118,
　　　　　　　　　　202, 277, 492
지오르디노 .... ⇒ 루카 지오르다노 Luca Giordano
지오반니 마리아 보탈라 Giovanni Maria Bottalla ... 111
지오반니 바티스타 티에폴로 Giovanni Battista Tiepolo
　　　　　　　　　　181, 483, 651
지크문트 프로이트 Sigmund Freud 386

ㅊ

차일드 해롤드 Childe Harold 87, 116
찰스 리케츠 Charles Ricketts 562
처녀자리 Virgo 106

천갈궁 天蝎宮 176, 179
천칭자리 Libra 106
철의 시대 Iron Age .... 106~107
청동시대 Bronze Age 104, 106
최초의 달 January 96
축복받은 섬 Isles of the Blessed 73

ㅋ

카놀트 .... ⇒ 에드먼드 프리드리히 카놀트 Edmund
　　　　　　　　　　Friedrish Kanoldt
카두케우스 caduceus .... ⇒ 케리케이온 kērukeion
카라바조 .... ⇒ 미켈란젤로 메리시 다 카라바조
　　　　　　　　　　Michelangelo Merisi da Caravaggio
카라치 .... ⇒ 안니발레 카라치 Annibale Carracci
카르마 Karma 52
카르파치오 .... ⇒ 비토레 카르파치오 Vittore Carpaccio
카모니스 Luís de Camões 132
카미유 코로 .... ⇒ 장 바티스트 카미유 코로
　　　　　　　　　　Jean Baptiste Camille Corot
카바넬 .... ⇒ 알렉상드르 카바넬 Alexandre Cabanel
카발리 에르 다르 피노 Cavalier d'Arpino ....
　　　　　　　　　　⇒ 주세페 체사리 Giuseppe Cesar
카스탈리아 Castalian 303
카이스트로스 Caÿster 강 182
카이코스 Caicus 강 180
카프카스 Caucasus 산 112, 180, 524
카피톨리움 Capitolium 언덕 126
칼리돈 Calydon .... 438~439, 441~442
칼페 Calpe 454
캠벨 .... ⇒ 토머스 캠벨 Thomas Campbell
케리케이온 kērukeion .... 87~88
케스토스 Cestus 86
케피소스 Caphisus 303
코레조 .... ⇒ 안토니오 다 코레조 Antonio da Correggio
코레지오 .... ⇒ 안토니오 코레조 Antonio da Correggio
코르네유 반 클레브 Corneille Van Cleve 379
코르누코피아 Cornucopia 470, 472
코르키스 Colchis .... 223, 419~421, 437
코린토스 Corinthos ...... 399, 433, 436, 582, 586, 589~591
코무스 Comus 62, 73, 155, 243, 295, 319, 538, 571
코카서스 .... ⇒ 카프카스 Caucasus 산
콜로노스의 오이디푸스 485
콜리지 .... ⇒ 새뮤얼 테일러 콜리지 Samuel Taylor Coleridge
콤파스 a pair of compasses 411

쿠르베 ········ ⇒ 장-데지레 귀스타브 쿠르베Jean-Désiré
　　　　　　　　　　　　　　　　Gustave Courbet
쿠빌라이 칸 Kubilai Khan ····················· 215
쿠퍼 ················ ⇒ 윌리엄 쿠퍼William Cowper
큐빗 Cubit ···································· 393
크니도스 Cnidos 섬 ···························· 241
크레타 Crete 섬 ················ 340, 400, 404, 472
크산토스 Xanthus 강 ·························· 180
큰곰자리 Ursa Major ············ 73, 154~155, 179
클레르크 ······ ⇒ 헨드릭 드 클레르크Hendrick De Clerck
클레브 ······ ⇒ 코르네이유 반 클레브Corneille Van Cleve
클로드 로랭 Claude Lorrain ················ 138, 625
클리티에 Clytie, Clytia ····················· 325~328
키몬과 이피게네이아 ·························· 636
키아네 Cyane 강 ·························· 206, 210
키오스 Chios 섬 ························ 611, 613, 633
키츠 ······························· ⇒ 존 키츠John Keats
키타이론 Citheron 산 ·············· 163, 503, 573, 575
키프로스 Cyprus 섬 ······ 82~83, 230~231, 235, 242, 272, 445
킨토스 Cynthian 산 ························ 167, 348
킴메리아인 Cimmerians ························ 150

토마스 배링턴 매콜리Thomas Babington Macaulay ·····
　　　　　　　　　　　　　　　　　　　　　415
토마스 불핀치 Thomas Bullfinch ················· 66
토마스 후드 Thomas Hood ····················· 215
토마스 그레이 Thomas Gray ···················· 88
토마스 매콜리 Thomas Babington Macaulay ······ 62
토마스 캠벨 Thomas Campbell ················· 437
톰슨 ················· ⇒ 제임스 톰슨James Thomson
톱 saw ······································ 411
튀니아 Tyanean ······························ 201
트라키아 Thracia ·········· 89, 150, 420, 424, 431, 556,
　　　　　　　　　　　　　　　558, 563~564, 574
트라킨 Trachine ····························· 258
트로이 Troy ······· 74, 107, 279, 398, 404, 414, 439, 464, 491,
　　　　　538, 614, 616~618, 625, 638, 641~643, 646~650, 654
트몰로스 Tmolus ····························· 180
티로스 Tyros ················ 143, 155, 193, 231, 247, 338
티르레니아 Tyrrhenian ························ 504
티에폴로 ······ ⇒ 지오반니 바티스타 티에폴로Giovanni
　　　　　　　　　　　　　　　　　Battista Tiepolo
티치아노 ········ ⇒ 베첼리오 티치아노Vecellio Tiziano

ㅌ

타나이스 Tanais 강 ··························· 180
타렌툼 Tarentum ····························· 587
타르타로스 Tartaros ····················· 182, 553, 560
타우로스 Taurus ····························· 180
타우리스 Taulis ······························ 650
타파스 tapas ·································· 42
탈라바 ······································ 563
터너 ······ ⇒ 조지프 말로드 윌리엄 터너Joseph Mallord
　　　　　　　　　　　　　　　　William Turner
테네도스 Tenedos ···························· 123
테니슨 ········· ⇒ 알프레드 테니슨Alfred, Lord Tennyson
테바이 Thebai ····················· ⇒ 테베Thebes
테베 Thebes ·· 107, 303, 308~309, 311, 346~348, 383~384,
　　　　　　　　　418, 481~482, 484, 497, 573~574
테살리아 Thessaly ·· 75, 111, 252, 258~259, 418~420,
　　　　　　　　　422, 449, 458, 475, 477, 538, 598
테세이온 Theseion ··························· 405
테실리아 Thessaly ···························· 524
텔레마코스 Telemachus ······················ 645
토마스 모어 Thomas Moore ··· 72, 132, 140, 216, 297,
　　　　　　　　　　　　　　326, 354, 427, 447

ㅍ

파노페 Panope ······························ 303
파르나소스 Parnassus 산 ······ 81, 109, 116, 122, 180, 193
파르테논 Parthenon ······················· 20, 405
파포스 paphos 마을 ·························· 241
파플라고니아 Paphlagonia ···················· 617
팍토로스 Pactolus 강 ························ 191
판아테나이아 Panathenaea ··················· 405
판의 공포 panic fear ························ 514
패트리지 Partridge ·························· 412
퍼시 비시 셸리 Percy Bysshe Shelley ···· 112, 161~162, 464
페네이오스 Peneus 강 ······················· 454
페넬로페이아의 직물 ························ 491
페니키아인 Phoenicians ······················ 309
페디먼트 pediment ·························· 352
페어리 퀸 The Faerie Queene ················· 90
페테르 파울 루벤스 Peter Paul Rubens ···· 70, 81, 152,
　　　　　　　　　184, 207, 345, 403, 441, 517, 533, 641, 643
페플로스 the Peplus ························ 405
펜세로소 Penseroso ························· 376
펜세로소 Penseroso II ······················· 578
펠레온 Pelion 산 ··························· 381

포로스 phorus ······································ 150
포르키스 Phorcys ······························· 359
포프 ······················ ⇒ 알렉산더 포프 Alexander Pope
포플러 Poplar ····································· 238
폴 고갱 Paul Gauguin ················· 23~25, 27
폴 알프레드 커즌 Paul Alfred de Curzon ······ 292
푸르샤 Purusha ··································· 43
푸블리우스 베르길리우스 마로 Publius Vergilius Maro
·· 63~64, 642
푸블리우스 오비디우스 나소 Publius Ovidius Naso
·· 64, 343
푸생 ······················ ⇒ 니콜라 푸생 Nicolas Poussin
풍요의 뿔 ·················· ⇒ 코르누코피아 Cornucopia
퓌거 ······················ ⇒ 하인리히 퓌거 Heinrich Füger
프란체스코 멜치 Francesco Melzi ············ 271
프란츠 폰 슈투크 Franz von Stuck ········· 366
프랑수아 지라르동 François Girardon ······ 657
프랑수와 르므완 François Lemoyne ·········· 244, 318
프레데릭 레이턴 Frederic Leighton ·········· 218, 478
프레드릭 샌디스 Frederick Sandys ··········· 434
프로메테우스 Prometheus ····················· 464
프로이트 ············ ⇒ 지크문트 프로이트 Sigmund Freud
프리기아 Phrygia ············ 192, 194, 196, 347, 495
프리드리히 실러 Johann Christoph Friedrich von Schiller
·· 233, 389, 458, 518
프시케에 부치는 송가 ······························ 297
플라시보 효과 Placebo Effect
································· ⇒ 위약 효과 Placebo Effect
피그말리온 효과 Pygmalion Effect ············ 235
피렌체 Florence ·································· 352
피에르 나르시스 게랭 Pierre-Narcisse Guérin ······ 261
피올라 ·················· ⇒ 도메니코 피올라 Silvio Piola
핀도스 Pindus 산 ······························· 180
필립 마니에 Philippe Magnier ················· 396
필립스 ····························· ⇒ 존 필립스 John Phillips

해롤드 경의 순유 ············ 352, 447, 540, 588, 600
해바라기 ······································ 325~326
행복한 들 Fortunate Fields ······················ 73
허버트 제임스 드레이퍼 Herbert James Draper
·· 250, 413, 511
험프리 데이비 Sir Humphry Davy ··········· 132
헤브로스 Hebrus 강 ···························· 558
헤스페로스 Hesperus ··························· 252
헤시오도스 Hēsíodos ······························ 77
헨드릭 골치우스 Hendrik Goltzius ············ 307
헨드릭 드 클레르크 Hendrick De Clerck ······ 195
헨리 4세 ··· 391
헨리 워즈워스 롱펠로 Henry Wadsworth Longfellow
·· 62, 391, 497, 614, 653
헨리 하트 밀만 Henry Hart Milman ········· 185, 376
헬라스 Hellas, 그리스 ··························· 72
헬레스폰토스 Hellespontus ······ 329, 331~332, 419
헬리콘 Helicon 산 ··········· 89, 180, 316, 321, 386
호메로스 Homer ············ 75, 82, 223, 331, 353, 393, 598
황금시대 Golden Age ············ 81, 93, 104, 107
후드 Hood ······································ 326
휘페르보레오스의 노래 Song of a Hyper borean ··· 72
흑해 黑海 ···················· ⇒ 에우크세이노스 Euxine
히아데스자리 the Hyades ····················· 495
히아신스 Hyacinth ······························ 247

ㅎ

하리하라 Hari-Hara ······························· 42
하비 T. K. Harvey ······························· 295
하이모니아 Haemonian ·························· 259
하이모스 Haimos 산 ··························· 150, 180
하인리히 퓌거 Heinrich Füger ················· 477
한스 마카르트 Hans Makart ···················· 520
한여름밤의 꿈 A Midsummer Night's Dream ····· 134

그리스 로마신화 Bulfinch's Mythology: The Age of Fable

신화에 빠진 화가들

| 1판 1쇄 발행 | 2019년 4월 30일 |
| 1판 2쇄 발행 | 2022년 7월 1일 |

지 은 이 | 토마스 불핀치
옮 긴 이 | 고산
펴 낸 이 | 박정태
편집이사 | 이명수   감수교정 | 정하경
편 집 부 | 김동서, 전상은
마 케 팅 | 박명준, 박두리   온라인마케팅 | 박용대
경영지원 | 최윤숙

펴낸곳   BOOK STAR
출판등록   2006. 9. 8. 제 313-2006-000198 호
주소   파주시 파주출판문화도시 광인사길 161 광문각 B/D 4F
전화   031)955-8787
팩스   031)955-3730
E-mail   kwangmk7@hanmail.net
홈페이지   www.kwangmoonkag.co.kr

ISBN   979-11-88768-14-1 03210
가격   29,000원

이 책은 무단전재 또는 복제행위는 저작권법 제97조 5항에 의거
5년 이하의 징역 또는 5,000만 원 이하의 벌금에 처하게 됩니다.

저자와 협의하여 인지를 생략합니다.
잘못 만들어진 책은 바꾸어 드립니다.